现代社会政治理论译丛 | 丛书主编：吴晓明 邹诗鹏

Foundations of Hegel's Social
Theory: Actualizing Freedom

黑格尔社会理论的基础：积极自由

[美] 弗雷德里克·诺伊豪瑟 著
（Frederick Neuhouser）
张 寅 译

北京师范大学出版集团
BEIJING NORMAL UNIVERSITY PUBLISHING GROUP
北京师范大学出版社

献给我的母亲和父亲

致　谢

　　我想要向许多促成我写这本书的个人和机构表示感谢。我特别受益于 vii
三位哲学家:雷蒙德·戈斯(Raymond Geuss)、艾伦·伍德(Allen Wood)和
米夏埃尔·托伊尼森(Michael Theunissen)。他们的教学、论著和对我作品
的批评极大地影响了我对黑格尔的理解。他们不但阅读了大部分草稿并做
了批评,还为我活生生地示范了如何把同情的态度与严格的分析结合起来,
以便有效地把握黑格尔和追随他的哲学传统。

　　我还受益于比尔·布里斯托(Bill Bristow),他不辞辛劳地检查了所有
注释并对德文翻译进行了润色。更重要的是,我在过去十年与比尔的交谈
在我所知道的交谈中是最有哲学价值的,就塑造我对黑格尔的解释而言起
到了不可估量的作用。迈克尔·哈迪蒙(Michael Hardimon)自我开始做这
项课题以来就不断给我带来有益的观点和颇具想象力的建议。我要感谢他
对我作品的仔细批评,也要感谢他多次与我一起举办读书活动,这些活动极
大地改进了我对黑格尔(以及其他人)的理解。我还极大地受益于大卫·布
林克(David Brink)、达德利·诺尔斯(Dudley Knowles)、托尼·拉登(Tony
Laden)和罗伯特·皮平(Robert Pippin),他们阅读了本书大部分草稿并发

表了有用的评论。

我要向安·罗伯逊（Ann Robertson）表达另一种学术上的感激。她在瓦贝希学院（Wabash College）关于马克思和康德的课程激发了我对欧陆社会哲学最初的兴趣，而且使我学会了对明晰和准确的力求。这份研究充满了她的观点和风格，这也许很难被轻易发现，但确实如此。

我在本书中的大多数观点都是在1988—1995年诞生并成熟的，不论它们的成熟程度如何；当时我在哈佛大学定期讲授关于黑格尔和卢梭的课程。我要向这些课堂上的无数学生表达学术上最深切的感激，他们耐心地容忍我阐述我并不理解的东西，还一直用我无力回答的问题来困扰我。

此外，我要感谢亚历山大·冯·洪堡基金会（Alexander von Humboldt-Stiftung），该基金会前后两次为我在柏林的研究性休假提供了慷慨资助；本书第一稿的很大一部分就是在这时撰写的。我还要感谢《哲学评论》和《大不列颠黑格尔学会学报》的编辑，他们出版了本书的两章的早期版本，并宽容地准许我在这里以修改过的形式重印这两章。第三章最初以"自由、依赖与公意"为题目发表于《哲学评论》第102期（1993年7月）["Freedom, Dependence, and the General Will", *The Philosophical Review* 102（July 1993). ——译注]，而第七章的一部分以"伦理与来自良知的要求"为题目刊登于《大不列颠黑格尔学会学报》第37期（1998年5月）["Ethical Life and the Demands of Conscience", *Bulletin of the Hegel Society of Great Britain* 37（May 1998). ——译注]。

就个人而言，我要感谢纽约的埃莉诺·舒克（Eleanor Schuker）和马萨诸塞州剑桥市的史蒂芬·库珀（Steven Cooper），他们每周都与我交谈（往往还更加频繁），让我明白了对自己特殊性的认识有怎样的价值。我与他们的交流转变了我个人，包括以他们无法知晓的方式改变了我对哲学的看法。我还要感谢乌代·达尔（Uday Dhar），他在这项课题最初的几年里不断为我带来鼓励、友谊和学术上的刺激；假如没有他，我根本不会开始写这本书。

最后,我要向我的同伴、与我分享秘密的杰森·希尔(Jason Hill)表达最由衷的谢意,他在我最需要的时候影响了我的生活,向我显示了研究哲学的新途径,而且最重要的是,他把我带向我自身。

征引作品的缩写

黑格尔

黑格尔作品的译文全部出自我本人,虽然诺克斯和尼斯贝各自的《法哲学》[本书中带书名号的《法哲学》均指《法哲学原理》。——译注]译本都让我受益匪浅。

在没有更多的文献信息时,"§"后面的数字指的是黑格尔《著作集》第 7 卷《法哲学原理》的节号(缅因河畔的法兰克福:苏尔坎普,1986)[*Grundlinien der Philosophie des Rechts*,*Werke*,vol. 7 (Frankfurt am Main:Suhrkamp,1986).我参考了范扬、张企泰的译本,商务印书馆 1963 年版。在本书中,《法哲学原理》《小逻辑》和《精神哲学》都是按节号引用的,所以我不再标注汉译本页码。——译注],这本书的英文版有 *Elements of the Philosophy of Right*,艾伦·W. 伍德编,H. B. 尼斯贝译(剑桥:剑桥大学出版社,1991)[ed. Allen W. Wood,trans. H. B. Nisbet (Cambridge:Cambridge University Press,1991). ——译注]和 *Philosophy of Right*,T. M. 诺克斯

译（伦敦：牛津大学出版社，1967）[trans. T. M. Knox (London：Oxford U-niversity Press，1967). 2008 年牛津大学出版社又出版了修订本，书名变成了 *Outlines of the Philosophy of Right*。——译注]。黑格尔的附释（An-merkungen)用"A"标注，他的补充（Zusätze)用"Z"标注，他手写的旁注则用"N"标注。"§ 151＋Z"指第 151 节及其补充。

黑格尔的其他作品以如下方式引用：

[E]《著作集》第 10 卷，《哲学科学百科全书》第三部分；英文版有《黑格尔的精神哲学》，威廉·华莱士译（牛津：牛津大学出版社，1971）[Part III of the *Enzyklopädie der philosophischen Wissenschaften*，*Werke*，vol. 10；*Hegel's Philosophy of Mind*，trans. William Wallace (Oxford：Oxford U-niversity Press，1971). 我参考了杨祖陶的译本，人民出版社 2006 年版。——译注]；按节号（§）引用。

[EL]《著作集》第 8 卷，《哲学科学百科全书》第一部分"逻辑学"；英文版有《黑格尔的逻辑学》，威廉·华莱士译（牛津：牛津大学出版社，1975）[Part I of the *Enzyklopädie der philosophischen Wissenschaften*：*Die Wissen-schaft der Logik*，*Werke*，vol. 8；*Hegel's Logic*，trans. William Wallace (Oxford：Oxford University Press，1975). 这是《小逻辑》，我参考了梁志学的译本，人民出版社 2002 年版。——译注]；按节号（§）引用。

[LHP]《著作集》第 18—20 卷《哲学史讲演录》；英文版有《哲学史讲演录》，伊丽莎白·霍尔丹、弗朗西斯·H. 西姆森译（纽约：人文出版社，1968）[*Vorlesungen über die Geschichte der Philosophie*，*Werke*，vol. 18—20；*Lectures on the History of Philosophy*，trans. Elizabeth Haldane and Frances H. Simson (New York：Humanities Press，1968). 我参考了贺麟、王太庆的译本，商务印书馆 1983 年版。——译注]；按英文和德文页码引用。

[NL]《著作集》第 2 卷《论对待自然法的科学方式》；英文版有《自然法：对待自然法的科学方式、它在道德哲学中的地位，以及它与实证的法律科学

的关系》，T. M. 诺克斯译（费城：宾夕法尼亚大学出版社，1975）［*Über die wissenschaftlichen Behandlungsarten des Naturrechts*，*Werke*，vol. 2；*Natural Law*：*The Scientific Ways of Treating Natural Law*，*Its Place in Moral Philosophy*，*and Its Relation to the Positive Sciences of Law*，trans. T. M. Knox（Philadelphia：University of Pennsylvania Press，1975）.——译注］；按英文和德文页码引用。

［PH］《著作集》第 12 卷《历史哲学讲演录》；英文版有《历史哲学》，约·西布里译（纽约：多佛，1956）［*Vorlesungen über die Philosophie der Geschichte*，*Werke*，vol. 12；*The Philosophy of History*，trans. J. Sibree（New York：Dover，1956）.我参考了王造时的译本，上海书店出版社 2001 年版。——译注］；按英文和德文页码引用。 xii

［PHG］《著作集》第 3 卷《精神现象学》；英文版有《精神现象学》，阿·文·米勒译（牛津：牛津大学出版社，1977）［*Phänomenologie des Geistes*，*Werke*，vol. 3；*Phenomenology of Spirit*，trans. A. V. Miller（Oxford：Oxford University Press，1977）.我参考了先刚的译本，人民出版社 2013 年版。——译注］；英文按段落编号（¶）引用，德文按页码引用。

［VPR1］《法哲学：万内曼笔记（海德堡，1817/18）和霍迈尔笔记（柏林，1818/19）》，卡尔-海因茨·伊尔亭编（斯图加特：克莱特-科塔，1983）［*Die Philosophie des Rechts*：*Die Mitschriften Wannenmann*（*Heidelberg* 1817/18）*und Homeyer*（*Berlin* 1818/19），ed. Karl-Heinz Ilting（Stuttgart：Klett-Cotta，1983）.——译注］，按页码引用。

［VPR2］《法哲学：1819/20 年讲演记录》，迪特·亨利希编（缅因河畔的法兰克福：苏尔坎普，1983）［*Philosophie des Rechts*：*Die Vorlesung von 1819/20 in einer Nachschrift*，ed. Dieter Henrich（Frankfurt am Main：Suhrkamp，1983）.——译注］。

［VPR4］《法哲学讲演录》第 4 卷，卡尔-海因茨·伊尔亭编（斯图加特：弗

罗曼-霍茨伯格,1973)[*Vorlesungen über Rechtsphilosophie*,vol. 4,ed. Karl-Heinz Ilting (Stuttgart:Frommann-Holzboog,1973).——译注]。包括 K. G. 冯·格里斯海姆(K. G. von Griesheim)(1824—1825 年)和 D. F. 施特劳斯(D. F. Strauss)(1831 年)这两名学生所做的黑格尔讲演笔记的抄本。

卢梭

对于卢梭,我使用了英译本,并在必要时进行了微小的改动。

"SC,I. 4. vi"指《社会契约论》(SC)第 1 卷第 4 章第 6 节,罗杰·D. 马斯特斯编,茱迪丝·R. 马斯特斯译(纽约:圣马丁出版社,1978)[*On the Social Contract*,ed. Roger D. Masters,trans. Judith R. Masters (New York:St. Martin's Press,1978). 我参考了何兆武的译本,商务印书馆 2005 年版。——译注]。

卢梭的其他作品以如下方式引用:

[DI]《论不平等》,见《第一篇和第二篇论文》,罗杰·D. 马斯特斯、茱迪丝·R. 马斯特斯译(纽约:圣马丁出版社,1964)[*Discourse on Inequality*,in *The First and Second Discourses*,trans. Roger D. Masters and Judith R. Masters (New York:St. Martin's Press,1964). 我参考了李平沤的译本,商务印书馆 2007 年版。——译注]。

[DSA]《论科学与艺术》[*Discourse on the Sciences and Arts*. 我参考了何兆武的译本,商务印书馆 1963 年版。——译注],见《第一篇和第二篇论文》,罗杰·D. 马斯特斯、茱迪丝·R. 马斯特斯译(纽约:圣马丁出版社,1964)。

[Emile]《爱弥儿》,阿兰·布鲁姆译(纽约:基础书局,1979)[*Emile*,trans. Allan Bloom (New York:Basic Books,1979). 我参考了李平沤的译

本,商务印书馆 1996 年版。——译注]。

[GM]《日内瓦手稿》[*Geneva Manuscript*.——译注],见《社会契约论》,罗杰·D. 马斯特斯编,茱迪丝·R. 马斯特斯译(纽约:圣马丁出版社,1978)。

[GP]《论波兰政府》,维尔穆尔·肯德尔译(印第安纳波利斯:哈克特,1985)[*The Government of Poland*, trans. Willmoore Kendall (Indianapolis: Hackett, 1985). ——译注]。

[OC III]《全集》,伯纳德·伽涅班、马塞尔·雷蒙编(巴黎:伽里马尔,卓越书局,1959—1969),第 3 卷[*Oeuvres Complètes*, ed. Bernard Gagnebin and Marcel Raymond (Paris: Gallimard, Bibliothèque de la Pléiade, 1959—1969), vol. 3. ——译注]。

[PE]《论政治经济学》[*Political Economy*. 我参考了王运成的译本,商务印书馆 1962 年版。——译注],见《社会契约论》,罗杰·D. 马斯特斯编,茱迪丝·R. 马斯特斯译(纽约:圣马丁出版社,1978)。

[RSW]《一个孤独漫步者的遐想》,查尔斯·E. 巴特沃斯译(纽约:哈珀与罗,1979)[*The Reveries of the Solitary Walker*, trans. Charles E. Butterworth (New York: Harper and Row, 1979). 我参考了袁筱一的译本,上海人民出版社 2007 年版。——译注]。

康德

对于康德的作品,我使用了如下缩写:

[KRV]《纯粹理性批判》,诺曼·康普·斯密译(纽约:圣马丁出版社,1963)[*Critique of Pure Reason*, trans. Norman Kemp Smith (New York: St. Martin's Press, 1963). 我参考了李秋零的译本,见《康德著作全集》第 3 卷,中国人民大学出版社 2004 年版。出于明显的原因,我不再标注汉译本页

码。——译注]。按第一版(A)和第二版(B)页码引用。

[KU]《判断力批判》,维纳·S. 普路哈译(印第安纳波利斯:哈克特,1987)[*Critique of Judgment*, trans. Werner S. Pluhar (Indianapolis:Hackett,1987). 我参考了李秋零的译本,见《康德著作全集》第 5 卷,中国人民大学出版社 2007 年版。——译注]。按节号§引用。

[MS]《道德形而上学》,玛丽·格雷戈尔译(剑桥:剑桥大学出版社,1996)[*The Metaphysics of Morals*, trans. Mary Gregor (Cambridge:Cambridge University Press, 1996). 我参考了李秋零的译本,见《康德著作全集》第 6 卷,中国人民大学出版社 2007 年版。——译注];按普鲁士科学院版页码引用。

目　录

导　言

　　本书内容涉及黑格尔社会理论的哲学基础。黑格尔宣称一组特殊的社会制度是合理的或好的，并认为自己在这里采用了一些规范性标准；本书旨在阐述这些标准，由此说明他的社会理论的基本结构。本书所关注的核心问题可以表述如下：按照黑格尔的观点，社会秩序如何才是合理的？在聚焦于这个问题时，本书给自己布置的任务既是解释性的，又是哲学性的。也就是说，本书力图不仅在字面上忠于黑格尔的文本，而且表明他的理论在哲学上令人信服地叙述了合理社会制度。对一名由这两种志向推动的哲学史研究者来说，黑格尔的社会理论实在是完美的研究对象。这是因为，一方面，黑格尔的文本极为深奥，却又构造得十分精细，可以为解释者带来近乎无穷的挑战和快乐；另一方面，只要坚持破解他令人煎熬的术语，就能发现一个社会理论，它具有丰富的内容，在哲学上十分严格，而且洞察出好的社会制度的本性——它在这些方面还未曾被超越。简言之，重构黑格尔的社会理论不仅是一件引人入胜的解释工作，它还是一次哲学冒险，有望丰富我们对合理社会秩序的构成方式的理解。

　　我想要在这里从事的这项课题有可能遭到一种误解，为避免这种误

2 解，有必要就本书力图探究的是怎样一种基础多说两句。在当今的语境下，我们会相当自然地认为"哲学基础"指的是一些形而上学学说，它们构成了黑格尔《逻辑学》的主题。我们可以非常坚定地认为这些学说在黑格尔的哲学中是基础性的，因为它们力图阐述一般的理性思想的基本结构，并把握全部现实的根本性质。如果在这个意义上理解这个术语，阐述黑格尔社会理论的基础就要说明在界定合理社会秩序时所依据的规范如何源自一种更加一般的形而上学叙述，即一个存在者必须如何构成才算得上是合理的，从而（黑格尔会说）算得上是真正"现实的"（wirklich）。

与此同时，关于黑格尔哲学的基础的谈论也可以被理解为指向《精神现象学》所给出的历史叙述，即现代世界如何逐渐把它所认可的规范，包括与社会理论相关的规范看作一种权威。黑格尔在这里以发生学的方式叙述了现代性是由何种规范界定的；我们之所以可以认为这番历史叙述对于社会理论是基础性的，是因为它不仅想要告诉我们一组特殊的规范是如何诞生的，而且想要确证它们的合理性。由于《现象学》试图把意识的各种形式当作必然发展的结果来加以揭示——它以极其复杂的方式把它们看成具有合理必然性，这里无法充分阐述——所以黑格尔只要叙述了现代性的规范是如何兴起的，就同时证明了它们的合理有效性。在这个意义上，要揭示黑格尔社会理论的"基础"，就要表明这个理论的规范性标准是一个历史过程的必然终点——这个过程的目标是找到一组稳固的、合乎逻辑的规范，它们在黑格尔的设想中可以完全满足理性的渴望——由此为这些标准辩护。

这两种理解都不能把握我在这里要在什么意义上关注黑格尔社会理论的基础。虽然两者都是值得尝试的课题——因为在我看来，它们都还没有得到令人满意的探讨——但从哲学上讲，本书的志向却较为谦卑。也就是说，本书的目标既不是考察黑格尔社会理论最深入的形而上学基础，也不是重构《现象学》为黑格尔认为的在现代具有权威的社会规范和政治规范所做的元辩护。毋宁说我的任务只是尽可能清晰地阐述这些规范是什么，并让读者有可能领会黑格尔所设想的合理社会秩序是多么丰富有力。这项课题的志向在哲学上要低于前面提到的另外两项课题，因为它渴望揭示的并不是黑格尔社会理论最深入的哲学基础在他本人眼中是什么。这份研究尽管与之前区分的两种意义上的基础无关，却仍然具有基础性，因为它的焦点并不是黑格尔理论的（已经广为人知的）制度性细节——比如，君主权力的范围、家庭的父权结构等问题——毋宁说它的焦点是一个更加根本的问题，即在断定一组特殊的制度构成了合理社会世界时，黑格尔所使用的规范性标准具有怎样的本性。它的首要任务不是重述黑格尔赞同何种制度，而是说明他在做出这些判断时诉诸了何种理由。换句话说，它试图澄清在黑格尔所设想的合理社会秩序中起作用的基本的规范性标准，并在必要时予以重构，由此阐述黑格尔社会理论的哲学根基。

我之所以选择采取这条比较谦卑的进路，并不是因为我的研究使我确信另外两项课题没有哲学价值（只有竭力尝试过重构并捍卫《逻辑学》和《精神现象学》所持的立场，才能确保这样一种结论）。毋宁说这是因为在我看来，我们对黑格尔社会理论的掌握甚至还没有达到我在这里的探讨所处的水平。换句话说，我们对这个理论的理解仍然堪忧，还没有准确而连贯地叙述为黑格尔所设想的合理社会秩序提供基础的规范性标准。众所周知，黑格尔的社会理论旨在为他认为在现代处于中心地位的三大社会制度辩护：资产阶级核心家庭；市民社会（即由市场支配的生产和交换领域）；以及（或多或少）自由的立宪国家。尽管哲学家们对黑格尔的社会理论做过大量论述，却实在很难找出哪项研究不仅描述了黑格尔所赞成的制度，而且以系统的、有哲学意味的方式叙述了他所诉诸的理由。[①] 合理社会秩序到底是由何种基本的规范性标准所界定的？这项课题旨在重构黑格尔的叙述，以便弥补上述缺失。

4　　　　我之所以选择把本书的焦点局限于刚才描述的这种基础，还立足于另一个更有争议的信念，即黑格尔精密的哲学体系的各个部分具有相对自立的性质：无可否认，黑格尔的社会理论置身于一个更加全面的哲学图景中——后者所包含的观点涉及终极实在的本性和人类历史的意义——但即使抽掉这些更加根本的学说，我们也有可能在令人惊讶的程度上理解社会秩序在黑格尔看来如何才是合理的，并领会这番叙述的力量。要企图在这里直接证明这个论断，那是徒劳的；我们应当认为这本书本身——它始终试图把黑格尔的理论解释清楚，又相对远离了这个理论最深入的基础——为这条进路的成果提供了长篇的、间接的论证。要检验我的论点，即黑格尔的社会理论在相当大的程度上是一个自立的立场，最可靠的办法就是看我最终能否成功构造出连贯的、有说服力的观点。下面我们将开始更多地谈论我所关注的规范性标准的内容，由此也可以发现这个论点为什么比最初看来更加可取。

社会秩序如何才是合理的？从某个方面看，黑格尔对这个问题的回答简单得惊人。它可以用一个词来把握：自由。因此，用最一般的话来表述，黑格尔之所以把家庭、市民社会和立宪国家看作合理制度，是因为它们在自由这个核心价值的实现中起到了至关重要的作用。由于自由是这里的根本概念，这项课题又旨在考察在黑格尔的社会理论中起作用的规范性

---

① 一个值得注意的例外是迈克尔·O. 哈迪蒙最近的著作《黑格尔的社会哲学：和解的企图》（剑桥：剑桥大学出版社，1994）［Michael O. Hardimon, *Hegel's Social Philosophy: The Project of Reconciliation* (Cambridge: Cambridge University Press, 1994). ——译注］。虽然哈迪蒙为黑格尔的社会理论提供了一番可靠的、具有真正哲学意义的重构，但是相对而言，他基本没有关注这个理论所运用的对自由的看法，以及这种看法如何为黑格尔对三大基本制度的叙述提供了根据。虽然我在实质上同意哈迪蒙的许多解读，但我的叙述与他的叙述之间的主要差别在于，我的首要任务是系统性地分析在黑格尔本人看来为他的理论提供基石的概念，也就是自由。

标准，所以它的首要任务是阐述这个理论所提出的对自由的看法，并表明这种看法如何为黑格尔关于何种制度可以满足理性的需求所提出的主张提供根基。黑格尔社会理论的这个特征在一定程度上解释了我们为什么可以不无道理地认定，即使相对远离他的哲学的其余部分，我们仍然可以对这个理论进行有益的探索。这样一种课题倘若既成功说明了黑格尔所采用的自由理想，又成功显示了现代性的核心制度如何实现了这个理想，就能以可观的方式进一步确立黑格尔观点的力量。也就是说，大多数当代读者只要明白黑格尔的观点如何植根于一种可取的对自由的看法，就能够认识到它的说服力，即使他们也许不了解自由在黑格尔看来如何变成了现代性的权威价值，或者不了解他的一些形而上学论述，它们证明了自行立法的理性（这也是自由的一种）构成了全部现实——自然、历史以及社会世界。

这自然会促使人们追问：在抽掉了黑格尔哲学的其余部分之后，是否还有可能说明为他的社会理论提供根据的那种对自由的看法？引导本书的直觉是：与表面上相反，黑格尔对自由的看法远远没有一般以为的那么特立独行——它远远没有被束缚在黑格尔所独有的思想范畴里面。要检验这个论点，最终同样要看做出这样一种叙述的尝试有多成功。可是难免有人会怀疑这个做法从一开始就没有前途；为了减轻这种怀疑，我们不妨想一下，虽然黑格尔的表达方式是独一无二、令人生畏的，他本人却把他对自由的看法当作长期而全面地与先前的哲学传统对话的产物。黑格尔对自由的看法与他的前辈——包括康德、斯宾诺莎和卢梭，其中最重要的是卢梭，而且我们对他们的理解要好于我们对黑格尔的理解——之间有重要的、却经常被掩盖的联系；出于这个理由，我在这里从事的课题的一个重要部分就是揭示这些联系。

虽然黑格尔的理论所采用的规范性标准可以仅仅被归纳为一个词，但要阐述他对自由的看法有怎样的内容，却毫无疑问是一项困难而复杂的任务，接下来的七章大多与此相关。这项任务之所以极其复杂，是因为在黑

格尔的社会理论中起到了重要作用的对自由的看法不是只有一种，而是有
三种：它们是人格自由、道德主体性的自由和我在这里所说的社会自由
(social freedom)［可以预先说明，在本书中，1. 社会自由既属于各种（与黑
格尔的立场相一致的）社会组织，又属于个人；2. 以限定词形式出现的"社
会"(social/socially)适用于各种超个人的组织。例如，家庭制度也是一种
社会制度，家庭中的成员资格也是一种社会成员资格；以名词形式出现的
"社会"(society)则仅仅指整个社会，它的范围与市民社会相同。——译
注〕。尽管三者在黑格尔对合理社会秩序的叙述中都至关重要，但是社会
自由既是最突出的，又是最不为人所知的。不仅如此，社会自由的观念还
代表了黑格尔最独特的理论创造和他对社会哲学与政治哲学最重要的贡
献。出于这些理由，它将是这份研究的焦点。然而，"社会自由"并不是黑
格尔本人使用的术语。这里运用这个术语是为了指称一种特别的自由，它
是黑格尔《法哲学》第三篇对伦理(Sittlichkeit，ethical life)〔"伦理"和"ethi-
cal life"是通行的译名，但它们都无法准确传达"Sittlichkeit"在黑格尔那里
的含义。本书作者一般直接使用"Sittlichkeit"，我在译文中都予以保留；
偶尔他也用"ethical life"，我就仅仅译作"伦理"。态度(Gesinnung)等术语
同样如此。——译注〕的叙述的核心，他有时把它称作"实体性的自由"
(substantielle Freiheit，§§ 149，257)。社会自由不是一个人乐意做什么
就做什么的自由（粗略地说，这是人格自由），也不是为一个人的行动提供
规范性原则的自由（这是道德主体性的自由或自律）。毋宁说这种独特的自
由只有通过某些社会制度并在这些制度中才能实现，而在黑格尔看来，现
代性的三大核心制度尤为紧要。① 后面我们将更加详细地看到，这种对自

6

---

① 由于黑格尔事实上承认，伦理(Sittlichkeit)的基本形式有两种，即现代的和古代的伦理，
所以这项主张就变得复杂了。我在这里主要关注的是在现代社会制度中实现的社会自由。不过，
倘若认为古希腊人实现了社会自由的一个原始版本，那也没有错；这个版本还没有涵盖（在后来历
史中出现的）人格自由和道德主体性的自由。第一章进一步讨论了这一点。

由的看法之所以特别难以把握，一定程度上是因为它既是通过某些方式参
与社会制度的个人可以拥有的一种自由，又可以被用作这些制度本身的谓
词，只要它们是合理的。就社会成员资格在黑格尔的社会理论中起到了何
种特别作用而言，虽然已经有了大量著作，但是先前的解释者未能准确阐
述什么是社会自由（或"实体性的"自由），为什么它是自由的一种，以及社
会制度需要与这种自由具有什么关系才算得上是合理的。① 由于黑格尔在
陈述他的立场时比较晦涩，所以这个不足也许并不令人惊讶，但若不回答
这些问题，我们就无法认为他对社会制度的叙述具有哲学的说服力。

　　为了阐述黑格尔理论的规范性结构，本书的基本思路是论证这个理论
的基本概念，即社会自由与隐含在卢梭的政治理论中的对自由的看法有极
为亲近的关系；后者尤其隐含在卢梭的一项主张中：合理国家的公民可以
"通过公意"赢得自由。② 这里的基本想法是：为了弄清楚黑格尔的一个令
人困惑的论断，即社会自由既有主观因素，又有客观因素，可以说明卢梭
对政治自由的看法如何具有类似的二元结构。在黑格尔眼中，卢梭的核心
主张是社会自由涵盖了两个主要方面：第一（这是客观因素），合理的法律
和制度必须为实现所有个人的（各种意义上的）自由提供必要的基本社会条
件；第二（这是主观因素），全体社会成员必须能够肯定旨在实现自由的法
律和制度是好的，从而认为支配他们社会参与的原则来自他们自己的意

---

① 　就自由概念在黑格尔的社会政治哲学中出现的方式而言，特里・平卡德在《黑格尔的"现
象学"：理性的社会性》（剑桥：剑桥大学出版社，1994）[Terry Pinkard, Hegel's "Phenomenolo-
gy"：The Sociality of Reason (Cambridge：Cambridge University Press，1994). ——译注]，第七
章给出了一番相当不同的叙述。同样探讨了这个话题的有艾伦・W. 伍德，《黑格尔的伦理思想》，
第二章；罗伯特・B. 皮平，《黑格尔，伦理理性，康德式的反驳》，载《哲学话题》第 19 期（1991 年
秋）[Robert B. Pippin, "Hegel, Ethical Reasons, Kantian Rejoinders," Philosophical Topics 19
(fall 1991). ——译注]，第 99—108 页；以及哈迪蒙：《黑格尔的社会哲学》，第 111—116 页，第
119 页。

② 　SC, IV. 2. viii. 在这里，我在本质上同意罗伯特・皮平的论断："要理解黑格尔的思路，
我们需要……回想一下，[他]继承了一个从卢梭开始的传统。"参见皮平：《黑格尔，伦理理性，康
德式的反驳》，第 100 页。

志。接下来我们将更加清晰地看到，把黑格尔对自由的看法理解为卢梭看法的后裔有一个主要优势：这个做法可以表明，黑格尔的社会理论相当关注个人的自由（和其他利益），常见的观点却以为黑格尔提倡极权主义社会秩序，主张为了某种神秘的"整体的自由"而牺牲个人的切身利益。

就内容和进路而言，本书都与最近关于黑格尔实践哲学的两本书有许多共同点；这两本书为了让当代讲英语的哲学家更加了解黑格尔做出了极具价值的贡献，它们是艾伦·伍德的开拓性作品《黑格尔的伦理思想》[Allen Wood，*Hegel's Ethical Thought*. ——译注]和迈克尔·哈迪蒙的出色研究《黑格尔的社会哲学：和解的企图》[Michael Hardimon，*Hegel's Social Philosophy*：*The Project of Reconciliation*. ——译注]。① 前面已经提到，本书与前辈们最重要的区别是它聚焦于持续而系统地分析黑格尔对自由的看法，这些看法是他所设想的合理社会秩序的支柱。可是除了这个总体的特点，还有两个具体的差别值得一提。

第一，本书几乎不会谈到和解的话题，哈迪蒙则是把和解作为主题来组织他的研究的。乍一看，这似乎标志着一个深入的、实质性的分歧：什么是黑格尔理论中的根本规范？然而，只要反思一下自由与和解这两个概念在黑格尔的理论中是如何相互关联的，就能明白这个分歧未必存在。诚然，和解的观念在黑格尔的思想中起到了重大作用。他实际上把和解当作一般哲学的头号目标。哲学既然认为整个现实（Wirklichkeit）从头到尾都充满了理性思想的范畴，就应该向人类主体表明，他们的世界在根本上与他们的基本渴望并无不合——例如，他们需要觉得世界是好的，是人的理性可以理解的——毋宁说世界是一座可以使这些渴望得到满足的舞台。因此，哲学通过证明世界的合理性来使我们与它和解。哈迪蒙的主张无可辩驳：黑格尔对合理社会秩序的叙述是以和解为目标的；但它与这里的观点

_____

① 伍德：《黑格尔的伦理思想》；哈迪蒙：《黑格尔的社会哲学》。

并无冲突，那就是社会自由在黑格尔的理论中是核心的规范性概念。我们两人的论点反倒是互补的。我们只要认为我们所处的社会秩序是合理的，就能得到一种特殊的好处，和解的学说要对此做出叙述；同时，既然我们需要认为社会秩序是合理的，从而与它和解，黑格尔就必须说明这种秩序是怎样的，而这（当中的绝大部分）①是社会自由学说所研究的。换句话说，面对现代社会秩序为什么值得让我们与它和解这个规范性问题，黑格尔答案的核心要素就是社会自由。

　　我们两人在焦点上的这个差别虽然未必指向与黑格尔理论的内容相关的实质性争端，却完全可能标志着一个分歧：这个理论在哲学上的头等重要性位于何处？在我看来，强调和解的概念（同时削弱自由的角色）是有风险的：人们会忽视黑格尔的理论具有实质性的批判潜力，而这会强化这个理论不应有的恶名，即它仿佛是一种陈旧的理论，在根本上是反动的，设计它的唯一目的是为当时现存的社会秩序辩护。黑格尔的批判者长期以来都控诉说，他对和解的强调使他的社会理论大体上不过是在事后为现状提供辩护。他们之所以简单地反对和解的企图，显然是基于对它的误解。哈迪蒙正确地解释说，黑格尔相信哲学的目标是使现代个人与他们的社会秩序和解，而这依赖于一个逻辑上在先的判断，即现代社会秩序是好的，因而是值得与它和解的。②

　　不过，即使和解的学说避开了这种经常出现的过于简单的批评，我们在当代也有理由在重构黑格尔的理论时不以这个学说为中心。一条理由是：黑格尔理论所固有的规范性标准虽然在概念上先于和解的学说，却仍

----

① 这个限定是必要的，因为虽然社会自由对黑格尔的理论来说是最重要的自由，但是合理社会秩序还必须顺应人格自由和道德主体性的自由。

② 哈迪蒙：《黑格尔的社会哲学》，第25—26页，第95页。

然遭到广泛误解，甚至被认为完全不存在。① 第二条理由是：聚焦于黑格尔理论的规范性结构可以凸显出一个逻辑空间，这个空间的一边是他对判断社会秩序的合理性所依据的标准的叙述，另一边是他更进一步的主张，即现代性的制度符合这些标准。倘若把黑格尔理论的这两个部分区分开来，就更加容易看到一种概念上的可能性：既拒斥他的主张——现代社会制度事实上满足了理性的需求——又赞同这项主张背后的规范性标准。换句话说，这里采取的进路特别注意到了一种可能性，即我们也许最终会发现黑格尔所运用的规范性标准是有说服力的，却拒绝认为接受它们就意味着与我们的社会秩序和解。这样做的意图是为一种利用黑格尔理论的方式留出空间，我们这个世纪［指 20 世纪。——译注］的批判理论家就试图以这种方式利用这个理论。② 这是我的课题的一个重要特征，因为在复兴黑格尔的社会理论时，我的首要目标并不是提升对当前事态的满足感，而是阐述并揭示一些非常严格的标准具有怎样的力量，黑格尔认为社会制度应当符合这些标准。我们只有在对黑格尔的理论具备了更加透彻的理解之后，

① 后者的一个最近的例子可以在恩斯特·图根哈特的著作《自我意识与自决》（马萨诸塞州，剑桥：麻省理工学院出版社，1986）［Ernst Tugendhat, *Self-Consciousness and Self-Determination* (Cambridge, Mass.: MIT Press, 1986). ——译注］中找到。图根哈特明确否认了我在这里的论断，也就是黑格尔实质性地回答了以下问题："是什么构成了国家［或社会秩序］的合理性？"（319）图根哈特的主张与我所支持的观点截然相反："黑格尔的哲学是对现存秩序的有意识的、明确的……辩护，全然不顾这个现存秩序可能是如何建构的。"（317）

② 例如，许多受法兰克福学派启发的对现代社会的批判都完全可以被看成充满了源于黑格尔社会理论的理想。安德烈·高兹最近发表在杰出的德文周刊《星期五》（1993 年 10 月 22 日）上的文章《作为巨型机器的社会》［André Gorz, "Die Gesellschaft als Megamaschine," *Freitag* (October 22, 1993). ——译注］使我透彻地理解了这个观点。高兹对黑格尔社会理论的许多规范性标准表示赞同，并批评了现代社会的以下缺陷：助长失范；缺乏透明性和可理解性；未能向个人证明他们的特殊利益如何能与共同好处汇集在一起；不能够为它的全体成员提供有意义的工作；摧毁了为社会成员提供认同感的社会结构，又未能予以替换；以及使个人极少有机会履行对社会有建设性的角色，因而使他们无法把自己看作自己社会秩序不可或缺的部分，也就无法获得具体的社会承认。参见雷蒙德·戈斯：《批判理论的理念：哈贝马斯和法兰克福学派》（剑桥：剑桥大学出版社，1981）［Raymond Geuss, *The Idea of a Critical Theory: Habermas and the Frankfurt School* (Cambridge: Cambridge University Press, 1981). ——译注］，他出色地讨论了法兰克福学派的观点。

才可以确定对它的适当回应是和解还是彻底批判。①

　　这份研究也与伍德的研究有具体的差别，两本书各自的标题就指明了其中最重要的方面：他的作品关系到伦理哲学，我关注的则是社会理论。不过，虽然对这两项课题的描述是不同的，但这两本书的主题还是有大量重叠。这是由于黑格尔事实上把他对合理社会秩序的构成方式的叙述——他对"伦理"（Sittlichkeit）的论述——看作同时给伦理哲学（或道德哲学）②的基本问题和我在这里所说的社会理论的基本问题提供了答案。黑格尔观点的这个特征潜在地引起了许多困惑，因为按照通常的看法，这两组问题在哲学探究中构成了不同的领域。不过，即使在黑格尔的思想框架中，把伦理哲学从社会理论中分割开来也是可能的，其方法是对各自力求达到的基本目标进行区分：伦理哲学主要致力于理解道德责任的本性和基础，社会理论则旨在列出合理社会秩序背后的基本原则，并说明何种制度最能实现这些原则。这两项课题之所以有可能在黑格尔的体系中汇集在一起，是由于他试图使两者植根于相同的第一原则：实践自由的概念或自决意志。这意味着黑格尔想要从同一条哲学思路来回答伦理哲学和社会哲学的基本问题，这条思路最根本的疑问是：如果要使实践自决的理想得到实现，那么在意志的内部和外部必须同时具备何种条件？因此，按照黑格尔的观点，

---

　　①　这里可以提出一条反对意见：黑格尔的理论所赞同的规范性标准不可能为一种对现存实在的激进批判提供基础，因为这些标准源于现实，而这意味着它们阐述的是已经存在的制度背后的或"内在的"合理性。可是这条反对意见立足于一种误解。说一个理想内在于一种社会制度，也就是说，前者隐含在后者现有的实践中，但这并不意味着这种制度实现了乃至可以实现这个理想。在黑格尔看来，规范要内在于现存社会秩序，制度的运作就要依赖于参与者持有一种隐含的对自己制度的价值和目的的看法。可是倘若一种制度不能够实现它所预设的理想，那与上述观点也是相容的。这样一种落差在概念上是可能的，黑格尔本人就证明了这一点：他力争调和市民社会不可避免地产生出来的贫困与它隐含的主张，即让全体社会成员有机会通过自己的生产活动增进自己的福利。

　　②　因为我在这里谈论的是一般道德哲学，所以我会交替使用"道德"和"伦理"，因而（在这篇导言中）会忽略黑格尔在道德（Moralität）与伦理（Sittlichkeit）之间做出的重要区分。严格来讲，黑格尔对伦理（Sittlichkeit）的叙述仅仅构成了他的伦理哲学和社会理论的一部分——尽管是一个核心部分——因为前者必须用道德（Moralität）学说来补充，后者则必须用抽象法的原则来补充。

伦理义务的内容和我们履行它们的责任最终都源自一道命令，即我们必须作为自决的存在者实现我们的本性。不仅如此，他的伦理哲学还在一个关于社会制度的理论中达到了顶点，因为正是通过参与合理社会制度，个人才被看作达到了他们可以达到的最高程度的实践自决。

10　　　　我的课题与伍德的课题和先前关于黑格尔伦理（Sittlichkeit）理论的大多数讨论都有一个显著区别：我远离了伦理哲学主要关注的问题，转而聚焦于一些历来指派给社会理论的话题。我采取这条进路的理由有两条。第一，我认为黑格尔对伦理哲学的常见问题所持的立场已经获得了真正具有哲学性的关注，而他对社会理论的问题所做的回答还远非如此。第二，我比较怀疑黑格尔的观点一旦被视为伦理哲学，是否还有成功的前景；我尤其怀疑他的一项主张，即这个观点能够为我们的义务和一般的道德责任给出完备的叙述，却不用诉诸任何与康德主义道德哲学的（据说是）形式的、抽象的和个人主义的原则类似的东西。① 不过，无论我以这种方式限定我的探究范围是出于什么理由，我们都有必要认识到，我这样做与其说是给了自己一个与伍德不同的题材，不如说是给了自己一个比较狭窄的题材。这是因为对合理社会秩序的叙述——我在这里想要聚焦于这一点——是在黑格尔的伦理哲学这个更加宽广的框架内展开的，而且仅仅构成了这项更加全面的课题的一个部分。

　　由于把黑格尔的社会理论与他的其余思想分离开来肯定会导致对他的观点的扭曲，所以有必要清晰地说明这份研究在何种意义上抽掉了伦理哲学主要关注的问题。最重要的是，黑格尔的一些观点关系到人可以过的伦

---

　　① 无疑有人会对这一点提出质疑：黑格尔的伦理哲学涵盖或"扬弃"（aufhebt）了康德的道德原则，而不是完全摒弃了这些原则。虽然伦理（Sittlichkeit）在某种意义上确实保留了康德式的道德（Moralität）立场（第七章会详细讨论这一点），但我看不出黑格尔想要给在运用康德的绝对命令时所涉及的那种道德论证留下任何余地。黑格尔伦理哲学的解释者通常未能清楚地说明类似于绝对命令的原则在他的伦理学中有怎样的作用，或者可以有怎样的作用。例如，参见我在为伍德的著作写的书评中对他所重构的黑格尔立场的回应：《哲学期刊》第 89 期（1992 年），第 316－320 页。

理上最好的生活有哪些，以及这些生活好在什么地方；这份研究并没有试图在重构他的社会理论时抽掉这些观点。虽然这些问题无可争议地属于伦理问题，但我们不能在试图理解黑格尔社会理论的规范性基础时忽视他对它们的回答。这样做有两条理由：第一，合理制度之所以是好的，一定程度上是因为（按照社会理论）它们让其中的成员得以过上人类个体可以拥有的伦理上最好的生活；第二，从黑格尔伦理哲学的视角看，这些生活的好处就在于自由，而这在根本上就是作为社会理论家的黑格尔归于合理制度的目的。反过来，我在这里想要存而不论的伦理问题是：既然伦理哲学的任务是全面叙述我们的道德义务，并说明我们履行这些义务的责任源于何处，那么一种对合理社会秩序的看法，比如黑格尔所给出的看法是否如他所认定的那样适合在伦理哲学中起到核心作用？换句话说，我试图阐述黑格尔所赞同的合理社会秩序是什么，以及他这样做的理由（这些理由具有内在的伦理性），却不会评价他的一项有争议的主张，即这样一种图景可以用作整个伦理理论的基础。

11

　　我对"社会理论"一词的用法还有另外两个特点，它们有助于让我们更加准确地分辨出这份探究的对象。第一，我之所以把黑格尔对合理社会秩序的叙述称作理论而非哲学，不是想要暗示它位于正宗的哲学的边界之外，或者位于它的边缘。显而易见，黑格尔的社会理论以哲学的方式叙述了合理社会制度是什么，以及这些制度为什么是好的。假如，把这里的提法换成黑格尔的"社会哲学"，那也不会有任何实质性的影响。我用"社会理论"一词最多只是想要表明，黑格尔对伦理（Sittlichkeit）的叙述——至少是其中让我感兴趣的方面——与一长串思想家有极为亲近的关系：他们从斯密开始，一直到马克思、迪尔凯姆、韦伯和法兰克福学派，他们的理论（在我看来收获颇丰）都横跨了经验性的社会科学和规范性的哲学。这些理论的共同点是它们给出了或预设了一种对好的社会秩序的设想，这种设想既植根于详细的、经验性的对现存制度运行方式的理解，又植根于对规范性标准的公开承诺，而这些标准都具有（最广义的）伦理性。虽然黑格尔的理论无疑比上述其他理论更加充满哲学关怀，但他对合理制度的具体特征的详细叙述——这里最好的例子是现代市民社会——极大地依赖于他对当时社会世界的经验性知识。黑格尔观点的这个特性与他在《法哲学》序言中的一处著名评论所表达的观点有深入联系：哲学的任务并不是发明属于它自己的社会制度，然后把它作为药方开给世界。尽管对黑格尔来说，思辨哲学就社会制度应当企及的理想而言能够为我们给出一个一般概念——哲学可以让我们初步地、抽象地理解自由的本性——但它单凭自身却缺乏阐发一个具体设想所需要的想象力，这个设想关系到这些理想能以何种特定形式在世界中实现，以及什么样的制度能做到这一点。为了提供这样一种对合理社会秩序的设想，我们必须用对历史事实和当代社会实在的透彻了解来弥补思辨哲学。

12   第二，我们不应当以为对"社会"的界定与对"政治"的界定是对立的，否则就意味着社会理论的领地仅限于社会的非政治制度。按照黑格尔的设想，伦理（Sittlichkeit）领域由三大核心制度——家庭、市民社会和国家——组成，它们构成了他的"社会"理论的三个主要部分的主题。这意味着黑格尔的社会理论包含了对合理政治制度的叙述，所以它必须认为自己在为政治哲学的传统问题做出回答。假如，把这本书标题的提法改成黑格尔的"社会政治理论"的基础，那么同样不会有任何真正实质性的影响。然而，我之所以并没有用这种方式描述黑格尔的立场，一条理由是这个做法倾向于掩盖一个重要事实，即他对政治制度和非政治制度的论述构成了单一的、统一的理论。这一点（至少）在两种相当不同的意义上是成立的。

首先，黑格尔关于合理国家的观点在如下方面与他对市民社会和家庭的叙述在逻辑上是不可分割的：在黑格尔看来，如果没有理解从属于国家的两种非政治制度的功能和目的（以及缺陷），就不可能完全把握国家应有的功能和目的。例如，黑格尔式的国家的一项主要义务是确保家庭和市民社会这两者的存续和恰当运行。这意味着若要规定合理国家的任务——比如，它应当实施何种法律——前提就是要理解社会的非政治制度应有的目的，并理解这些制度容易以何种方式从内部衰败或遭到外来的侵害。黑格尔还探讨了一个从卢梭那里继承下来的问题，即国家成员应当如何获得公意（或普遍意志）；这个例子也可以让我们看到如何在黑格尔的社会理论这个更加宽广的语境下界定他的政治理论的核心问题。黑格尔和卢梭都认为，政治制度的关键功能是让全社会就一些法律——这些法律支配了政体，并宣称自己表达了它的集体意志——达成共识，因为公民的自由取决于他们是否能够赞同这些约束和指导他们行动的法律。可是黑格尔看到，因为公民还是高度差异化的市民社会的成员——他们是带着截然不同的特殊利益进入政治空间的——所以要解答政治的这个核心问题，就必须考虑到社会的某些政治之外的基本特征，比如，各个经济阶级（或等级）的本性，以及它们各自的成员资格大致会如何影响公民在关系到集体好处的问题上能够持有的立场。在这里，政治哲学同样只有以更加宽广的社会理论为基础才能前进。

黑格尔的伦理（Sittlichkeit）理论还具有另一种意义上的统一性：它只用了一个模型就同时说明了政治制度和非政治制度的本质特性。虽然黑格尔承认，家庭、市民社会与国家之间有许多重要的、彼此补充的差别，但在他看来，这些制度有一个基本特征：每种制度都要在它的成员身上培养一种特殊身份——家庭成员、一项职业的成员以及一个民族国家的公民——这让每种制度都能够以它自己的方式解答一个一般问题的一个版本，这个问题被黑格尔视为他的课题（即理解社会制度在自由的实现中起到的作用）的核心，那就是特殊意志与普遍意志如何能和谐地统一在个人身上——他们从属于并维持着社会秩序的三大主要制度。黑格尔的回答背后的核心观点是：要让个人为了他们所属的社会群体的集体好处而自由地希求和工作，就要同时让这种希求和工作可以表达一种特殊身份，这种身份在他们看来是自己存在的核心。这些与伦理(Sittlichkeit)制度相关的身份都要求人们认为自己对其他个人怀有实体性的、非工具性的归属，所以一个人如果具备这些身份，就会连带着关心同胞社会成员的好处和整个群体的好处。① 这意味着参与家庭、市民社会和国家既是普遍有益的，又会带来特殊的满足，因为如果一个人的行为是从他作为家庭成员、作为一项职业的成员或作为公民所拥有的身份出发的，他同时就是在为整体的好处服务。

由于本书的目标之一是让黑格尔主义传统之外的当代哲学家了解他的社会理论的基础性观点，所以我不妨在这篇导言的末尾简要提一下黑格尔的一些在今天仍然有意义的核心主张。在最重要的几项主张当中，前面已经提到了三项：

14

　　1. 倘若一种社会哲学或政治哲学所设想的自由只有消极面貌——一个人可以做自己乐意做的事，没有外在阻碍——那么这种哲学就是以一种贫乏的对自由的看法为基础的。② 虽然为每个社会成员保障一个消极自由(或人格自由)的领域是合理社会秩序的一项至关重要的任务，但是单纯的消极自由仅仅实现了现代个人可能拥有的一部分自由。最重要的是，必须用社会自由来补充人格自由，前者包括个人的一种能力：既能够赞同(或希求)增进集体好处的法律和实践，又能够在社会参与中找到自己的特殊身份。

---

　　① 这一点甚至在市民社会中能成立：职业身份为劳动注入了一种不只是工具性的意义，还为同一门职业的成员相互团结的纽带提供了基础。

　　② 雷蒙德·戈斯在三篇文章中有效地讨论了这个问题：《对自由的看法》，载《哲学研究期刊》第 49 期(1995 年 1—3 月)["Auffassungen der Freiheit," *Zeitschrift für philosophische Forschung* 49 (January-March 1995). ——译注]，第 1—14 页；《作为一个理想的自由》，载《亚里士多德学会会刊》，增刊第 69 卷(1995)["Freedom as an Ideal," *Proceedings of the Aristotelian Society*, suppl. vol. 69 (1995). ——译注]，第 87—100 页；以及《自由主义的自由与马克思的自由》，载《伦理自由与政治自由》，尤利安·尼达－吕梅林和威廉·福森库尔编(柏林：德古意特，1998)["Freiheit im Liberalismus und bei Marx," in *Ethische und politische Freiheit*, ed. Julian Nida-Rümelin and Wilhelm Vossenkuhl (Berlin: de Gruyter, 1998). ——译注]，第 114—125 页。

2. 合理社会秩序的一项任务是维持一些社会结构，让个人得以摆脱失范、异化和无根感，因为这些已经变成了 20 世纪西方社会的特征。自由市场所释放出的强大社会力量——包括按照经济效率的要求来使一切形式的社会生活合理化的倾向——必须与一种共同努力相互平衡：培养并保护一些社会结构，它们面对的是全体社会成员（而不单纯是受过教育的精英）的一种需要，即感到他们的社会、世界是一个有意义的地方，他们在那里可以追求值得人类主体追求的事业，并通过社会承认来获得一种对于自己尊严的稳定感受。

3. 在从事政治哲学时，我们不应当以为它是一个自律的、自立的学科。要叙述国家应有的目的，就必须植根于一种更加宽广的社会理论，后者既涵盖了关于现存制度的运行方式和潜力的知识，又涵盖了一种总体的理解，它关系到制度如何能提供让社会成员得以过上卓越的人类生活所需的社会条件。

除了这几点之外，还有两项尚未提到的主张也是黑格尔理论的核心，而且在当代十分重要：

4. 社会制度不应当被理解为外在的结构，仿佛个人是预先建构起来的，在社会生活之前或之外获得了一些目的或需要，然后选择进入这些结构，以便追求这些目的、满足这些需要。毋宁说社会理论必须承认，社会的基本制度不可避免地以根本的方式构造了社会成员的主体性。因为这些制度的力量是把个人塑造为特殊类型的主体，所以社会理论所关注的问题之一必定是追问它所评价的制度可能创造出何种个人。更确切地讲，社会理论必须反思个人需要何种主观能力，才能把自己实现为（在各种意义上）自由的人，以及制度在使它的成员获取这些能力时可以起到什么作用。

15

5. 个体性和社会成员资格这两种价值不应该被看作相互抗衡或彼此排斥的理想。真正说来，这两个理想事实上都只有与对方相结合才能得到实现。① 更具体地讲，黑格尔对伦理（Sittlichkeit）的叙述让我们能够理解为什么社会角色虽然未必是由承担它们的个人所选择的，却仍然可以带来一种对他们而言十分重要的自由（即社会自由）；这番叙述解释了为什么社会成员即使受制于（合理的）社会实践和法律的要求，也可以拥有自由。

最后，当代哲学家之所以应当对这里给出的对黑格尔社会理论的重构感兴趣，还有另一个理由：我们只要理解了他对社会自由的看法，以及它如何能为社会理论提供根据，就能够逐渐调和通常认为把共同体主义者与自由主义者划分开来的许多差别。与常见的看法相反——某些共同体主义者试图以黑格尔的学术后裔自居，由此强化了这些感觉——黑格尔在这场当代辩论中并没有断然站在任何一方。毋宁说黑格尔在社会理论中最重要、最明确的目标之一就是把自由主义对个人的根本权利和根本利益的关注与浪漫主义政治思想的某些方面结合起来，后者包括倾向于把社会秩序看作有机体（而非由平等的、在本质上相同的个人所组成的集体），以及倾向于强调对社会群体的归属是实体性的，可以建构人们的身份。② 除了明

---

①　这是哈迪蒙（《黑格尔的社会哲学》）在解释黑格尔的社会理论时所考察的首要主张。

②　我的主张是，艾米·古德曼在共同体主义那里发现的"建设性的潜力"——它有"潜力帮助我们找出一种把共同体与对自由主义基本价值观的承诺结合起来的政治"（49）——正是我们可以在黑格尔的社会理论中（以一种大为改善的形式）找到的东西。她对自由主义与共同体主义的辩论做出有用的讨论，见《批判自由主义的共同体主义者》，载《哲学与公共事务》第 14 期（1985 年夏），第 308—322 页。有两种很好的对德国浪漫主义思想的叙述，参见弗雷德里克·C. 拜瑟：《启蒙、革命与浪漫主义：现代德国政治思想的起源，1790—1800》（马萨诸塞州，剑桥：哈佛大学出版社，1992）[Frederick C. Beiser, *Enlightenment*, *Revolution*, *and Romanticism*: *The Genesis of Modern German Political Thought*, 1790 — 1800 (Cambridge, Mass.: Harvard University Press, 1992). ——译注]，第 8—11 章；以及查尔斯·拉摩：《浪漫主义的遗产》（纽约：哥伦比亚大学出版社，1996）[Charles Larmore, *The Romantic Legacy* (New York: Columbia University Press, 1996). ——译注]，第 33—64 页。

白无误地赞同普遍的个人权利之外（即"抽象法"篇所概括的人格权利），黑格尔还在另一处与大多数共同体主义者分道扬镳：他坚持认为存在一些普遍有效的（"绝对的"）标准，可以用来判断特殊社会的制度和实践的好坏。

　　尽管有这些根本差别，黑格尔与共同体主义者之间被广泛觉察到的亲近关系却不是单纯的错觉。黑格尔的理论之所以不只是自由主义的又一个版本，是因为它认为人类个体的一种需要——可以称作精神需要——具有最高的重要性：他们需要感到自己不可或缺地从属于一个更加伟大的社会实在，后者的意义和存在超越了他们自己的特殊事业和有限寿命。虽然在我看来，自由主义思想中的一些最好的榜样严格来讲没有排除在自由社会中满足这种需要的可能性，但它们之所以是自由主义，一定程度上就是因为它们并没有把这种需要算作政治理论（或社会理论）所关注的根本问题之一。实际上，完全相反的立场更加接近事实，因为很大一部分自由主义传统可以被理解成由一种欲望推动，即避开一些常见的、与人的一种强烈期盼密切相关的危险：人想要在一个比自身更大的存在者的生命中有一席之地。尽管这些危险无可辩驳，但若一种社会理论未能关注人的这种需要——甚至在更坏的情况下否认这种需要——那么它所面临的风险至少同等沉重。因为正如直接追随黑格尔的思想家所认识到的那样，人的如此巨大而持久的需要在遭到否认、没有得到承认和应对时，并不会简单地消散，反倒会以陌生的、更加凶恶的面貌再次凸显出来。黑格尔的社会理论之所以在今天仍然值得我们关注，一个重要原因就是它代表了现代哲学的一种最全面的尝试，即公正对待人的这种需要，同时顺应对个人的道德尊严的关怀，后者推动了自由主义政治思想。当然，我们到头来也许被迫要得出一个与后现代主义者和许多自由主义者相一致的结论：诸如此类的综合注定会失败，因为虽然人们想要觉得自己的社会秩序是一个家，但这种期盼在原则上是无法满足的，或者因为这样一种社会秩序对我们来说已经不再可能了。可是，即使在这种情况下，黑格尔的社会理论也会保持某种

16

价值：它见证了人的一种强烈的、也许无法根除的欲求，即想要觉得他们的社会世界是友善的、连贯的、好的。可见，与其说黑格尔的理论是一种和解的哲学，不如说它在最好的情况下维系了一种仍未得到满足却不断激起希望的乌托邦冲动，或者在最坏的情况下代表了一种不屈的抗议呼声，因为这个异己的、被神遗弃的世界充满荒芜。

第一章

黑格尔对社会自由的看法：初探

黑格尔对三大基本制度的叙述——它们是家庭、市民社会和国家，他把三者共同构成的社会领域称作伦理（Sittlichkeit）——都植根于一种对自由的看法，我在本章的目标是开始阐述这种看法。排在第一位的工作是联系黑格尔哲学重点突出的其他几种对自由的看法来给这种对自由的看法——我在这里把它称作"社会自由"——进行定位。第二，我试图简要地勾勒黑格尔想要用社会自由的观念来解答哪些哲学问题，由此在总体上阐明他的社会哲学的企图。我们将看到，这个企图可以同时用历史的和逻辑的（或概念的）方式来表述。也就是说，社会自由是黑格尔对两个问题的回应：一个问题是，各种在历史上有意义的对自由的看法是否以及如何能相互和解；另一个更加抽象的问题是，一种连贯的、完全充分的对（实践）自由的看法是怎样的。本章第三节和第四节所探讨的两个问题最终关乎黑格尔对社会自由的看法与他的绝对精神（Geist）学说之间的关系——后者由于晦涩而声名狼藉。第一个问题关系到应当把谁或把什么看作社会自由的承担者：体现了这种自由的是个人，抑或只是某种超个人的社会存在者？第二个问题关注的是黑格尔对社会自由的看法的可理解性在多大程度上取决

于他关于绝对精神的历史使命的观点：这种对自由的看法能否在黑格尔神
正论的语境之外得到承认？它是否无非是说，个人只有为绝对精神的目的
服务，才能实现他们的"真实"本性？最后，本章在末尾简短而初步地叙述
了我所说的社会自由的"双重本性"。

黑格尔哲学中的另一些对自由的看法

黑格尔《法哲学》前两篇的话题是抽象法和道德；与它们一样，伦理
(Sittlichkeit)也被描述为"实现了的自由的王国"(§ 4)。黑格尔不只是主
张合理社会秩序会带来使自由成为可能所需的社会条件；毋宁说伦理(Sit-
tlichkeit)本身就被说成自由的一种实现①，或一种使自由成为现实的方式
(§ 142)："自由存在于伦理(Sittlichkeit)中"(VPR1，248)。可是，当黑格
尔主张自由可以在家庭、市民社会和国家中实现时，他所运用的是怎样一
种对自由的看法？说自由存在于这些社会制度中，是什么意思？在探讨这
些问题的过程中，我将引出一个观点：黑格尔的伦理(Sittlichkeit)理论是
以一种独特的对自由的看法——之前的提法是"社会自由"②——为基础的，
而且按照这个理论，这种自由只有在构造合理的社会中才能实现。要理解

---

① 我会一直交替使用"actualization"和"realization"。两者都可以用来翻译 Verwirklichung，
它与黑格尔的专门术语 Wirklichkeit(现实，actuality 或 reality)密切相关。[我有时偏爱"actuality"
及其派生词，因为它们保留了隐含在黑格尔术语中的与"行动"(wirken)的联系。]某个"现实的"或
"得到实现的"东西是(1)完全合理的，(2)是在世界中实现的(它在空间和时间中具有特定存在)。
更多关于这个概念的讨论见迈克尔·O. 哈迪蒙：《黑格尔的社会哲学：和解的企图》(剑桥：剑桥
大学出版社，1994)，第 53—59 页；以及艾伦·W. 伍德：《黑格尔的伦理思想》(剑桥：剑桥大学
出版社，1990)，第 10 页。

② 我们还可以把它称作"伦理的自由"，或者简单地称作"伦理(sittliche)自由"。我之所以偏
爱"社会自由"——哪怕黑格尔本人并没有使用这个术语——是因为它可以清楚地表明，我的兴趣
在于把他对伦理(Sittlichkeit)的叙述作为一种社会理论而非伦理哲学。这种自由可以被恰当地称作
"社会"自由，因为后面我们将看到，它只有在基本社会制度中、并通过这些制度才能得到实现。
社会自由相当于例如当黑格尔说社会成员在伦理中实现了自己"实体性的自由"(§ 257)时所谈论
的自由。

社会自由，就要把它与《法哲学》中出现的另外两种主要的对实践自由的看法区别开来，尽管它与这两者在概念上或在实存中并不是相互独立的；这两者就是为抽象法和道德提供根据的概念：人格自由和道德自由（换言之，人格和道德主体性的自由）。不过，在梳理整部《法哲学》中最突出的三种实践自由（即人格自由、道德自由和社会自由）之前，有必要就黑格尔思想中出现的最一般意义上的自由概念先说两句。在最宽泛的意义上，自由的概念超出了实践哲学（即《法哲学》所探讨的领域）的边界，包含了自由的非实践形式，也就是自由的理论形式，更确切地讲是"思辨"形式。

按照黑格尔，在自由的一般概念或"形式界定"①中最根本的观念是自决（Selbstbestimmung）。一般而言，当一个存在者由它自身决定——这时它是自己的规定或属性（Bestimmtheiten）的源头——而不是由"他者"（也就是某个与自己不合或在自己之外的东西）决定时，它就是自由的。② 如果一个存在者的规定来自它自身，那么我们也可以说它独立于或不受制于任何与自身不同的东西。它之所以是独立的、自由的，也可以说是"自足的"，是因为它不用依靠任何自身之外的东西就可以成为它自己。于是，诸如此类的存在者不会与任何不同于自身的东西产生本质关联；它完全是自相关联的，或者用黑格尔的语言来讲，它是"与自身同在的"（bei sich）。事实上，黑格尔有时把自由界定为没有任何真正的外部性或陌生性③；为了在最一般的意义上指称自由的这个本质特性，他往往会使用"与自身同在"（Beisichselbstsein）[《法哲学原理》汉译本译作"在自己那里""在自己身边"，《精神哲学》汉译本则译作"在自己本身内存在"。——译注]这个术语的各

19

---

① 黑格尔在 NL，89/Ⅱ，476 就是在当前的意义上使用这个术语的。

② 斯宾诺莎对实体的看法的重要性在这里是确凿无疑的。我在第六章会对这个主题进行扩展，因为我要解释黑格尔为什么会认为在斯宾诺莎的意义上达到了自决的社会秩序是神一般的、神圣的。

③ "倘若对一种自由来说，有某个东西确实是外在的、陌生的，那么它就[不是]自由；自由的本质和形式界定恰好是：没有任何东西是绝对外在的。"（NL，89/Ⅱ，476）

种变体（§§ 7，23；E § 384Z；VPR1，215）。可是这个表述就自身而言是误导性的，因为它暗示了自由存在者必须具有纯粹而直接的自相关联——从而暗示了某种这样的东西有可能存在。然而，这样一种观点与黑格尔根本的形而上学学说是有冲突的，那就是“直接的”存在者并不存在，也不能存在，或者换句话说，任何存在者都只有通过它与某个他者的关联才能获得它的规定——它只有这样才能成为它自己。[①] 可是，果真如此的话，似乎就没有哪个特定存在者可以按照黑格尔的界定算得上是自由的，因为规定需要他者，自由却恰好需要独立于这种他者。

　　黑格尔明显认识到了这个两难，并且想要解决它：他扩展了之前引用的表述，这个扩展版本把自由不仅界定为“与自身同在”，而且界定为“在他者中与自身同在”（Beisichselbstsein in einem Anderen）。[②] 自由的这个扩展界定（它仍然是最一般意义上的自由）想要表达的是一种调和的可能性：一个存在者不仅必然与他者相关，而且是“与自身同在”的，从而是自决的。按照黑格尔的设想，要做到在本质上独立于他者，就不能废除这个他者——不能简单地使他者不复存在——而只能消除（即“否定”）他者的他者性或异己的性质：“精神的自由不单是一种在他者之外，而且是一种在他者之内争得的对于他者的不依赖性。”（E § 382Z；着重号为本书作者所加）可见，自由是一种与自身同在的状态，而要达到这个状态，就必须经历一个过程，它应当被描述为对他者性的克服。这个观点的一个重要后果是：只有被赋予了意识的存在者——而不是斯宾诺莎的直接与自身等同的实体等——才能最终达到真正的自决。这是因为要成为某种自由的东西，就需

20

---

　　① 这个学说是由于黑格尔接受了斯宾诺莎的原则——“一切规定都是否定”（omnis determinatio est negatio）（LHP, vol. Ⅲ，285－286/XX，164－165）[《哲学史讲演录》，第 4 卷，第 101 页。——译注]——而产生的。一切规定都是否定这条原则意味着当把性质 x 归于一个存在者时，就总是需要考虑到它所不是的东西（即非 x）来对这个存在者进行定位，从而需要把它与某个不是它本身的东西关联起来。

　　② 比如，§ 7Z。参见伍德：《黑格尔的伦理思想》，第 45－51 页，他展开讨论了在他者中与自身同在（Beisichselbstsein in einem Anderen）的意义。

要复杂的技艺，只有有意识的存在者才能够做到这一点。因为只有有意识的存在者才可以一边允许它的他者继续存在，一边通过对这个他者持有某种观点来否定它的他者性。也就是说，有意识的存在者可以认为他者不再表现为异己的东西。可见，自由在黑格尔哲学中从头到尾都被当作某个过程的终点，在这个过程中，一个存在者通过与他者相关联而成为它自己，由此（在一种需要进一步说明的意义上）把它的他者理解为与它自己相同的东西，于是取消了这个他者的异己性质，从而得以仅仅与它自己相关联。（在这个语境下，我们不妨提一下，就自由被设想为在他者中与自身同在而言，青年黑格尔把爱看作自由的典范。显然，被爱的人对爱他的人来说依然是一个他者，但是与此同时，只要后者有意识地认同前者的需要和福利，前者向后者提出的要求就不再表现为某种陌生的、限制性的东西。）

　　在他者中与自身同在以多种形式出现在黑格尔的哲学中，其中一种可以让这个对自由的描述显得不那么抽象。与亚里士多德一样，在黑格尔看来，人可以从事的最高活动是哲学沉思。可是与亚里士多德不同，黑格尔把这种沉思看作自由的一种形式，而且实际上把它看作自决的最高、最完备的形式：思辨自由。按照黑格尔的设想，哲学沉思之所以可以被当作自由的一种，是因为个人可以在沉思的过程中达到与世界的和解，尽管世界最初看来彻底表现为“他者”。也就是说，世界仿佛与他们作为合乎理性的主体所拥有的基本渴望相互敌对或毫不相干。换句话说，黑格尔主义哲学的任务是表明：世界虽然原本仿佛是由邪恶支配的，而且对合理认识无动于衷，事实上就其基本特征而言却既是好的，又是人的理性可以透彻理解的。[①] 要了解整个现实在根本上的合理性和好处，就要明白与表面上相反，我们所居住的世界与我们最深切的渴望并无不合；在这个世界中，合乎理

---

　　① 艺术和宗教也可以完成这里所说的那种和解，但因为它们并不包含纯粹合理的与世界的关系，所以黑格尔认为它们低于思辨哲学。经验的这三个领域——艺术、宗教和哲学——共同构成了“绝对精神”的王国。

性的主体可以如同"在家里"一样，可以"与自身同在"。① 于是，主体要达到思辨意义上的自由，就要认为它自身（或它作为一个合乎理性的主体所拥有的渴望）在他者（即世界）中得到了充分实现，由此克服它最初与世界的异化；按照哲学的理解，这个他者不再是外在的、不友善的他者，不再与主体对峙。

21　　　　我们非常有必要把刚才描述的思辨自由与理应在合理社会秩序中实现的实践自由区别开来。前者可以被视为理论自由的一种（因为和解是在对世界的哲学理解中产生的），而《法哲学》——"客观精神"的领域——所讨论的自由具有明确的实践性质。这就是说，它是一种属于意志的自由，而且是通过在外部世界中的现实活动来实现的。（这解释了为什么《法哲学》必须以它在导论中对意志的本性和意志自由的叙述［§§ 5—28］为基础。）思辨自由与实践自由的区分决不能被看成意味着后者以某种方式反对前者的理智性质，仿佛成了盲目的意志主义。实践自由同样涉及一个人与自身、他者和世界的某些认知上的关联。（例如，自由的社会参与要求一个人以某种方式理解他自己，以及他与他人的关联，否则被公意所约束就会变成服从外在的他者。）这里的观点不是说实践自由是意志主义的，而是说它不同于在哲学沉思中达到的思辨自由，因为它主要是一种意志现象，而且是在行动中实现的。②

————————————

①　日常话语中的 bei 往往指的是"在……的家里"，这并非偶然。因此，在他者中与自身同在（Beisichselbstsein in einem Anderen）也可以被解释为"在他者中如同在家里"。事实上，黑格尔有时明确使用"在家里"（zu Hause）这个说法描述自由（§ 4Z）。

②　黑格尔的解释者经常否认我在这里所凸显的思辨自由与实践自由的区分。为了支持他们的观点，他们指出黑格尔在 § 4Z 主张"思维和意志……不是两种官能，意志不过是特殊的思维方式"。可是对这段话和其他段落的仔细解读会支持而非削弱我的解释。黑格尔并没有支持一种荒谬的、认为思维与意志没有分别的立场；毋宁说他仅仅主张意志依赖于思维，从而是一种思维"方式"。这意味着思辨自由与实践自由虽然是可以区分的，却并不是完全相互独立的。对一名在主观上与他的社会相异化的现代个人来说，思辨自由可以揭示出他的社会秩序在本质上的好处，让他得以拥护它，从而自由地（即凭借自由意志）参与其中。在这样一种情况下，实践自由依赖于思辨自由。可是很明显——我们必须坚持这个观点，否则就无法理解黑格尔的社会理论——并不是所有类型的或所有程度的实践自由（即意志自由）都需要思辨地洞察全部现实（Wirklichkeit）的合理性。一名赞同自己社会制度的伦理（Sittlichkeit）成员即使一点也不理解黑格尔的哲学，也仍然可以拥有实践自由。我受益于达德利·诺尔斯，他鼓励我澄清这个问题。

　　阐述什么是实践自由的确是一件极为复杂的工作，因为先前提到，它表现为几种不同的形式（即人格自由、道德自由和社会自由）。本书余下的部分的任务是理解实践自由的各种形式［但是重点是社会自由，这是伦理（Sittlichkeit）理论的基础］。然而，现在只需要记住，以所有面貌出现的实践自由都与思辨自由有一个差别：它总是涉及在现存世界中的实践参与——它总是通过这种参与来实现的。拥有实践自由的主体享有一种"在他者中与自身同在"，但与思辨自由不同，它是在与世界的某种实践关联中产生的"与自身同在"。与这类主体相关联的世界自始至终都是被他们所规定的。也就是说，他们本人的活动转变了这个世界，使它遵循他们自己的意志。因此，用非常一般的话来表述，黑格尔在《法哲学》中对实践自由的各种形式的论述旨在提供一种叙述，即主体在世界中的活动可以通过不同的方式成为它自己的活动，因而是从它自己的意志而非外部的源头出发的。①

　　虽然我在这里的首要目标是理解黑格尔对社会自由的看法和它在黑格尔的社会理论中起到的基础性作用，但也不能不简要考察一下《法哲学》"伦理"篇之前的两种实践自由：人格自由和道德自由。之所以有必要这样做，理由有二。第一，只有把社会自由与实践自由的另外两种形态相对比，才最有利于显示出前者的独特之处。第二，要重构黑格尔对社会自由的看法，就需要阐述它与自由的另外两种形式之间的关系，因为我们在第五章将更加详细地看到，把社会自由实现出来的社会秩序有一个建构性的特征，即它能够确保以其他面貌出现的实践自由所需的社会条件。换句话

22

————————

　　①　接下来我将更加清楚地表明，实践自由的每种形式——人格自由、道德自由和社会自由——都意味着以一种独特的方式解释一个人的行动如何才能属于他自己，或者说他的行动如何才是从他自己的意志而非外部的源头出发的。可是在这些情况下，自由并不是康德所说的"先验的自由"，也不能被界定为"通过……自发性""开始一种状态……的能力"（KRV, A445/B473）。换句话说，实践自由在黑格尔看来并不是免受因果规定的意志通过它的行为发起行动的能力，也没有预设这种能力。我受益于罗伯特·皮平，他对这些观点以及与自决这个一般话题相关的其他许多问题做了有用的讨论。

说，我们对社会自由的一部分叙述将表明，在实现人格体（person）的自由和道德主体的自由时，社会自由起到了何种至关重要的作用。

不过，在考察人格自由与道德自由有什么区别之前，不妨就一般的实践自由多说两句。之前提到，拥有实践自由的主体之所以可以"在他者中与自身同在"，是因为他们的活动把世界变成了某种由他们规定的东西：通过这种活动，他们所希求的目的成为世界的规定。可是，说实践自由的各种形式代表了一种"在他者中与自身同在"，还表达了一种更有实体性的意义。这里所说的实践活动不仅以这三种形式规定了世界，而且在行动者的自我实现中起到了至关重要的作用。也就是说，个人通过这种活动才能实现他们关于自己的某些认知，或者说把这些认知变成现实。[①] 这意味着每种实践自由都立足于一种特别的自我认知，后者一旦在行动中得到了成功表达，就在世界中获得了现实存在。我将在第三章具体叙述个人如何能在伦理（Sittlichkeit）制度中实现他们的自我认知；但即使在做出这番叙述之前，我们也不难领会自我实现如何可以被当作"在他者中与自身同在"的一种形式：只要我在世界中的行动使我的自我认知变成了现实，经过改造的世界就不再作为某种异己的东西与我对峙，而是回过头来向我反映出了一个形象，它确认了我对自己是谁所持有的观点。按照这种看法，实践自由可以说就在于一个事实："我可以通过我的活动，或者通过这个活动在

---

① 我在这里是在较弱的意义上使用"自我实现"一词的，而当伍德主张黑格尔的伦理理论是一种关于自我实现的理论时（伍德：《黑格尔的伦理思想》，第18—19页），他想要在较强的意义上使用这个词。在任何时候，只要自我可以实现它对自身持有的某种认知（不论是否合理），较弱的意义都可以适用。较强的意义则带有更加坚决的规范性含义：自我所实现的认知不单纯是随便什么认知，而是必须精确把握自我的真正本性（或合理本性）。当自我（在三种形式的实践自由中）自由地（即作为自决意志）实现了对自身的认知时，它才算得上是在较强的意义上达到了自我实现。因此，我并非不同意伍德的主张，即黑格尔的观点在较强的意义上是一个关于自我实现的理论。我要感谢比尔·布里斯托，他让我明白了这一点。

世界中的产物来直观我自己、认识我自己。"①

　　然而，我们有必要补充一点：单凭自我实现的概念还不能充分阐发黑　　　23
格尔对实践自由的叙述。因为我们不能说一个人不管实现了怎样的自我认
知，都可以达到实践自由。毋宁说就黑格尔所考察的总共三种形式的实践
自由而言，自由还是我们的行动所依据的自我认知的内容。换句话说，即
使撇开自我认知能否在世界中实现这个问题，这里讨论的自我认知也可以
被认作自由的主体所具有的认知；非常一般地讲，这里的"自由"意味着主
体拥有自决意志，它自己的规定（即它在决定自己的行动时所依据的目的）
源于这种意志。这意味着在叙述每种形式的实践自由时，"自由"都会出现
在两个位置，可以区分出两种意义——这一点十分关键，但在黑格尔本人
的讲述中完全被掩盖了。按照第一种意义，自由就是一个人成功把他的自
我认知转化到了现实世界中（由此达到了一种"在他者中与自身同在"）。按
照第二种用法，对自由的界定就很简单了，而且不那么像黑格尔所独有的
界定：自由就是拥有自决意志——意志是它自己决定或目的的源头（这一
点有多种含义，后面会进一步说明）。因此，实践自由在它的全部三种形
式中都意味着：（1）一个人可以成功依据他对自己的认知来行动；（2）而且
需要把自己看作拥有自决意志的存在者，黑格尔的社会理论认为他可以在
三种意义上拥有这种意志：他可以是人格体、道德主体或（伦理中的）社会
成员。

　　由于按照我们的直觉，要让自由的概念具有内容，一种可行的方式就
是诉诸自决意志，所以既然黑格尔对实践自由的理解包含了这个要素，就
意味着与通常的想法相反，我们可以比较容易地把所谓人格自由、道德主
体性的自由和伦理自由认作自由的真正形态，同时又不涉及他独一无二的

---

　　①　这个表述来自雷蒙德·戈斯，他虽然没有提到黑格尔的名字，却出色地讨论了黑格尔对
作为自我实现的实践自由的看法有何种基本特征和问题。参见雷蒙德·戈斯：《对自由的看法》，
载《哲学研究期刊》第49期（1995年1—3月）：第10—11页。

形而上学观点，包括不涉及他对自决的界定，即在他者中与自身同在。这番评论的要点并不是否认当黑格尔涉及"在他者中与自身同在"的观念时，他想要提出的主张具有重要性或合法性。相反，这个观念所指出的渴望——渴望感到世界是一个家——既是黑格尔思想的根基，也是一般哲学的一个不容忽视、不容调侃的主题。毋宁说我的观点是：在世界中如同在家里这个观念——我们可以认为，"没有异化"这个说法比"自由"更加符合这个观念——并没有穷尽黑格尔对实践自由的理解；后者还涵盖了一个更加常见的概念，即自决意志，所以这种理解其实非常接近通常对自由的看法，尽管最初看来远远不是如此。

总而言之，实践自由的每种形态都有两个因素，黑格尔（在讨论人格时）把它们描述为："[1]一个知道自己是自由的主观东西……[2]这个自由的某种外在实在性（Realität）。"（E § 385Z）换句话说，每种形态都包含了两点：其一，就什么是自决意志而言，每种形态都有一种独特的看法；其二，鉴于这种看法需要在我们所居住的世界中实现出来，每种形态都叙述了这种实现意味着什么，其中考虑到了这个世界的基本特征，包括自然法、人类心理的基本事实、个人主体的多元性等。① 要阐明所有形式的实践自由所共有的双重结构，也许人格自由是最好的例子，因为这是《法哲学》所探讨的自由的第一种形态，也是最简单的形态。

人格自由的概念为黑格尔关于个人权利的理论提供了根据，这个理论

---

① 当黑格尔叙述对自决意志的诸多看法的已经实现的版本时，我们世界的基本特征是如何进入这番叙述的？我们可以把一项主张作为例子，第五章将做出更加详细的考察：合理社会制度的结构必须能够满足人的基本自然需要（比如，性和食物），否则社会成员在这些制度中的参与就不是自愿的（从而不是自由的）。

是《法哲学》第一个主要部分，即"抽象法"篇所关注的重点。① 就人格而言，自决就是意志要选择它自己的目的。人格体可以由一组既定的冲动和欲望来描述，后者能够促使他们行动；但他们之所以是人格体，是因为他们的意志不只是由他们碰巧具有的冲动和欲望所决定的。毋宁说人格体能够拒斥一些欲望、接受另一些欲望；换句话说，他们拥有"决断的"（或决定的）意志（ein beschließender Wille）②，这个意志的自决在于一个人要决定满足既定倾向中的哪一些，以及用何种具体方式来满足它们（§ 12）。黑格尔还把这种对自决意志的看法称作"任性"（Willkür）③（E § 492），以便强调这样一种意志之所以（按照这种看法）算得上是自决的，只是由于它会选择为了何种目的而行动，而不管它在做出选择时有什么理由。可见，人格自由的观念背后的基本想法是：一个行为之所以属于我自己——它是从我的意志而非外部的源头出发的——是因为它出自我在决定自己的行动时所依据的欲望，这个欲望影响了我的意志（即为我的行动提供了可能的动机），但

---

① 黑格尔抽象法理论的大多数主要观念在费希特出版于 1796 年的《自然法权基础》（*Grundlage des Naturrechts*）[全名为"以知识学为原则的自然法权基础"，参见《费希特著作选集》，第 2 卷，商务印书馆 1994 版第 255 页以下。——译注]中都已经出现了。费希特对形式的自由和个体性的看法（后者有时被称作"人格"）以及他对个人的权利如何出自这些看法所做的叙述与黑格尔理论的对应部分几乎是相同的。参见我的论文《费希特，及权利与道德的关系》，见《费希特：历史语境与当代争论》，丹尼尔·布雷齐尔和汤姆·洛克摩尔编（新泽西州，大西洋高地：人文出版社，1994）["Fichte and the Relationship between Right and Morality," in *Fichte: Historical Contexts/ Contemporary Controversies*, ed. Daniel Breazeale and Tom Rockmore (Atlantic Highlands, N. J.: Humanities Press, 1994). ——译注]，第 158—180 页，我在那里展开讨论了费希特的理论。

② 尽管这个术语的出处是黑格尔在导论中对意志的抽象形式的讨论（§ 12），但它也适用于人格体的意志。黑格尔明确地把人格和决断的意志都与任性（Willkür）联系起来了，这个事实可以支持这个主张。人格与任性（Willkür）的联系在 E § 492 和 VPR2, 145 得到了明确论述。

③ Willkür 还可以被译作"选择的意志"或"选择的能力"（康德的译者有时喜欢后一个称呼）。黑格尔对任性（Willkür）的理解与康德对人的意志的描述有明显的亲近关系；按照康德，意志会"以生理变异的方式……受到刺激"，但不会"以生理变异的方式被必然化"（KRV, B562）；"人的任性（Willkür）……虽然受到冲动的刺激，但不受它规定……任性的自由是它不受感性冲动规定的那种独立性"（6: 213）[《康德著作全集》，第 6 卷，第 220 页。——译注]。在亨利·阿利森那里可以找到关于康德对任性（Willkür）的看法的出色讨论，参见《康德的自由理论》（剑桥：剑桥大学出版社，1990）[Henry Allison, *Kant's Theory of Freedom* (Cambridge: Cambridge University Press, 1990). ——译注]，第 55 页，第 129—136 页。

不是单凭自身就决定了我的意志。

25   如果个人在这个意义上认为自己是自决的，那么他们如何能在世界中实现他们的自我认知？更重要的是，我们必须如何建构社会秩序，才能让居住在其中的人能够做到这一点？这些问题把我们带到了抽象法学说面前。黑格尔的回答是：一名个人要实现任性的自由，就要掌握外部世界的一部分，这个部分由无意志的存在者，即"事物"（Sachen）（§ 42）组成，他自己的任性在这里拥有不受限制的自主权①，其他意志则被排除在外，因为它们会对他自己自由选择的目的造成潜在阻碍。黑格尔想到的是一个排他的、外在的活动领域，它会服从个人的任性；这是他关于抽象法的理论背后的核心观念，而且这个理论需要在原则上规定这样一种领域的边界。抽象法的原则要达到这个目的，就要为个体人格体赋予一组权利，保证他们在一些事物面前拥有随心所欲的自由，只要他们可以恰当地认为这些事物仅仅服从他们本人的意志——这些事物包括他们的生命、身体和他们所占有的物品，所有这些共同构成了他们的财产（Eigentum）。② 于是，要实现人格自由，个人就要居住在一个保障私人领域的社会世界中，他们在这个领域中的行动不会被外部的行动者——不论是其他个人还是国家——所妨碍，因而他们可以追求他们凭借自己所拥有的任性为自己选择的目的。③ 人格体对组成自己的私人外部领域的事物拥有排他的话语权，由此享有某种"在他者中与自身同在"，从而拥有（实践）自由。④

---

①　这仅仅是说，这样一种意志没有受制于别的意志。例如，自然法则仍然会对这个意志实现自己目的的能力施加约束。

②　达德利·诺尔斯很好地讨论了黑格尔关于财产以及它与人格自由的关系所持有的观点，参见《黑格尔论财产和人格性》，载《哲学季刊》第 33 期（1983 年 1 月）[Dudley Knowles, "Hegel on Property and Personality," *Philosophical Quarterly* 33 (January 1983). ——译注]，第 45—62 页。

③　因此，我认为人格自由与黑格尔在别处按照卢梭的方式所说的公民自由是相同的：它意味着"一个人在他的倾向、任性（Willkür）、他对技能的运用等方面不受限制"（VPR2, 150）。

④　伍德对人格和抽象法的更加广泛的讨论特别有用；参见《黑格尔的伦理思想》，第 22 页，第 49—50 页，第 77 页，第 94—107 页。

道德自由的概念为《法哲学》第二篇，即"道德"篇①提供了根据，这是自由的一种更加复杂的形态，并相应地立足于一种更加复杂的对自决意志的看法，黑格尔把它称作道德主体。② 道德主体的自决不仅在于他们能够在既定的欲望中选择自己行动的目的；在决定自己的意志时，他们不是单纯凭借任性，而是凭借自己的原则，或者更确切地讲，是凭借自己对（道德的）善恶的理解。与道德主体性相联系的自决之所以比人格的自决更加复杂，不仅是因为它要求按照规范性原则（这些原则界定了一个人对善的理解）来决定意志，而且是因为若要把这些原则本身算作"一个人自己的"原则，他作为道德主体就要能够合理地反思这类原则，能够肯定、拒斥或修改它们。可见，个人要实现道德自由，就要赞成一种以合理的方式提出的对善的设想，依照它来决定自己的目的，并成功地在世界中实现它，即

26

①　黑格尔的术语是道德(Moralität)，他把它与伦理(Sittlichkeit)系统性地区分开来了。参见前引书，第 127—173 页，第 195—196 页；查尔斯·泰勒：《黑格尔》（剑桥：剑桥大学出版社，1975)[Charles Taylor, *Hegel* (Cambridge: Cambridge University Press, 1975). ——译注]，第 370—378 页，第 385—388 页；以及乔基姆·里特：《道德与伦理：黑格尔与康德主义伦理学的争论》，见《黑格尔与法国大革命》（马萨诸塞州，剑桥：麻省理工学院出版社，1982)[Joachim Ritter, "Morality and Ethical Life: Hegel's Controversy with Kantian Ethics," in *Hegel and the French Revolution* (Cambridge, Mass.: MIT Press, 1982). ——译注]，第 151—182 页；它们都讨论了这个重要的区分。黑格尔对道德与抽象法的区分直接继承了费希特在政治哲学中最重要的创新，即权利(Recht)与道德的分离（诺伊豪瑟：《费希特，及权利与道德的关系》，第 158—180 页）。毫不意外，黑格尔对道德自由与人格自由的区分也同费希特为了划出权利与道德的边界而采用的区分（即"形式的"自由与"物质的"自由之间的区分）是密切相关的。我讨论过后者，参见我的著作《费希特的主体性理论》（剑桥：剑桥大学出版社，1990)[*Fichte's Theory of Subjectivity* (Cambridge: Cambridge University Press, 1990). ——译注]，第 117—166 页。

②　黑格尔极其频繁地使用"主体"(Subjekt)一词称呼道德(Moralität)主体，但我将使用"道德主体"，以免把这种对主体性的特殊看法与"主体"在整个黑格尔哲学中的其他用法混淆起来，后者与道德(Moralität)基本无关。后者的例子有：他主张绝对的东西应该被同时设想为实体和主体(PhG, ¶17; 23)，又把人格体描述为一种主体(§ 34)，还在一些段落中把主体性等同于一般自我意识(§ 25)。

用自己的行动来产生善。① 按照这种对实践自由的看法，这类行动之所以可以算作主体自己的行动——它们是从主体自己的意志而非外部的源头出发的——是因为它们遵循了规范性原则，而且主体自己合理地赞同这些原则。

在讨论人格时，我们比较容易看出社会制度如何影响了自由的实现，在讨论道德主体性时则不然。为了看清社会理论与道德自由的联系，我们需要记住，后者要求个人意志所服从的原则必须被他们本人认作一种善（从而得到他们的肯定）。用黑格尔的话说，他关于道德主体性的观点意味着"伦理的……规定不得仅仅作为某个权威的外在的法则和规范来向人提出遵守它们的要求，而且要在人的心、态度（Gesinnung）、良知、洞察等里面拥有对它们的赞同、承认，甚至赞同和承认的理由"（E § 503A）。因此，合理社会秩序需要满足道德主体的一项权利，黑格尔把它描述为他们最重要的权利（§ 132）：一切支配他们生活的实践规定——其中包括通行的法律和来自社会生活的命令——在决定这些主体的行动时，都应该被他们作为一种善来加以接受和肯定。（至于合理社会秩序如何能顺应道德主体的这项权利，是黑格尔关于社会自由的主观因素的学说——关于社会成员的"主观态度"的学说——所探讨的，这是第三章的话题。）不过，这种自决意志还在另一个方面与社会理论相关：从道德主体性的视角看，如果社会成员只是实际上认为他们的社会秩序是善的，因而值得他们支持，那是不够的；这个视角还要求这个态度能够得到合理辩护，要求实际上得到肯

---

① 道德自由若要得到充分实现，就还必须满足另一个条件：一个人在为了一种好处而行动时，他对这种好处的理解必须是正确的，或者具有客观有效性。对道德主体性的这番简要叙述立足于黑格尔对道德主体的描述：这种主体力求"[1]拥有对善的洞察，[2]使善成为自己的意图、[3]并通过自己的活动把它产生出来"（E § 507；着重号已忽略）。与刚才引用的段落一样，我在这里的叙述仅仅强调了黑格尔所说的"主体的最高权利"（§ 132A）。它忽略了黑格尔对道德自由的高度复杂的看法的一些重要方面，包括"认识"的权利（§ 117）、"意图"的权利（§ 120）和"主观满足"的权利（§ 124＋A）。第七章在考察黑格尔对道德良知的看法时给出了一番更加充分的对道德主体性的叙述。

定的社会秩序还要配得上这种肯定。于是，一组制度若要实现道德自由，就必须能够经受社会成员的合理审视。倘若社会秩序禁止合理批评，或者它只是看起来值得肯定，却禁不起这种质疑，那么它或许能够得到大多数成员实际上的赞同，却不能满足道德主体对它提出的要求。（道德主体性的这一面和它对社会理论的意义是第七章的话题。）

27

社会自由和黑格尔社会理论的课题

到这里，我在谈论实践自由的三种形态时把它们当成了仿佛相互分离的、彼此无关的现象。然而，黑格尔认为它们构成了一个有等级秩序的总和，社会自由处于顶端，接下来（按照自上而下的顺序排列）是道德主体性和人格的自由。我们如果理解了黑格尔想要用这幅图景传达什么意思，就可以准确地看到他认为自己的伦理（Sittlichkeit）理论所从事的是怎样的课题。如果黑格尔把自由的一种形式放在较高的等级上，那么就它与较低的形式之间的关系而言，这个事实就说明了两点：第一，较高的形式代表了自决的一种更加"丰富的"（§ 32Z）形态——它更加复杂，更有实体性；第二，较低的形式依赖于较高的形式，因为倘若没有较高的形式，较低的形式就无法以一种完全符合自决意志的本质特性的方式在世界中实现。[1] 第二点意味着要完整地叙述实践自由的各种形态，一种可能的做法就是借助一连串（"辩证的"）论述，这些论述从实践自由的最低形式开始，一直进展到最高形式，由此探究每种形式的充分实现（即以一种完全符合自决意志

---

① 黑格尔表达这个观点的方式是指出较低的形式达不到完全自足："各种抽象形式［或较低的形式］不是作为独立存在的东西（für sich bestehend）而是作为不真实的东西显现出来的。"（§ 32Z）

的本质特性的方式来实现）所需的条件。在每个环节中①，对这些条件的考察都会显示出较低的形式无法完全符合自决的概念，由此指出比它高一级的形态是必要的。

　　现在我不妨以刚才界定的两种形式的实践自由为例来说明这些观点。第一，黑格尔之所以认为道德主体性的自由高于人格自由，是因为前者体现了自决的一种更加复杂、更有实体性的形式。与人格相关的那种意志——任性的、决断的意志——之所以是一种自决，是因为它在决定（选择）为了哪个特殊目的而行动时，并不被它之外的东西所决定。可是要说这些被选中的目的"出自意志本身"，其实是非常无力的。由于按照这种看法，要把这样一种意志算作自决意志，只需要它的目的不是由其他东西决定的（不是直接由它既定的欲望所决定的），所以自决的这种形式与变幻无常、心血来潮是相容的。换句话说，它对目的的选择也许不外是不受管制的自发性。（这里有必要记住，黑格尔尽管把人格自由称作实践自由的最缺乏实体性的形式，却还是把任性的自决看作自由的一种真实情形；因此，合理社会秩序必须公正对待这种自决的价值，这个任务是通过贯彻抽象法的原则来完成的。）相反，道德主体的意志会以一种更有实体性的方式来决定自己的目的：他依照自己对善的理解来做出选择，还认为善的原则可以接受合理批评，也可以修改。当黑格尔主张与道德主体性相关的自由是一种比人格自由更高的形式时，这背后的直觉是：如果主体按照一种具有合理根据的对善的理解来决定一个行动，这个行动就以更有实体性的方式表达了这个主体是谁——他在这样一种行为中更多地投入并体现了他自

---

　　① 这即使对于实践自由的最高形式、即社会自由也能成立，因为黑格尔对伦理（Sittlichkeit）的探讨要让位于他对世界历史的叙述（§ 340, E § 548）。在黑格尔的体系中推动这个过渡的观点是：就连合理社会秩序也无法完全达到自决的理想，因为它的存在是有历史条件的（它只是由于较早的、自在地看并非完全合理的社会秩序才成为可能）。因此，我们若要成功找到一种真正自我维系的现实，就必须把人类历史的进程本身理解为自决的整体。黑格尔的体系一旦理解了伦理的领域，接下来就会转向这项任务。

身——凭借任性做出的行动则做不到这一点，如果行动的理由对于主体的自我理解是次要的，那也不行。

黑格尔还在另一种意义上宣称道德主体性的自由高于人格自由：倘若没有前者，后者就无法以与自决意志的本质特性相一致的方式来实现。这项主张在黑格尔的文本中并没有直截了当地说出来，而是隐含在文本的一个结构性特征中，也就是当他的文本向着一种对实践自由的完全充分的看法进展时，"抽象法"篇事实上位于"道德"篇之前，后一个阶段据说是前一个阶段的必然产物，这种必然性也是黑格尔声名狼藉的辩证过渡所特有的。虽然黑格尔文本中的这类过渡的运作方式极其晦涩、充满争议，但在眼前的例子中，他的大致意图还是相对清楚的。这个过渡表明，自决意志的与人格相联系的形式在某个方面达不到完全自决的理想，所以必须由自由的另一种更加复杂的形态来予以补充，后者就是道德主体的自由。黑格尔为这项主张所做的论证可以按照如下方式重构。

我之前说过，当人格自由实现时，它在本质上是任性与无意志的存在者（即事物）之间的一种关系，任性可以占有这些存在者，利用它们追求自己自由选择的目的。因此，一名人格体若要实现它的自由，就要对外部世界的一个特定部分拥有排他的、任意的控制权，这个部分构成了他的财产。假如有可能想象一个世界，其中居住的只有一个任性，它在它对事物的统治中实现了它的自由，那就没有理由认为任性的自由是不完整的，仿佛还需要意志的某种别的形态才能让自决得到充分实现。可是世界是由更多的人格体所共有的；当我们考察在这样的世界中实现任性的自由需要何种条件时——当我们考虑到个人意志的多元性时——我们就会看到，这样一种世界的居民所享有的自决不可能只有人格自由这一种。更确切地讲，如果他们要达到的理想是拥有完全自决的意志，人格自由就不能是他们所

29

享有的唯一一种自由。^① 如果一个世界要让众多个人的人格自由得到保证，
而一个生活在其中的人格体仅仅拥有任性，那么他就不可能是完全自决
的，因为他的行动还必须服从法律，而法律并不内在于他自己的（单纯任
性的）意志。这是因为要实现众多个人的人格自由，就需要所有人的行动
都服从约束。也就是说，他们的行动必须至少受制于某些原则（即抽象法
的原则），它们规定了个人的何种行动与他人的人格不一致。因此，要在
一个由多人共享的世界中实现人格自由，一个条件就是个人行动应该遵守
黑格尔所给出的抽象法的基本命令："尊敬他人为人格体"（§ 36）。合理社
会秩序会把抽象法的原则编成一个法律体系，运用外部的法律制裁手段来
加以推行，但若人格体的行动是由这些原则支配的，并且他们是完全自决
的（从而并不受制于外在约束），那么他们就必须能够掌握抽象法的原则背
后的合理目的，把它们作为自己的原则来加以肯定，并按照它们决定自己
的行动。换句话说，他们必须具备一种更加复杂的意志结构，这在黑格尔

---

　　① 我的论述的这一步显示出了构成黑格尔体系的辩证论述（在一定程度上）的目的论性质，
并驳斥了一个观点，即这些论述在严格意义上具有先验的本性。事实上，这些论述经常同时运用
目的论和先验的思路。从较低形态 x 到较高形态 y 的辩证过渡通常会展现出如下一般程序：首
先界定一种对自决的抽象看法 x（例如，"自决就是一个人选择自己的目的"）。然后追问，x 在何种
条件下才能在世界中实现？这番探究将揭示：要么（1）y 是 x 的实现所必需的一个条件（这是先验
的思路）；要么（2）x 尽管离开了 y 也有可能实现，却需要用 y 补充自己，以便 x 在实现出来的形
式中可以与自决的本质特性保持一致（这是目的论的思路）。由于有些过渡事实上同时运用了两条
思路，所以整幅图景就变得越发复杂了。从"道德"篇到"伦理"（Sittlichkeit）篇的过渡就是如此，因
为后者既是人格和道德主体性的实现所必需的条件，又是自决意志的一种较高形态，而较低的形
式以及它们的实现所需的条件之所以需要它，是为了使它们构成的整体本身与自决的本质特性相
一致。黑格尔的辩证过渡十分晦涩，这一点声名狼藉；这在一定程度上是由于一个令人惊奇的事
实，即他从来没有明确阐述这些过渡的非常复杂的结构。令人越发惊奇的是，在大多数情况下，
只要仔细运用分析的技巧，就可以从这些过渡中引出连贯的、令人信服的论述思路。
　　从"抽象法"篇到"道德"篇的过渡属于目的论的类型，因为黑格尔之所以能推演出道德主体性，
严格来讲并不是由于它是它的前一个环节的可能性条件，而是由于它作为意志的一种形态必须被
用来补充人格，否则人格自由就无法以与最初设定的理想（或目的）——意志的完全自决——相一
致的方式得到实现。因此，与通常认定的观点相反，隐含在这个过渡中的主张并不是一个仅仅由
人格体构成的社会（即其中的个人仅仅是人格体，而不是道德主体）在概念上或在实践中是不可能
的，而是这类存在者无法既符合普遍人格的要求，同时又作为完全自决的东西存在。

那里是与道德主体性相联系的。①

在更加完整地描述社会自由之前，我们不可能令人满意地阐述它如何 30
代表了一种比它的前辈更加复杂、更有实体性的对自决的看法，以及它如
何是这些前辈的实现所必需的。然而，我们在前文的基础上可以笼统地、
初步地说一下考察前两种形式的自由在实现时所需的条件如何能帮助我们
界定黑格尔对伦理（Sittlichkeit）的叙述所面临的基本任务。《法哲学》向真
正的社会理论的过渡——它叙述了何种制度构成了合理社会秩序——是由
一种见解推动的：自由的较低形式只有在具备了若干社会条件时才能实
现。（接下来几章将更加详细地讨论这些条件；现在只需要明白，例如，
执行抽象法需要怎样的法律制度，家庭等制度又要如何塑造它们的成员才
能使他们成为拥有发挥自由所必需的主观能力的个人。）于是，合理社会制
度的首要任务就是确保一些条件，以便让社会成员有可能实现人格自由和
道德自由。（第五章将探讨这组问题，它们是社会自由的客观因素的一部
分。）如果我们回想一下，自由的较低形式所需的条件同样必须以一种与自
决的本质特性相一致的方式出现，那么我们就能发现黑格尔的社会理论还
有别的任务。换句话说，社会制度确保这些条件所用的手段本身不应该违
背自决意志的理想。按照黑格尔的解释，这条要求会进一步转化为合理社
会秩序必须符合的两条标准。第一条标准关乎构成这个秩序的个人的意
志：个体社会成员不能只是参与社会秩序，并把它再生产出来；他们同时
还是唯独由自己的意志所决定的，因而作为伦理（Sittlichkeit）制度的承担
者，他们必须能够在主观上认为这些制度与这一点相一致。（这条要求是
社会自由的主观因素，也是第三章关注的问题。）第二条标准至今还是黑格

---

① 有必要提一下，这番论述仅仅确立了一种意志的必要性，这种意志拥有道德主体性在结
构上所具有的复杂性。它单凭自身并不能解释黑格尔最终归于道德主体的每一个特征。例如，它
受制于善的原则，这些原则包括了人格的实现所需的前提（也就是权利的原则），却又超出了这个
前提。

尔的社会理论中对我们的直觉来说最不明显的方面，它立足于如下想法：自决的理想在充分实现的过程中若要确保实践自由的较低形式所需的条件，拥有自决意志的就不能只是构成这个社会秩序的人类个体；整个社会秩序必须同样被看作一个活生生的、能再生产它自身的体系，它本身必须体现自决意志的本质特性。（黑格尔观点的这个特征是客观自由学说的一部分，第四章将予以考察。）

31

黑格尔的社会自由学说可以被理解为一个准逻辑①进程的必然的最后一步，这个进程试图得出一种完全充分的对实践自由的看法——或者说辩证地"推演"出这种看法——而它的起点只是一个空洞的观念，即不被任何外在的东西所决定的意志；为了更加清楚地说明这种理解，我现在重新表述一下前文的观点。黑格尔的推演是从一种简单至极的对自决意志的看法——人格所特有的任性——开始的，然后他说明了人格自由单凭自身如何不足以完全消除对陌生意志的服从，由此证明了我们有必要用自由的一种更加复杂的形式（即道德自由）来补充这种看法。（倘若不是所有人都按照抽象法的原则行动，人格自由就无法得到普遍实现，所以人们若要避免被陌生的意志所决定，就必须还能够希求这些约束他们行动的原则。也就是说，他们必须能够拥有构成道德主体性的那种自决。）自由的这种比较复杂的形式弥补了它的前辈的缺陷，却也引发了一组新问题，它们本身又需要借助一种更加丰富的对自决的看法来解决——这是典型的辩证风格。

那么，人格自由和道德自由有什么缺陷，才有必要引入社会自由？先前从人格自由到道德自由的过渡已经表明，只要设想一下前一种对自由的看法在什么条件下才能在世界中实现，就可以发现它的不足。与人格自由和道德自由的实现相关的重大问题主要有两类：第一，人格体和道德主体所特有的意志不是完全自足的——它们要依靠它们之外的东西才能成为现

① 这仅仅是一番准逻辑的推演，因为它不止关系到纯粹的概念分析。例如，为了使人格自由的不足显现出来，我们就必须考察它在何种条件下才能在我们所居住的世界中得到实现。

实——因为要使一个人具备人格或成为道德主体，实际上就预设了他已经经历了诸多社会过程，这些过程塑造了他的性格，或者说使他得到了"教化"（Bildung）。这种教化主要包括：社会成员必须学会把自己看作有别于他人的、拥有特殊利益和自主意志的个人（以便成为人格体）；他们还必须能够内化自己与他人的互动所遵循的原则（以便成为道德主体）。第二，道德主体性之所以无法达到真正的自足，还有另一方面的原因：就道德主体自身而言——抽掉他们在社会的基本制度中的位置——他们无法让善的概念获得具体的、并非任性的内容，因为他们缺乏必要的资源。没有社会归属的道德主体也许真诚地渴望把善实现出来，可是就何种事业和生活形式最有利于促进所有人的自由和福利（即促进善）而言，他们缺乏比较具体的设想，因而无法知道他们对善的忠诚要求他们做出何种特定行动。按照黑格尔对这番批判的表述，道德主体性是"抽象的""空洞的"和"形式的"（§§ 134－137，141）；它无法满足完全自决的意志所提出的标准，因为它单凭自身并不能使自己的主导概念获得充分规定。①

黑格尔认为，要解决这两个问题，就要叙述好的（或合理的）社会制度，所以他走向了社会自由学说。因此，合理社会制度在黑格尔那里承担了双重任务：既要使其中的成员社会化，使他们拥有实现人格自由和道德主体性的自由所需的主观能力，又要提供一个社会框架，由这个框架界定的特殊事业为社会成员的个体生命注入了目的，并为他们对善的理解提供了特定内容。这两项任务各自从一个重要方面指明了人格自由和道德自由的系统实现如何依赖于合理社会秩序的存在。虽然这类制度确保了人格自由和道德自由的实现所需的条件，但我们不应该由此以为，黑格尔的理论

32

---

① 有一种错误的主张："善"对没有归属的道德主体来说缺乏一切并非任性的内容。黑格尔在 § 134 指出，道德的立场至少可以合法提出以下主张：善就是遵循抽象法的原则，并增进人的福祉，包括自己的和他人的福祉。问题在于，对善的这番描述仍然与对可以满足这些标准的特殊行为或社会制度的具体叙述相去甚远。

纯粹是出于工具性的理由才重视社会成员资格的（仿佛它把社会成员资格仅仅当作实践自由的两种较低形式在实现时所需的手段）。事实决非如此。相反，如果我们在解决自由的较低形式所造成的问题时想要忠于完全自决的理想，这种解决本身就必须使自决意志达到一种新的、更有实体性的形态，这种形态在这里就是由社会自由的观念来表达的。换句话说，在确保人格自由和道德自由所必需的条件时，合理社会秩序所用的手段本身也必须体现一种意志自决；它们不单纯是实现自由的手段，同时还是自由的一种情形。［这里不妨回想一下黑格尔的主张："自由存在于伦理（Sittlichkeit）中。"］

33   自决的这种新形式理应满足诸多要求；把它们集中起来，我们就能得到对它的本质特征的一番简要陈述，以及对接下来大多数讨论的结构的一番概括：一条要求是(1)社会自由要确保自由的较低形式所需的条件（这是社会自由的客观因素的一部分，也是第五章的主题）；除此之外，社会自由还在另外两种黑格尔所独有的意义上涵盖了自决。它们是：（2）因为个体社会成员的自我认知是与他们所承担的社会角色相联系的，所以他们不仅会自愿参与伦理（Sittlichkeit）制度，而且在这种活动中建构了自己的身份——使这些身份具备了现实规定——由此，他们是自决的。（这是社会自由的主观因素，也是第三章关注的问题。）(3)社会秩序本身——制度及其成员的总和——构成了一个自决的整体，它的自足比任何个人单凭自身在原则上所能达到的自足更加彻底。（这是社会自由的客观因素的另一个部分，也是第四章的话题。）因此，拥有社会自由的个人的行动在双重意义上可以算作他们自己的行动——算得上是从他们自己的意志而非外部的源头出发的：第一，他们的社会参与表达了他们本人有意识地持有的自我认知（比如，作为母亲、教师和特殊国家的公民）；第二，在按照他们的自我认知来行动时，他们实际上不仅造就了让他们本人的自由（即人格自由和道德自由）成为可能所需的社会条件的总体，而且造就了以整体主义的方式界定的社会整体的"自决"（或自足）。（后面我们将更加详细地看到，不仅拥有社会自由的个人在这两种意义上可以把他们的行动视为"自己的"行动，而且这两点形成了我所说的社会自由的主观因素和客观因素的基础。）

我们已经看到了黑格尔的社会自由学说如何能被理解为一番逻辑探究的顶点，这番探究试图阐发一种具体的对实践自由的看法，这种看法完全符合它的核心概念，即充分的自决。然而，有另一种看待黑格尔在这里的哲学课题的方式——不是认为它在概念上探究了自由的本性，而是认为它回答了特殊历史时期所引起的社会文化问题，并界定了一个新的世界历史时代的基本困境（这既是黑格尔的时代，大概又是我们自己的时代）。按照这种解读，有三种不同的、可能相互冲突的对自由的设想（即人格自由、道德自由和社会自由），它们是后启蒙时代从过去继承下来的，甚至到现在也仍然有说服力，而黑格尔社会理论的核心任务就是寻找一种办法把它们结合起来。这种对黑格尔的理解意味着对今天的我们来说，一个社会秩序如果排斥自由的这三种形式中的一种或几种，就不能被看作一个完全合理的、令人满意的世界。从这个视角看，合理社会秩序实际上可以界定为：它满足了它的成员对自决的以全部三个面貌出现的渴望。

黑格尔本人赞同对他的课题的这种解读。他会这样做的证据是：他在总体上主张"世界历史不过是自由的概念的发展"（PH，456/XII，539—540）[《历史哲学》第450页。——译注]，而且他确实把实践自由的每种形式都等同于特殊的历史时代。[不仅如此，这些观点还清楚地表明，这种对黑格尔的课题的理解与第一种理解丝毫没有冲突，因为对黑格尔来说，世界历史的运动不过是反映了理性自身的逻辑结构；换句话说，"概念"（der Begriff）的每个环节仿佛都在世界历史的行进中有它的时日。]黑格尔主张，人格自由的观念和它对"个人的抽象自由"的强调出自古罗马（PH，279/XII，340）。它最初表达为罗马的一种法律实践，即承认帝国的所有公民

34

（奴隶除外）①都是人格体，都拥有一组特定的人格权利和财产权利。相反，道德自由的观念是现代世界的产物。它最早出现在宗教改革的神学中（在这种神学看来，神的言辞存在于所有信徒的心中），但是康德对自律的道德主体的看法——这种主体仅仅被内在于他自己理性的原则所约束——对它做了最清晰的阐述。

黑格尔社会理论试图涵盖的第三种对自由的看法更加难以描述。它出自古希腊；或者也许可以更精确地说，它出自黑格尔及其同时代人对古希腊世界的想象。这种自由——黑格尔的社会自由的古典先驱②——与当时的状况有关：古希腊居民（至少是自由的男性公民）在主观上对城邦怀有深切的归属，因而他们的社会成员资格可以说构成了他们自己身份的核心。对古希腊人来说，参与城邦生活的价值就是这种参与本身（而不单纯是一种达到外在的、以自我为中心的目的所需的手段）；这种参与还为他们提供了目标、事业和社会角色，这些都是他们自我理解的核心。黑格尔之所以把希腊公民与他们的城邦之间的主观关联看作一种自由，有两个原因。第一，公民并不把城邦的好处看作与自己的好处相分离、相对抗的东西，这个事实让他们得以服从支配他们的城邦法律——这些法律是以整个城邦的好处、而不是城邦成员的特殊好处为目标的——却不会感到这些法律是对他们意志的外在约束。第二，古典城邦为它的成员带来了一种独特而重要的满足。它提供了一个社会框架，为他们的个体生命赋予了意义，而且他们主要是在这座舞台上履行公民的角色，由此通过自己同胞的承认来赢得黑格尔所说的"自我感"。简言之，古希腊社会世界的居民感到他们的社

①　这里的要点是：人格的地位被同时赋予了罗马人和非罗马人，而不取决于族群成员资格。

②　按照我在这里的陈述，古希腊所特有的自由仅仅是黑格尔社会自由的先驱，这有两个理由：第一，它仅仅涵盖了黑格尔所理解的社会自由的主观因素［他把它称作与社会成员资格相适应的主观态度（Gesinnung）］。第二，希腊人对自己城邦的认同并没有同时为一种对自己的看法——坚定地把自己看作个人——留出余地。换句话说，希腊人所享有的自由的形式不能够顺应在之后的时代兴起的人格自由和道德主体性的自由。

会世界是一个"家"。

在黑格尔看来，后启蒙文化所面对的核心问题之一是社会秩序是否可能实现全部三种对自由的看法。他的社会理论试图表明，与表面上相反，现代性的三大基本制度——现代的家庭形式、市民社会和国家——能够通过协同运作来顺应这三种理想。社会自由的观念在这番论述中起到了核心作用，因为这个观念的现代形式结合了古希腊的自由与在历史上后续出现的两种形式的自由。现代的社会自由在两个不同方面做到了这种结合：第一，拥有社会自由的个人与他们的社会秩序之间的主观关联类似于希腊公民与他们的社会秩序之间的主观关联，不过两者也有一个关键差别：现代的社会成员可以归属自己的制度，借此建构自己的身份，但这并不妨碍他把自己当作一名个人。也就是说，他是人格体，因而他的权利和利益与共同体的权利和利益是分离的，而且他是道德主体，因而有能力、也有资格判断现有的社会规范和实践的善恶。第二，当现代个人在制度中获得特殊身份时，这些制度还会在客观上促进人格自由和道德自由，因为它们只要恰当地运行，就可以带来让这些自由的实现成为可能所需的诸多社会条件。

后面将开始对社会自由进行长篇讨论；但在这之前，我想要在本章接下来几节考虑两个问题，它们都涉及黑格尔对社会自由的看法与他的绝对精神学说之间的联系：第一，谁（或什么）是社会自由的承担者？（真正说来拥有社会自由的是个人，还是某种超个人的社会存在者？）第二，如果脱离了黑格尔对绝对精神及其历史使命的理解，那么社会自由还能否被认作一种可取的对自由的看法？我们是否只能把社会自由的观念还原为一个观点，即人类个体只有为绝对精神的目的服务，才能实现他们的"真实"本性，从而是最自由的？

为了着手处理这些问题，我们不妨考虑一下，如果它们是针对人格自由和道德自由提出来的，那么答案会是怎样。第一，我们很容易把这两种自由都看作自由的真实情形，而不用诉诸黑格尔所独有的关于理性、历史或绝对精神的观点。这是因为给人格自由和道德自由提供根据的那些对自决意志的看法很容易得到认识，在黑格尔思想中出现的其他几种对自由的看法则不然。先前提到，人格体之所以拥有自决意志，是由于他们会选择依据何种欲望决定自己的行动；道德主体的自决则在于他们在决定自己的意志时所凭借的原则被他们认作自己的原则。第二，这两者显然都属于个人自由。人格体和道德主体所特有的自由（至少）在一种意义上是个人主义的："人格自由"和"道德自由"都可以作为有意义的谓词被用在个体行动者身上，这也是一般用法。有资格成为人格体和道德主体的（在大多数情况下）是个人而非群体，所以个人也是与这两者相联系的两种自由的首要承担者。

就社会自由而言，为这些问题寻找答案要困难得多。也就是说，我们很难看出社会自由能否被理解为一种意志自决（从而被理解为一种真正的实践自由），以及它是否像人格自由和道德自由那样是个人的一个属性。到今天为止，大多数解释者要么明确地为这些问题做出了否定回答——他们否认社会自由是一种意志自决，也否认个人是它的承担者——要么未能足够详细地说明如何能以别的方式理解在伦理（Sittlichkeit）中实现的自由。这个状况在当前和在过去都极大地影响了哲学界对黑格尔社会理论的接纳，因为他对合理社会秩序的叙述假如无法说明社会自由如何是一种由个人享有的实践自由，最终就会非常令人反感。例如，假如在合理社会制度中实现的自由到头来是某种不同于意志自由的东西（比如，所实现的东西类似于一个人作为绝对精神的载体所具有的真实的"精神"本性），那么黑格尔的理论看起来就会彻底依赖于形而上学——实际上是依赖于神正论——而这是我们今天不太愿意接受的。与此同时，假如社会自由虽然据说是实践自由的最高形式，却仅仅是被视为整体的社会秩序的一个属性，而非同样是个人的属性，那就很难反驳一种常见的指责：黑格尔的理论最终会为了社会有机体的集体目的而牺牲个人的切身利益。

　　这类立场会造成令人反感的后果，但这当然不能证明黑格尔没有这样的主张。然而，我试图在我的重构中表明，对黑格尔的伦理（Sittlichkeit）学说的传统解读在这两个问题上都误入歧途了。换句话说，我将论证社会自由可以（在一种独立于黑格尔的绝对精神神正论的意义上）被理解为一种意志自决，也可以作为有意义的谓词被用在个体社会成员身上（换言之，说合理社会秩序中的个人可以在人格自由和道德主体性的自由之外享有实践自由的另一种独特形式，是有意义的）。为了澄清我对社会自由的叙述想要避免的这两个主要陷阱，我将考察最近的两种解读——它们出自卡尔-海因茨·伊尔亭和查尔斯·泰勒——我主张黑格尔恰好（正确地）拒斥了它们认为他所处的立场。我将从第二个问题开始：社会自由能否被归于合理社会秩序中的个体成员？

　　社会自由是一种个人自由吗？

　　黑格尔在《法哲学》第三篇开头宣布："伦理是自由的理念"（§ 142）。这个说法在同一段话中又被表述为伦理是"自由的概念"，这个概念在世界中、在世界成员的意识中都获得了现实存在。我这里想要探讨的问题是：在伦理（Sittlichkeit）制度中得以实现的自由是谁的自由？这种自由究竟仅仅是相关的社会整体所具有的一个属性，还是同样从属于构成整体的个人？换句话说，究竟是伦理制度的总和本身——家庭、市民社会和国家——（在某种黑格尔所独有的、有待进一步规定的意义上）拥有自由，还是这些制度的个体成员享有伦理（Sittlichkeit）所特有的自由？要追问社会自由究竟是整个社会秩序的属性，还是构成这个秩序的各个部分（即人类个体）的属性，最终就要追问黑格尔的社会理论在何种程度上对合理社会秩序应当具备的基本价值做出了一种整体主义的叙述。所以，在直接探讨这个问题之前，不妨更加确切地分析一下整体主义的概念：为了让复合物（如社会整体）的属性与构成复合物的各个单位（在我们这里就是社会的个

38

体成员）相互关联，我们可以区分出三种方式。

　　让我们考察一群互有差异的细胞，它们单凭自身都缺乏维持生命所必需的基本能力，但只要以合适的方式统一起来，就能构成一个活的有机体，它能够执行持续存活所必需的生物功能。我们可以把许多属性归于这样一种有机体。例如，我们可以说它有质量、它是活的以及它能维持自身。如果我们现在要问，有机体的这些属性是否同样可以归于它的个体细胞，以及在什么条件下可以这样做，那么我们就会看到，在这三种情况下必须做出不同的回答。有机体的第一个属性是它有质量，这同样适用于构成它的每个细胞，不论这些细胞是否有机地统一在一个生命体当中。于是，质量就是个体细胞单凭自身就具有的属性，这一点独立于与其他细胞的关联。第二个属性是它是活的，这也可以归于有机体的个体细胞——我们能够把单个细胞描述成活的，并把它与旁边已经死去的细胞区别开来——但一个细胞要具备这个属性，就必须与其他细胞相结合，构成一个能够完成基本生命功能的整体。于是，存活可以被视为一个整体主义的属性，因为如果说它适用于复合物的各个部分，那也只是由于这些部分与它们所构成的整体之间具有某种关联。有机体的第三个属性是它能维持自身，这个属性在一种更强的意义上是整体主义的：它只能被归于整个有机体，而不是构成它的个体细胞。我们可以说个体细胞参与了一个能维持自身的东西，或者说前者是后者的成员，却不能说这个细胞本身能维持它自己。由于黑格尔所设想的社会自由显然不是第一类属性，所以我们所面临的问题是它应当以这里区分的较强的整体主义的方式来理解，还是以较弱的整体主义的方式来理解：社会自由是个体社会成员由于处在构造合理的社会中而获得的东西，还是被视为整体的社会秩序的一个属性？

　　有大量文本可以证明一个观点：黑格尔在刚才区分的较强的意义上把社会自由当作一个整体主义的属性。黑格尔在一个代表性的段落中把伦理（Sittlichkeit）称作"自由的整体"（das freie Ganze）（VPR1，271），在另一段中又把"伦理的整体"(das sittliche Ganze)等同于"自由的实现"(258Z)。这个观念在如下引文中表达得尤为明确，"伦理(das Sittliche)的合理性就在于它是由理念的规定所形成的体系。这样一来，伦理就是自由，或者说是自在自为地具有客观存在的意志……伦理的规定构成自由的概念"(§ 145＋Z；着重号已忽略)①。如果主张伦理(Sittlichkeit)所特有的自由首先是被视为整体的合理社会秩序的一个属性，而不是构成这个秩序的各个部分的属性，那显然是有力的。因此，我将首先足够详细地讲解这个观点，然后我们就能够看到，它如何可以发展为一种可取的对黑格尔立场的解释。(第四章还会对这些想法进行扩展，以便使它们更有说服力，但是现在有必要进行初步讨论，因为这里的观点是社会自由似乎是一个较强的整体主义属性，我需要给这个提法略微提供一点内容。)为了说明这种解释是可能的，我所援引的作品出自一名强调了黑格尔观点的这一面的解释者，即卡尔-海因茨·伊尔亭。②

要主张社会自由是一个较强的整体主义属性，立刻就会使人质疑这样一种概念的可理解性：怎样一种对自由的看法才能把社会整体说成自由的，而且不用理会构成这个整体的个人是否也拥有这种意义上的自由？用伊尔亭的话讲，说家庭、市民社会和国家本身是"自由意志的……各种形态"，或者说"自由作为具体的[伦理]共同体而存在"，它就在于这个共同体的"结构"，这意味着什么？③要说明这个立场，关键在于理解伊尔亭的

40

---

① 还可以参见 § 261Z，国家在那里被等同于"自由的概念的组织"。

② 我归于伊尔亭的解释主要来自他在 VPR1，第 287－363 页所做的一些很有启发意义的注释——这本书是由他编辑的学生所做的黑格尔讲演记录——但也来自他的文章《黑格尔的国家概念和早期马克思对它的批判》，见《国家与市民社会：黑格尔政治哲学研究》，兹·A. 佩乌琴斯基编(剑桥：剑桥大学出版社，1984)[Ilting, "Hegel's Concept of the State and Marx's Early Critique", in *The State and Civil Society：Studies in Hegel's Political Philosophy*, ed. Z. A. Pełczyński (Cambridge：Cambridge University Press, 1984). ——译注]，第 93－113 页。

③ VPR1, 312 n. 165, 309 n. 151；着重号为本书作者所加。

解释性主张：只有整个伦理共同体才"完全符合自由的'概念'"①。用之前在讨论一般的自由概念时所使用的术语来讲，这项主张可以重新表述如下：在一切可以算作意志的存在者当中，整个合理社会秩序最充分地体现了在界定（实践）自决的理想时所依据的性质②；也就是说，整个合理社会秩序比意志的其他形态更接近于让自己的决定源于自身，独立于任何外在于自身的东西。这项主张所隐含的论点是：《法哲学》"伦理"（Sittlichkeit）篇之前的比较个人主义的意志形式——人格体和道德主体——只能趋近于自决的概念，却不能完全与它相符。毫无疑问，如果能给这项主张提供一点内容，就可以帮助我们弄清楚之前提到的一个观点，即社会自由比之前两种形式的自由更加丰富、更有实体性。

虽然这里要重构社会自由是整个社会秩序的一个属性这个立场背后的论证，但要完全令人满意，就需要在黑格尔的形而上学中开展一次比较痛苦的旅行，而我并不打算这样做。不过，只要回到自决的概念，并更加仔细地研究这个概念在黑格尔看来包含了什么，我们就有可能大致了解这个观点背后的想法。③ 按照黑格尔的理解，从自决的概念中可以引出两个对于他所叙述的完全自决的意志特别重要的属性：这样一种意志必须（1）具

---

① VPR1, 309 n. 151.

② 我把伊尔亭关于伦理共同体如何才能完全充分地符合自由的概念所做的谈论转换成了一项较弱的主张，即这种共同体是实践自由最充分的体现，因为后一项主张更加精确地陈述了黑格尔的观点。没有任何实际存在的社会秩序可以完全符合自决的概念，因为任何这样的秩序都是由它在历史中的位置决定的，因而必须依赖于历史条件——这是某种外在于它自身的东西——才能成为它所是的东西（或它已经变成的东西）。这个想法为黑格尔体系向历史哲学的过渡（§ 340，E § 548）提供了根基；如果把历史看作单一的连贯过程，它就体现了自决的一种更有实体性的形式，超过了任何特殊社会秩序。

③ 黑格尔把国家描述为"伦理理念的现实……[它]思考自身和知道自身，并完成一切它所知道的[也就是完成自身]，而且只是完成它所知道的"（§ 257）；这表明伦理（Sittlichkeit）理应体现的那种自决是按照费希特对自我设定的主体性的看法塑造的。（参见诺伊豪瑟：《费希特的主体性理论》，第三章。）按照这种解读，黑格尔的观点可以被表述为一项主张，即只有合理社会秩序、而不是费希特所想的个人主体才能充分实现自决主体性的渴望。我在这里并没有探索这个让人着迷的想法。

有自足的存在，（2）展现出黑格尔所说的"概念"（der Begriff）独有的逻辑结构。① 前一条要求——存在的自足性——相对来讲可以得到简单直接的解释。它源自一个想法，即一个存在者倘若依靠外在于它自身的东西才能继续存在，就不是完全自决的。在黑格尔社会理论的语境下，自足主要关系到自身再生产的能力。② 于是，一个能维持自身的社会能够再生产它自己和它的全部本质特性，因而在这里所说的意义上是自足的。

后一条要求——自决意志会展现出概念的结构——解释起来要困难得多，因为它与黑格尔所独有的一个形而上学论点密不可分。黑格尔用"概念"来称呼全部现实（Wirklichkeit）所固有的基本结构——这种现实也就是能够得到合理认识的一切存在。自由意志既然被看作这种存在的一部分，就必须同样展现出概念的结构。黑格尔以多种方式描述了这个结构③，但就我们的目的而言，它最重要的特征是黑格尔所说的"普遍性和个体性相互渗透的统一"（die sich durchdringende Einheit der Allgemeinheit und der Einzelheit）（§ 258A），他在同一段话中又把这个特征确认为一般合理性的本质（die Vernunftigkeit，… abstrakt betrachtet）。因此，一个意志若要在这里所讲的意义上被算作自决意志（从而也被算作合理意志），就必须包

41

----

① 正如第四章所描述的那样，这种对自决的看法也可以借助有机体的观念（即有目的地组织起来的、能再生产它自身的整体）来解释。黑格尔对完全自决的存在者的理解源于康德对"自然的有机产物"的叙述（KU，§§ 65—66）。康德归于后者的两个首要特征——有目的的组织，以及自行组织的能力——大致对应于我在这里所凸显的黑格尔关于自决提出的标准，即与概念相符的结构和自身再生产的能力。

② 黑格尔在 VPR1，151 明确地把自身再生产（"实体不断把自己生产出来"）与自决和自由这两者联系起来了。

③ 概念的结构往往被描述成由三个"环节"（或本质要素）组成，它们要么被命名为普遍性、特殊性和个体性，要么被命名为直接的统一、差别和经过中介的统一。我在第五章更加详细地讨论了这种对概念的描述。

含普遍要素与特殊①要素，两者需要共同构成一种特定类型的（合理的）统一；这种统一的本性还有待解释。

要弄清楚自决意志的第二条要求，就要说明它背后的形而上学主张，这项主张是黑格尔全部思想的根本，它讲的是任何自决的存在者必须采取何种形式，才能在世界中拥有现实存在。黑格尔的观点是：任何现实存在的东西都必定是具有特殊属性或规定性（Bestimmtheiten）的特殊存在者，抽象的、普遍的概念[比如，被黑格尔哲学作为开端的空洞的自决概念（应为黑格尔法哲学的开端。——译注）]则相反。可是一个现实存在者若要充分实现自决的理想，它的特殊属性就必须不只是外部的、或然的（contingent）；它们必须是"自决的"特殊属性，而这意味着它们是由这个存在者的抽象概念或本质所决定的——或者不如说它们完全符合这个抽象概念或本质。当黑格尔提出普遍性和特殊性相互渗透的统一这个概念时，他所讲的主要就是一个存在者的本质特性与它的特殊性质之间的这种匹配。这种意义上的自决相当于我们通常所说的有机结构，第四章将更加详细地描述这一点。这种意义上的自决存在者是一个接合起来的（articulated）、有目的地组织起来的整体（§ 260A）。也就是说，这个存在者由相互区别、相对自律的部分构成，每个部分都以独一无二的方式推进了整体的福利，或者有助于整体的恰当运行。（用黑格尔的语言来讲，倘若一个部分之所以具有特定属性，是由于这些属性适合于促进整体的目的，那么这个特殊部分在性质上就是由普遍的东西"决定"的，而且这样组织起来的存在者从整体上看就是"自决的"。）虽然把有机结构看作一种自决无疑会让我们感到怪异

42

---

① 在这个表述中，我把前一句话中的"个体"替换成了"特殊"。虽然黑格尔的《逻辑学》在个体性（Einzelheit）与特殊性（Besonderheit）之间做出了专门区分（EL § 163），但在其他语境下，黑格尔经常会忽略这个区分，并交替使用这两个术语。我关于普遍性和特殊性相互渗透的统一所做的谈论可以更好地适应从卢梭那里继承下来的普遍意志和特殊意志这些术语；黑格尔偶尔也使用了同样的术语——例如，"现实性始终是普遍性与特殊性的统一"（§ 270Z）——这为我提供了依据。

（把有机结构视为一种自由也许尤为怪异），但要领会黑格尔把这种结构与合理性联系起来所依据的理由，还是比较容易的。按照这个观点，当社会整体的诸多部分相互适应、并共同构成具有连贯组织的整体时，它就（至少在一个重要方面）是合理的，或者说是理性可以认识的。由于自决的观念如果被理解为有目的的组织，就能在黑格尔的社会理论中起到重大作用，所以我不妨简要指出它起作用的两种主要方式。

第一，如果把"普遍性和特殊性相互渗透的统一"应用于合理社会秩序，它指的就是普遍意志与特殊意志的统一：在合理社会整体中，个人所追求的特殊目的是与普遍目的的实现相和谐的，并积极地推动了后者——普遍目的的内容则取决于这个社会整体要如何合乎本质地存在并再生产它自身。（黑格尔讲过一个最简单的例子：在市民社会中①，个人通过自己的生产劳动来追求他的特殊目的，这是与市民社会的普遍目的的实现相和谐的，并积极地推动了后者——这个普遍目的就是生产出共同体为了再生产它自身所需要的社会财富。）可是，据说存在于普遍意志与特殊意志之间的这种"相互渗透的统一"不只是关乎两者的和谐；它还指出了两者的相互依赖。社会整体的普遍意志依赖于个人的特殊意志，因为前者的普遍目的只有通过后者才能实现。反过来，个人的特殊意志也依赖于普遍意志，因为他们只有参与社会整体的生活才能达到自己的特殊目的。

按照这种理解，普遍性与特殊性的统一指的是意志与意志的一种关联，这些意志（以略有不同的形式）存在于伦理（Sittlichkeit）的三大主要领域中。可是普遍性和特殊性相互渗透的统一这个观念在黑格尔的社会理论中不只是起到了这种制度内的作用；它还规定了三大社会制度本身所具备的相互关系。黑格尔观点的这一面可以在一些段落中（如§ 260＋Z）看到，　43

① 我在第三章更加清晰地说明了市民社会所特有的普遍意志与特殊意志的统一为什么并不是意志的一种更加彻底的统一，后者出现在家庭和国家这两种制度中，黑格尔把它们视为伦理（Sittlichkeit）的典范。

他在那里把家庭和市民社会与特殊性联系起来，把国家等同于普遍性，然后提出，伦理性的社会整体之所以合理，就是由于特殊性的领域与普遍性的领域之间产生了和谐的、彼此依赖的关系。把家庭和市民社会等同于特殊性表达了一个观点，即这两个领域的目的是以各自不同的方式培养并顺应个体社会成员的特殊性。通过参与市民社会和家庭，个人作为各自不同的人培养并表达了自己的身份；他们所得到的、所追求的特定利益也有别于社会的其他成员。另外，个人作为国家的公民则达到了一种普遍存在：他们获得的是一种与其他所有公民共有的身份，而且他们学会了辨认整体的最佳利益，并为这种利益所推动，即使这也许与他们自己的某些利益——因为他们在市民社会中有特殊地位，他们自己的家庭也有特殊处境——有冲突。在这个语境下，要求社会世界展现出一种普遍性与特殊性的"自决的"统一，就相当于要求伦理（Sittlichkeit）的三大主要领域必须在根本上和谐共存，并且必须互相依赖，以便作为稳固的、运行良好的社会领域而持续存在。①

　　因此，黑格尔对自决意志的看法如果得到了充分阐述，就（大体上）相当于认为特殊性是多元的，它们在性质上由普遍的东西所决定，并且它们通过统一所形成的有机体不仅能够把它自身作为整体再生产出来，而且能够再生产出它保持合乎本质的存在所需的诸多特殊性。我在这里的主要目的并不是捍卫这种对自决的看法，也不是捍卫它背后的形而上学观点，而只是要表明它如何让我们得以有意义地理解一项主张，即社会自由是被视为整体的合理社会秩序的一个属性。如果自决意志的本质特征是它能维持

_____

①　这条要求的另一个后果是：各个社会领域的构造必须让个人在一个领域中获得的那几种身份和利益与别的领域所需要的身份和利益相容。例如，市民社会中的竞争和个人主义一定不能使家庭和国家所特有的共同体的形式变得不可能。对这种彼此依赖的需要还意味着由于国家的视角是面向整体的，所以它的作用是通过法律培养、保护并调节市民社会和家庭，正如家庭和市民社会的作用是把个人生产出来（并加以教育），使他们具备必要的能力——包括能够采取面向整体好处的视角，并希求这种好处——以便履行他们作为公民所负有的义务。

自身，并且它在结构上是一个有目的地组织起来的整体（即具有概念的结构），那就不难看出为什么伦理（Sittlichkeit）制度合在一起比任何单纯的个人意志更加充分地满足了实践自决的标准。不仅如此，我们还可以清楚地看到（假定社会自由并没有更多内容）为什么一个人可以主张伦理（Sittlichkeit）所独有的那种自由仅仅属于整个社会世界，而不是构成它的个人。按照这个观点，我们若要说个人分享了社会自由，他们就必须从属于一个社会秩序，并且这个秩序在被视为整体时必须体现出自决意志的本质特征。可是，由于个体社会成员本身并没有展现出完全自决的意志所需要的性质——例如，个人的生存不是自足的——所以真正说来，他们不能说是社会自由的承担者。

　　我们现在所面临的问题是：黑格尔对社会自由的看法是否穷尽于刚才概括的对自决社会整体的看法？我们能否认为，由于个体社会成员在伦理（Sittlichkeit）制度中拥有成员资格，所以除了他们作为人格体和道德主体所享有的自由，他们还获得了一种自决意志？倘若确实存在另一种自决意志，社会自由就不只是之前区分的第三种整体主义属性；它还是第二种整体主义属性，即较弱的一种（这种属性可以被归于构成社会整体的个人，但是条件是他们以合适的方式统一在这个整体当中）。通常对这个问题的回答——甚至也许是最自然的回答——是认为没有另一种自决意志，认为社会自由只能被归于社会整体，不能被归于构成它的个体成员。我把这个观点称作对社会自由的较强的整体主义解释；伊尔亭毫不含糊地赞同这种解释，以下面这段话为例：

　　　　［在伦理（Sittlichkeit）中，］"自由个人"不再被称作"自由的"东西，只有作为"普遍性"的伦理（sittliche）"实体"（即共同体）才被称作"自由的"东西；个人作为"有机环节"生活在其中，由此他们的个体性才得到承认，并获得一种"存在"……个人的自由意志这个抽象"概念"现在

发展成了自由的"理念"，即伦理共同体，也就是说，自由现在作为伦理（Sittlichkeit）而存在。因此，在伦理共同体中，自由通过主观意志的态度（Gesinnung）并在这种态度中才具有现实性，而主观意志的态度在伦理共同体的自由中才具有基础和实体。[1]

可见，按照伊尔亭，伦理（Sittlichkeit）的自由是整个伦理共同体所独有的性质；个人据说可以在共同体中找到他们的"基础和实体"以及对他们个体性的承认，却找不到社会自由本身。

45　　我们立刻就会发觉，按照较强的整体主义解释，黑格尔似乎持有一种对自由的看法，它作为社会理论的基础肯定是令人反感的。这个据说为黑格尔所持有的观点在两个方面显得令人反感。第一，这种据说是在伦理（Sittlichkeit）中实现的对自由的看法源自一个极其抽象的自决概念，我们很难看出以这种方式描述的现象与通常人们所认识、所重视的任何一种实践自由之间有什么联系。我们即使假定黑格尔所描述的伦理共同体展现出了完全自决的意志在形式上具有的性质，又有什么理由把这样一种共同体所拥有的"自由"看作某种好东西？第二，就合理社会的好处与个体成员的好处之间的关系而言，如果把一种对社会自由的较强的整体主义看法归于黑格尔，似乎就把他推向了一种非常难以接受的观点。因为在伦理（Sittlichkeit）中所能实现的最大好处就是社会自由，假如它的属性只能被归于整个共同体，而不能被分别归于构成共同体的个人，那么合理社会秩序的主要好处在实现时仿佛就可以脱离个人好处了。这一点不止关系到黑格尔如何看待集体好处这个理论问题。它还有更加重要的实践意义，因为它与人们经常讨论的一个问题密切相关：黑格尔的社会哲学是否在根本上是一种极权主义？假如社会的主要好处被看成独立于个人好处而存在（并且假如

---

① VPR1, 309 nn. 150, 152. 也可参见 312 n. 165。

集体好处高于个人好处），那么这种哲学基础似乎就可以用来为一种经常被归于黑格尔的观点辩护，即为了实现共同体的好处，可以（甚至也许必须）牺牲个人好处。[①]

同情黑格尔的读者只要考虑到这些，大概就有充分的理由质疑伊尔亭对社会自由的较强的整体主义解释。然而，这里的实际情况比表面上更加复杂，因为这两条反对意见都（至少在一定程度上）可以为较强的整体主义观点的捍卫者所认同。虽然我最终将拒斥对社会自由的这种解释，但我这样做不是因为它必然会把一种毫无希望的反动社会理论扣到黑格尔头上——相反，这不是必然的——而是因为它误解了黑格尔实际上持有的立场，从而忽视了黑格尔社会理论最重要的（和最吸引人的）特征：他叙述了个人作为合理共同体的成员所享有的一种独特的自由。为了更加清楚地看到究竟为什么要拒斥对社会自由的较强的整体主义叙述，我们首先必须明白这种叙述为什么尽管最初看来对个人好处漠不关心，但是其实未必如此。

尽管按照较强的整体主义解释，社会秩序的主要好处仅仅是被视为整体的共同体所具有的属性（即自足性和有机结构），但这未必是说在获取这种集体好处时，可以脱离个人好处。相反，这种较强的整体主义解释也可以认为——这种解释的所有可取的版本、包括伊尔亭的版本都采取了这条路线——对社会的主要好处来说，个体社会成员的好处是不可或缺的。之所以要在个人好处与整体好处之间设定一种本质关联，理由源自黑格尔的一条基本要求：完全自决的社会整体应当按照概念的结构来统一普遍意志与特殊意志。因为前面提到，普遍性和特殊性相互渗透的统一意味着普遍的东西与特殊的东西是相互依赖的，因而要达成普遍意志的目的，就必须

---

① 伊尔亭本人恰好也得出了这个结论。他把1820年的《法哲学》所描述的国家称作"权威主义的"国家，并试图把这个特征追溯到一个（所谓）事实："国家所实现的并不是公民的自由"，而是"国家的自由"（伊尔亭：《黑格尔的国家概念》，第103—104页）。

让个人可以追求并实现他们自己的特殊目的。较强的整体主义解释实际上
意味着在合理社会秩序中必然可以实现的个人好处不能被当作一种独特的
自由（即社会自由），毋宁说个人好处就是培养和承认社会成员的个体性，
就像伊尔亭描述的那样。① 于是，按照这种解释，伦理（Sittlichkeit）制度之
所以对个人有好处，并不是因为它们（在人格自由和道德主体性的自由之
上）带来了某种独特的自由，而是因为它们允许个人实现他们的个体性。
也就是说，就个人作为人格体和道德主体所拥有的自由而言，合理社会秩
序确保了这些自由的必要条件，按照这种秩序建构的社会世界让个人得以
追求并满足他们自己的特殊目的，这些目的包括他们的一种需要，即让同
胞社会成员承认他们在共同体中是有价值的、有地位的个人。

47
严格来讲，对个人好处如何在合理社会秩序中实现所做的这番叙述并
没有错，因为黑格尔的确像前面阐述的那样把个体性看作个人作为伦理
（Sittlichkeit）成员而获得的一种重要好处。可是这种意义上的个体性并不
是个人在伦理共同体中享有的唯一的或主要的好处。与较强的整体主义解
释相反，我认为黑格尔的伦理（Sittlichkeit）理论还包含了一种独特的对自
由的看法，把这种自由归于个体社会成员的意志是有意义的，而且社会自
由的这一面在黑格尔看来是个人在伦理共同体中可以实现的最重要的实践
好处。这种对自由的看法在先前区分的较弱的意义上是一种整体主义：我
们可以说个体细胞各自都是活的，但它们之所以具有这个属性，只是因为
它们结合在一起，形成了生物有机体；同样，拥有社会自由的个人本身也
具备一种自决意志，不过它依赖于他们与其他个人的统一（而且存在于这

---

① VPR1, 309 n. 150. 也可参见卡尔-海因茨·伊尔亭：《黑格尔法哲学的结构》，见《黑格尔
法哲学相关资料》，第 2 卷，曼弗雷德·里德尔编（缅因河畔的法兰克福：苏尔坎普，1975）[Karl-
Heinz Ilting, "Die Struktur der Hegelschen Rechtsphilosophie," in *Materialen zu Hegels Rechtsphi-
losophie*, vol. 2, ed. Manfred Riedel（Frankfurt am Main：Suhrkamp, 1975）. ——译注]，第 68
页。哈迪蒙也把个人从社会成员资格中取得的好处理解为个体性（包括人格体和道德主体的自由），
而不是（社会）自由。参见哈迪蒙：《黑格尔的社会哲学》，第 146—153 页，他清晰地叙述了个体性
的概念。

种统一中)，而统一的方式就是构成伦理(Sittlichkeit)制度的三种社会群体。坚持这个观点并不一定要拒斥对社会自由的较强的整体主义解释背后的基本主张，即黑格尔认为伦理(Sittlichkeit)制度本身体现了自由。黑格尔的确认为家庭、市民社会和国家是"自由的"存在者，这一点反倒是无可争议的；他之所以这样想，是因为只要把它们放在一起，它们就近乎具有了自足性和有机结构，而这正是完全自决的意志所特有的。较强的整体主义叙述不正确的地方在于，它宣称自己穷尽了为伦理(Sittlichkeit)理论提供根据的对自由的看法。我将证明，黑格尔的立场还包含了一个至关重要的观点：伦理(Sittlichkeit)中的个体成员可以获得一种独特的自由，这种自由是在他们的社会参与中实现的，而且超出了他们作为人格体和道德主体所拥有的自由。① 换句话说，我在这里建立的解释试图比以往的注释者更加严肃地对待黑格尔的一些段落，他在那里明确谈到，个体社会成员在伦理制度中拥有"现实的"(E § 514)或"实体性的自由"(§ § 149,257)。②

我对较强的整体主义解释的拒斥看起来是文本本身的要求；可是除了这个事实之外，为什么有必要强调个人作为伦理(Sittlichkeit)成员不仅实现了个体性，而且实现了一种独特的自由？这个解释上的差别到底意味着什么？在完整地叙述社会自由之前——第三章到第五章将给出这番叙述——我很难对这些问题做出明白的回答，但是也许以下评论有助于初步

48

---

① 严格来讲，这项主张与如下指控是相容的：在制度性细节的层面上(例如，当黑格尔讨论公共意见在国家中的作用时)，他的理论把过多的分量放在了确保社会秩序平稳运行所需的措施上面，而隐含在自由的公民资格这个理想中的要求被看得太轻了。这条反对意见是米夏埃尔·托伊尼森向我提出的，他的论文《黑格尔〈法哲学〉中被压制的主体际性》，载《黑格尔与法学理论》，德鲁齐拉·科尔内尔、米歇尔·罗森菲尔德和大卫·格雷·卡尔森编(纽约：劳特利奇，1991)[Michael Theunissen, "The Repressed Intersubjectivity in Hegel's *Philosophy of Right*," in *Hegel and Legal Theory*, ed. Drucilla Cornell, Michel Rosenfeld, and David Gray Carlson (New York: Routledge, 1991).——译注]，第 3—63 页也提到了这一点。倘若这条指控可以成立，问题就在于黑格尔未能连贯地运用他本人的基础性原则，而不在于这些原则本身。

② 也可参见 § 153，这一节可以支持我的主张，即个人作为伦理(Sittlichkeit)成员获得了一种独特的自由。黑格尔在那里说道，伦理中的成员资格满足了"个人主观地规定为自由的权利"。

指出这个差别的意义：一旦个体性（包括人格自由和道德主体性的自由）被看作个人由于身为伦理（Sittlichkeit）成员而获得的便宜（sale good）[本意为特价商品。——译注]，就有可能把社会成员大体上当成社会机器的零件，仿佛他们之所以追求自己专门化的特殊目的，是为了执行各自不同的功能，却与整部机器没有任何认知的或意志的关联。倘若个人在伦理（Sittlichkeit）中实现的好处包括了社会自由，最重要的后果就是可以向合理社会秩序提出进一步的要求：为了让实践自决的理想得到充分实现，在完成社会有机体的合理目的时就必须不仅让整体本身拥有不被任何外在于它自身的东西所决定的意志，而且让各个部分本身（即人类个体）拥有这种意志。我们从这样的表述中能够看到，这条要求与卢梭的一条原则紧密相关：合法社会契约必须使得每一名个人在与其他个人统一起来时"又只不过是在服从其本人，并且仍然像以往一样的自由"（SC I. 6. iv）[《社会契约论》第 19页。——译注]。与卢梭一样，黑格尔为了满足这条要求而采取的思路也依赖于个体社会成员有意识地认同普遍意志——一组法律或原则——他们所从属的整体正是在这个意志的支配下运作的。① 于是，用卢梭的话说，我对黑格尔社会理论的解释试图揭示出一项在他的文本中往往不够明确的主张，即为了实现伦理（Sittlichkeit）所特有的自由，个体社会成员必须拥有公意。或者用黑格尔本人的话说："个人在它[国家]当中拥有并且享有他的自由。但是有一个条件，就是他必须承认……并且情愿承受那种为全体所共同的东西。"（PH，3S/XII，55）[《历史哲学》第 38 页。——译注]② 相

---

① 对公意的认同不过是前面在讨论在他者中与自身同一时所提到的对他者性的克服的一个特例：主体通过一种意识的行为（也就是把公意把握为与它自己相同的东西）否定了公意表面上的异己性质。

② VPR1，第 269—270 页以一种比出版的作品更加清晰的方式表达了我所指出的差别；黑格尔在那里区分了伦理（Sittlichkeit）的有机本性与一种比较机械的、不那么有精神性的有组织的整体。在后者那里，"只要每个人完成了指定的任务，[主观]态度可能就会消失"。相反，在合理社会秩序中，"个人必须知道他们在自己的特殊劳动中是为了整体在行动，而且必须把这个整体当作自己的目的"。

反，较强的整体主义解释掩盖了黑格尔立场的这个重要特征。然而，这会造成对他的理论的巨大误解，因为这种解释认为，社会成员最重要的使命是在社会参与中并通过社会参与来满足他们的个体性，而我还要求个人认识到支配他们活动的法律是属于他们自己的，并把这些法律作为自己的东西来加以肯定，从而避免被外在的他人所决定——这两个观点有天壤之别。

我们很容易以为我在这里提出的解释似乎有一个缺点：仿佛它把社会自由分割成了两个基本无关的事态（一方面是社会整体的自足性和"自决的"有机结构；另一方面是拥护公意的个体社会成员的自由意志）。可是事实并非如此。诚然，社会自由在我的叙述中涵盖了两种不同形式的自决（即较强的和较弱的整体主义形式），但它仍然是一种统一的现象，因为每种形式的实现都受制于另一种形式的实现。之所以要求公意应该是全体个人所希求的，是由于社会秩序应该展现出普遍性和特殊性相互渗透的统一，而我们可以认为这条要求无非是这种统一的一部分，从而隐含在完全自决的社会整体这个观念中。反过来，如果我们可以说一个社会秩序在较强的整体主义意义上是自决的，它的相关特征就有可能（至少在一定程度上）使个人认为它是好的，并把社会秩序的利益当作自己的利益来加以拥护，由此在为集体好处服务时避免服从陌生的意志。

这个提议会引发若干问题。例如，黑格尔社会理论的基本进路最终在何种程度上可以区别于卢梭的理论（以及一般的社会契约论）所固有的方法论原子主义。这个问题的核心是黑格尔是否以及在何种意义上认为，社会秩序的好处可以被还原为构成它的个人的好处。黑格尔是否真的与社会契约论者一样——最近有这种论断——赞成一个观点，即"集体好处之所以有价值，是因为它们对于个人有价值"[①]？假如这个论断（或某种密切相关

———————

① 这个表述来自伍德：《黑格尔的伦理思想》，第 259 页。

的论断)可以成立，黑格尔又为什么反复强调自己拒斥社会契约论传统？我将在第六章回顾这些重要的基础性问题，在那之前的第三章到第五章则将足够详细地把黑格尔对社会自由的看法呈现出来。

黑格尔对社会自由的看法是否寄生在他的神正论之上？

查尔斯·泰勒对在伦理(Sittlichkeit)中实现的自由的叙述似乎与伊尔亭的解释意见一致，因为它强调说，"黑格尔谈论的不是关于单纯的人类自由的观念，毋宁说是宇宙理念"，以及"人必须实现意志自律，但这个意志不仅是人的意志，而且是精神(Geist)的意志"[①]。不过，泰勒尽管坚持认为伦理(Sittlichkeit)实现了精神的自由，而不是"单纯的人类自由"，却并不想要否认人类个体同样可以在伦理(Sittlichkeit)中实现他们的自由，而是想要使这两项主张相容。虽然泰勒的观点——伦理(Sittlichkeit)的基础是一种超个人的对自决的看法，其中也包括个人自由——的确把握了黑格尔立场的一个重要特征，但他未能令人满意地叙述个人作为合理社会秩序的成员在何种具体意义上拥有自决意志。按照泰勒的观点，要主张个人在伦理(Sittlichkeit)制度中可以获得一种独特的自由，就必须诉诸一个观念：人类个体的本质特性是他们作为宇宙精神的"载体"所起到的作用。个人之所以可以通过参与合理社会制度实现他们的自由，只是因为这类制度在精神的历史过程中起到了必要作用，精神在这个过程中逐渐意识到了、从而实现了它的真实本性。换句话说，伦理(Sittlichkeit)制度构成了宇宙秩序的一部分，而宇宙秩序的合理结构是由精神的本性所规定的。可是泰勒宣称，既然精神是个人自身的本质特性，从属于伦理(Sittlichkeit)的个人就生活在"从[他们]自己真正意义上的本性发源"的秩序中，并且这类个人是自由的，"因为自由就是被源于自身的法律所支配"[②]。可见，个体社会成员的意志之所以是自由的，只是因为他们的社会参与是由社会世界的规范

50

---

① 泰勒：《黑格尔》，第 375 页，第 373 页。

② 泰勒：《黑格尔》，第 374 页。

所决定的，这个世界的结构（"直接的统一、分离和经过中介的统一"）反映了宇宙精神的结构，因而也反映了他们自己的真实本性。^① 泰勒固然把一种自决看作黑格尔社会理论的根据（尽管我们可以追问这种自决是否真的可以算作意志的自决），但这是宇宙主体的自决，这个主体按照概念生产出了世界，而这里的概念指的是一种普遍的东西，它"从自身中生产出了特殊内容"。可见，个人在伦理（Sittlichkeit）制度中享有的社会自由其实是自我实现的一种形式：个人所过的社会生活是与他们的本质相适应的。

按照这种对伦理（Sittlichkeit）的解释，个人的社会自由就仅仅是通过他们在精神的自我实现这个更大的历史进程中的参与来说明的；我对这种解释的不满有几条理由。一条绝非次要的理由是，如果一种解读高度依赖于黑格尔的历史哲学，我们就很难把他对伦理（Sittlichkeit）的叙述看作一个可取的观点。泰勒自己也让步说，我们"难以认同"黑格尔的一项基本主张："人是宇宙精神的载体"，社会世界则"表达了这种精神在设定世界时所依据的必然方案"。^② 可是一旦拒斥了这些神正论的主张，泰勒的解释就几乎无法说明为什么个人作为伦理（Sittlichkeit）成员实现了一种独特的自由。

我之所以反对泰勒的解释，另一条理由是它会引起一些怀疑——类似于对社会自由的较强的整体主义叙述所引起的怀疑：黑格尔对社会制度的好处的理解是否足够重视从属于这些制度的个人的好处。^③ 严格来讲，我

①　泰勒：《黑格尔》，第373—374页。后来，当泰勒不再考察黑格尔社会理论的基本哲学思路时（383），他把伦理（Sittlichkeit）的自由描述为在主观上认同社会的规范和目的（我在第三章探讨了这个主题，并把它称作个人的社会自由的主观因素）。可是这在他叙述伦理（Sittlichkeit）的自由时并不是主导要素。

②　泰勒：《黑格尔》，第387页。

③　当然，泰勒也想要向以为黑格尔的社会理论在根本上是极权主义理论的观点开战。他的著作的许多部分都成功做到了这一点，但他在叙述个人在伦理（Sittlichkeit）中获得了何种独特的自由时所陈述的哲学思路实际上并没有排除极权主义解释。这番叙述与人们通常持有的观点是相容的：黑格尔在《法哲学》前两篇口是心非地肯定了个人好处——他们作为人格体和道德主体所拥有的好处——然后在伦理（Sittlichkeit）中使他们（作为个人所拥有）的切身利益屈从于社会整体的（较强的整体主义）目的。

们不能指责泰勒的解释要求为了社会的集体目的而牺牲个人好处，因为这种解释不过是把个人的主要好处等同于他们在精神的自我实现这个历史进程中的参与，并把合理社会生活看作这个进程的一个本质环节。所以，按照这种对个人的本质特性（和最大好处）的理解，任何社会秩序只要服务于精神的目的，就会自动服务于个人目的。可是，这一步——把个人的主要好处等同于超个人的有机整体的目的，个人据说从属于这个整体——恰好是成问题的。如果仅仅从这个论断出发来叙述黑格尔的社会理论，我们最起码可以指责说，这种叙述未能说明合理社会制度如何（或是否）能为社会成员确保一种可以认识的、属于人的好处。虽然黑格尔主张人类个体在本质上具有精神的本性，但若不加解释，就很难从这项极其晦涩的主张出发令人信服地叙述合理社会制度如何能实现社会成员的好处。若要使这项主张更有分量，就不能止步于泰勒的重构，而是必须能够说明为什么个人参与精神的进程是有价值的。我在接下来几章试图表明，黑格尔以更加复杂的方式叙述了个人好处与社会整体的目的之间的关系，并且他的社会理论依赖于说明个人如何通过参与合理社会制度实现了一种好处（即实践自由），这种好处可以被认作一种属于人的至关重要的好处，而不用涉及黑格尔的一个理论，即个人的本性是宇宙精神的载体。

以上两条反对意见可以说都来自一个在黑格尔本人的思想之外的视角，因为它们依赖于一种对黑格尔立场的看法，即"我们"若要能够认为这个立场是可取的、有吸引力的，那么它必须是什么样的。一个人即使同意这些反对意见，也还是可以认为泰勒的叙述忠实地解释了黑格尔的观点。然而，泰勒的解读的这两个在哲学上令人不满的特征都可以追溯到一处解释上的差错，所以即使在黑格尔的思想之内，我们也可以如实地认识到泰勒的错误：他的解释未能把在伦理（Sittlichkeit）中实现的自由把握为一种实践自由，因而与黑格尔本人对《法哲学》的理解——整部《法哲学》植根于自决意志的观念——相矛盾。泰勒要能够主张个人在伦理（Sittlichkeit）中达到了社会自由，就只能延伸实践自由的概念，使它包括——用比较精确的话来描述——个人在社会世界中的居住，这个世界的结构既反映了宇宙的本质秩序，又反映了人的真实本性。（推而广之，就连柏拉图的社会哲学也可以说是植根于一种对意志"自由"的看法。）人格自由和道德主体性的自由要求个人的自决是出自意志的；反之，社会自由的概念对泰勒来说似乎完全没有包含这样的意义（这里的"自决"只有比较模糊的意义：同一个结构既决定了个人所居住的社会世界的特征，又界定了一个人自己的本质特性）。可是既然黑格尔明确地把实践自由的概念当作《法哲学》的根据，那么要令人信服地解释他的社会理论，就要能够以可取的方式把伦理（Sittlichkeit）制度与一种可以被认作意志自由的自决联系起来。不仅如此，倘若可以建立这样一种联系，那么在前两条针对泰勒的解释所提出的反对意见面前，黑格尔的立场也会变得不那么脆弱。因为这样一来，我们就能够认为伦理（Sittlichkeit）制度为社会成员确保了一种重要的、可以认识的属于人的好处（即意志自决），而且不用诉诸黑格尔的宇宙精神神正论。[①]

社会自由的双重本性：初步勾勒

现在，本书开篇第一章已经临近结束，是时候更加直接地面对我对黑格尔社会理论的哲学基础的探究中的核心问题了：其一，什么是社会自　　53

---

①　有必要强调一下，与通常的信念相反，撇开黑格尔的历史哲学来重构他对社会自由的叙述是与他本人的自我理解完全一致的。按照黑格尔的观点，我们有可能仅仅聚焦于合理社会秩序如何能使实践自由得到实现，由此对这个秩序做出辩护性的叙述，而不用考虑它与绝对精神的历史使命之间的关系。然而，黑格尔的确认为这样一种重构并没有体现我们在评估社会秩序的合理性时所能采取的最深刻的视角，因为它忽视了伦理制度在精神的历史过程中起到的作用——精神要把全部现实（包括整个历史）理解为与它自身同一的东西，由此把自己实现为一个完全自相关联的或自决的存在者，而且实际上唯有精神才是这样的存在者。我与黑格尔在立场上只有一个分歧：我的立场意味着从比较狭窄的视角出发所做的成功重构对我们来说算得上是充分地、完全令人满意地证明了现代社会世界的合理性。

由？其二，黑格尔对自决的社会整体的设想如何可以被看作对合理社会秩序的一番可取的叙述？其三，个体社会成员在什么意义上通过参与伦理(Sittlichkeit)制度实现了自由？探讨这些问题的第一步是解释黑格尔的一项主张：社会自由包含两个主要方面。黑格尔在两处地方声明了社会自由的这个特征：他认为伦理(Sittlichkeit)是"客观自由……与主观自由两者的统一"(§258A)，并主张"伦理(Sittlichkeit)[1]是客观的、现实的自由，[2]它存在于与自由相适应的自我意识中"(VPR1，248)。在对伦理(Sittlichkeit)的第二个描述中，自由是以两个面貌出现的，其一是"客观的、现实的自由"；其二是一种主观现象(一种"与自由相适应的自我意识")。黑格尔之所以用这两种方式把伦理(Sittlichkeit)与自由联系起来，既是为了声明社会自由的双重本性，也是为了提示我们它有哪两个部分：第一，社会自由既有客观因素，又有主观因素，这两个因素对应于黑格尔在其他地方说的伦理(Sittlichkeit)的客观环节与主观环节(§§144，146)。他把前者等同于合理社会秩序的"法律和制度"(§144，E§538)；后者则被说成个体社会成员的心智模式或"态度"(Gesinnung)[《法哲学原理》汉译本译作"情绪"，《精神哲学》汉译本则译作"意向"。——译注]。① 第二，既然黑格尔使用了"客观自由"和"主观自由"这两个术语，就意味着我们可以抽掉它们的相互关系来看待社会自由的两个因素，把它们各自独立地理解为自由的一种。自由据说既在个人的"主观态度中具有现实性"(这是主观自由)，在合理社会秩序的制度中又是"客观而现实的"(这是客观自由)(VPR1，248)。可见，我们可以说社会自由就是客观自由与主观自由，两者都是在伦理(Sittlichkeit)制度中实现的。

---

　　①　关于主观自由和客观自由的含义，进一步的线索可以在如下说法中找到："客观的自由——真正的(reellen)自由的各种法则——要求征服那或然的意志，因为这种意志在本质上是形式的。假如客观的东西在本身是合理的话，[社会成员]的识见必然会和这种理性相称，于是那另一个根本的因素——主观的自由的因素——也就实现了。"(PH，456/XII，540)[《历史哲学》，第450页。——译注]

　　关于社会自由的双重本性的这番初步讲解已经引发了两组重要问题，它们将在接下来的四章一直引导我的探究：第一，为什么有必要把社会自由当作两个要素的统一？是什么使得黑格尔把他对最有利于让实践自由得到实现的社会秩序的叙述划分成了两个部分，一个关系到合理的法律和制度的本性（即客观方面）；另一个关系到社会成员的态度或心智模式（即主观方面）？第二，当黑格尔把社会自由的两个因素各自看作一种独立的自由时（即客观自由和主观自由），这项主张是什么意思？单就客观自由而言，它在两者中间是比较神秘的；那么，说自由在伦理（Sittlichkeit）制度中变得"客观而现实"意味着什么？我回答这些问题的思路是首先考察这些问题在卢梭的政治哲学中是如何产生的，因为我将在下一章详细证明，为他对合法政治秩序的叙述提供基础的对自由的看法（隐含地）让人想到客观自由和主观自由的范畴，因为它们具有类似的结构。① 之所以要采取这条看似迂回的路线，主要是因为我们在卢梭那里找到的对自由的看法在内容上与黑格尔对社会自由的看法密切相关，但它相对而言摆脱了晦涩的术语和形而上学机关，因而不像黑格尔的看法那样难以理解。因此，即使在这两个理论有分歧的地方，卢梭对政治自由的理解也具有极佳的参考价值，我们通过对比可以清晰地看到黑格尔立场所独有的特征。

54

---

　　① 黑格尔在一次《法哲学》讲演中阐述了社会自由的两个因素（即主观因素与客观因素），然后明确地把这个二元结构与卢梭政治哲学的核心观念、即公意联系起来了："等级会议……在双重意义上包含了公意的环节：第一，它是具有自在合理性的意志[这是它的客观因素]；第二，它事实上不仅是自在的公意，而且是自为的公意，因为每个人对于它都拥有自我意识[这是它的主观因素]。"（VPR1，176）

第一章

卢梭：自由、依赖和公意

　　黑格尔在《哲学史讲演录》中称赞卢梭为实践哲学的领域带来了划时代的创新，这项创新据说在于一个事实：卢梭是第一个把"自由意志"认作政治哲学根本原则的思想家。[①] 由于黑格尔本人的整个实践哲学明确植根于意志及其自由，所以他的论断显然是想要承认自己极大地受益于卢梭的社会政治思想。[②] 然而，要理解他是如何受益于卢梭的，就不那么容易了：黑格尔和卢梭的政治理论在什么意义上共享了同样的第一原则？我在本章想要进一步考察黑格尔的这个解释性提法，为此我将以一种比黑格尔本人明确得多的方式阐发自由意志的原则如何为卢梭的政治思想提供了基础。

　　[①]　LHP, vol. Ⅲ, 401/XX, 306. 又见 § 258R。

　　[②]　虽然黑格尔的《哲学史讲演录》在卢梭身上仅仅花费了三页——按照我的评估，他对黑格尔的影响似乎预示了大得多的篇幅——但我并不认为这削弱了我的主张，即黑格尔社会理论的规范性基础应当被理解成阐发了隐含在卢梭政治哲学中的东西。按照前面的引文，黑格尔承认卢梭是第一位抓住了政治哲学真正的第一原则（即自由意志）的思想家；除此之外，我的解释性论点还可以在黑格尔在图宾根的一名同学的证词中找到历史性的支持："在我与黑格尔熟识的四年里[1788—1792]，他特别感兴趣的东西肯定不是形而上学。他崇拜的是卢梭，时常阅读后者的《爱弥儿》《社会契约论》和《忏悔录》。"引自伯纳德·卡伦：《黑格尔社会政治思想入门》（都柏林：吉尔和麦克米伦，1979）[Bernard Cullen, *Hegel's Social and Political Thought: An Introduction* (Dublin: Gill and Macmillan, 1979). ——译注]，第 4 页。

完成这项任务将使我们更有能力澄清黑格尔本人的社会理论背后的晦涩的哲学思路，不过本章的主要兴趣是弄清楚卢梭政治思想的基础，尤其是他对自由与公意的联系的叙述。卢梭认为公意确保或实现了个体公民的自由，但我认为有必要区分两种情况：公意的功能既可以是这种自由的体现，又可以是这种自由的前提。对这两点的理解将促使我们看到，卢梭的思想立足于两种不同的对自由的叙述，尽管它们并非不相容；两者都叙述了虽然公民的行动受公意约束，但他们其实仅仅服从自己的意志，因而在服从公意时是自由的。我们将看到，这两种叙述隐含地立足于两种不同的对政治自由的看法，它们可以被描述为对自由的"主观"看法和"客观"看法，后面的讨论将给出理由。我的主张是：倘若忽视了其中一种看法，那么就卢梭对公民如何能在合理国家中获得自由这个问题的理解而言，我们就会漏掉一个本质要素。

56

黑格尔在陈述他所理解的卢梭对政治哲学的贡献时简要归纳了这名前辈的基本立场："人是自由的，这当然是人的实质本性；这种本性在国家里不但没有被扬弃，事实上倒是开始被建立起来了。本性的自由、自由的禀赋（Anlage）并不是现实的；因为国家才是自由的实现。"（LHP, vol. Ⅲ, 401—402/XX, 307）[《哲学史讲演录》第 4 卷第 234 页。——译注]①在对卢梭观点的这番描述中浮现出了两个要点；要理解把自由意志的原则作为政治哲学的基础意味着什么，就要借助这两个要点。第一个要点包含了一项

---

① 有人会认为，黑格尔想要用这段引文的最后两句话批判卢梭，而不是暗示自己从卢梭那里拿来了什么。黑格尔的文本在这一点上并不是绝对清晰的，但我并不认为这是对它的最佳解读。按照这种解释，黑格尔就是在主张卢梭把本性的自由当成了自由在充分实现时的形式。这是对卢梭的一种非常不可取的解释，因为道德自由（即自律）在他那里十分重要，而且他以十分清晰的方式坚持认为，这种自由只有通过公意、从而只有在国家中才是可能的。黑格尔本人仅仅说道，卢梭的想法包含了"歧义"[《哲学史讲演录》，第 4 卷，第 234 页，本书作者并未标明。——译注]，这在我看来是承认了后者至少在一定程度上认识到了自由只有在国家中才能得到充分实现。黑格尔所提到的歧义极有可能关系到卢梭对本性自由的谈论。黑格尔会认为，任何类型的自由都无法在自然状态下存在。（我认为卢梭持有同样的主张，但由于他从来没有清楚地说出这个观点，所以黑格尔指责他有歧义的确是正当的。）我受益于托尼·拉登，他指出了这个文本上的难点。

关于人的本质特性的主张，这个本质特性据说就是自由：人在拥有自由意志时才符合自己的真实本质；或者用卢梭本人的话说，"放弃自己的自由，就是放弃自己做人的资格"（SC，1.4.vi）[《社会契约论》第 12 页。——译注]。第二个要点表述了政治哲学最基本的原则，它宣称人的自由与国家有本质联系："国家是自由的实现。"要理解卢梭的社会哲学（并最终理解黑格尔的社会哲学），关键就在于把握据说存在于自由与国家之间的关系的本性。说到底，国家"实现"了自由这条主张是什么意思？说国家实现了自由，就意味着一旦脱离国家，自由就是不现实的——或者用这里引用的黑格尔的话说，人的自由在国家中才开始被建立起来。按照这个观点，国家在自由面前的作用就不只是洛克所想的保存并延伸个人自由，仿佛个人脱离他们在政治共同体中的成员资格也可以拥有自由一样。在卢梭看来，自由界定了我们作为人所具有的本性，但它在国家中才开始被建立起来，因而它的存在本身也依赖于国家。因此，卢梭政治哲学最基本的思想可以表述如下：合理国家的正当性在于这样一种国家在使人成为自由意志的承担者时起到了不可或缺的作用，因而他们若要发挥自己作为自由存在者所具有的真实本性，合理国家就至关重要。

　　要阐发卢梭的这个基本思想，最重要的就是说明合理国家如何能实现国家成员的自由。我们至少可以用两种方式来看待国家与自由的关系。第一，我们可以认为国家提供了一组让国家成员的自由成为可能所需的社会条件，但它们本身不构成这种自由。按照这个观点，国家要实现自由，就要满足让个人得以拥有自由意志所需的（至少一部分）条件。可见，一个人要实现自己本质性的自由，前提就是拥有合理国家中的成员资格。第二种可能性并不是把政治成员资格理解为公民自由的条件——按照这种理解，它仍然外在于这种自由——而是把它理解为一种与社会世界相关联的模式，这个模式本身就是自由的一种情形。也就是说，我们可以认为成为合理国家的一部分对构成它的个人的自由来说是建构性的，或者说体现了这种自由。这种理解在卢梭那里尤其可行，因为他主张合理国家是民主国家，公民在其中的（至少一部分）自由就是他们自行立法的活动。这组概念上的可能性可以总结为：就合理国家与它的成员的自由之间的关系而言，前者要么是后者的前提，要么是后者的体现。

卢梭的政治哲学有一个既让人着迷又令人疑惑的特征——黑格尔的伦理（Sittlichkeit）理论也有这个特性——它认为国家与它的成员的自由之间的这两种关系是同时存在的：合理国家中的成员资格之所以能使自由成为现实，是由于这种成员资格既是自由的前提，又是它的体现。这项解释性的主张立刻会引发一个与卢梭立场的连贯性相关的问题：国家如何能与同一个东西同时具备两种关系？在卢梭那里，回答这个问题的关键是把这两种关系与《社会契约论》所区分的只能在国家中实现的两种政治自由结合起来。简言之，卢梭的观点是国家中的成员资格体现了道德自由，这种自由被界定为一种自律，即"服从人们自己为自己所规定的法律"（SC，I. 8. iii）[《社会契约论》第 26 页。——译注]。① 同时，政治成员资格又是公民自由的前提，卢梭认为这种自由就是个人在行动时能够不被他人的特殊意志所约束，条件是在社会眼中，他们的活动领域处于整个共同体的重大利益之外。现在我将简单地把道德自由和公民自由视为两种不同的自由，后面再追问它们的关系。

58

公意所带来的自由

我已经说明了我的解释的总体方向，现在要更加详细地按照卢梭本人

---

① 卢梭的道德自由（liberté morale）一词很容易误导 20 世纪的读者，因为我们倾向于认为"道德"指的是伦理的东西，即与是非对错相关的东西。卢梭则往往在一种更加宽广的意义上使用"道德"：它表示人的现实所包含的理智的、心智的或精神的方面，与物质的或身体的方面相对。我们也许最好把卢梭在这里描述的自律称作"精神自由"，以免把它与康德的道德自律概念混淆起来，后者既是广义的道德，又是狭义的道德。

的陈述来考察他的观点。我将不仅致力于阐述合理国家在卢梭看来如何实现了国家成员的自由，而且致力于阐述他是出于何种理由才坚持认为，自由意志只能作为合理政治秩序的一部分而存在。这番考察的起点是卢梭政治理论的核心概念，即公意。因为公意既是一个政治概念——它体现了政治结合的原则——又是国家的个体成员的自由所遵循的原则。卢梭的一个说法表达了公意的这种双重功能："正因为如此［因为公意］，他们［个人］才是公民并且是自由的。"（SC，IV. 2. viii；译文有改动）［《社会契约论》第136 页。——译注］接下来我将开始阐述为什么在卢梭看来，个人只有通过他们的政治归属、即"通过公意"才能自由地存在。

　　卢梭之所以提出公意的概念，是为了解决他眼中的政治哲学根本问题，也就是设计一种政治结合的形式，以便调和其中的成员对社会合作的需要与他们作为自由存在者所具有的本质特性（SC，I. 6. iv）。这项任务的难点在于：有效的社会合作必须由集体意志按照共同好处来调节，个人自由却要求他们的意志不应该服从自己之外的任何意志。既然与他人合作的需要要求个人超出自己的特殊好处（或私人好处）、按照更高的利益调整或限制自己的行动，他们似乎就别无选择，只能让自己的意志屈从于自己之外的意志，从而不再是自由的。众所周知，卢梭解答这个问题的关键就是他的公意学说。倘若这个解答是成功的，公意就必须既按照共同好处调节社会合作，同时又是个人意志，尽管他们的行为是由它支配的。如果满足了后一个条件，那么当个人使自己的行动服从公意时，他们可以说是自由的，因为他们这样做只是在服从自己的意志。因此，只有当公意同时是个人自己的意志时，他们才能获得公意所带来的自由。可是后一个条件如何满足？我们在什么意义上、在什么情况下才能把公意理解为每一名个人的意志？我们若要把握卢梭解答政治哲学根本问题的思路，就必须回答这个问题，它比其他任何问题都重要。

　　要理解公意如何能成为个体公民的意志，最简单直接的办法来自自由的"社会自律"模型①。这种对合理国家所实现的自由的看法包含了一种对个人的想法，即他们可以有意识地认同公意，因为他们往往会把共同好处作为自己最切身的利益来加以拥护。要以这种方式看待自由，就需要认为公意（和源自公意的法律）表达了一种人们有意识地共享的对共同好处的看法：只要构成国家的个人可以共享并肯定一种对共同好处的理解，而且把它作为公意的根据，那么他们在接受源自公意的法律时，就仍然只是在服从自己的意志，从而仍然是自由的。这个模型不仅要求个人能够在理论上关于什么是共同好处达成一致，而且要求他们能够希求共同好处。这条要求立足于一个想法，即倘若一个人拥有对共同好处的理论见解，却未能在意识中、在意志中与它相关联——倘若他能够辨认出共同好处，却不能够肯定或赞同它——那么当一种对共同好处的看法调节他的行动时，这些行动就不能说是源自他自己的意志。因此，个人如果既要保持自由，又要服从公意，就必须希求共同好处。可是这种希求意味着什么？首先，个人必须拥有公意，这无非是说对共同好处的考虑可以推动他们，或者说共同利益中的某个东西可以让他们有理由采取行动，以便获得这个东西。可是在一个公意占据上风的社会中，一个人拥有这种最低限度的公意还不足以确保他的自由（即仅仅服从自己的意志）。这是因为尽管他拥有公意，但它也许并不是他的主导意志。个人并不会由于拥有公意就不再拥有特殊意志②，而这些特殊意志有可能——实际上经常会——与共同好处所要求的东西发生冲突。因此，当公意在一个国家占据上风时（即公意在这个社会中可以

60

---

① 这个术语和接下来对这种关于自由的看法所做的描述来自约夏·柯亨：《反思卢梭：自律与民主》，载《哲学与公共事务》第 15 期（1986 年夏）[Joshua Cohen, "Reflections on Rousseau: Autonomy and Democracy," *Philosophy and Public Affairs* 15 (summer 1986). ——译注]：第276-288 页。

② 卢梭把特殊意志界定为"只倾向于个人的特殊利益[或私人利益]"（SC，Ⅲ.2. v；着重号为本书作者所加）[《社会契约论》，第 78 页。——译注]的意志。它有时也被称作"私人的"（SC，I.5. i）[《社会契约论》，第 17 页。——译注]或"个人的"（SC，Ⅲ.2. vi）[《社会契约论》，第 79 页。——译注]意志。它等于纯粹自利的或纯粹以自我为中心的意志。

通过法律有效调节个人行动），在这个国家居住的个人若要被视为自由的
人，他们作为个人所拥有的意志就必须具有恰当秩序。也就是说，当纯粹
的特殊利益与共同好处有冲突时，他们的意志会倾向于使前者让位于后
者。拥有这类意志的个人对社会结合的共同目的有十分强烈的认同，至少
在大多数时候足以压倒他们对纯粹的特殊利益的承诺。因此，按照自由的
社会自律模型，个人若要在一个由公意支配的社会中保持自由，就必须内
在地被建构为公民，这既要求共同好处可以推动他们，又要求公意所发出
的声音在总体上比他们的特殊意志更加响亮。

　　我们不难看出，社会自律模型所描绘的自由在根本上是一种只有在合
理国家中才能实现的政治自由。不仅如此，这个模型还认为国家之所以在
本质上与自由的实现相关，不是因为政治成员资格可以满足自由的前提，
而是因为这种成员资格本身就是自由的一种体现——更确切地讲，它体现
的是道德自由的一种形式，即自律：个人用法律支配自己的生活，而法律
是他们一起按照一种共享的对共同好处的看法制定的。虽然这种对自由的
看法的确在卢梭的政治思想中起到了突出作用，但是个人自由与公意的关
系要比这个模型单凭自身可以包含的内容更加复杂。《社会契约论》中有两
个棘手的段落最有力地显示出了这一点。第一段话中有一句评论十分有
名，人们对它的理解却很糟糕："任何人拒不服从公意的，全体就要迫使
他服从公意。这恰好就是说，人们要迫使他自由。"（SC，I.7. viii）[《社会
契约论》，第24—25页。——译注]第二段话出现在卢梭讨论人民大会的投
票程序时。他在那里宣称，在一个构造良好的国家中，即使特殊的法律并
不符合一些公民本人对共同好处所规定的东西的理解，他们在被要求接受
这些法律时也是自由的："与我相反的意见若是占了上风，那并不证明别
的，只是证明我错了，只是证明我所估计是公意的并不是公意。假如我的
特殊意见居然胜过了公意，那末我就是做了另一桩并非我原来所想要做的
事；而在这时候，我就不是自由的了。"（SC，IV. 2. viii）[《社会契约论》，

第 136—137 页。——译注]① 尽管这两段话出现在不同的语境下，但它们所表达的观点都是一个人即使未能有意识地把公意认作自己的意志，也可以通过服从公意来获得自由。可见，卢梭必须在某种意义上认为，公意要成为每一名个人的意志，并不依赖于个人承认它是公意。也就是说，即使我与公意的主观关联并不是通常看来构成希求的那种主观关联，公意在某种意义上可以说也是我的意志（它可以被说成我最由衷的、最真实的意志）。我也许未能辨认出共同好处，或者未能把它作为我努力的目标，可是公意还是被理解为我的意志，我对它的命令的服从还是被理解为自由。卢梭的确想要提出这样一种主张，这在我看来是无可争议的；不那么确定的是这个立场可能有怎样的意义，例如，它有一个看似不合常理的后果：即使个人行动不得不与他自己估计自己想要做的事情相反，他也是自由的。然而，自由的社会自律模型无法说明这样一种立场，所以我们若要理解卢梭观点的这一面，就必须超出这个模型，另找一种对自由的看法——或者不如说是用另一种看法来补充把自由当作社会自律的看法。要做到这一点，最好的办法是更加仔细地考察卢梭的一项声名狼藉的主张：在合理国家中，迫使个人自由是可能的。

我首先要回顾一下这里涉及的整个段落：

> 因此，为了使社会公约不至于成为一纸空文，它就默契地包含着这样一种规定——唯有这一规定才能使得其他规定具有力量——任何人拒不服从公意的，全体就要迫使他服从公意。这恰好就是说，人们要迫使他自由；因为这就是使每一个公民都有祖国，从而保证他免于一切人身依赖的条件，这就是造成政治机器灵活运转的条件，并且也唯有它才是使社会规约成其为合法的条件；没有这一条件，社会规约

① 我把马斯特斯的"私人意志"（avis particulier）改成了"特殊意见"，以便使它与前一句话把 avis 译作"意见"的做法相一致。

便会是荒谬的、暴政的，并且会遭到最严重的滥用。(SC，1．7．viii)
[《社会契约论》，第24—25页。——译注]

62　　　　面对这个棘手的段落，最常见的解读是认为，卢梭不过是说公民的一
项合法责任是服从公意，因而如果他们做不到这一点，国家就可以对他们
施加合法强制。按照通常的理解，公民之所以有责任服从公意，是由于他
们先前(实际地)答应了社会契约的条款，其中包括一项承诺：只要制定法
律的程序符合他们已经同意的少数服从多数原则，他们就会遵守这些法
律。如果这样来理解卢梭的这段话，它所探讨的问题似乎就不是卢梭特有
的问题，而是任何社会契约论都会面临的问题，即鉴于公民有责任遵守合
法制定的法律，国家也相应地有权利运用强制力确保这一点，社会契约论
就需要对这种责任和权利做出叙述。不仅如此，由于这种解释认为，在
《社会契约论》看来，公民服从法律的责任植根于他们在最初承诺这样做时
所产生的责任，所以卢梭的立场到头来与其他社会契约论者——包括洛
克——在本质上并没有分别。可是这种解读尽管算得上是对公民必须担负
的责任的一番叙述，却未能探讨这段话中的核心论断，也是最令人困惑的
论断——被迫遵守公意无非是"被迫自由"。换句话说，这个论断所引发的
最根本的问题并不是公民为什么有责任服从公意，而是他们被迫履行这项
责任如何能与他们的自由相一致——实际上，被迫履行这项责任构成了他
们的自由。① 我们在什么意义上才有可能说，潜在的违法者在被迫服从时

---

　　① 参见《社会契约论》，第138页的编者注和 W．图·琼斯：《卢梭的公意，及认可的问题》，
载《哲学史期刊》第25期(1987年1月)，第115页，第128页；它们为我解释卢梭这段话的方式提
供了例子。

不外是在遵循他们自己的意志？①

有人说，被迫服从公意的公民可以被看成仅仅被迫遵循了他自己的意志，因为他本人只要进行不受干扰的反思，就会把公意所体现的原则认作自己最由衷的承诺的对象。在这样一种情况下，在界定公意时所依据的原则就构成了公民本人的恒定意志（从而是真实意志），而偶尔出现的违反公意、遵循自己特殊意志的冲动只是在诱惑他做出与他自己承认自己最想要做的事情相反的行动。② 因此，对法律的违抗代表了意志的一种虚弱，而且我们可以认为，一个人之所以最初会同意社会契约，之所以会同意服从国家的执法权力，是由于意志即使明确赞同一条原则，也会发现自己很难时时处处遵循它，因而只能用这个办法约束自己。于是，被迫使自己的特殊意志让位于截然不同的公意不过是使自己的行动与自己的恒定意志保持一致；但这无非相当于被迫做自己最想要做的事情，这也可以被描述为被迫自由。

这种解释的优点是能够给被迫自由的观念赋予一些意义；它的缺点是它所阐发的并不是卢梭本人在那句著名的论断之后几行所讲的东西。尽管"被迫自由"这个说法在解释者中间造成了大量疑惑，我们却吃惊地发现，卢梭已经明确指出了他那句看似悖谬的表述想要表达的思想："因为这［即规定国家应该迫使个人遵循公意］就是使每一个公民都有祖国，从而保证他免于一切人身依赖的条件。"（SC，1. 7. viii；着重号为本书作者所加）

---

① 前面引用的两段话中的第二段——其中最明确的是 SC，IV. 2. vii——也对责任的问题与自由的问题做出了区分。在确立了"投票的大多数是永远可以约束其他一切人的"［《社会契约论》，第 136 页。——译注］这条要求之后，卢梭继续问道，一个人被迫服从约束自己的法律如何能与自由相一致？虽然责任问题与自由问题的区分至关重要，但也有必要注意到，卢梭对前者的解答是寄生在他对后者的叙述之上的，因为他想要用一条更加根本的命令——它召唤我们作为自由存在者实现我们的本性——为我们服从公意的责任提供根据。

② 《日内瓦手稿》中的一段话（GM，178）提出了这种解释，但是《社会契约论》丢弃了这段话；尼·J. H. 登特在《卢梭》（牛津：巴兹尔·布莱克韦尔，1988）［N. J. H. Dent, *Rousseau* (Oxford: Basil Blackwell, 1988). ——译注］，第 179-180 页也提出了这种解释。然而，登特接下来给出的对"被迫自由"的叙述更接近于我在后面建立的叙述。

[《社会契约论》第 25 页。——译注]我认为卢梭这句话的意图是一清二楚的，它用了表示解释的"因为"一词来接续之前的句子，这就说明这句话为"被迫自由"这个表达所造成的谜团提供了答案。也就是说，他想要我们严肃对待这句话所表达的思想——那就是对公意的普遍遵守有效保障了公民免于人身依赖，而且这种保护与他们的自由紧密相关，所以服从公意可以说让他们得到了自由，即使这种服从未必在通常意义上是自愿的。接下来我的目标是说清楚这个困难的思想，从而阐明卢梭对自由的看法所包含的核心观点以及它与政治秩序的关系。要做到这一点，就需要讨论卢梭的主张所引起的两组问题：第一组问题，我们应该如何理解依赖的概念？它与自由的概念有什么关系？如果自由不单纯等于独立或没有依赖，那么卢梭为什么认为这两个概念是紧密相关的？第二组问题关系到公意与公民的独立之间据说存在的关系——最重要的是：卢梭为什么宣称只要遵守公意，就能保障公民免于人身依赖？

依赖与自由

64　　　　卢梭的主张是遵守公意将使公民得到自由，因为这可以保障他们免于人身依赖；这项主张仿佛意味着自由不过是没有依赖，因而独立就等于自由。有些解释者持有这个观点。由于卢梭事实上不止一次把这两个术语当作可以互换的，所以这个观点似乎还得到了强化。[①] 可采纳这个观点将给任何理解卢梭哲学的尝试带来严重后果。因为只有把自由与独立区别开

---

　　① 约翰·普拉门那茨(他的解释在其他时候十分可靠)是把这两个概念等同起来的解释者之一(《它仅仅意味着被迫自由》，见《霍布斯与卢梭》，莫里斯·克兰斯顿和理查德·S. 彼得斯编[纽约州，花园城：道布尔迪，1972][John Plamenatz, "Ce qui ne signifie autre chose qu'on le forcera d'être libre," in *Hobbes and Rousseau*, ed. Maurice Cranston and Richard S. Peters (Garden City, N. Y.: Doubleday, 1972). ——译注]，第 323—324 页)。卢梭本人有时未能区分自由与独立，比如 *Emile*, 84。在其他时候，他似乎做出了区分，而且他的做法与我的解释是一致的(DI, 156; GM, 159)；他至少在另外一处地方以有别于我的方式明确区分了这两者(OC Ⅲ, 841)。

来，我们才能连贯地表述他的整个哲学所指向的根本问题。卢梭从一开始就认定，依赖在人的生存中是一个根本的、不可消除的特征；一旦我们认识到这一点，这样一种区别的必要性就很清楚了。虽然我们将看到，他认为这种依赖对我们获得自由的能力具有消极影响，但这并不是说依赖必定会阻碍自由的实现。说到底，我们事实上可以把卢梭思想的目标理解为说明人的基本依赖与他们的自由如何能共存。这项任务倘若在逻辑上并非不可能，就必须预设自由与独立在概念上的区分。卢梭的思想脱离了这样一种区分就无法运作，尽管这一点无法从他对自由（liberté）和独立（indépendance）这两个术语的实际用法中推论出来。可是，只要仔细阅读他的核心作品，尤其是《论不平等》，我们就不得不得出结论：这个区分虽然只是隐含在卢梭的文本中，但在他关于自由的哲学中是不可或缺的。[1]

那么，我们要如何在自由与独立之间做出区分？我们应当把卢梭的独立概念理解成与自足的概念紧密相关。这样一来，对它的界定就必然关系到更加基本的需要概念：独立就是满足需要时的自足，依赖则不过是缺乏这种自足。因此，人在最宽泛的意义上是有依赖的，因为他们必须依靠自身之外的资源才能使自己的需要得到满足。尽管总体来看，卢梭认识到了两种依赖——对事物的依赖和对他人的依赖——但后一个范畴对他来说尤为重要。这个看法的理由可以追溯到他的一个信念，即单独来看，一个人对事物的依赖——依赖于人类个体或群体之外的事物——几乎不会影响他获得自由的能力（Emile，85）。因此，按照卢梭的描绘，独立的个人"不需要借用他人之手来实现自己的意志"（Emile，84）[《爱弥儿》第80页。——译注]；换句话说，他不用与他人合作就能够满足自己的需要。采集果实的原始人依靠的是自然的恩惠，而不是他人的协助，所以卢梭最感兴趣的

65

---

[1]　我在这里严肃对待了卢梭的一个说法（Emile，108 n）：他并非总是"使同样的字始终表达同样的意思"[《爱弥儿》，第120页。——译注]，但有思想的读者总是能够发现他的思想背后的连贯性。

那种依赖并不存在。

因此，卢梭的依赖概念直接把我们引向了他对人的需要的叙述。虽然卢梭在这方面的思想极为丰富，值得进行专门的长篇论述，但为了阐明依赖与自由的联系，我在这里会局限于一些最相关的要点。首先有必要提一下，需要的概念在这个语境下始终而且仅仅指感觉到的需要。把一个需要描述为"感觉到的"需要并不是说它仅仅存在于感觉中（例如，不是现实的、真实的需要）。虽然卢梭文本所提供的资源的确可以让我们把真实的（现实的）需要与虚假的（虚幻的）需要区别开来①，但这个区分在这里无关紧要。要理解依赖，重点不在于需要的某种客观性质（例如，一个人的需要对于他真正意义上的福利是否真的至关重要），而在于它们的主观性质。也就是说，在于主体所拥有的需要如何向他呈现并影响他的行为。只要主体感觉到一种需要，那么它不管是现实的还是虚幻的，都有可能造成依赖。

就依赖的现象而言，需要有两个关键的主观性质，那就是它在引导主体行动时所呈现出的强力和恒定。第一，需要对于行为和心理健康是强大的决定因素。倘若需要没有得到满足，随之而来的缺乏感会十分紧迫，很难忽视或忍耐。难耐的饥渴或单相思的恋爱所具有的力量会使个人遭受折磨，驱使他们做出绝望的行动。正因为需要有这种强迫性质，所以个人只要受困于依赖关系，就几乎无法抵抗它们的控制。第二，需要具有许多主观倾向都没有的恒定性；与心血来潮或转瞬即逝的欲望相反，需要在主体的全部欲念中是一个持久的部分：它在得不到满足时所造成的压力不会轻

66

---

① 卢梭谈到了"真实的""自然的"需要（比如 *Emile*，84，86，213，333），但他对这些术语的用法十分多变。他在 DI，第 137 页说道，未开化的人与现代人不同，"只能感知他真实的需要"［《论人与人之间不平等的起因和基础》，第 79 页。——译注］。经常有一种印象："真实的"（或"自然的"）东西意味着"由人的生物本性给予他的"东西，因而真实的需要不过是最初的自然状态下原始的身体需要。我的提议是，卢梭关于真实需要的观念应当被理解成指大体上对于一个人真正意义上的福利至关重要的好处，而虚假的需要只是被当成了这样的好处，但是事实上对于他真正意义上的福利是破坏性的，或者不是至关重要的。因此，在卢梭看来，真实需要的一个本质特征是它们与人的自由是相容的。

易消失，而会不断提出主体能感受到的要求。不仅如此，对需要的一次满足还不足以消除它，因为它一般会反复产生缺乏感，从而要求重复满足的过程。不论满足与否，需要都不容易被摆脱。需要的这个特征十分重要，因为它使依赖成为一种持久状态，而不单纯是一种暂时现象。

卢梭思想中最突出的需要主要分为两类。第一类包括对于生命的再生产至关重要的物品（比如食品、衣物、住所），它们对于人的意义主要源自人的身体构造的要求。第二类需要的根源不是我们的生物本性，而是自爱的一种形式，卢梭把它称作 amour-propre，这种激情会产生人所独有的一种渴求："占一个位置，充一个数，[被]当作人物看待。"（*Emile*，160）[《爱弥儿》第 207 页。——译注]①自爱（amour-propre）在我们作为精神存在者（或道德存在者）所具有的本性中处于根本地位，它能够以许多方式显现出来，因而能够引发一组极为不同的具体需要。一个人需要被当成俊美的、聪明的，需要得到爱，需要使他的意志和偏好受到尊重——所有这些都植根于自爱（amour-propre）的催促，都可以被理解为这种激情所产生的基本需要的特殊形式：一个人需要在自己的同类存在者中间拥有受承认的地位，换句话说，需要让他的同胞承认他具有一种值得他们尊敬的价值。在《第二篇论文》的一个脚注中，卢梭归纳了需要的这种二分法："我们所做的一切，无非是追求两个目标，即为自己追求生活的舒适和赢得别人的尊重。"（DI，223）[《论人与人之间不平等的起因和基础》第 156 页。——译注]②

这两种需要导致了卢梭所关注的两种主要的依赖：经济依赖和心理依赖[或道德心理（psychomoral）依赖]。③ 前者是在生产中或在获取必要商品

---

① 为自爱（amour-propre）找到一个合适的英文翻译并不容易，相关的问题十分有名。参见登特：《卢梭》，第二章，他出色地讨论了卢梭关于自爱（amour-propre）的经常遭到误解的观点。

② 需要注意的是，生活的舒适是"为自己"的，对"尊重"的需要则内在地涉及他人。我在后面解释并强调了卢梭观点的这个特征。

③ 虽然这两种需要看起来与两种依赖是一一对应的，但它们的关系其实更加复杂，因为我们将看到，对文明人（而非原始人）来说，自爱（amour-propre）在经济依赖的形成中起到了重要作用。

时依赖他人。它是现代社会（和大多数前现代社会）最重要的两个经济事实的必然后果：物质分工（比如掌控土地的人与冶炼金属的人之间的分工）以及富裕的经济阶级与贫困的经济阶级之间的社会分工（用更准确的术语来讲，就是生产资料的所有者与非所有者的分工）。对他人的心理依赖是说一个人需要获得他人的承认，以便感到自己在他人中间的价值和地位在外部世界中得到了反映，从而得到了确认。卢梭就他所认为的第二种依赖举出了大量观察敏锐的例子：艺术家的自尊需要受众的掌声，恋爱的人不能忍受对方在感情上的拒绝，公民重视国民的荣誉更甚于他自己的生命。①

　　有些解释者错误地总结说，卢梭认为一种依赖比另一种更加重要；相反，他正确地看到了经济依赖和心理依赖对个人自由构成了同等严重的威胁。不过，他的观点有一个有趣的特征：在解释人的依赖时，他把自爱（amour-propre）看得比生物学重要得多。自爱（amour-propre）在解释上的首要地位以两种方式显现出来。第一，自爱（amour-propre）与依赖的联系比纯粹的身体需要与依赖的联系更加直接。在生动描绘人的依赖之余，卢梭还经常以讲故事的形式叙述了人的需要在何种条件下会造成依赖的状态。卢梭在《第二篇论文》中认为，如果把依赖理解为一种持久状况，我们的生物本性单凭自身就未必会导致依赖。② 未开化的个人是孤立的、独立的，不用时常与同胞合作也能够满足纯粹的身体需要。只有当必要商品的生产具备了某种社会性质时（这本身就预设了身体需要已经变得比较复杂、比较难以满足了），这些需要才会引起依赖。也就是说，只是由于分工——这是由冶金和农业的出现所引发的——以及由于随后社会划分为富人与穷人，个人才会为了满足身体需要而在经济上依赖他人。相比之下，

---

　　① 有必要记住，心理依赖未必是病理性的；相反，它对于人至关重要。爱弥儿依赖于苏菲的关心（反之亦然），而且这是理所当然的。

　　② *Emile*，185 响应了这个观点："当人们只知道身体的需要时，每一个人都可以自己满足自己的要求。"[《爱弥儿》，第 246 页。——译注]

67

心理依赖与自爱(amour-propre)的需要之间的关系是比较简单直接的。自爱(amour-propre)按其本性就需要涉及他人，否则就达不到自己努力的目标。当个人渴望在他人中间拥有受承认的地位时，这是无法靠他本人或低于人类的存在者来满足的。① 因此，就自爱(amour-propre)而言，需要与依赖是不可分离的；心理依赖的存在所预设的前提无非是自爱(amour-propre)本身：简单地意识到自己是一名个人，拥有某种恒定的社会交往，以及具有把自己与同胞进行比较的心智能力。

68

卢梭对依赖的叙述还以另一种方式把自爱(amour-propre)放在了纯粹的身体需要之上：自爱(amour-propre)的需要不仅单凭自身就导致了心理依赖，而且在经济依赖的形成中起到了重要作用，或许还是主导作用。最明显的证据是：从自爱(amour-propre)的催促中直接产生了许多需要(比如，需要一柜子足够时尚的衣服)，它们使我们依赖于他人的劳动。虽然对物的占有和消费单凭自身并不能满足自爱(amour-propre)，但当个人试图获取他人尊重时，商品往往起到了核心作用。另一项证据不那么明显，却同等重要：随着社会发展，从生物性出发的需要就其本性而言很快就不再只有纯粹的生物性了。什么可以算作"生活所需的商品"？这不是由固定的、严格意义上的生物性质(比如，存活和再生产的最低要求)所决定的。毋宁说我们对生活必需品的看法会随着历史发展而改变，并预设了一种对符合人道的最低生活标准的看法。因此，我们会考虑何种身体存在适合于为人所拥有，这些考虑的最终根源是自爱(amour-propre)，并逐渐在一定程度上决定了基于生理的需要。未能达到最低标准的生存是低于人的，这个状况与自爱(amour-propre)力求获得的受承认的地位不能相容。身体需要与心理需要的区分之所以趋于模糊，是由于一旦存在者心中的自爱(amour-propre)开始运作——所有人莫不如此——对自己在他人中间地位

———————

① 这并不是说他人的承认不能或通常不会以事物为中介。

的关注就不免影响到一个人生存的方方面面。就连最直接地源于生物本性的需要也带有了心理意义；我们若要获得自尊和同胞的尊敬，那么这些需要也变得至关重要了。

与独立相反，对自由的界定并不涉及需要的概念。毋宁说它指的是意志的一种状况；更确切地讲，是意志与世界的一种特殊关系。卢梭把自由存在者描述为"自己实现自己意志的人"（*Emile*，84）[《爱弥儿》第80页。——译注]，但这只是粗略地把握了自由的含义。看起来自由就是意志与行动相一致；个人只要"按照自己意志去做事"（RSW，84）[《一个孤独漫步者的遐想》第97页。——译注]，就是自由的。然而，卢梭有时坚持要对这个表述进行微小而重要的修改："自由与其说是实现自己的意志，不如说是不服从他人的意志。"（OC Ⅲ，841）①这个界定（把自由界定为不服从陌生的意志）具有否定形式，而不是之前的更加简单直接的形式，这意味着什么？既然卢梭赞同否定的表述，就意味着"按照自己的意志去做事"是对自由的一个排他性过强的界定，从而意味着有时一个人虽然没有做自己想要做的事情，却并没有因此失去自由。卢梭肯定在想，我之所以有时没法按照自己的意志去做事，是由于"事物的必然性"，而不是由于陌生的意志。②也就是说，我之所以没有做我想要做的事情，也许是因为我缺乏必需的体力，或者因为自然法则对我施加了限制。在这类情况下，卢梭也会认为我的意志遭到了挫败，却会否认我的自由受到了损害。③可见，卢梭

---

①　也可参见 RSW，83。

②　参见 *Emile*，85："物的隶属不含有善恶的因素，因此不损害自由。"[《爱弥儿》，第82页。——译注]

③　这一点与一个得到了广泛认可的观点是一致的：由于自然必然性而被迫做某件事与被另一名行动者强制做这件事在道德上有重大差别。在卢梭看来，自然必然性不会损害人的自由这个观点立足于一个观念，即物的世界是由自然法则掌控的，这些法则具有个人的特殊意志所没有的恒定性和必然性。由此，自然世界是可靠的（和可预测的），特殊意志则不然。不仅如此，卢梭似乎还认为，鉴于自然是有序的，这个事实就足以保证它在任何"自然的"东西、包括人的自由面前都是和善的（比如 *Emile*，37）。

的自由概念不能被简单界定为个人意志与他的行动相符。这样一种界定把自由等同于成功地把意志转化为行动，但这种做法忽视了自由的一个核心特征，即自由（及其对立面）总是关乎一个意志与另一个意志的关系：不自由就是服从陌生的意志，而自由总是不受制于另一个人的意志；在卢梭看来，这个特征在根本上把自由变成了一种道德现象。为了公正对待卢梭对自由的看法的这一面，我们可以把最初对自由个人的描述——"自己实现自己意志的人"，换成如下说法：自由个人仅仅服从自己的意志，或者更明确地说，他除了自己的意志之外不服从任何意志。①

这个颇为贫乏的表述当然不是卢梭在自由这个话题上的最终定论。我们可以更加精确地把它描述为卢梭的起点。因为"仅仅服从自己的意志"虽然在本质上把握了自由的观念，却还远远没有充分叙述自由的人类生存是怎样的，以及如何实现这样一种生存。毫不夸张地说，卢梭的整个思想归根到底致力于给出这样一种叙述。这项课题的核心问题可以说在卢梭的每一部主要作品中都能看到：人的自由在何种条件下才是可能的？为了让个人能够仅仅服从自己的意志，世界——包括外部的社会世界和内部的心理世界——必须是怎样的？正是在这个语境下，依赖的话题才能进入卢梭的哲学，因为对他人的依赖代表了自由的实现所面临的最重大的障碍。

有了这个想法，我就可以回到本节一开始提出的问题了：自由与依赖有什么关系？虽然我们已经看到，自由与独立这两个概念可以在思想中被区分开来，但在现实中，它们所指的现象却有密切联系。卢梭的一个说法表达了这种联系的一般本性：依赖他人会"损害自由"（*Emile*，85）[《爱弥儿》第82页。——译注]。我们也可以说依赖是服从的根源；更确切地讲，依赖在两种不同的意义上是服从的根源：第一，依赖是一个意志服从另一个意志的可能性条件。这可以让我们明白一个人为什么会服从陌生的意

① 这与卢梭关于政治哲学根本问题的说法是一致的：他把自由界定为"只不过是在服从其本人"（SC, I. 6. iv）[《社会契约论》，第19页。——译注]。

志，而不是自己的意志，否则这种现象就是令人困惑的。① 因为在某些不难想象的情况下，由于一个人不与他人合作就不能满足自己的需要，所以他必须放弃自己的意志、听从另一个人的意志，或者有强烈的动机这样做。可是卢梭提出了一项更强的主张，即服从必然从依赖中产生："奴役的链条是由于人们的互相依赖和使他们联合在一起的互相需要形成的。不先使一个人处于不能不依赖另一个人的状态，就不可能奴役他。"(DI，140)[《论人与人之间不平等的起因和基础》第 81—82 页。——译注]② 卢梭对"奴役的链条"的谈论意味着一个意志对另一个意志的持久服从需要以依赖为条件。因为即使没有依赖，迁就陌生意志的情形也可能孤立地出现；例如，单纯的暴力威胁可以导致一个人服从另一个人，而且就算在最初的自然状态下、在彻底独立的存在者身上，这类遭遇也是可以设想的。然而，持久的服从只可能出现在依赖他人的存在者身上。也就是说，这些存在者缺乏自足，必须一直与他人互动。

　　第二，依赖在卢梭看来不只是服从的必要条件。如果仅仅考虑相对广泛的、以自然形式存在的依赖(也就是说，先不论卢梭哲学所提倡的对依赖的重塑)③，那么依赖几乎肯定会使个人失去自由。这在一定程度上是因为尚未满足的需要会驱使个人寻求满足，它们的力量几乎是无法抵抗的。是获取自己需要的东西，还是遵循自己的意志？如果存在者一直面临这个选择，我们就不能期望他们始终选择自由，而不是满足。可是依赖他人的

---

　　①　对陌生意志的服从是一种迫切需要解释的现象，因为人按其本性就很看重自己给自己做主，而且初步看来非常不情愿向不属于自己的意志让步。这是卢梭的一个观点——人生来自由——所隐含的主张之一。

　　②　或者更简要地讲："对于一个根本不需要任何东西的民族，谁又能加以任何的羁轭呢？"(DSA，36)[《论科学与艺术》，第 8 页。——译注]。也可参见 DI，139，卢梭在那里描述了一个完全独立的状态，并问道："[一个人]怎么能做到强迫他人服从自己呢？"[《论人与人之间不平等的起因和基础》，第 81 页。——译注]

　　③　这里之所以把未经重塑的依赖称作"自然"依赖，是由于它的建立整个来讲并不是人的远见、计划或意志的对象。

个人往往不会觉得自己处于这种苦恼的立场，除非他们的依赖关系导致了意志与意志的系统性冲突。因此，卢梭的观点——如果依赖没有得到重塑，自由的丧失就几乎无法避免——还立足于一个设定：倘若没有一个强制的秩序来让相互依赖的个人的特殊利益达到和谐，他们的欲望和利益所带来的冲突就不可避免，因而意志与意志的冲突也不可避免。依赖的一般形式肯定会导致意志与意志的系统性冲突；卢梭举了不少例子，比如就各个经济阶级的社会分工而言，他们的物质利益就是直接对立的。[1]

我们现在就有能力考察当卢梭解答政治理论的根本问题时——为人的长期社会合作设计一种结构，让每一名个人都可以在其中自由生存——他的基本方法是如何由他所理解的自由与依赖的关系所规定的。然而，首先有必要提一下，卢梭对这项任务的表述——他把自由规定为有待实现的目的——见证了一个重要事实：他的政治思想的最高价值（实际上是他的全部哲学的最高价值）是自由，而不是独立。卢梭不仅认为自由在价值等级上高于独立，而且认为独立并没有内在价值。实际上，不论卢梭把何种价值归于独立，它都完全寄生在自由的价值之上。因此，卢梭之所以把独立视为好东西，不是因为它内在地具有价值，也不是因为一个人若要满足需要，最可靠的手段就是自足，而只是因为个人若要能够避免服从陌生的意志，独立就可以起到积极的推动作用。同样，依赖并非自在地就是坏的，而是仅仅坏在对依赖他人的个人来说，它会损害自由。

既然卢梭认为依赖是服从的根源，这个观点就为他的一个核心问题——这个问题关注的是自由的实现所需的条件，也就是所有个人的完全独立——给出了一个明显的回答。这个观点还进一步表明，要在政治上解决服从问题，就要消灭一切形式的对他人的依赖，因为依赖不仅使得服从

72

---

[1] 另一个重要例子是卢梭对如下问题的分析：由愤怒的自爱（amour-propre）产生的需要如何会导致意志与意志不可避免的冲突。参见登特：《卢梭》，第二章，他讨论了这一点以及愤怒的自爱（amour-propre）与和善的自爱（amour-propre）之间的区别。

有可能出现，而且使得它几乎确定会出现——消灭依赖才能消除服从的条件。实际上，依赖与服从的联系在卢梭的文本中是一个频繁出现的、十分紧迫的话题，这很容易给我们留下一个印象：消灭依赖是让个人免于服从的唯一可能的药方。然而，卢梭事实上在《第二篇论文》中恰好考察了这个解答，并断然予以拒斥。他对最初自然状态的描绘可以被看成试图想象假如个人所享有的自由是以完全自足为前提的，那么他们的生活会是怎样。卢梭所描述的存在者是完全"自由的和独立自主的"（DI，156）[《论人与人之间不平等的起因和基础》第97页。——译注]（而且独立是自由的原因）；他们除了自己的意志之外不服从任何意志，而且他们之所以能够这样做，只是因为他们是自足的。可是卢梭清楚地表明，即使这种自由在实践中是可能的，代价也太高了。他之所以拒绝从最初的自然状态中寻找解决依赖的办法，与其说是因为他相信回到自然状态是不切实际的，不如说是因为他认为这样一种解决方案并不可取。因为使这种自由成为可能的是一种极端的独立，而要维持它，就必须对他人没有任何持久的归属。可是卢梭清楚地表明，在最初的自然状态下了无牵挂的存在者不是、也不可能是人，因为离开了持久的社会纽带，各式各样的好处和可能性就无法存在，而这些好处和可能性对于人至关重要，还具有极高的内在价值，所以我们假如舍弃它们，或许就无法获得自由：完全的独立不仅使夫妻之爱[这是"人类感情中最温柔的亲情"（《论人与人之间不平等的起因和基础》第89页，本书作者并未标明。——译注）之一]变得不可能了，而且使语言、理性、德性和主体性本身都变得不可能了。①

---

① GM，第159页确认了对《第二篇论文》的这种解释。卢梭在那里也排除了通过回到（DI，151所描述的）"黄金时代"解决依赖问题的可能性。他之所以在那里拒斥了这个观点，即回到一个更加原始的社会，同样不是因为这样一种回归是不可能的，而是因为黄金时代是"一种在人类之外的状态"。

有必要记住，《社会契约论》所支持的社会政治措施本身并不是对依赖问题的充分回应。个人的内部构造还必须符合《爱弥儿》所概括的原则，否则他们的心理依赖就无法具备与自由相容的结构。在这里，最重要的考虑是自爱（amour-propre）主要表现为和善的形式，还是愤怒的形式。

　　按照这个观点，在调和人身上不可消除的依赖与构成人的本质特性的自由时，卢梭试图更多地聚焦于如何重塑依赖，而不是如何消灭它。这条思路意味着人与人的依赖在经过重新组织之后，就可以不再与自由不能相容。对依赖的重塑——至少就这件工作的政治部分而言①——需要接受一些原则的引导，这些原则可以在卢梭对公意的看法中找到。因为我们已经看到，卢梭主张个人只有（被迫或自愿）遵守公意，才能"保证他免于一切人身依赖"。因此，按照卢梭的意图，公意希求的是一组社会制度和政治制度，它们会从本性上改造个人对他人的依赖，由此消除或至少显著减少依赖与自由相互敌对的方面。我现在的任务是说明他对公意的看法如何能做到这一点。

依赖和公意

　　当卢梭提出要重塑依赖时，这背后的基本观念是什么？我们从先前引用的一个说法中可以找到线索：公意据说会保证个人免于"人身"依赖。这表明，卢梭若要在政治上解决自由问题，就需要把对个体人格体的依赖转变为对整个共同体的依赖。卢梭后来在《社会契约论》中的评论确认了这一点：在合理政体中，"每个公民对于其他一切公民都处于完全独立的地位，而对于城邦则处于极其依赖的地位"（SC，Ⅱ.12. iii）[《社会契约论》第69—70页。——译注]②。可是依赖城邦——而不是依赖于构成它的个体人格体——意味着什么？以这种方式对依赖进行去人格化如何能使个人自由成为可能？卢梭在另一个语境下说，唯一能消除"人的隶属"的社会药方是"用法律来代替人"（Emile，85）[《爱弥儿》第82页。——译注]。因此，我们可以把卢梭所设想的"对城邦的依赖"更加精确地描述为对构造良好的共

---

①　又见卢梭给科西嘉人的建议："你们宪法的基本法则必须是平等。"（OC 111，909—910）

②　也可参见卢梭给科西嘉人的建议："你们宪法的基本法则必须平等。"（OC 111，909—910）

和国的依赖。也就是说，这是一个在法律的有效支配下的共同体，而且法律忠实地反映了公意。然而，后面我们将看到，与其说卢梭所赞同的社会安排把一种依赖（即对其他个人的依赖）替换成了另一种（即对由法律支配的共和国的依赖），不如说在这个社会秩序中，个人与个人不可消除的依赖关系得到了保存，但它是由有理有据的法律体系来调节的，因而对自由不那么有害。

74   于是，有待回答的问题是：法治要如何掌控个人的依赖，才能使对他人的依赖与自由共存。卢梭关于法治及其优势的观点包含了大量内容；接下来我只想概述法律在卢梭看来如何能够以三种方式重塑依赖，以便实现个人自由。虽然这三点可以而且应该相互区分，但它们共享了一个根本属性：在三种情况下，法律都会通过在公民当中确立（多种意义上的）平等来减轻依赖的有害后果。卢梭明确承认了法律与平等的密切联系："[法律]以民权的形式在人与人之间确立自然的平等地位。"（PE，214）[《论政治经济学》第 9 页。——译注]他还承认了我对他的立场的解释所强调的一个更加深入的哲学观点，即法律的目标之所以是公民的平等，不是因为平等自在地有价值，而是因为它推进了自由这个目的。① 接下来的三点以各自的方式讲述了一个一般观念，即为彼此依赖的个人带来平等有助于保障他们免于服从，否则他们的依赖很可能让他们陷入服从。

法律重塑依赖的第一种方式是确保公民在相当高的水平上享有物质平等（尽管法律不会对这个水平进行充分规定）。在一个构造良好的共和国里，法律并不试图在公民中间确立财富的绝对平等，只会防止形成巨大的物质不平等——这是不受管制的经济活动不可避免的后果。② 卢梭的具体

---

① 参见 SC，Ⅱ.11.i，卢梭在那里说道：平等是法律的两大首要目标之一，因为"没有它，自由便不能存在"[《社会契约论》，第 66 页。——译注]。

② 卢梭向波兰人建议说："你们的法律应该倾向于不断减少财富和权力的巨大不平等……因为自然力日积月累的运作倾向于不可避免地进一步扩大这个鸿沟。"（GP，65）也可参见 SC，Ⅱ.11.ii。

提议包括用法律限制继承权、对奢侈品征税等；他还提出，倘若存在一个由没有财产的个人所构成的阶级，更确切地讲，这个阶级的个人除了自己的劳动力之外不占有任何生产资料，那么这是与公民的自由不相容的。[①]卢梭的提议背后的观念要比它们的细节更加重要：缩小贫富两极的距离可以减轻弱势群体的经济依赖，从而降低他们为了满足物质需要而屈从于另一个人意志的可能性。不过，减少乃至消除阶级与阶级的差别并不能抹掉一切经济依赖，因为只要社会中有物质分工，个人就要依靠与他人合作来获取生活必需品。物质分工不同于各个经济阶级的社会分工，因为前者与个人的高度平等是相容的，后者则不然。不仅如此，这个差别还让物质分工成为依赖的一种不那么有害的形式，阶级的存在则相反，因为只要彼此依赖的个人平起平坐，他们的互动就不太可能导致牺牲自由，高度不平等的存在者之间的互动则相反。因此，以促成个人与个人的物质平等为目标的法律与其说旨在减少或消灭经济依赖，不如说旨在使这种依赖变得平等。

在这第一种情况下，法律之所以能够重塑依赖，不是由于一般法律的形式特征，而是由于卢梭赋予法律的一个特殊目的，即促进物质平等。在卢梭看来，当我们认为法律可以具有这样一种内容时，这就反映了一个事实：公意（法律不过是公意的特定表达）不只是一组为法律提供合法性的纯粹形式的标准；卢梭所设想的公意还具有内容，因为它会希求某些界定得很宽泛的、却又并非空洞的目的。然而，卢梭在一些地方表示，不管法律有什么内容，法治本身都会防止公民由于依赖他人而遭受不良后果。[②] 这

75

---

① 前两个提议出自 OC Ⅲ，945 和 PE，234。卢梭在 SC，Ⅱ.11. ii 明确批判了资本主义社会的阶级关系（"没有一个公民可以富得足以购买另一人，也没有一个公民穷得不得不出卖自身"[《社会契约论》，第 66 页。——译注]）；这种批判也隐含在他对没有经济阶级的黄金时代的描述中（DI，尤其是 151）。参见安德鲁·莱文：《自律的政治》，（马萨诸塞州，阿默斯特：马萨诸塞大学出版社，1976）[Andrew Levine, *The Politics of Autonomy* (Amherst, Mass.: University of Massachusetts Press, 1976). ——译注]，第五章，他详细讨论了卢梭的这些主题。

② 例如，OC Ⅲ，491—492，842—843。

表明在卢梭看来，法律还能够以另一种方式、即仅仅依靠法律本身的形式特性来重塑依赖。卢梭在这个语境下谈论的特征是法律的普遍性。这里所讲的这种普遍性关系到"对所有人一视同仁"这个观念的某种形式，尽管这还需要进一步讨论。因此，法律的普遍性意味着人在法律面前享有一种平等，这种平等不同于之前讨论的物质平等，而是可以被描述为公民在法律面前的形式平等。我们可以粗略地把这种平等的本性把握为法律对人格体没有偏袒；法律把个体公民看作抽象单位，并把这些单位(在一种有待说明的意义上)算作相等的东西。这会引起两个需要进一步关注的问题：公民在法律面前究竟在什么意义上被算作相等的东西？这种形式平等又如何能被用作依赖的解药？

76　　尽管卢梭的主张是很难在这里准确地说清楚的，但他的观点的大体要旨是法治有助于保护个人免于服从他所依赖的人的变幻无常的意志。[①] 变幻无常的意志(在大多数情况下)是不受原则约束的，因而是多变的、不可预测的、任性的。依赖于变幻无常的个人会严重威胁一个人的自由，因为意志倘若仅仅呈现出随机运动，就几乎不可避免地会经常与其他(随机的或非随机的)意志发生冲突。可见，卢梭的观点必定是：合理国家的法律会给变幻无常的意志对他人的要求施加外在约束，以便有效地掌控这些意志。因此，法治并没有降低个人相互依赖的水平，却杜绝了由依赖导致的一个对自由危害最大的后果，从而有助于维护他们的自由。虽然这里的基本想法非常浅显，但至于卢梭为什么认为法律的这种能力仅仅出自它作为普遍法律所具有的形式特性，就一点也不明显了。卢梭在一个评论中简练地表述了这项主张："全体向所有人施加的任何条款都不算苛刻。"(OC Ⅲ，842)在这里，法律据说在两种不同的意义上是普遍的：它是全体向所有人

---

①　提出这个表述的是弗雷德里克·巴纳德：《自我导向与政治合法性：卢梭和赫尔德》(牛津：牛津大学出版社，1988)〔Frederick Barnard, *Self-Direction and Political Legitimacy*：*Rousseau and Herder* (Oxford：Oxford University Press, 1988). ——译注〕，第 27 页。

施加的东西。毫不意外，当卢梭谈论公意如何能成为公意时，这两种普遍性再次出现了：公意"对全体都适用"，而且"出自全体"（SC，Ⅱ.4.ⅴ）[《社会契约论》第39页。——译注]。可是法律的普遍性如何能在这两种意义上说明它为什么能够保护个人，使他们免于服从他们所依赖的人的变幻无常的意志？

　　卢梭的许多段落论述了法律如何能保护个人，使他们免于服从变幻无常的意志，但他在那里仅仅诉诸了第一种普遍性——法律的普遍适用性。以他的一个说法为例："就连最坏的法律也比最好的主人有价值，因为所有主人都有偏好，法律却从来没有。"（OC Ⅲ，842－843）法律的表述和执行都适用于所有人，绝不容许例外；"执法官本人有责任服从法律"（OC Ⅲ，491）。法律对特殊个人不加区分，从而有效地在公民中间创造了一种平等——保证他们可以受到法律的同等对待——这种平等至少在由法律支配的活动领域内防止了变幻无常的意志所特有的一种行为模式，即从任性的偏好出发，对个人予以差别待遇。可是法律在这种意义上的普遍性单凭自身仍然给一种待遇留下了大量余地，这种待遇——我们会把它视为一种任性——或许不是针对特殊个人，而是针对个人所在的阶级。① 因为假如法律规定"只有财产所有者才可以使用公共通信工具"，那么它尽管可以分毫不差地适用于所有公民，却仍然在一种重要的意义上是任性的。出于这个理由，我们有必要考虑法律的普遍性的第二种意义，即法律是由全体施加的东西，或者说法律出自全体。这里所讲的普遍性不应当被理解为全体公民都实际参与了制定法律的过程，而应当被理解为法律若要获得通过，它的内容就要被一个条件所约束，即法律必须有可能是全体公民合理认可的

77

---

　　① 卢梭承认，虽然法律（在这里所考察的意义上）具有普遍适用性，但这并不能杜绝各个阶级的公民的相互区别，只能杜绝对特殊个人的不同待遇（SC，Ⅱ.6.ⅵ）。

对象。① 如果法律侵犯了一个阶级的公民的根本利益（比如之前提到的那条法律），我们就无法认为它们能够获得这些公民的合理认同，所以它们缺乏这种意义上的普遍性。既然要求法律出自全体，就意味着公民在法律面前拥有一种平等，这种平等在于一个事实：每个公民都被认为拥有法律不得侵犯的根本利益，而且在制定法律时，这些根本利益与其他任何公民的根本利益要被同等看待。法律有了这种意义上的普遍性，就可以被看成回应了对他人的依赖所带来的问题，因为这类法律保障了个人的（至少一部分）根本利益，从而防止了一种重要的任性待遇，而变幻无常的意志原本很容易这样对待有依赖的个人。

法治还以第三种方式把人身依赖转变成了对共同体的依赖：它把共同体本身变成了一种尊敬的根源，个人会出于自爱（amour-propre）而追求这种尊敬。法律是通过确保个人作为公民可以享有平等的尊重来做到这一点的。法律的这个功能是刚才讨论的普遍性的直接后果。因为保障了个人的根本利益，就能确保他们在共同体中拥有一种受承认的地位，而这本身就是尊重的一种形式。不仅如此，能否得到这种尊重并不取决于特殊个人的可变意见，而是与法治本身一样得到了可靠保证。确保全体公民得到平等的尊重对于卢梭的课题至关重要，因为（我们可以证明）只有自爱（amour-propre）才是对他人的依赖的最重要的根源。卢梭当然并不认为只要个人在一个由法律支配的共同体中作为公民拥有受承认的地位，就能充分满足自爱（amour-propre）的所有表现形式。毋宁说他的观点是：一个人作为公民所拥有的地位确认了他对于他人的价值，这种确认并不全面，却也并非不重要；因为它仅仅依赖于法律制度，所以个人不用过于依赖特殊的人格体，就能满足自己在同胞中间拥有地位的需要。

结语：论被迫自由的可能性（和不可能性）。

---

① 我对卢梭的这个说法——合法的法律必须"出自全体"——的理解受益于登特对这个话题的出色探讨（《卢梭》，第 179—184 页）。

按照卢梭的主张，在受到强迫的情况下遵循公意无非是被迫自由；前面已经考察了自由与依赖的联系，也考察了依赖与公意的联系，现在就可以重构卢梭对这项主张所引发的核心问题的回应了：倘若一个人未能把公意的规定认作他自己作为个人所拥有的意志，那么这些命令在什么意义上构成了他自己的意志？卢梭的回答包含了如下想法：由于公意会重塑人与人的依赖，使得依赖不再会几乎不可避免地导致对他人意志的服从，所以个人若要能够避免服从陌生的意志，就要依靠公意所带来的客观的社会条件。可见，公意可以说是个人自己的真实意志，不管他是否有意识地认识到了这一点；因为他的自由（以及其他所有人的自由）若要得到实现，公意所希求的条件就是必要的。要把公意等同于每一名个人的真实意志，前提就是个人意志在怀有种种特殊目的之余，还必定会希求自己的自由，并把这种希求作为根本。可是在希求某个目的（如他的自由）时，他也必须希求达成目的所需的条件。倘若一个意志所选择的行动与它自己自由的实现所要求的行动并不一致，它就不是在"实现自己的意志"，因而不能被看成它是真正自由的。这样一种意志——它实际上希求的是使自己服从他人，是一种自我否定的意志，从而是矛盾的。

这套主张立足于对自由如何能通过公意得到实现这个问题的一种理解，这种理解——可以把它称作通过人身独立实现自由的模型，是与社会自律的解释相反的。它并没有把公意所造就的法治本身看作公民自由的体现，而是把前者看作后者的前提。不仅如此，这个观点宣称要实现的那种自由并不是道德自由（因为它并不必然要求一个人按照自行制定的法则来决定自己的行动），而是卢梭所讲的公民自由，它是以否定形式界定的。也就是说，公意对依赖的重塑不仅为个人建立了抽象法，而且为他们创造了一种现实可能性，使个人在外在于共同体重大利益的活动领域中行动时可以不被他人的意志所约束。可见，就个人如何通过公意来实现自由而言，卢梭的政治思想包含了两种不同的叙述，它们有两方面的差别：

(1)它们宣称要实现的自由属于不同的类型；（2）据说存在于自由与公意之间的关系具有不同的本性。按照第一种叙述，国家中的成员资格是(1)以否定形式界定的公民自由的(2)前提，条件是法治有效地减轻了依赖对自由的危害；按照第二种叙述，国家中的成员资格是(1)道德自由（或社会自律）的(2)体现，条件是统治公民的法律是他们按照一种共享的对共同好处的看法为自己制定的。

既然关于自由如何能通过公意得到实现有两种叙述，卢梭能否保持两者的一致性？或者说，这两个观点是否相容？为了回答这个问题，我们首先必须更加准确地找到这两个观点可能在什么地方发生冲突。卢梭的确把两种自由归于合理国家的成员，这个事实本身并没有问题，因为公民自由和道德自由并不是两种相互对抗的对自由的看法，而只是公民所获取的两种不同形式的自由。前者是免于其他个人的意志所施加的约束，后者是仅仅服从自行制定的法则；它们不过是让自由——一个人除了自己的意志之外不服从任何意志——的基本条件得到满足的两种不同的方式。卢梭宣称这两种自由可以在同一个国家携手共存，这也没有问题。由于道德自由的领域不能超出法律本身的领域，而且由于后者并没有宽广到可以决定个人所做的每一件事情，所以我们可以在法律领域的界限之外划出另一个领域，公民在其中享有的自由只能以否定形式描述，即被描述为没有被迫服从其他个人的特殊意志。

如果说这两种叙述是有张力的，那并不是由于公民自由与道德自由的区分本身，而是由于这两种叙述虽然都把公意视为每一名个人的意志，却是以不同的方式看待个人意志与公意必须具备的关系的。换句话说，它们的不同点关系到个人必须如何与公意相关联，才能使个人对公意的服从被算作对自己意志的服从，从而被算作自由。按照社会自律模型，公意之所以被算作个人意志，只是由于个人可以与公意产生某种主观关联，或者说个人可以有意识地肯定公意所固有的原则。出于这个理由，社会自律模型所描绘的自由可以被描述成一种"主观自由"。然而，对通过人身独立实现自由的模型来说，公意能否成为每一名个人的意志，不是取决于个人意志的主观性质，而是取决于公意本身的一个客观特征，即只有实现了它所希求的一组条件，才能让个人得以免于对他人任性的服从，而这种服从原本是必然的。因为一个人在这个场景中享有的自由不涉及他与塑造社会世界的原则之间的主观关联，所以它可以被称作一种"客观自由"。因此，当这两种叙述的张力走上前台时，客观自由的要求与主观自由的要求就发生了冲突。也就是说，在有些情况下，一个构造良好的国家的个体公民未能有意识地肯定支配他们的原则，而这些原则客观地讲对于他们自己的自由是必要的。换句话说，恰好在卢梭对个人被迫自由进行讨论的时候，这种冲突就显现出来了。

于是，有待回答的问题是我们是否可能把卢梭对自由的不同叙述合并为一个连贯的理论。要解决这两个政治自由模型的张力，关键并不在于拥护其中一方、舍弃另一方，而在于认识到双方尽管各自代表了一种真实的自由，但若脱离了对方，就是一种局限的自由，或者说仅仅是片面的自由。这一点在被迫自由的情况下极其明显：一个人倘若未能肯定事实上约束自己行动的原则，就会在一个重要方面远离仅仅服从自己的意志这个理想。虽然客观自由的观念所提供的概念资源让我们能够连贯地谈论被迫自由的问题，但从自由希求的主观前提的视角看，这种单方面的自由仍旧是一种不自由。可是对社会自律模型所设想的纯粹主观的自由来说，若要主张这两种对自由的看法都仅仅是片面的自由，那也完全可以成立。公民的完全自由绝不止是对支配他们的原则单纯具有适当的主观态度，因为如果一个人所肯定的原则最终会毁掉他的自由，这种肯定本身就是一种不自由。也就是说，他的希求并不符合他本人的真实意志和根本渴望，即能够在不被外在的东西所决定的情况下在世界中追求自己的目的。因此，卢梭对公民如何通过公意来实现自由所做的双重叙述背后的基本观点可以表述

81

为：这两种对自由的看法虽然在这里被分离开来了，但若要得出卢梭眼中的完整的政治自由，那么两者都是必要非充分条件。可见，按照这种重构，这两个独立的条件——主观条件与客观条件——必须合起来才能让使个人实现充分的政治自由：（1）支配公民的法律必须起到客观的解放作用——它们必须有效减轻对其他个人的依赖所导致的对自由的危害；（2）公民也必须同支配他们的法律产生适当的主观关联。也就是说，公民必须有意识地把法律所固有的原则作为自己的原则来加以拥护。

我将在接下来几章证明：黑格尔的社会理论——它植根于"希求自由意志的那自由意志"（§ 27）的一个版本——所提出的对社会自由的看法与我在这里论述的卢梭对政治自由的理解恰好具有相同的结构。也就是说，黑格尔保留了卢梭的核心观点，即合理社会制度与社会成员的自由之间具有双重关联——这些制度既是自由的前提，又是自由的体现——同时黑格尔明确指出，对自由的充分实现来说，从主观上肯定支配社会生活的原则是一个必要因素，因而他坚持认为个人不能被迫自由，这与通常看来卢梭所持的观点相反。

第三章

社会自由的主观因素

我们已经看到了卢梭对政治自由的理解如何涵盖了两个主要方面——主观因素与客观因素——现在就有能力开始阐述黑格尔本人对社会自由的看法了；我已经说过，他的看法具有一种与卢梭的看法类似的双面结构。为了帮助我们回到黑格尔的社会自由，让我们回想一下第一章末尾提到的他的一项主张：伦理（Sittlichkeit）是"客观自由……与主观自由两者的统一"（§ 258A），前者指的是合理社会秩序中的法律和制度（§ 144，E § 538），后者则指社会成员的某种"与自由相适应的"（VPR1，248）心智模式或态度（Gesinnung）。

为了初步表述黑格尔对社会自由的二元叙述背后的基本观念，我们可以把两个想法放到一起——在前面讨论卢梭对政治自由的看法时，我们已经遇到了这两个想法的另一个版本：第一，当黑格尔把伦理（Sittlichkeit）的法律和制度称作"客观自由"时，他想要主张合理的法律和制度在某种意义上客观地体现了自由。也就是说，不管社会成员与法律和制度具有何种主观关联（比如，肯定、拒斥或漠不关心），它们都实现了一种自由。从这样一种看法出发，自由的实现（至少在有限的意义上）可以说只是由于合理的（也就是促进自由的）法律和制度事实上已经到位了，而且是通过社会成员的参与来长期维持的。先前已经提到，黑格尔的客观自由学说的一部分立足于他从卢梭那里继承的一个前提，这个前提关系到个人自由的以社会为条件的本性。按照这个前提，个人要实现自己的自由，就必须首先具备诸多使自由成为可能所需的社会条件。因此，当黑格尔把伦理（Sittlichkeit）的法律和制度等同于客观自由时，这背后的一个重要观点是这类法律和制度会带来并维持一些必要的社会条件，让个人得以把自己实现为自决意志的承担者——作为这种承担者在世界中获得现实存在。然而，事情没有这么简单，因为对客观自由的这番叙述事实上忽略了黑格尔的学说有别于它的前辈的一个关键特征：在黑格尔看来，合理的法律和制度之所以体现了客观自由，不仅是由于它们在卢梭的意义上确保了个体社会成员的自由的必要前提，而且是由于它们共同构成了一个社会秩序，这个秩序从整体上看近乎具有了完全自决的存在者的本质属性。（客观自由的这个特征是黑格尔所独有的，我们将把进一步的讨论推迟到第四章。）

　　黑格尔对社会自由的看法背后的第二个想法可以表达为一条要求：客观自由应该"存在于与自由相适应的自我意识中"。这里的观点是，伦理（Sittlichkeit）成员倘若仅仅使自己的行为遵守合理的法律和制度的要求，却与这些法律和制度没有适当的主观关联，就会在一个重要方面远离自由的理想。这项主张的依据是一个关于自决行动所需的主观条件的观点：（鉴于法律和社会规范的处罚权力，）居住在合理社会世界中的个人必须按照促进自由的法律和制度的要求来决定自己的行动，而且他们只要这样做，就能在前面阐发的意义上享有客观自由。可是如果个人仅仅遵守合理的法律和制度的要求，那还不足以确保他们的活动在主观上是自由的——这里的自由指的是某个人的行动可以说是出自他自己意志的，或者说是他自由地希求的东西（而不是非自愿的、强制的，或者用黑格尔的话说，不是由外在的他者所决定的）。按照刚才的描述，在缺乏主观自由的情况下，个人活动所服从的原则（这些原则体现在法律和制度中）仍旧外在于他们自己的意志。既然这类个人的社会参与不是由自己的意志所决定的，而是由自己之外的某种东西所决定的，他们在社会世界中的行动从主观上讲就不属于他们本人。可见，社会成员若要充分实现自决的理想，就不能仅仅按照从客观视角给他们带来自由的原则来生活；他们还必须与另一些原则具有一种意识中的、意志中的关联，这些原则使他们的社会活动在主观上达到了自决。也就是说，他们必须以某种方式把这些原则作为自己的原则来加以认识和希求。

84

　　如果社会自由是客观要素与主观要素的统一，那么个人要被说成享有社会自由，就要满足三个条件：第一，他们的法律和制度有效确保了他们自己的自由所需的现实社会条件①；第二，他们的制度构成了一个"自决的"社会整体；第三，他们与合理的法律和制度——它们把他们的社会参与变成了（主观上）自由的活动——具有一种意识中的、意志中的关联。只要在这些考虑中加上黑格尔的一项主张（第三章第二部分会予以讨论）——只有在一个意志把自己的目的成功转化为现实之后，它的自决才是完整的——我们就能对个人怎样才能享有社会自由做出如下抽象叙述：拥有社会自由的个人会自由地、有效地希求一些法律和社会制度，它们是他本人自由的现实条件，而且共同构成了自决的社会整体。用更接近于黑格尔的语言来讲，拥有社会自由的个人所具有的意志可以说是"以自身［即它的自由］为其内容、对象和目的"（§ 21）的，因而体现了"希求自由意志的那自由意志"（§ 27），或者说体现了黑格尔所说的"绝对自由的意志"（der an und für sich freie Wille, absolutely free will）（§ 22A）［《法哲学原理》汉译

---

　　①　这个表述仿佛陷入了循环；为了减轻这份担忧，我们可以暂且假定社会自由（的客观因素）并不是要给它自身提供条件，而是要给之前讨论的另外两种形式的自由，即人格自由和道德自由提供条件。我将在第五章证明，客观自由在某种意义上不仅为人格自由和道德自由确保了条件，而且也为社会自由确保了条件。不过，我们可以暂时忽略客观自由的这个复杂特征。

本译作"自在自为地自由的意志"，符合德文原文。——译注]。我在以下三章试图说清楚黑格尔的一个观点：合理社会秩序中实现了一种独特的自由，它应该被理解为客观自由与主观自由的统一。这要求我们详细考察社会自由的两个因素，设法阐述它们是什么样的，以及为什么它们都可以被当作一种自由。我在本章考察的是拥有社会自由的个人所具备的那种自我意识，接下来两章则将探讨法律和社会制度在什么意义上体现了客观自由。

社会成员的主观态度

在黑格尔看来，享有社会自由的个人同"与自由相适应的"社会制度会85 产生一种主观关联。这种主观关联——我将一概把它称作社会成员的"主观态度"（subjektive Gesinnung）（VPR1，248）——可以被当作一种"心智模式"，即个人对他们从属的社会制度所持有的有意识的态度。[①] 他们的主观

---

① 黑格尔也用"伦理的态度"（sittliche Gesinnung）（E § 515）这个术语表示这心智模式，有时还简单地用"态度"（§ 158）一词。"主观态度"可以清楚地表明这种态度所确保的是社会自由的主观因素，而不是客观因素。然而，它不能与道德主体性在现代所特有的形式混淆起来，后者是黑格尔《法哲学》第二篇所探讨的。本章所讲的主观态度之所以是主观的，是由于（在更加宽广的意义上）它是一种意识现象，包含了社会成员有意识地拥有的目的和态度。后面我将清楚地表明，我们可以撇开黑格尔对道德主体性的叙述来描述与伦理（Sittlichkeit）相适应的主观态度，从而描述社会自由的主观因素。因此，安提戈涅可以说在这里所讨论的意义上拥有一种自由的主观态度，尽管他并不是一个道德主体。倘若黑格尔成功完成了把古人的理想与现代道德主体性的要求统一起来的任务，我在这里描述的主观态度就必须与道德主体性相容；但是严格来讲，前者并不需要后者。第七章考察了伦理（Sittlichkeit）所要求的心智模式是否以及如何能与道德主体相容。

这里还有另一个复杂的问题：在谈论态度（Gesinnung）时，黑格尔有时不单纯把它当作一种主观态度，而是把它当作一种真实的主观态度。例如，他在 § 268 把政治态度（Gesinnung）、即爱国主义界定为一种"从真理中获得的"主观态度（或"确信"）。严格来讲，当我谈论作为主观态度的 Gesinnung 时，我会把黑格尔所说的态度（Gesinnung）当作与真理（Wahrheit）无关的确信（Gewißheit）。我在这里的进路可以得到黑格尔的支持，因为他也把单纯作为确信的态度（Gesinnung）当成一种自由："只有在……客观性中，个人对自己自由的确信才具有真理性。"（§ 153）本章的这一节阐述了对个人来说，在他们的社会成员资格中拥有"对自由的确信"意味着什么。参见 § § 153、268，那里谈论了"确信"和"真理"。

态度之所以是与自由相适应的，是因为他们只有具备了这种态度，才能感到他们的社会参与——这种参与必然需要遵守体现在法律和社会制度中的规范，是他们本人自由地希求的活动。黑格尔关于社会自由的主观因素所提出的主张会引发三个主要问题，本节将予以探讨：首先，拥有社会自由的个人具备怎样的主观态度？其次，这种态度如何使他们的社会参与成为主观上自由的活动？（即自由地希求的活动）最后，当黑格尔主张自由通过这种态度得到了实现时，他所运用的对自由或自决的看法是什么？

在描述拥有社会自由的个人所具备的主观态度时，黑格尔最常用的术语乍一看并没有提供一组有利的概念工具，不足以构造关于合理社会制度的理论，也不足以叙述个人在这类制度中如何获得自由。黑格尔反复把与伦理（Sittlichkeit）相适应的主观态度描述为信赖（Vertrauen，Zutrauen），即个人信赖他们所从属的社会制度（§ 268；E § 515；VPR2，129）。不仅如此，这种信赖的前提还可以说是黑格尔所描述的个人与他们社会制度的一种关系，即"同一"（Identität，§ 147A）或"统一"（Einheit，§ 158＋A）。[往后我将把个人与制度的这种关联称作"一统"（identical unity）（虽然这个表述在黑格尔的著作中出现了三次：第一次在《精神现象学》第313页，被译作"同一性统一体"；第二次在《逻辑学》下卷，商务印书馆1982年版第13页，被译作"同一统一体"；第三次在《精神哲学》第455节，被译作"同一的统一性"——但是本书作者使用这个表述只是为了避免与身份的概念相混淆，所以我没有使用这些比较复杂的译法。——译注），以便把它与后面引入的非常不同的身份概念区别开来。]① 这种一统据说意味着个人觉得社会制度与他们自身是没有分别的（§ 147）；换言之，这意味着意识的

---

① 因此，按照我在这里的用法，"一统"指的是一种相同性或一体性，黑格尔主张它存在于社会成员与他们的制度之间。我之所以强调这里的"一统"意味着相同性，是为了把它与我在后面引入的身份概念区别开来，这个概念在我对黑格尔观点的重构中起到了核心作用。"身份"具有更加突出的意义，它指的是"一个人是谁"；它在黑格尔的理论中是在如下主张中登场的：社会成员的特殊身份是由他们在家庭、市民社会和国家中履行的角色建构的。

一种形式，在这种形式中，这些制度不再表现为社会成员的"他者"（§
268）。黑格尔在对伦理（Sittlichkeit）的导论性叙述中进一步描述了社会成
员与他们制度的一统：在实现了社会自由的地方，法律和制度的权力"对
主体说来，不是一种异己的东西，相反地，主体的精神证明它们是它所特
有的本质。主体在这种本质中拥有了自我感（Selbstgefühl），如同生活在自
己的、同自己没有分别的要素中一样。这是一种初看起来甚至比信仰和信
赖更为同一的关系"（§ 147）①。

86   黑格尔强调信赖的概念，并坚持认为这种信赖的可能性条件是个人认
为自己与自己的社会世界并没有分别；这仿佛要么与个人在伦理（Sittlich-
keit）中获得自由这项主张是根本抵触的，要么意味着黑格尔之所以持有这
个论点，只是由于他粗暴对待了自由在我们通常观念中的含义。因为如果
合理社会秩序要求社会成员与制度的一统，那么个人若要获得社会自由，
仿佛就只能牺牲自己在反思中与社会规范保持距离的能力，从而只能舍弃
个体自决的能力。接下来我试图使这些最初印象丧失力量：我将仔细分析
拥有社会自由的个人在黑格尔眼中具有怎样的主观态度，以及他为什么认
为这种态度对于自由的、自决的个人至关重要。这项任务的第一部分是最
重要的，它将探究按照黑格尔的观点，个人会在什么意义上认为自己与社
会制度相一统。

黑格尔在"伦理"（Sittlichkeit）篇第三章说明了与自由的社会成员资格
相适应的主观态度的内容，它有三个不同要素：拥有社会自由的个人之所
以意识到了他们与社会制度相一统，据说是由于他们把这些制度看作
（1）他们的目标或目的（Zweck）、（2）他们的本质（Wesen）、以及（3）他们自

---

①　我之所以偏离了尼斯贝对这段话的翻译，理由见本书 165 页注释②。

己活动的产物（§ 257）。[①] 第一个要素可以被当作出现在个人与制度之间的一种意志中的统一、一种合而为一的意志。我们将看到，拥有社会自由的个人在两种意义上具有与他们的制度相一统的意志：他们往往会自愿把社会制度的集体目的当作自己的目的，而且他们这样做并不是由于他们仅仅把参与这类制度看作一种工具，为的是获取某种外在的好处，而是由于他们在更有实体性的意义上认为，这种参与的价值就是它本身。第二个要素——"本质"上的一统——指的是社会成员与他们的制度在个人的自我认知层面上的统一关系，后面将把这些自我认知称作他们的实践身份。[②] 也就是说，社会成员的实践身份——他们对自己作为特殊个人是谁所持有的理解——（在一种有待解释的意义上）是由他们的社会成员资格构成的，而且通过这种成员资格得到了表达。按照第三个要素，拥有社会自由的个人之所以把自己与自己的社会制度等同起来，是因为他们认识到自己是这些制度的生产者（更精确地说，是再生产者）：他们看到，这些制度是由他们本人的集体活动来维持的，从而依赖这种活动。

87

　　在考察自由社会成员的主观态度的各个要素之前，有必要就这番叙述在黑格尔理论中起到的作用先说两句。主观自由学说并不是要主张不管制度是怎样的，个人都应当对制度采取某种态度。毋宁说它是要阐述如果现代世界要充分实现它可能实现的丰富多彩的自由，那么个人必须与社会秩序具有何种有意识的关联。换句话说，主观自由学说叙述了当社会秩序的运作达到它应该达到的水平（在现代世界，它也能达到这个水平）时，社会成员会具有怎样的态度。黑格尔之所以要叙述伦理（Sittlichkeit）的主观态

---

　　① 虽然严格来讲，§ 257 仅仅描述了国家中的成员资格所要求的主观态度，但这种三重叙述明显也适用于与一般伦理（Sittlichkeit）相适应的态度（Gesinnung）。在 § 152、E § 514 和 VPR2，123 可以看到几乎相同的叙述。

　　② 这个术语是我从克里斯蒂娜·科斯高对这个话题的讨论中借来的，参见《规范性的来源》（剑桥：剑桥大学出版社，1996）[Christine Korsgaard, *The Sources of Normativity* (Cambridge: Cambridge University Press, 1996). ——译注]，第 100—107 页。

度，主要并不是为了对个人提出一组要求，而是为了给出合理社会制度必须符合的一组标准。因为我们将在接下来几章看到，客观自由学说必须回答的一个问题是：既然黑格尔认为主观自由立足于一种态度，那么制度必须如何构成，才能让社会成员能够对它们采取这种态度？换句话说，个人若要认为自己与社会秩序相一统，那么社会秩序必须是怎样的？

　　1. 意志的统一。个人与社会制度在意志中的统一包含了两种不同的、却又紧密相关的现象。黑格尔把第一种现象称作"特殊意志与普遍意志［即公意］的一统"（VPR2，124）。最根本地讲，这里所说的一统是两种意志在内容上的和谐：其一是个体社会成员的特殊意志，其二是相关的社会制度的"公意［或普遍意志］"，黑格尔的这个说法追随了卢梭。当个人只需要追求自己的特殊目的、就能实现社会整体的好处（即普遍意志的目的）时，这种意志中的统一就出现了。黑格尔在这里的观点源自亚当·斯密，按照后者的理解，在自由的市场经济中，个人利益与集体利益是相互和谐的。黑格尔明确地把斯密的见解纳入了自己的叙述，这番叙述关系到在市民社会的由市场支配的关系中，特殊意志与普遍意志是如何相互关联的："我在促进我的目的的同时，也促进了普遍物，而普遍物反过来又促进了我的目的。"（§184Z）斯密对市场的叙述是以个人利益与集体利益的一种关系为基础的，我们不难看到为什么这种关系让黑格尔印象深刻。有了这样一种安排（特殊意志与普遍意志在这里得到了统一），就有可能通过个体社会成员的自由活动（即不受强制的活动）实现整个社会的集体好处。由于个人是通过追求自己的特殊目的来实现普遍意志的，所以他们在达成整体目的时就可以仅仅遵循自己的意志，从而是自由的。不仅如此，由于个人的特殊目的的达成同样依赖于整体的兴盛，所以个人好处与集体好处在市场经济中的关联趋近了黑格尔的理想，即第一章讨论的普遍性和特殊性"相互渗透的统一"。

　　这种利益的和谐——它是市民社会的由市场支配的关系所特有的——

尽管按照黑格尔最宽泛的用法可以算作"特殊意志与普遍意志的一统"，却在一个重要方面远离了特殊意志与普遍意志的更加彻底的统一，这种统一在黑格尔的伦理（Sittlichkeit）理论中是最突出的。黑格尔对市民社会的一个描述表达了这一点：市民社会仅仅是"相对的整体"（§ 184），普遍意志与特殊意志在那里虽然（在内容上）达到了一统，却依然是相互外在的。黑格尔的想法是，虽然市民社会中的特殊意志一般会实现整体的好处，但这如同只是在个体成员背后发生的一样。不管个人与社会整体的好处具有何种有意识的关联——包括认知的或意志的关联——特殊意志与普遍意志都是相互和谐的。然而，家庭和国家这两种制度中的情况就不同了，它们在黑格尔看来是伦理性的社会整体的典型例子（§ 142N）。家庭成员与市民社会的成员之间的差别在于：前者所拥有的意志不仅在客观上是普遍的，而且在主观上是普遍的。这意味着家庭成员（当他在主观上把自己当作家庭成员时）与家庭的整体产生了一种有意识的关联，这种关联要求他对什么是整个家庭的好处持有一种看法，还要求对这个好处的考虑能够在实践中推动他，即使这样做会与他作为单独的个人所拥有的特殊利益相冲突。

89

以这种方式描述家庭成员的意志会引发一个重大问题，它关系到黑格尔对"特殊性"一词的用法：家庭成员的意志若要符合他对整体好处的理解，又如何能同时是一个特殊意志？为了弄清楚黑格尔的特殊性概念，我们不妨首先回想一下卢梭在描述社会成员的意志和利益时是怎样用"特殊"（或"私人"）一词的。按照卢梭的界定，特殊意志"仅只倾向于个人的特殊利益［或私人利益］"（SC，Ⅲ.2.v）［《社会契约论》第78页。——译注］。可见，特殊利益在卢梭看来是一个人在被看作完全单独的个人时所拥有的东西，他在这时对他人并没有感情的或责任的归属。[①] 按照这个界定，特殊意志与纯粹自利的、以自我为中心的意志是一回事。有必要提一下，卢梭

———————

① 参见尼·J.H.登特：《卢梭辞典》（牛津：布莱克韦尔，1992），第187—189页，他在那里界定了"特殊意志"。

的特殊意志概念绝不意味着一名个人的特殊意志必定在内容上不同于他人的特殊意志。例如，我们完全可以想象两个特殊意志恰好渴望同一份食物；或者举一个更加重大的例子：它们寻求的是同一种自利的目的，比如，自由和安全。事实上，卢梭的政治课题——按照他的说法，就是社会契约的可能性——如果是可以理解的，就需要认定所有个人共同拥有某些特殊利益，而且社会合作是追求这些利益的最有效的办法。假如没有这类"普遍的"特殊利益——所有人共有的特殊利益，就没有理由让没有相互结合的个人同意在社会中通力合作，并听从公意的规定。①

由于黑格尔把家庭成员的意志视为一种特殊意志（更准确地说，是一种既特殊又普遍的意志），而且由于这样一种意志明显不是纯粹以自我为中心的，所以"特殊"一词的含义对黑格尔来说必定与卢梭不同。可是特殊利益如果在黑格尔看来并不是一个人作为单独的、没有归属的个人所拥有的东西，又是怎样的利益？为了理解黑格尔的特殊意志概念，有两点至关重要。第一，特殊性在黑格尔看来总是与一对观念相联系，即质的规定和与他者的差别。在这种意义上的特殊存在者那里，至少有一个特定的质（或"规定"）不是它与同类的其他存在者所共有的，由此可以把这个质的承担者与同类的（至少一些）其他成员区别开来。于是，说人有一个特殊意志，就是说它所具有的特定内容（即一个目的或一组目的）不是人的所有意志所共有的，由此可以在性质上把它与人的（至少一些）其他意志区分开来。这也就是说，特殊意志的目的并非源于人本身的某个普遍特征，而是源于这个意志的承担者在世界中占据的特定的、从而与众不同的（尽管未

---

① 在讨论社会契约论时，黑格尔把这些以自我为中心的普遍共享的利益称作"单个人本身的利益"。这个概念将在第六章的论述中起到突出作用。

必是独一无二的)立场。① 我作为家庭成员所怀有的特殊目的——从我在家庭中的特殊地位出发，以适当的方式关心家庭的特殊成员——不仅把我的意志与其他家庭的成员的意志区别开来了(我的目的是关心这个家庭)，而且把我的意志与我自己家庭的其他成员的意志区别开来了(因为我要按照我在其中的地位来关心这个家庭)。鉴于这种对特殊性的看法，意志如何能既是特殊的(即它具有把它与其他意志区别开来的特定内容)、又不以自我为中心，就不再令人困惑了。不仅如此，这个特殊性的概念丝毫没有排除特殊意志也可以在一种突出的意义上是"普遍的"(即有意识地以某个社会整体的好处为目标)，前面关于家庭成员的例子已经表明了这一点。

　　第二，特殊意志按其界定还具有另一个特征，这个特征对于我们在这里的目的更加重要：要让特殊意志依附于它们的目的，就要借助主观倾向②，而不是抽象理性(这种理性在告诉我们应当做什么的时候，并不考虑我们倾向于做什么，而且有可能反对我们的倾向)。这意味着个人不论是否从纯粹的理性存在者的立场上——这种存在者脱离了它的特殊性质，包括它与他人的特殊关联——反思了他们的特殊目的，都有动力为了这些目的而行动。于是，说家庭成员的意志既特殊又普遍，就是说他们在主观上一般倾向于采取行动来增进他们所理解的自己家庭的好处，而且虽然这种行动为的是整体(或群体的其他成员)，他们却没有觉得它与自己的好处无

――――――――

　　① 一个特殊性质虽然总是把它的承担者与同类的其他一些成员区别开来，却未必能把它的承担者作为独一无二的个人(也就是作为与同类的其他所有成员不同的个人)凸显出来。因此，做一名母亲可以算作一个特殊规定，因为它把母亲与不是母亲的人区别开来了，但这个性质明显是许多人所共享的。这意味着特殊性质未必会使不同个人的利益相互抵触，而是同样可以成为共同目的的根源(也就是说，具有同一个特殊性质的个人会拥有共同目的)。

　　② 黑格尔一般用"倾向"(Neigung)表示自然的、纯粹感性的倾向，他把它们描述为直接的("直接现存的")、或然的、主观的和动物般的东西(§ 11＋Z, E § § 473－474)。可是他也讲到了精神的或合理的倾向(§ 11N, E § 474A)，它们与自然倾向的区别是：它们具有合理内容(它们对应于一个人的伦理义务)；它们具有经过中介的本性(它们不是天生给定的，而是由性格在社会中的形成过程导致的)；它们还具有精神的特性(它们表达了一个人的自我认知，因而只有对精神存在者或自觉的存在者来说才是可能的)。一个人照顾子女的欲望和在选举中投票的需求都是精神倾向的例子，而且这里讨论的主要就是这种倾向。

关或相反，而是觉得它内在于自己的好处。① 特殊意志与普遍意志的这种
91 统一——这个特征使得家庭成员和公民有别于市民社会的成员——也可以
描述为：个体社会成员会有意识地把社会制度的目的作为自己的目的来加
以拥护。

因此，"特殊"并不意味着"以自我为中心"，黑格尔正是这样看待特殊
意志和特殊利益的。同时，对"特殊"的界定丝毫没有排除特殊利益纯粹以
自我为中心的可能性。例如，晒一下午太阳的欲望就符合黑格尔关于特殊
性的两条标准：它把我的意志与（至少一些）人类同胞区别开来，并且我是
在主观倾向而非普遍理性的推动下追逐这个欲望的。换句话说，在黑格尔
所界定的特殊利益这个类别中，我们有必要再做一次区分：一种特殊利益
在卢梭的意义上也是特殊的（即纯粹以自我为中心的）；另一种则"被注入
了普遍性"（即指向一个不以自我为中心的目的，比如家庭的好处）。在讨
论黑格尔的理论时，我将把"私人"一词留给第一种利益，以免把它们与第
二种混淆起来。② 当黑格尔叙述伦理（Sittlichkeit）的主观态度时，以及当他
叙述社会成员如何能为集体好处服务、不用牺牲（主观）自由时，后一种特
殊利益当然起到了关键作用。

个人与他们的社会制度在意志中的统一还包括另一个因素，这个因素
与刚才的讨论紧密相关，但在概念上是不同的：愿意认同自己社会制度的

---

① 虽说拥有社会自由的个人倾向于增进集体好处，但这并不意味着他们从来不会在社会角
色的要求与自己私人的或纯粹以自我为中心的目的发生冲突的情况下经验到相互抵触的欲望。当
我的孩子对关注的需要与我安静地看报纸的欲望发生冲突时，我也许就必须付出一点努力来克制
我的欲望，以便做出总体上的最佳选择。这里的要点是：在这样一种情况下，我所经验到的任何
犹豫都不是一种以倾向为一方、以理性为另一方的斗争，而是两种倾向——两种特殊的满足——
的斗争，其中一种与另一种相比对我的身份而言并不处于多么核心的地位，从而不那么有精神性。
可见，克服看报纸的欲望并不是普遍的东西把特殊的东西打败的一个例子，而是一种特殊利益
击败另一种特殊利益的一个例子，因为前一种特殊利益对我来说代表了（特殊）满足的一个更加深
切的根源。

② 有两处文本可以为"私人"的这种用法提供依据：第一，卢梭交替使用了 privé 和 particuli-
er 这两个术语来表示这种利益；第二，黑格尔有时也以这种方式使用 privat 的派生词，比如，把
市民社会的成员描述为"私人（Privatpersonen），他们都把本身利益作为自己的目的"（§ 187）。

社会成员会把这些制度的"普遍利益"当作"他们的最终目的"（Endzweck）
（§ 260）。也就是说，个人认为他们在伦理（Sittlichkeit）制度中的成员资
格和参与具有内在价值，这个价值超过了这种成员资格和参与作为他们达
成私人目的时的手段所具有的单纯工具性的价值。不仅如此，集体利益或
普遍利益——他们的社会参与是为这些利益服务的——据说不仅是他们的
最终目的，而且是他们"最高的""绝对的"目的（§ 258，E § 514）。因此，
他们为了这些利益而进行的活动对他们来说不止具有内在价值；这种活动
还得到了他们最高的重视。社会成员的主观态度的这些特征在黑格尔对家
庭和国家的描述中是最明显的：家庭成员和公民据说会把自己在这些制度
中的活动以及自己与他人在这些制度中的纽带都看作最终目的（VPR1，
252；§ 260）。毫不意外，一种制度（也就是家庭或国家）只要能让它的个
体成员有意识地把整体的好处作为自己的好处来加以拥护，就同样能让它
的成员认为他们的参与具有内在的、优先的价值。可是按照黑格尔，即使
在市民社会中——在那里，个人不必有意识地关注整体的好处——个人也
会把他们的社会参与看作一种重要的、内在的好处。个人在经济领域的参
与，最根本地看，就是他们的社会生产劳动——显然对于他们有工具性的
价值，因为他们要用这个手段满足自己基于自然的需要。不过，黑格尔之
所以把市民社会理解为一个实现了社会自由的领域，关键原因是市民社会
中的成员资格对它的成员来说并不只有纯粹工具性的意义。后面我们将更
加详细地看到，拥有社会自由的个人之所以能够感到他们在市民社会中
（以及在另外两个领域中）的活动具有内在价值和最高的重要性，是因为只
有通过社会承认的生产劳动，他们才能在"他的意见和别人的意见"（§
207）中都成为有地位的存在者。

　　最后，黑格尔的论点——合理社会制度的特征是普遍意志与特殊意志
的一统——不应该被理解成在声明一种强到不合情理的主张：仿佛当且仅
当这类制度的成员履行他们的社会角色时，他们才能把自己的私人好

92

处——他们作为完全单独的个人所拥有的好处——最大化。① 相反，当社会成员在伦理（Sittlichkeit）制度中履行自己的角色时，他们往往会被要求放弃（一些）私人目的。毋宁说黑格尔的观点是：合理社会世界——其中实现了社会自由——的成员在主观上愿意使私人利益让位于普遍目的，而且这不是出于无私，而是由于他们认为他们为了这些普遍目的而进行的活动内在于自己的（特殊）好处。② 可是社会成员若要有可能把整体的好处作为自己的好处来加以拥护，就必须看到自己不只是有别于他人的、没有归属的存在者，不是只有完全私人的利益。换句话说，这里所讲的意志中的统一有一个前提：个人要对自己怀有一种认知，即他们在家庭、市民社会和国家中的成员资格内在于他们的身份。这个想法直接把我们引向了与社会自由相适应的主观态度的第二个要素，即社会成员与制度在"本质"上的统一。黑格尔的观点的这个特征让我们能够理解为什么为了整体的好处而放

93 弃以自我为中心的目的并不是对自我的牺牲，而是恰好相反。也就是说，社会成员在这种活动中获得了他们的自我，因为他们为自己确立了作为特定个人（从而作为特殊个人）所拥有的身份。

2. 本质的统一。黑格尔的主张是拥有社会自由的个人会把制度看作自己的目的；前面叙述了社会成员与制度在意志中的统一，由此阐述了这项主张的内容，但还没有回答一个重要问题，即这样一种意志中的统一何以可能。是什么使得个人把家庭和国家的利益作为自己的利益来加以拥护？为什么他们认为自己在这些制度中和在市民社会中的参与就其本身就是有价值的？这些问题的答案来自黑格尔对拥有社会自由的个人的主观态度的叙述的第二部分，也是更加根本的部分：个人与他们的社会制度在意

---

① 也可参见艾伦·W. 伍德：《黑格尔的伦理思想》（剑桥：剑桥大学出版社，1990），第210—211页。

② 黑格尔的客观自由学说可以被理解成证明了伦理（Sittlichkeit）成员在把自己为了普遍目的而进行的活动看作自己好处的一部分时，并没有受制于虚假的意识，而是正确的；由此，这个学说补充了他对伦理的主观态度的叙述。

志中的统一之所以可能，是由于他们意识到制度与他们"自己的本质"（E §
514）是相同的（或"一体的"）。

　　关于这种本质的统一，先讲四个初步的要点可以帮助我们聚焦于黑格
尔所思考的现象。第一个要点在于，这里所讲的那种统一不同于之前讨论
的意志中的统一，因为前者关注的不是个人意志，而是他们的"本质"，我
把它称作个人的实践身份[我贸然加剧了这个词已经造成的混淆，因为黑
格尔所谈论的 identity（既是身份，又是同一性。——译注）是有歧义的]。
所以，就自由社会成员的实践身份（这个概念马上就会得到解释）而言，他
们与他们的制度据说是一体的。有必要提一下，以这种方式表述黑格尔的
立场会引出一个与关于伦理（Sittlichkeit）的主观态度的学说相联系的解释
性问题，而且这肯定是最困难的问题：鉴于"identity"有一大堆含义，这个
词在这里的意思究竟是什么？本章的很大一部分将用来澄清黑格尔观点的
这个方面；这是很有必要的，否则我们一看到黑格尔主张拥有社会自由的
个人就他们的本质而言"等同于"他们的社会制度，就无法避免一些常见的
错误解读（而且这些解读令人反感）。

　　为了帮助澄清实践身份的概念，第二个要点是说明个人的实践身份源
自社会制度的哪个方面。社会成员起初并不是把社会制度本身看作自己的
本质，而是把他们在制度中占据的特殊角色看作自己的本质：[①] 伦理（Sit-
tlichkeit）成员的身份是母亲或父亲、农民或教师、这片土地的公民或那片

94

---

　　① 黑格尔事实上的确认为，社会成员不仅会把自己的角色看作自己的本质，而且会把自己
的制度看作自己的本质；但我们将在后面讨论信赖时看到，后一种态度是以前一种态度为前提的：
倘若社会成员能够认为自己的制度具有与自己相同的本质，就预设了当他们在制度中占据各自的
角色时，他们在这些角色中找到了自己作为特殊个人所拥有的基本身份。

土地的公民。① 第三个要点直接出自第二个：这里所说的实践身份不是一种通用的本质或"抽象的"普遍本质——我们所有人共有的某个本质属性，例如，我们是合乎理性的存在者或人类的成员，而是一种特殊身份，它使社会成员成为他们所是的特殊个人，并使他们在性质上相互区别。② 我在伦理（Sittlichkeit）制度中的地位构成了我作为个人所具有的"本质"（或核心），因为不论我是（这些孩子的）母亲、（这门学科的）教师还是（这个国家的）公民，它们都从根本上构成了我的身份——我必须以它们为核心，才能成为我认为自己所是的特殊个人。鉴于黑格尔在这一点上遭到了广泛误解，我们尤其有必要记住，黑格尔之所以强调社会成员的特殊身份，并不是为了否认个人还需要拥有抽象的普遍存在者的身份。按照黑格尔的界

————————

①　因此，我把黑格尔的主张——社会成员在伦理（Sittlichkeit）制度中找到了自己的本质——解释为：当他们在这些制度中占据特殊角色时，他们就在这些角色中找到了自己的基本身份。按照另一种可能的解读，黑格尔在这里提出了一个不同的观点，也就是社会成员认识到了自己的本质特性（作为精神的一种形式）与自己社会的本质特性（这个社会体现了同样的精神结构）是相同的。尽管黑格尔的确想要坚持后一项主张，但一个人在这个意义上对自己与自己社会世界的同一性的认识属于思辨形而上学的领域（因而属于"绝对精神"的领地）。通过在合理社会世界中的参与来实现的各种形式的自由——包括社会自由——则属于客观精神的领域，因而严格来讲，并不依赖于个人在哲学上达到对这个世界的充分理解。这意味着就黑格尔关于本质的统一所提出的主张而言，必定有某种解释方式不要求享有社会自由的个人具备对绝对东西的理解。我对个人如何在自己的社会制度中找到自己的基本身份所做的叙述可以满足这个条件；不仅如此，黑格尔明显探讨了这种现象，并认为它对于自由的社会成员资格至关重要。（例如，参见下一个注释所提到的§158中的一段话。）

②　§158尤其清楚地说明了这一点：黑格尔在描述家庭成员的态度（Gesinnung）时认为，一个人如果"意识到自己是在这种［家庭的］统一中……的个体性"，就找到了自己的"本质"。在市民社会中建构的身份也是特殊的，而不具有抽象普遍性，因为它们预设了一个人要把自己限制在生产活动的一个特殊领域（§207）。就连一个人作为公民所拥有的身份也具有内在的特殊性，因为（按照黑格尔的看法）它与成为一个特殊民族（Volk）的成员有不可分离的联系（§§156，321-322；E§§540，545）。又见VPR2，122，黑格尔在那里把伦理（Sittlichkeit）描述为一个"抽象普遍性［已经］消失"的领域。

定，人格体和道德主体恰好都在这个意义上是普遍的。① 毋宁说他的观点是：伦理（Sittlichkeit）所特有的那种自决的核心是让个人通过他们的社会参与赢得特殊存在者的身份。他主张社会成员的主观态度所涉及的实践身份是特殊的，而不是普遍的；后面我将对这项主张进行扩展和限定。然而，现在只要解释黑格尔的一个论断就够了：拥有社会自由的个人会把家庭、市民社会和国家看作自己的本质，从而认为它们与他们自身是没有分别的；我将把它解释成表达了一项主张，即他们在这些制度中占据的角色（在一种有待解释的意义上）建构了他们的实践身份（即特殊身份）。

只要考察一下黑格尔如何以多种方式表述了他关于社会成员的实践身份的主张，就能看出第四个要点：个人据说在伦理（Sittlichkeit）制度中"获得了自己实体性的自我意识"（§ 162），在"共同的社会生活"中"达到了对自己的直观（Anschauung）"（VPR2，125），以及作为社会整体的成员找到了自己的"意识和自我感（Selbstgefühl）"（§ 261A）。这些说法清晰地表明，个人在伦理（Sittlichkeit）中获得的实践身份是自觉的身份，这些身份必然包含了一种自我认知，即一个人对自己（作为一名特殊个人）在根本上是谁有一种有意识的理解。然而，这并不是说这些身份是单纯的自我认知。因为个人通过自己的社会成员资格最终不止把自己当成了丈夫、管道工和公民；他们还客观地实现了自己的这些身份。也就是说，他们对自己是谁所持有的认知得到了社会世界的确认，从而具备了客观存在——社会承认的存在。黑格尔本人在这里的说法强调了社会成员的身份包含了自我意识的要素，这个做法在叙述伦理（Sittlichkeit）的主观态度时是很合适的；但我们后面将看到，他的观点还涉及另一些主张，即社会成员眼中的自己和他

95

---

① 这会引起一些困难的问题，它们涉及个人的特殊身份与他们作为（具有抽象普遍性的）道德主体所拥有的地位之间的关系。这两种身份最起码必须是彼此相容的，而这在黑格尔的理论中会转变成一条要求，即个人应该能够从道德主体性的普遍视角出发，在反思中赞同自己的社会世界和自己在其中的地位。至于这个普遍的道德视角是怎样的，以及它能否与伦理（Sittlichkeit）所要求的那种社会成员资格达成一致，那是第七章的话题。

们在现实中的存在就其本性而言都是一种社会建构。可见，我们可以把黑格尔的观点——伦理（Sittlichkeit）成员会把社会制度看作"自己的本质"——重述如下：对拥有社会自由的个人来说，在基本社会制度中的成员资格——更确切地讲，是他们在这些制度中占据的特殊角色的总和——建构了他们的实践身份，即自觉的身份。这个表述会引起一个重大问题，我们若要理解黑格尔的观点，就必须比较详细地考察这个问题：对个人的实践身份的谈论究竟意味着什么，他们的社会角色在什么意义上建构了这些身份？

　　黑格尔的主张——社会成员在伦理（Sittlichkeit）中占据的角色建构了他们的身份——有时被解释成意味着个人仅仅是他们所占据的特殊角色的承担者(此外什么也不是)，但我们决不能这样解释。黑格尔并不认为社会成员基本等同于或者应当基本等同于他们的角色，以致不能够在自己与自己的社会归属之间保持反思的距离，也不能够质疑这些归属的价值和他们所参与的制度。① 黑格尔尽管相信这对于古典古代的居民是成立的——他们与自己的社会角色之间的关系是一种未经中介的统一——却拒绝认为在现代世界中（它的开端大体上是新教改革），个人的身份可以被不折不扣地还原为他们所占据的社会角色。实际上，假如个人的社会归属在这种较强的意义上建构了他们的身份，那么用黑格尔本人的话说，他们在这些归属中就不是完全自由的。也许更加精确的说法是：这类个人在他们的社会归属中没有以适合现代主体的方式获得自由。也就是说，他们缺乏道德主体性所特有的那种自决能力。② 因为按照黑格尔，现代个人的意志必然包含

---

　　① 这是理解身份的观念以及它与社会成员资格的关系的一种方式。它得到了迈克尔·J. 桑德尔的支持，参见《自由主义，及正义的界限》（剑桥：剑桥大学出版社，1982）[Michael J. Sandel, *Liberalism and the Limits of Justice* (Cambridge: Cambridge University Press, 1982). ——译注]，第 61—65 页。

　　② 《法哲学》第二篇，即"道德"篇探讨了道德主体性，包括自决在它那里所特有的形式；这也是第七章的主要话题。参见第 33 页注释③，我在那里澄清了黑格尔对"主体"和"主体性"的不同用法。

的一个要素是"我在自身中的纯反思"（§ 5），这是道德主体性的本质特征之一。在道德主体身上，自由的希求不止意味着拥有一组目的（并为了它们而行动）；它还预设了一个人能够脱离任何既定的属性或目的——能够认为任何特殊的属性或目的都外在于自己的存在——然后要么拒斥它，要么把它作为自己的东西来加以肯定。这正是为什么黑格尔认为——他也明确描述了这一点——现代个人与他们社会制度通常具有的关系是一种以反思为中介的统一（§ 147A）。① 尽管社会自由并不在于一个人能够使自己与自己的社会角色保持距离，但它所包含的个人与制度的统一仍然必须与适合道德主体性的自决相容。黑格尔的基本企图是让现代道德主体性的要求与自由的社会成员资格所需的前提相互和谐；这个企图若要取得进展，个人就必须至少在概念上有可能享有伦理（Sittlichkeit）所特有的社会自由，同时保持他们作为道德主体所拥有的地位。可是如果现代个人的社会归属并没有在这里所考察的意义上建构他们的身份，我们就必须找出另一种方式来理解黑格尔的论断，即社会成员就其本质而言与他们的制度是一体的。倘若个人并非仅仅等同于他们的社会角色（他们并非单纯是社会角色的承担者），那么这些角色在什么意义上建构了他们的身份？

要理解黑格尔的观点，还有另一种更加自然的方式，即把它看作一个关于个人身份的社会起源的论点。按照这种解释，说社会成员的身份是由社会世界建构的，就是说他们是这个世界的产物：他们在自己成长的制度中得到了社会化，由此塑造了、甚至可以说是完全决定了他们的性格、价值观，以及他们对自己作为个人是谁所持有的理解。② 虽然黑格尔认为这

---

① 黑格尔在 § 147 讲述了这个观点，但讲得很差（而且诺克斯和尼斯贝的翻译都是错误的）。黑格尔并没有说个人与他们社会制度的关系是"直接的，而且甚至比……信赖更接近于同一性"（尼斯贝），而是把它描述为"一种初看起来［也就是直接地看］甚至比信仰和信赖更为同一的关系"。对 § 147 的这种翻译既可以在接下来的附释中得到确认［"（直接的）同一……可以转变为……通过进一步反思而产生的关系"］，又可以在 1819－1820 年《讲演记录》的对应段落中（VPR2, 123）得到确认。

② 这种解释是由伍德提出的，参见《黑格尔的伦理思想》，第 209 页。

对于在伦理（Sittlichkeit）制度中长大的个人是成立的，但当他主张他们的实践身份就其本性而言是一种社会建构时，他讲的是另一个问题。黑格尔的观点最重要的部分并非关系到社会成员的实践身份的起源，而是关系到它们的内容。拥有社会自由的个人在伦理（Sittlichkeit）制度中占据的角色之所以建构了他们的身份，是由于个人要用这些角色所提供的基本框架界定自己。这里的观点不单纯是个人在自己生长的制度中碰巧取得了随便什么身份，而是他们把自己在家庭、市民社会和国家中的长期参与看作自己身份的根本。

那么，社会角色在什么意义上建构了自由社会成员的实践身份？黑格尔的主张主要包括两点，它们在不同的意义上阐述了社会角色如何建构了个人的身份。第一，说个人按照自己的社会角色界定自己，就是说这些角色和由此导致的对他人的归属为社会成员提供了事业[①]和最终目的，这些事业和目的对他们在世界中的实践参与来说是极为突出的。拥有社会自由的个人的社会角色之所以建构了他们的实践身份，是由于他们把自己由于占据这些角色而获得的目的和事业看作自己最重要的、界定自己生命的目标。这些目的和事业让个人的生活有了意义，使它们成为值得过的生活；出于这个理由，这些目的和事业可以说建构了（形成了）个人身份的本质核心或实体。[②] 拥有社会自由的个人在家庭中的成员资格、他们的公民资格和他们在市民社会中作为生产成员所具有的角色都为他们提供了他们认为

---

① "事业"不应该在一种实存主义的意义上来理解，仿佛它意味着相关的实践参与出自某种彻底自由的个人主义选择。事业之所以是事业，是由于它们关系到对一组目的的自愿的、毕生的和稳固的承诺，这样的目的包括养育家庭、做一名好的木匠、推进受压迫的少数群体的公民权利，等等。事业还有一个意思：社会角色的内容从来没有得到完整界定，因而（在一定程度上）要由占据这些角色的人解释和修改。

② 黑格尔是这样表达这个观点的："我现在……意思是指从私人的利益，特殊的目的……而产生的人类活动——是人类全神贯注，以求这类目的的实现，人类为了这类目的……居然肯牺牲其他一切的东西。这种特殊的内容和人的意志息息相关，决定了它全部的特性而和它不可分离。因此，这种内容就是这个人之所以为这个人。"（PH，24—25/XII，38）[《历史哲学》，第 23 页。——译注]

最重要的实践承诺，因而这些角色也是他们自己的特征，在塑造他们在世界中的活动时起到了最大作用。当黑格尔说拥有社会自由的个人在社会参与中追求的目的是他们"最高的"最终目的时，他的意思无疑就是如此；但他为什么进一步主张这些目的是"绝对的"？黑格尔在他的实践哲学的这个部分经常把"绝对"和"无条件"与道德义务的观念联系起来（§§ 135，137，258）。可见，把一个观点归于他是可行的：一个人要在自己的社会角色中找到自己的身份，就需要认为与这些角色相联系的规范具有道德约束力。因此，我倘若觉得自己作为父母或公民所拥有的目的是绝对的，就要认为自己有责任实现它们。① 这类目的具有绝对的或强制的性质，这种性质关系到一个事实：我认为我的社会角色构成了我这个人的本质核心或实体。倘若我的行动违反了我作为父母或公民所具有的角色，就否认了我眼中的自己所具有的某种本质，从而威胁到了我作为自我所拥有的存在本身。②

　　个人的社会角色还从另一个方面建构了他的实践身份：按照黑格尔的主张，自由社会成员的"自我感"——他"对自身的感受"（Selbstgefühl，§ 261A）——以某种方式取决于他如何履行自己的角色。由于按照这里的用

98

---

① 　§ 258确认了这种解释，黑格尔在那里把公民的主观态度描述成意味着一个人把成为国家成员当成自己的"最高义务"。

② 　这里所讨论的黑格尔的主张明显类似于科斯高在《规范性的来源》（剑桥：剑桥大学出版社，1996），第101页，第105-106页中对拥有实践身份意味着什么所做的争议性叙述。她主张我们可以在康德的道德哲学中找到这些观念（或者至少找到它们的萌芽）。这是一个让人着迷的提议，甚至也许可以成立，但是无可争议的是，正是黑格尔首次明确阐述了实践身份的观念，并强调了特殊的实践身份（而非纯粹的、合理的存在者这个身份）对于社会理论和道德哲学的重要性。也可参见迈克尔·哈迪蒙："角色责任"，《哲学期刊》第91期（1994年7月）[Michael Hardimon, "Role Obligations," *Journal of Philosophy* 91 (July 1994). ——译注]，第346页，第357-362页。

法，"自我感"大致相当于"自尊"①，所以这个论断所提出的主张是：个人
在为自己确立有价值、有地位的身份时，他们的社会参与——他们占据并
履行了自己的特殊角色——起到了核心作用。拥有社会自由的个人据说会
认为自己的社会成员资格对于自己的"价值和尊严"（VPR1，252；§ 152）是
根本性的；他们之所以有动力履行自己的角色，不是由于考虑到"有利"
（Vorteil），而是因为这样做使"他们有尊严"（§ 155N）。他们只要履行了
自己的社会角色，并且履行得好，就能确保获得他人的尊敬，并最终获得
自尊。换句话说，他们取得了同胞社会成员的承认，从而满足了黑格尔所
认为的（他在这里再次追随了卢梭）自我的一种根本渴望，也就是渴望"成
为某种人物"[《法哲学原理》第 207 节补充，本书作者并未标明。——译
注]，渴望被算作一个对自己和他人都有价值的存在者。可见，一个人要
作为社会整体的成员拥有一种身份，就不仅必须以实践的方式承诺履行他
的角色，而且必须认为他的社会承诺是他的自我感的一个实体性来源，必
须在这些承诺中找到他作为一个有意义的自我所拥有的身份。

在黑格尔的社会政治哲学中，个人作为伦理（Sittlichkeit）成员所赢得
的承认不是唯一一种起到了重要作用的承认。只要社会秩序确保了个人作
为人格体所拥有的形式权利——这是"抽象法"篇所关注的问题——个人就
能以另一种方式被承认为有内在价值的存在者。可是伦理（Sittlichkeit）理
论所特有的承认在一个重要方面不同于人格体所得到的承认：抽象法体系
承认个人是人格体（从而是具有抽象普遍性的存在者，相互之间在形式上

---

① 迈克尔·英伍德：《黑格尔辞典》（牛津：布莱克韦尔，1992）[Michael Inwood, *A Hegel Dictionary* (Oxford: Blackwell, 1992). ——译注]，第 104 页。英伍德提到，黑格尔还在另一种意义上使用自我感（Selbstgefühl）一词，即表示"一个人模糊地意识到自己是一名个人，这与他的特殊感受……相反"。[也可参见 § 322+A，自我感（Selbstgefühl）在那里被用到了民族身上，表示一种独立——自立（Selbständigkeit）——和自豪的感受。]我怀疑黑格尔的自我感（Selbstgefühl）概念源于卢梭关于一个人对自己生存的感受（sentiment de sa propre existence）的谈论，后者与黑格尔的术语一样，既指自尊（DI，179），又指一个人原始地意识到自己是一个有别于自己环境的个人主体（DI，117）。

没有分别），而伦理（Sittlichkeit）中的成员资格要求承认个人的特殊性——他们作为特殊存在者所具有的价值。这在家庭中是最显著的，因为个人与个人的纽带在那里植根于对他人的归属，这种归属在很大程度上是针对特定对象的，那就是家庭成员相互之间的爱。一个人之所以能作为家庭成员得到爱，是因为他是一名特殊个人；要经验到这种爱，他的特殊性质就要得到他人的肯定，或者用黑格尔的话说，他要作为一个特殊存在者获得承认。① 在市民社会中也一样，社会成员所获得的承认立足于他们作为特殊存在者而非作为抽象个人所拥有的身份。市民社会的成员所取得的身份之所以特殊，是因为这些身份源自个人在特定等级（Stand）中——在职业中——独有的成员资格，而且它们是通过这种成员资格界定的（§ 207）。一个人若要在市民社会中作为一名自足的、生产的成员获得"承认和荣誉"（E § 527），就必须在一个对社会有用的职位上把自己确立为能干的、勤奋的从业者。然而，这不是无足轻重的事情，而是毕生的事业，它要求一个人把自己当成在执行一项特殊使命——把自己当作农民、教师或马具师——并按照这种认知来投入精力、培养技能。因此，个人要在市民社会中拥有地位，就必须"成为特定的特殊性"（§ 207），即背负一个特定的、独有的职业身份，由此才能成为某个特殊的人，并使自己有别于市民社会的（大多数）同胞成员。

　　我到这里强调了个人在伦理（Sittlichkeit）中赢得的实践身份是特殊身份，它们不具有（抽象的）普遍性。这一点虽然说出了黑格尔观点的一个关键特征，却也可能是误导性的，因为它仿佛意味着这些身份仅仅是特殊

_____

　　① "在爱中，我不是被当作一个自我意识、一个法人，而是被当作一个自然的主体[即我（Ich）]，也就是我的全部特殊性"（VPR4, 421）。又见§ 162N：一个人之所以会在家庭中得到爱，"是由于这种特殊性质"。我们在《法哲学》中并不能明确找到家庭的爱代表了承认的一种形式这个观点，但是黑格尔早年对爱的强调——他把爱作为在他者中找到自身的一个典型例子——可以支持这个提法。参见路德维希·希普：《承认：实践哲学的原则》（弗莱堡：阿尔贝，1979）[Ludwig Siep, *Anerkennung als Prinzip der praktischen Philosophie* (Freiburg：Alber, 1979). ——译注]，第56—61页。

的。与之前讨论的特殊意志一样，社会成员的特殊身份可以说也被注入了一种普遍性；更确切地讲，它们被注入了三种意义上的普遍性。第一种意义是最明显的：在伦理（Sittlichkeit）中取得的身份虽然使个人相互之间有了质的区别，因而是特殊的，但是同时在内容上又具有"厚重的社会性"。黑格尔对与家庭相适应的主观态度的描述巧妙地讲出了这一点：这种态度让家庭成员得以"意识到自己是在这种统一中……的个体性，从而使自己在其中不是一个自为的（für sich）人，而成为一个成员"（§158）。

100　　　　社会成员的实践身份具有厚重的社会性，这一点最浅显地表现在这些身份的实践后果中，也就是表现在拥有这类身份的个人通常有动力从事的行动中。我们在前面看到，伦理成员的特性是能够使私人利益让位于集体目的，而且他们愿意这样做，不会感到社会对这种行为的需要是对他们意志的外在约束。换句话说，他们拥有公意或普遍意志（"普遍"的意思无非是集体的或社会的，与私人的或以自我为中心的相反）。可是我之前提到，当拥有社会自由的个人在这个意义上具有普遍意志时，这种能力本身还植根于一个更加根本的事实，即他们在前面的引文所阐述的意义上拥有某种实践身份，也就是普遍的、具有厚重社会性的身份：他们对自己拥有一种认知，即在本质上把自己作为社会整体的成员，而不是单独的、自足的个人。

　　最根本地看，说伦理（Sittlichkeit）成员的特殊身份具有厚重的社会性，就是说他们与其他具体个人的特殊关联在这些身份中起到了至关重要的建构作用，由此界定了他们是谁，而不是让他们的自我认知之外的偶然规定来界定他们。我和他人一起追求共同的、只有在这类关联中才会产生的事业，并作为他们中间的一个特殊存在者让我的价值得到了承认；于是，我在与他人的关联中"赢得了自己"——赢得了"实体性的自我意识"——而剥夺这些关联会让我感到自己"残缺不全"（§§158Z，162）。可见，具有厚重社会性的身份包含了与其他个人的实体性纽带——这既意味着这些身份是对他人的深切而持久的归属，又意味着它们构成了我眼中的自己的一部分本质内容或实体。不仅如此，这些社会纽带不是让一个人归属于抽象的他人——比如所有合乎理性的存在者本身，而是在本质上植根于他所归属的对象的某些特定的、特殊的性质（最明显的性质就是他们在他本人的家庭、行业或国家中的成员资格）。

因此，在伦理（Sittlichkeit）中取得的身份不同于个人作为人格体或道德主体所拥有的（具有抽象普遍性的）身份。我只要把自己当作人格体，就是把自己视为一个自主的、自立的单位，具有自由的行动能力，而且在本质上与其他所有这类单位都没有分别。其他个人作为人格体只能以消极形式进入我的自我认知和实践事务，而且即使在这种情况下，他们也只是被剥去了特定性质的抽象存在者。也就是说，他人对我的意义只是外在地限制了我原本任性地希求的活动，而我也有权利要求这些行动者不得逾越我本人的私人领域的边界。我作为人格体所拥有的身份没有隐含任何对他人的积极责任，而且在按照这种身份行动时，我为自己设置的目的也不用考虑他们的需要或福利。一个人作为道德主体与他人的关联则会以一种更有实体性的方式进入他的自我认知，因为道德主体所采取的立场和目的本身无法在不涉及其他主体的情况下得到表述。例如，与他人的关联之所以建构了道德主体的意志，是由于道德意志按其界定就会把善当作自己的目的（§ 131），而构成善的要素之一就是"普遍福利"（§ 130）。这意味着道德意志在按照自己对善的看法来为自己设定目的时，会考虑到他人的需要和福利。尽管其他个人对于道德主体并非只有消极意义，但它的自我认知和其中隐含的他与他人的关联具有抽象普遍性，而不是特殊的，因为这些关联在原则上对于所有合乎理性的存在者都是一样的，而没有植根于相关个人的特殊性质。

个人通过自己在三大基本社会制度中的成员资格所赢得的特殊身份还在另一种意义上被注入了普遍性：虽然我们能够十分具体地描述社会角

色，由此把它们的承担者识别为独一无二的、在性质上有别于所有他人的个人，但在不同的个人那里，这些角色的根本内容并不是彻底不同的，它们并非只能以变幻无常的、特立独行的方式表达。尽管在伦理（Sittlich-keit）中取得的特殊身份包含了无限多样的具体情况，但它们在一个根本层面上又是共有的身份：它们要确保社会成员的基本自我认知具有相当程度的共同点，从而确保他们的重大利益具有相当程度的共同点。尽管这些身份可以被理解为具有深入的特殊性——因为我们在界定它们时可以诉诸一个人在一群具体的、特别的个人［比如，加西亚一家（Garcías），而非查特吉一家（Chatterjees）（前者是巴斯克人的姓，后者是孟加拉婆罗门的姓。——译注）］中间占据的独特地位（比如，母亲而非父亲）——但它们仍然植根于基本的社会角色——母亲和父亲、医生和工人——而这些角色同样是其他社会成员的身份所固有的。倘若一个人的身份是某个妻子的丈夫或一片特殊土地上的农民，他就不仅需要意识到自己作为个人是独一无二的，而且需要看到自己代表了一个一般类型，他们都可以被归入"丈夫"和"农民"的概念。这类概念是普遍的，这并不是说它们适用于全体社会成员本身（因而它们不具有"抽象普遍性"）；但它们仍然具有一定程度的普遍性，可以让个人在伦理中得到的身份不只有特殊内容。

102

最后，黑格尔坚定地认为社会成员的特殊身份还进一步被注入了一种更有分量的普遍性。虽然与先前的讨论相比，这项主张的这个版本在黑格尔的许多解释者那里并不那么明显[1]，但这对于他的整个哲学课题至关重要：按照黑格尔的理解，为现代社会制度提供哲学辩护这项任务要求证明这些制度，包括与之相伴的一组以角色为中心的特殊身份具有一种普遍性，即证明它们的合理性不仅从个人的视角看是有效的——这些个人已经在现代伦理中有了自己的地位，并在这些地位中主观地感到自己如同"在

---

① 这在共同体主义政治理论和伯纳德·威廉姆斯的道德哲学中是极其明显的。

家里"一样——而且从所有思想家的视角看也是有效的。① 因此，说这些特殊身份在这种更有分量的意义上是普遍的，就是说它们具有客观的合理性；换句话说，它们构成了社会体系中的一个不可或缺的部分，而这个体系作为整体满足了普遍理性的根本需求，即自由（这里指意志自由）应该在世界中实现。黑格尔的观点还有一个重要特征：在伦理（Sittlichkeit）中获得的特殊身份即使在主观上不具备上述意义上的普遍性——拥有这些身份的人不必全都认为它们满足了普遍理性，也不必全都出于这个理由才拥护它们——也可以在这种意义上是合理的。

　　3. 制度是个人活动的产物。关于社会成员在这个方面与制度的统一，我要讲的东西比前两个方面少，原因不在于这个方面对于黑格尔的理论不那么重要，而在于把握它要容易得多。黑格尔之所以在与伦理相适应的主观态度中区分出了这第三个方面——社会成员意识到了制度是他们自己活动的产物，是为了让我们注意到社会自由的主观因素的两个紧密相关的特征。第一个特征是：个人意识到了他们所从属的社会世界只有依赖他们自己的意志才能存在。从自由出发的社会理论必须考虑到一个基本事实，即个人生来就进入了他们所从属的制度，而这不是意志的一个自由行为。他们并不是从零开始塑造自己的基本社会制度，（在大多数情况下）更不用说选择自己要从属于何种制度了。相反，社会成员更多地表现为制度的产物，而不是制度的生产者，因为他们若要成为某个人、若要存在，就必须从属于一个社会世界，即黑格尔（从这个事实出发）所说的社会"实体"。然而，这里要提出的观点是：拥有社会自由的个人不单纯是社会实体的偶性（E § 514），因为后者的存在（Sein）同样要依赖前者。也就是说，社会实体要维持自己的存在，就必须借助于构成它的个人的集体活动。尽管社会世界不可否认地先于它的任何个体成员的意志，而且独立于这种意志，但

103

---

　　① 这个表述归功于伍德（《黑格尔的伦理思想》，第212页），我赞同他对黑格尔的普遍主义的理解。

要维护并再生产构成它的制度，就需要个人的广泛而自愿的参与。① 出于这个理由，黑格尔甚至干脆说道，拥有社会自由的个人意识到了制度是"通过他的活动所产生"的（E § 514），从而把制度认作他自己的延伸，认作他本人（再）生产活动的结果。②

　　黑格尔之所以宣称伦理（Sittlichkeit）成员意识到了制度是他们本人活动的产物，是为了指出社会成员所享有的另一种"意志的满足"，这种满足同样可以算作社会自由的一部分。具有这种意识的个人据说不仅认为制度的持续存在取决于他们，而且觉得这些制度是"已达到了的此岸"（ein er-reichtes Diesseits）（E § 514），而不是只有在某个彼岸（jenseits）世界才能实现的理想。只要社会成员把自己的制度当作自己的目的，并且参与了社会世界的成功再生产，那么他们在意识到这些制度的实际存在和兴盛时，就确认了他们渴望生活在其中的社会世界不是乌托邦的梦境，而是可以达到的目标；它为他们提供了一种满足，因为他们看到自己的目的在世界中得到了实现。可见，这种意识要求他们觉得自己的意志在世界中是有实际效果的；他们需要认为自己的意志不仅是一种努力，而且是有效的。黑格尔之所以把这一点包括在他对与伦理相适应的主观态度的叙述中，是因为意志倘若未能把自己的目的转化为现实，它的自决就不完整——它就没有获得满足（§ § 8—9）。既然黑格尔认为这种满足是社会自由的一个因素，这就表明为他的伦理（Sittlichkeit）理论提供基础的自由不仅是一种行动的能力或可能性；这种自由还要求实现意志的目的，由此让意志与世界达到一种和谐。③

---

　　① 这会引发一个有趣的问题：社会制度究竟是仅仅依赖于社会成员希求它们的存在，还是依赖于他们希求它们具有（某些）它们已经具有的特殊性质？换句话说，究竟个人只是把他们的制度恰好按他们所看到的样子再生产出来，还是说他们的再生产活动会引起质变？尽管黑格尔看起来仅仅允许前一种可能性，但我将在第七章证明，他的理论不仅包含了后一种可能性，而且在这种情况下更有吸引力。

　　② 也可参见 § 155N："实体性的伦理（Sittlichkeit）……是我的本质，它通过我才得以存在"。

　　③ 伍德：《黑格尔的伦理思想》，第 37—39 页。

下一章我们将更加详细地看到，黑格尔既然把这个特征视为社会自由所必需的主观态度的本质因素之一，就会要求"实现了客观自由的"社会制度应该在自身再生产的意义上是"实体性的"。或者用罗尔斯的话说，它们应该享有数代的稳定性。为了更加清楚地证明黑格尔为什么要把这番考虑包括在对社会自由的叙述中，我们可以想象一种情况：社会成员所希求的一组制度事实上不能够在世界中持续存在。（我们可以想到过去东方阵营的居民，他们认同社会主义的目的，却不幸生活在一个具有斯大林主义结构的社会主义社会，这个结构也许仅仅允许它的成员在一个极其狭小的空间内表达自己的特殊性，因而不能够通过这些成员的不受强制的活动来长期维持。）这类个人不能够认为他们所希求的社会世界是"已达到了的此岸"，因而无法获得意志内在渴望的一种根本满足，即看到自己的目的转化为现实。一个人的意志以这种方式遭到挫败在黑格尔看来代表了一种不自由——也许更好的说法是：自由意志在这里未能让它所希求的规定获得现实存在（Dasein），从而未能完成它自身。

伦理（Sittlichkeit）的主观态度：自决

我们已经考察了与伦理相适应的主观态度的三个主要方面，是时候考察这番叙述在黑格尔的基本思路中的地位了——他要做的是证明伦理（Sittlichkeit）制度在自由的实现中起到了至关重要的作用，由此为这些制度辩护。这种主观态度如何才能"与自由相适应"？与社会制度具有这种主观关联的个人为什么是自由的、自决的？由于黑格尔关于自由与伦理（Sittlichkeit）的联系只有一些晦涩的、有歧义的议论，所以对这项任务来说，最重要的一步是力图使他的议论变得连贯，由此阐述他的观点背后的对自由的看法。

黑格尔在一些段落中似乎把社会自由的主观因素等同于社会成员的态

度本身，这就意味着他们作为伦理（Sittlichkeit）成员所享有的主观自由只是一种意识的状态，具体来讲，就是他们（在前面讲述的意义上）意识到了自己与社会制度的一统。我们在黑格尔对爱国主义的探讨中可以找到一个最清楚的例子，这是一种与国家中的成员资格相适应的主观态度（§ 268）。黑格尔在这段话中首先把爱国主义描述为一种信赖，并把信赖界定为"这样一种意识：我的实体性的和特殊的利益包含和保存在把我当作单个的人来对待的他物（这里就是国家）的利益和目的中"。随后，他又把这种信赖本身等同于自由：通过这种信赖，国家"对我来说就根本不是他物。我有了这种意识就自由了"（着重号为本书作者所加）。倘若以这种方式描述社会成员通过主观态度赢得的自由，它就很容易被认作黑格尔的一个著名表述的一个版本，他在诸多语境下引用过这个表述，它是他对自由最一般的界定：自由不管在黑格尔那里有多少面貌，据说都是一种在他者中与自身同在（Beisichselbstsein in einem Anderen）的状态，或者也许更加明白的说法是在他者中如同在家里。① 可是仅仅用一句话解释社会自由的主观因素显然不能令人满意。这种解释会引起一些明显的问题——它们关系到把信赖等同于自由是否可取（后面将回到这个问题）——除此之外，如果以为它完整地说明了社会成员通过主观态度赢得的自由，就会产生严重误导。因为这种在他者中与自身同在如果仅仅被当作对一个人与他者的同一性的意识——如果单纯被当作一个人对社会世界的一种态度——似乎就更像一种关于世界的理论立场而非实践立场；这样一来，这种在他者中与自身同在的性质也更接近于在哲学沉思中——一个人把世界理解为他自己（精神）本

---

① 伍德：《黑格尔的伦理思想》，第 45—51 页。如下事实可以证明第二种翻译的正当性：bei 往往是指"在……的家里"，黑格尔本人有时也明确讲到了在他者中如同"在家里"（zu Hause）（§ 4Z）。正如第一章所解释的那样，这个公式是黑格尔对自由的"最一般的"界定，因为它适用于黑格尔所承认的一切种类的自由，包括其他类型的实践自由（即人格自由和道德自由），以及在哲学中获得的理论自由或思辨自由。

性的显现——达到的思辨自由，而不是某种可以被认作实践自由的东西。[①]　106
可是社会自由既然属于黑格尔所说的"客观精神"的领域，显然就是一种实践自由——一种意志自由——因而在本质上与现实的、实践的活动密切相关，意志通过这种活动才能在客观世界(外部世界)中实现自己的主观目的(内心目的)(§§ 8—9)。[②] 后面我们将看到，社会成员对自己的制度怀有的信赖态度的确可以被描述为在他者中如同在家里的一种形式，从而被描述为一种自由，但这种态度本身的根源是他们在自己的社会制度中"与自身同在"，这种"与自身同在"就其本性而言是一种更加明显的实践，个人只有在实际参与伦理(Sittlichkeit)制度时，并通过这种参与才能达到这种"与自身同在"。具有上述主观态度的社会成员之所以拥有主观自由，不单纯是因为他们意识到了自己与社会制度是一体的，而是因为他们"像在自己的、同自己没有区别的要素中一样的生活着"(§ 147)。

　　那么，拥有社会自由的个人的主观态度是如何与他们的实践自由联系起来的？换言之，这类个人的社会参与为什么是体现了主观自由的活动(即自由地希求的活动)？我们不用诉诸黑格尔关于实践自由的本性的任何独特观点，就可以在一定程度上回答这些问题。这个回答需要把黑格尔的两个说法——它们都关系到个人意志与他们的社会制度之间的关联——放到一起：虽然伦理(Sittlichkeit)制度是"调整个人生活的那些伦理力量"(§ 145)，但是社会参与者之所以可以说拥有主观自由，是因为他们只要具备适当的主观态度，就"不会觉得[这个]普遍的东西是陌生的权力"(VPR2，

---

　　① 黑格尔把在哲学中获得的思辨自由(在艺术和宗教中也可以获得这种自由，只是不那么充分)设想为主体与世界的和解，这个世界最初在他们看来是彻底的他者——也就是与主体性的基本渴望相互敌对或毫不相干。我们非常有必要把这种与社会世界的思辨和解同社会成员在现实的社会参与中享有的实践自由区别开来。(参见第 27 页注释①。)与社会世界的和解之所以(在一定程度上)是可能的，是因为我们有可能把社会世界理解为使意志自由得到实现的领域。

　　② 需要注意的是，我在括号中指出了"主观"一词在这里的用法，它不同于这个词在"主观自由"和"道德主体性"中分别具有的含义。这与黑格尔在 § 25 对"主观"的多重意义的明确承认是完全一致的。当前的用法对应于他在那里所区分的第三种含义(γ)。

123）。我们之所以可以用这种方式看待社会自由的主观方面，直接原因可以（在前面所说的意义上）被理解为个人与他们的社会制度在意志中的统一：只要社会成员的特殊意志与整个制度的公意在内容上是统一的，这些成员就不会觉得对社会参与的要求是与他们本人的意志相对抗的。卢梭用了另一些术语来描述公民在认同政治结合的公意时所享有的自由；用这些术语来讲，伦理（Sittlichkeit）成员的社会参与之所以可以说是自由的，可以说是因为他们在按照公意行动时除了自己的意志之外没有服从任何意志；他们实际上只是由自己的意志决定的。

然而，黑格尔显然还认为伦理（Sittlichkeit）成员拥有一种特别的主观自由，这种主观自由超出了隐含在上一段话中的对自由的看法，并且把他的社会理论与包括卢梭在内的其他人区别开来了。大量段落都证明了这一点。例如，他在下面这段话中把个人自由等同于他们在社会参与中获得的"实体性的自我意识"（§ 162）或"自我感"（§ 147）："人要作为伦理的存在者［als Sittliche］而行动，才能使自己得到自由。他们共同在伦理（Sittlichkeit）中生活，这就是他们的自由；因为在这种共同生活中，他们得以直观到［或感觉到］自身。"（VPR2，125）黑格尔在这里宣称，自由与对自身的"直观"是相互联系的；为了理解这一点，我们必须以之前考察过的一个论点为语境：个人的特殊身份具有内在的社会本性。社会成员通过参与伦理（Sittlichkeit）制度才得以直观到自身；他们看到了自己在世界中的现实存在，才能够感觉到自己是谁。换句话说，社会成员在外部的社会世界中反映并确认了他们眼中的自己；他们之所以能够这样做，是因为他们只有通过在这个世界中的参与才能作为特殊个人使自己的身份得到客观实现。要把社会成员所取得的身份描述为客观的、现实的东西，首先就意味着这些身份不只是社会成员在主观上对自己是谁所持有的认知；这些身份之所以现实，是因为它们存在于外部世界，而它们之所以客观，是因为它们不仅在私下是有效的，而且对共享了同一个世界的其他主体来说也是有效的。

就身份与社会参与的联系而言，我的主张——个人在他们的社会参与中获得了具有客观现实性的身份——包含了两个论点，应该加以区别：第一，社会成员若要让他们对自己的认知获得客观的、现实的存在，就要实际追求并实现隐含在他们的自我认知中的实践事业。他们作为伦理（Sittlichkeit）成员不能仅仅把自己想象成母亲、管道工和公民；他们还要从事母亲、管道工和公民的角色所要求的活动，才能实际成为这类存在者。他们需要把他们对自己的认知转化到外部世界中，才能使他们的身份不单纯是主观的东西，而是客观现实。因此，伦理（Sittlichkeit）成员的社会参与可以说具有自我表达的性质，因为他们通过这种活动外化或表达了他们对自己是谁所持有的认知。这个自我表达的概念还包含了一个观点：社会成员在使他们的自我认知获得现实存在时，不可避免地要对他们所拥护的社会角色做出解释，因而他们的表达在有限的程度上反映了他们自己如何理解这些角色向他们提出的要求。虽然黑格尔本人并没有明确承认社会成员的自我表达活动的这一面，但只要我们考虑到，社会角色几乎不会有足够详细的界定，因而无法完全决定何种特殊行动才能符合这些角色，我们就能看出这样做的必要性。因此，虽然每个母亲都知道她作为父母所负有的义务是规训子女，以便他们成年之后能够自我约束，但是社会的期望单凭自身还不足以指明何种形式的惩罚是合适的，或者究竟在何种情况下才需要采取规训措施。尽管当社会成员通过社会角色来界定自己的身份时，这些角色并不是由他们本人创造的，但在世界中执行这些角色并不是机械地把规范转换为行动，而是一种解释性的发挥：个人对如何最好地展示他们认为自己承担的角色有自己的观点，而且会按照这些观点决定自己的行动。①

108

---

①　值得一提的是，尽管黑格尔未能承认这一点，但这与他的思想的精神是一致的，因为这样做会使社会参与进一步类似于精神所特有的活动，尤其类似于查尔斯·泰勒对这种活动的解释，他强调了自我解释在精神自我表达的活动中的作用。参见查尔斯·泰勒：《黑格尔》（剑桥：剑桥大学出版社，1975），第16-18页；以及伍德：《黑格尔的伦理思想》，第46页。

　　虽然个人需要把某种主观的、内心的内容（即他对自己是谁所持有的认知）转化到外部世界中，但若仅仅想到了这一点，就没有充分把握个人的社会参与在什么意义上客观地实现了他们的身份。事实上，一个人若要拥有丈夫或公民的身份，就不能只是成功从事丈夫和公民理应承担的事业；我们由此可以得出前面提到的第二个要点：个人在自己的社会角色中拥有自己的身份还意味着当他们占据这些角色时，他们的自我感——他们意识到自己是有价值的、有地位的个人——就有了实体性的来源。由于这种自我感的获取依赖于同胞社会成员的承认，而这种承认本身只有通过一个人良好地履行他的角色才能赢得，所以个人的社会活动为他们提供了自我意识的一种形式，从而提供了自我的一种形式，这是他们在社会参与之外无法拥有的。这意味着他们在伦理（Sittlichkeit）制度中的实践活动不仅有自我表达的性质（即把主观持有的自我认知加以外化），而且有自我建构的性质：这种活动不仅表达了一种已经存在的自我认知，而且是把社会成员实际建构成了自我——这样建构起来的个人不仅对他人来说，而且对他们自己来说都可以算作有价值的存在者。这就是为什么他们为普遍目的服务并不是一种"无私的"活动，而是恰好相反，是自我主张的一种形式；因为社会成员通过这种活动才能作为特殊自我来设定、确立自己的身份。不仅如此，正是自我与社会成员资格的这种联系才让他们得以认为自己的社会参与具有自在的价值，甚至把社会参与看作他们最高的、绝对的目的。

　　因此，黑格尔之所以认为个人的社会参与体现了主观自由，不仅因为他们的主观态度让他们能够把他们所从属的群体的公意作为自己的意志来加以拥护（从而能够自愿遵守社会制度的要求）；更加重要的原因在于，他们的社会活动在更强的意义上"出自他们自身"，即他们通过这种活动才能作为特殊个人来表达并建构自己的身份。可是，这如何能被解释成自决？我认为，黑格尔所描述的社会成员在两种意义上可以说具有自决的特征。第一，他们需要对自己是谁、自己身份的本质具有认知，才能用这些认知来中介或决定自己的实践活动。这些自我认知是由一组基本的事业来表述的，这些事业规划了他们的生活，在他们决定自己意志的内容时提供了引导——他们会在它们的引导下决定自己适合拥有何种欲望、适合按照何种欲望来行动，又应该拒斥何种欲望，认为这些欲望与在自己看来自己所是的那种个人是不一致的。可见，拥有社会自由的个人在履行他们的社会角色时从事的活动之所以是一种自决，是因为这种活动是按照他们对自己实践身份的理解来决定的。黑格尔还在另一种意义上把个人的社会参与看作一种自决，这一点与一个想法直接相关：个人通过这种参与才能实现特殊的自我认知，并把自己建构为有价值的存在者。这里实现的那种自决可以被描述为一种使自我获得现实规定的行为①——从而可以被描述为一种自我实现——因为正是这种活动使一个人成为特定的自我，或者说使这名特殊个人在世界中有了现实的、社会承认的地位。到这里，我们关于社会成员通过主观态度获得的自由已经提出了诸多观点；总的来看，我们可以说这类个人的社会参与之所以是自由的，是因为它是一种成功开展的活动，他们从事这种活动是为了它自身，而且他们有意识地、自愿地采纳了它所固有的普遍目的，这些目的同时又表达了个人的特殊身份，而且以实体性的方式使得他们作为自我拥有了受承认的价值或地位。

　　以上叙述了在自由社会成员的主观态度中实现的那种自决；这番叙述无疑会引起一条反对意见："可是这不是我们通常所说的'自由'，也不是社会理论最应当关注的那种自由。"针对这条反对意见，恰当的回应是：主观自由学说仅仅是黑格尔社会理论的一部分，它并没有宣称它单凭自身就能全面回答"什么是自由"（或者"现实的"自由是什么）的问题。毋宁说它的目标是为一种特定的"自决"——个人作为合理社会秩序的成员能够拥有的自决——提供一番叙述。我认为黑格尔成功揭示了一种重要的好处——一

110

----

① 这个表述是保罗·弗兰克斯向我提出的。参见 VPR1，124，黑格尔在那里提出，社会参与要求使自我获得现实性，而且这是伦理（Sittlichkeit）中的个人在他看来所拥有的一部分自由。

种自己决定自己的能力——而且这种好处可以通过某些形式的社会参与来
赢得；于是，我们若要恰当地回应他的观点，就不应该反对说"可是这不
是自由"，而应该追问——这正是黑格尔本人所做的——当自由以其他比
较常见的面貌实现时，它能否与这种形式的自决相容。黑格尔最紧迫的理
论目标之一就是证明人格自由和道德自由这两者与社会自由是相容的，本
书最后四章的核心任务是考察他如何能做到这一点。

"真正的、伦理的态度"：信赖

　　黑格尔无疑想要我们把社会成员自我表达、自我建构的活动当作一种
在他者中与自身同在。因为个人在社会参与中之所以是在他者中与自身同
在的，是由于他们自己的身份是由其他社会成员建构的，而且双方产生了
实践关联；他们（作为特殊个人）只有在与他人的关联中才是他们自己。把
握了这一点，我们就有能力考察之前提到的一种现象了：拥有社会自由的
个人据说对他们的社会制度怀有信赖的态度；黑格尔非常明确地指出了这
种现象和"在他者中与自身同在"的联系。在之前引用的段落中，黑格尔为
这种心智模式——他在另一处把它称作"真正的、伦理的态度"（E §
515）——给出了一个界定："信赖（它能转化为或多或少地发展了的见解），
是这样一种意识：我的实体性的和特殊的利益包含和保存在把我当作单个
的人来对待的他物（这里就是国家）的利益和目的中。"（§ 268）这个界定有
两个方面需要更加仔细地加以考察，第一个方面涉及信赖在认知中的内
容；第二个方面可以说涉及它的主观形式。

　　黑格尔在这段话和其他许多段落中（E § 515；VPR1，99）把信赖的核
心特征确定为它在认知中的内容；他把这种内容描述为社会成员所持有的
一个信念：他们本人的根本利益与基本社会制度的目的，以及前者与其他
个人的根本利益——这些人与他们本人在这些制度中是相互联系的，是不

111

可分离地纠缠在一起的，而且在本质上是相互和谐的。因此，信赖在本质上不外是个人所拥有的一种持久的信心，即制度对他们来说是一个"家"——一个友善的社会世界，不仅可以让他们达成私人目的（比如通过参与市场经济获得并满足一些需要），而且可以满足他们的"实体性"利益（或根本利益），即实现他们的自由和他们作为特殊存在者所拥有的、与自由不可分离的身份。于是，我们很容易看到，黑格尔关于信赖的观点立足于他对社会成员如何赢得他们的特殊身份所做的叙述：正是由于这些身份具有厚重的社会内容，他们才得以把家庭、市民社会和国家看作舞台，他们在上面可以实现自己最深切的渴望，包括渴望成为一个特殊自我。黑格尔宣称，除了个人的自决活动之外，信赖的态度本身也代表了一种自由，因为在他看来，一个人只要认识到了在社会世界中如同在家里，就使意志获得了一种满足：这种认识持久地保证了一个人所居住的世界的基本框架使它在原则上能够顺应他最根本的实践目的。一个人倘若缺乏这种保证，或者持有相反的看法，就会怀疑在当前的世界中是否可能实现自己最深切的渴望，甚至会感到绝望；他会觉得世界一直在挫败他的意志，从而会在主观上与它疏远、异化。①

　　这里给出的对信赖的界定还有一个值得一提的特征：这个界定指出了我所说的这种态度的主观形式。黑格尔有一个放在括号里的评论：信赖"能转化为或多或少地发展了的见解"；这意味着这种态度的本质内容——一个人认为自己社会制度的目的"包含和保存"了自己的基本利益——能够采取诸多主观形式，既可以对自己的社会制度怀有直接的、未经反思的信仰，又可以对这些制度的合理性做出有充分根据的、哲学的理解。这一点虽然经常遭到解释者的忽视，却在大量段落中得到了毫不含混的肯定（§147A；VPR2，123－124）；更重要的是，它对于黑格尔的基本目标是不可

112

---

　　① 参见迈克尔·O.哈迪蒙：《黑格尔的社会哲学：和解的企图》（剑桥：剑桥大学出版社，1994），第119－122页，他在那里讨论了异化。

或缺的，这个目标就是证明伦理(Sittlichkeit)中的成员资格所特有的自由是与现代(道德)主体性的要求相容的，这些要求之一就是约束主体的原则的合理性必须能够得到他的承认(§ 132)。黑格尔的观点之所以往往会遭到这种误解，一定程度上肯定是由于我们自然地倾向于认为信赖必定是盲目的或无条件的，因而这种态度按其本性就会排斥合理反思。黑格尔本人有时也助长了这类误解(尽管他很少这样做，与这类误解的流行程度并不相称)，尤其是他在有些地方应该清晰地区分两种主观态度，却未能做到这一点：一种是古代伦理(Sittlichkeit)所特有的，我们可以正确地把它描述为简单的、不动摇的、直接的态度；另一种是最能与现代社会成员资格相适应的态度，它不能这样描述。① 黑格尔还经常把信赖与习惯联系起来——他把后者称作社会成员的"第二本性"(§§ 151＋Z，268＋Z)——甚至以这种方式对待现代伦理(Sittlichkeit)，这也很容易造成困惑。可是黑格尔之所以着重强调习惯，是为了说明拥有社会自由的个人是如何被推动的——他们的欲望、态度和价值观在他们所受的养育中得到了教化(gebil-det)，所以他们的社会参与多半是自发的，或者说是在他们身上"自然发生"的，而不是为了证明合理反思与自由的、并未异化的社会成员资格不能相容。如果一个人习惯夜间走在街上，不用特别警惕(这是黑格尔举的例子，却已经无法使我们共鸣了)，那么这个事实并不意味着当我们要求他为这个实践做出合理辩护时，他却做不到，也不意味着当一些经验或议论对它是否可取提出质疑时，他却不能予以追问。出于习惯而做出的特殊行为的确是未经反思的，但不能说习惯本身(或信赖)与理性有内在的对立，因为习惯的主体能够反思乃至改变他们的习惯。

113

---

① 在这些潜在地具有误导性的段落中，最突出的是《现象学》对安提戈涅和(古代)伦理(Sittlichkeit)的讨论(¶¶436—445)。混淆这个区分的倾向在学生所做的黑格尔讲演记录中也到处都可以找到。例如，参见VPR1，90—91；伊尔亭等以编辑的身份注意到，相关的段落具有"仿古的倾向[antikierende(应为antikisierend。——译注)Tendenz]"。我认为，黑格尔本人随着时间的流逝才逐渐明白了这个区分，而他的文本直到1820年，随着《法哲学》的出版才完全一致地贯彻了这个区分。

从黑格尔的伦理（Sittlichkeit）理论的视角看（从而就社会自由的现象而言），最重要的东西是信赖在认知中的内容和它所代表的没有异化的状况，而不是信赖呈现出的主观形式。一个人要争取与信赖相联系的自由，就要相信社会世界在根本上对他最深切的实践渴望是友善的；只要这个信念立足于理性，而不是未经质疑的信仰，社会自由的主观因素就绝不会受损。这也意味着这个对于信赖至关重要的信念可以处于一种相对未经反思的形式——这个信念可以是直接的信赖，并仍然是一种社会自由（假定它同时又是一个真实的信念）。然而，关于现代伦理的理论的确要求社会成员所怀有的信赖能够植根于合理洞察，从而能够禁得起对现存社会制度的好坏的善意反思。不仅如此，由于道德主体性对所有人来说都应该是可以实现的，所以为了顺应这条要求，社会世界的合理性不能只有在深邃的、仅仅属于少数人的哲学视角中才是可见的，而是必须在原则上让普通社会成员可以明白。因此，个人只要带着良知反思社会世界，就必须有可能逐渐认识到它的合理性，或者说他们必须能够最终认为他们的制度在自由的实现中起到了至关重要的作用。换句话说，为了全面实现现代主体可能拥有的自由，社会成员不仅必须具备本章所描述的主观态度，而且必须有能力理解对社会秩序采取这种态度为什么是合理的；换句话说，他们必须能够把握黑格尔的客观自由学说的基本原理，这是第四章和第五章的话题。

第四章

客观自由，第一部分：
自决的社会整体

我们在前一章看到，黑格尔把社会自由的主观因素确定为个人能够认同他们的特殊社会角色，并进一步认同使这些角色得到界定的社会制度。伦理（Sittlichkeit）成员之所以能够自愿遵守社会制度的基本要求——他们的社会参与之所以是他们本人自由地希求的活动，是因为他们通过这种参与建构了、表达了他们的特殊身份。可是黑格尔对社会自由的看法并没有穷尽于他对社会成员的主观态度的叙述，下面这段话表明了这一点："个人……自由的权利，只有在个人属于伦理性的现实时，才能得到实现，因为只有在这种客观性中，个人对自己自由的［主观］确信才具有真理性，也只有在伦理中个人才实际上占有他本身的本质和他内在的普遍性"（§153）。这里表达的主张是：若要把社会自由归于个人，就不能仅仅确保他们在主观上认同一组既定的现存制度。不仅社会成员要在主观上"确信"社会世界构成了一个家，而且这个世界必须超出这种确信，必须"真的"是一个家；按照这段话，这意味着这个世界必须让它的成员能够实现他们的真实本质——"他内在的普遍性"，后面我们将看到，这就是他们的实践自由。① 这个观点也可以表述为：若要充分实现社会自由，社会成员在主观上认同的制度就必须在客观上值得认同，或者说这些制度必须符合黑格尔为合理社会制度定下的标准；用黑格尔的话说，它们必须是"自在地合理的东西"（das an sich Vernünftige）（§ 258A）的体现。②

因此，我目前的任务——下面两章都将致力于这项任务，是考察黑格尔在评价社会制度"自在的"合理性时所用的标准有什么内容，以及如何在哲学上为这些标准辩护。为了完成这项任务，我需要探讨两组问题：第一，如果我们要认为一种社会制度具有"自在的"合理性（从而在客观上值得成为个人主观认同的对象），那么它必须有何种一般特征？第二，这类制度自在的合理性与社会成员的自由有什么关系？或者更确切地讲，这些制度中的成员资格为什么对个人的社会自由来说是一个本质部分——"客观因素"？

在黑格尔对社会制度自在的合理性的叙述中，一个根本概念是他所说的"客观自由"（§ 258A；E § 538；VPR1, 248；PH, 43/XII, 61）。社会制度只要（以后面的阐述方式）遵守客观自由的要求，就具有自在的合理性，从而值得成为个人主观认同的对象。客观自由的概念是黑格尔的伦理（Sittlichkeit）理论不可或缺的一部分，因为这个概念让这个理论得以为社会制度提供一种更加坚固的辩护，而不是仅仅把社会成员的主观态度作为辩护的根据。倘若我们未能公正对待客观自由的概念，黑格尔在捍卫一组既定制度时的论述就至多只能指出，社会成员之所以能够认同这些制度，事实

---

① 后面我会指出，黑格尔在 § 145Z 明确地从实践自由的角度描述了个人的本质："因为伦理性的规定构成自由的概念，所以这些伦理性的规定就是个人的实体和普遍本质。"

② 说一种社会制度具有自在的（an sich）合理性，就是说它不仅具有真正的合理性，并非仅仅被当成合理的（§ 258A），而且它的合理性独立于它的成员对这种合理性的意识。按照后一种含义，自在（an sich）是与自为（für sich）相对的，所以客观自由与主观自由的统一——我所说的社会自由——被描述为"自在自为的理性东西"（das an und für sich Vernünftige）（§ 258）。

上是出于他们的主观性；除了他们的认同这个单纯的事实之外，这番论述仍然无力解释为什么他们这样做是合理的。换句话说，客观自由是黑格尔对如下问题的回答：家庭、市民社会和现代国家要有何种特征，个人对这些制度（而非其他制度）的主观认同和他们在其中的生活才是合理的、好的？

为了显示出客观自由学说的意义，另一个办法是聚焦于它为个人提供了何种赞同他们社会制度的理由。我们在第三章看到，黑格尔对社会自由的主观因素的叙述把社会参与的主要动机确定为社会成员有兴趣表达自己特殊的自我认知，也有兴趣把自己建构为得到社会承认的有价值的存在者。相反，客观自由学说探讨的问题是：就算社会成员认为他们在家庭、市民社会和国家中的成员资格对于自己的特殊身份至关重要，但若撇开这个事实，他们是否还有理由赞同这些制度？因此，黑格尔既然主张伦理（Sittlichkeit）制度具有自在的合理性，就需要引入客观自由学说，因为它为个人提供了赞同社会制度的理由，这些理由不仅从社会成员的视角看是有效的——在主观上，他们在特殊的社会角色中就已经如同在家里一样了——而且从所有思想家的视角看也是有效的（或者更确切地讲，这个视角属于一切对自由的实现感兴趣的思想家，而且这在黑格尔看来正是普遍理性的视角）。[1] 换句话说，伦理（Sittlichkeit）理论的这个部分旨在保证社会成员对他们制度的赞同能够禁得起从普遍视角出发的对这些制度的反思——用黑格尔的话说，这个视角具有"抽象普遍性"——道德主体性就是由这种反思界定的。这意味着即使在对这些制度缺乏直接的主观归属的个人面前，黑格尔的社会理论也宣称自己有能力使他们相信这些制度事实上值得他们赞同。只要证明社会制度具有自在的合理性（即体现了客观自由），这类在主观上陷入异化的社会成员就可以与他们的社会世界和解了；

---

① "自在自为的国家就是伦理性的整体，是自由的现实化；而自由之成为现实乃是理性的绝对目的。"（§ 258Z）

也就是说，这些制度在实践自由的实现中起到了必要作用（后面会进一步说明这一点）。①

　　虽然黑格尔之所以运用客观自由的概念，是为了让自己能够主张合理制度在自由的实现中起到了必要作用，而且这种作用独立于社会成员的主观态度，但要规定他为这个概念赋予的内容，却并不容易。因为尽管这个观念在黑格尔对伦理（Sittlichkeit）的叙述中起到了关键作用，但他极少明确使用"客观自由"这个术语，而且在使用它的时候，他既未能澄清它的含义，又未能澄清它在他的理论中有什么作用。毫不意外，黑格尔在这个根本问题上的晦涩严重影响了哲学界对他的社会理论的接纳。最重要的是，就黑格尔想要运用何种基本哲学思路来为他所赞同的社会制度辩护而言，他的晦涩在解释者中间造成了一种近乎普遍的困惑——在当代人试图复兴黑格尔的伦理（Sittlichkeit）学说时，这种困惑也是显而易见的。我之所以现在要开始考察客观自由，主要就是为了澄清这条基本思路。

　　黑格尔说伦理（Sittlichkeit）是"客观自由"（VPR1，248），我们所面临的任务是解释这个说法的含义。我们首先可以注意到，"客观"这个修饰语在这里关系到这种自由的三个性质，这些性质对应于黑格尔在《法哲学》导论中区分的三种客观性。第一，客观自由是现实的、真实的自由（§ 26，α），而不是仅仅被当成自由的东西。这并不是说客观自由就是实践自由的全部——相反，它仅仅构成了社会自由的一个因素，而是说它"真正符合［自由］意志的概念"（§ 26），或者用不那么像黑格尔的话讲，客观自由事实上、而不只是表面上符合实践自由的实现所需的条件。第二种意义上的"客观"指的是存在于外部世界中的任何东西（§ 26，γ）。用黑格尔的例子

————————

　　①　因此，客观自由学说在推进和解的企图时——《法哲学》把这作为自己的头号目标——起到了主要作用。需要注意的是，黑格尔的思路要求在主观上与现存制度相异化的个人仍然忠于自由的价值。只要异化的个人把握了客观自由学说，他对自由是什么和自由在世界中实现需要什么条件所持有的看法就理应发生转变。

来讲，如果一个意志在世界中的行动达到了它的目的，它就具有了这种意义上的客观性。可见，客观自由是一种存在于外部的自由（它存在于现有的法律和制度中），而不是单纯内向地（主观地）存在于行动者（未曾实现）的意志中。

按照第三种用法，把"客观"这个谓词用在一个事物身上，就表示这个事物独立于主体对它本身的任何意识（§ 26，β）。在这个意义上，我们可以说（借用康德的例子）自然法则具有客观的因果力量，道德法则却没有，因为后者的因果力量取决于行动者是否在意识中把它当作有约束力的法则。客观性的第三种意义在这里既是最重要的，它与自由的联系又是最难把握的。在这个意义上谈论客观自由意味着有一种自由可以被归于实践的存在者，却又独立于这些存在者与任何据说构成了他们客观自由的东西可以具有的主观关联（也就是有意识的关联）。在黑格尔社会理论的语境下，客观自由学说意味着我们可以有意义地认为——尽管这种意义是有限的——个人自由的原因无非在于他们居住在一个具有自在合理性的（实现了客观自由的）社会世界中，不管他们与这个世界的法律和制度有何种主观关联。换句话说，一个实现了客观自由的社会世界为它的成员确保了一种自由，"不论它是否被单个人所认识和为其偏好所希求"（§ 258A）。

那么，我们应该如何理解黑格尔社会理论的根本论点，即合理的法律和制度体现了一种自由，这种自由的存在独立于社会成员有意识的认知和意志？有必要提一下，从本书开头几章所提供的概念资源中可以建立两种非常不同的对客观自由的叙述：一种源于卢梭的政治理论，另一种源于黑格尔所独有的对自决意志的看法，这种自决意志具有自足的存在，并展示了概念的有机结构。我在第二章证明了卢梭的公意学说立足于一种对自由的看法，它在这里所讲的三种意义上都可以算作客观自由。卢梭立场的这一面在他的一项主张中——这项主张隐含在他对公民被迫自由这个问题的谈论中，是清晰可见的：有效地贯彻公意会使个人（至少在有限的意义上）

获得政治自由，不管他们是否有意识地与公意相关联。在卢梭看来，公意所造就的政治制度可以体现一种客观自由，只要这些制度可以确保个人为了拥有自由意志（即不被任何陌生的意志所决定的意志）所需的现实条件。更具体地说，这意味着促进自由的制度重塑了个人的自然依赖或前政治的依赖，使得人不再由于有需要而难免屈从于他人的意志。以卢梭式的面貌出现的客观自由有两个值得在这里强调的一般特征：第一，合理的法律和制度之所以表现出客观自由的性质，是由于它们是自由的必要条件；第二，以这类法律和制度为条件的自由可以被非常简单直接地归于个体社会成员的意志。

　　看待客观自由的另一种方式是把它理解为一项主张，第一章在谈到对社会自由的较强的整体主义解释时讨论了这项主张：被视为整体的伦理（Sittlichkeit）制度在结构上最接近于一个完全自决的意志。家庭、市民社会和现代国家之所以可以被等同于客观自由，是因为它们构成了一个完全自足的制度体系，这个体系展示了概念的结构，而且能够再生产它自身以及对于它的存在至关重要的各种特殊性质。按照这种解释，客观自由并不是一组让自由的实现成为可能所需的条件，而是体现了据说存在于社会世界合理的、"自决的"结构中的那种自由。乍一看，这种解读会使社会自由无法被归于伦理（Sittlichkeit）的个体成员；其实不是这样，因为只要他们在主观上认同社会制度，他们的社会参与就在第三章所阐述的意义上是自由的。不仅如此，这种自由还可以说是真实的自由——而不只是他们的主观"确信"——因为这类个人所认同的并不是一组任意的制度，而是具有自在合理性的制度，它们"由于自由的理念而是必然的"（§ 148A）。毋宁说这种解释的独有特征是：它认为社会自由的两个因素之一——客观自由，它界定了社会制度自在的合理性——具有较强的整体主义性质，这种性质可以被归于制度的体系，而不是个人自身。换句话说，社会世界之所以能让社会成员合理地认同伦理（Sittlichkeit）制度（而非其他制度），是由于它

119

有一个属性：从整体上看，事实上只有这些制度才能趋近于黑格尔为完全自决的意志所定下的标准；出于这个理由，倘若我们要求实践自由应该在世界中得到充分实现，这些制度就是这条要求的满足所必需的。[①]

那么，我们应该沿着这两个方向中的哪一个来重构黑格尔的客观自由学说？相关的文本看起来无疑对第二种解释有利。这个倾向的一个清楚的例子是黑格尔在首次论述客观自由与伦理（Sittlichkeit）的主观因素之间的区分时所写的一段话：“伦理性的东西（das Sittliche）就是理念的这些规定的体系，这一点构成了伦理性的东西的合理性。因此，伦理性的东西就是自由，或自在自为地存在着的意志，并且表现为客观的东西……因为伦理性的规定构成自由的概念，所以这些伦理性的规定就是个人的实体性或普遍本质。”（§ 145＋Z）[②]黑格尔想要诉诸他所独有的对自决的看法来使他的一个论断——伦理（Sittlichkeit）制度体现了客观自由——具有内容；虽然这一点无可争议，但要沿着这条路线重构他的立场，使它有说服力，就要面对一个艰巨的挑战：这项主张——只要社会世界是自足的，而且它的结构符合概念（或“理念的规定”），它就具有自在的合理性，从而在客观上值得社会成员赞同——如何可能是可取的？在回答这个问题时，我们不能仅仅满足于指出黑格尔的主张源于他所独有的形而上学观点，这些观点涉及理性的本性和现实（Wirklichkeit）的结构。这种对客观自由的看法所造成的困难不在于它能否在黑格尔哲学体系的另一个部分找到自己的源头，而在于我们能否具体表明，他的主张尽管起源于晦涩的形而上学，却可以有效地适用于社会理论所特有的问题。

　　卢梭对客观自由的看法有一个优势，即按照我们的直觉，它是一个更

---

①　有必要再次指出，这并不意味着较强的整体主义属性——为社会制度所做的辩护是以这种属性为基础的，是脱离个人好处来界定的，而是仅仅意味着它不是通过他们的自由来界定的。

②　黑格尔的另一项主张也与这里的问题相关：“自由的真正的现实性是［国家的］有机体。”（VPR1, 269）其他显示出了同样倾向的段落有§§ 144, 258A＋Z, 261Z, 270Z；E § 539。

加可取的选择，但我们很难找到明确的文本依据来证明黑格尔也持有这样一种观点。① 然而，我将在这里证明，就客观自由的问题而言，黑格尔对伦理（Sittlichkeit）的叙述与卢梭的政治理论展现出了极为亲近的关系，尽管他的文本从表面上看远远不是如此。更具体地说，我将证明当黑格尔宣称伦理（Sittlichkeit）制度体现了客观自由时，这个论断所包含的核心因素之一是一项卢梭式的主张：即使撇开个体成员有意识的意志或认知，这类制度也能确保这些成员为了获得自决意志所必需的条件。不仅如此，这项主张所包含的对自决的看法也没有寄生在先前讨论的对自决的较强的整体主义看法之上。也就是说，这个论点——合理社会制度是个人自由的条件——不能被简单地还原为一个论断，即社会成员之所以拥有客观自由，是因为他们是"自决的"社会整体的一部分。换句话说，我将表明，社会制度之所以在黑格尔看来具有自在的合理性，（至少在一定程度上）是由于这类制度使社会成员有可能实现自由的比较个人主义的形式，其中最突出的是与人格和道德主体性相联系的自由。这个立场隐含在黑格尔的一个说法中：人格和道德主体性"不能自为地实存，而必须以伦理的东西为其承担者（Träger）和基础（Grundlage）"（§ 141Z）。不过，我的解释性主张若要具有充分的说服力，首先就要详细证明，当黑格尔叙述构成伦理的特殊制度的自在合理性时，尤其是当他探讨家庭和市民社会时，他事实上主要是在致力于说明这些制度如何能有效确保个人自由的实现所需的条件。

121

　　我之前（第一章）的一项主张其实可以给这个提议——伦理（Sittlichkeit）理论含蓄地依赖于两种对客观自由的看法——提供一些支持，这项主

---

①　一个有趣的（却又费解的）例外是黑格尔在他对客观自由的最长的明确讨论中（§ 258A）大量提到了卢梭。在这里，黑格尔既宣称卢梭就客观自由的问题而言是他的先驱——他称赞卢梭"提出意志作为国家的原则"——又批评卢梭把公意设想为某种"有意识"的东西，而不是自由的实现在客观上所需要的东西，不管它是否被单个人所认识或……希求"。我在第二章清楚地表明，我认为第二项主张严重误解了卢梭的公意学说。我在第六章讨论了黑格尔对卢梭和一般社会契约论的批判。

张是：《法哲学》的目标之一是执行一项"逻辑的"（或概念的）任务，即阐述一种连贯的、完全充分的对实践自由的看法有怎样的内容。我们只要记住这个课题，就能够看到我在这里区分的两种对实践自由的看法为什么对于黑格尔的课题都至关重要。第一，实践自由若要在世界中实现，社会秩序就必须能够产生出一些社会条件，以便让自决的"较低"形式或比较简单直接的个人主义形式（即人格自由和道德自由）得到实现。（这些条件的实现构成了以卢梭式的面貌出现的客观自由。）第二，自由的较低形式所需的条件若要完全符合自决意志的理想——实践自由若要得到全面实现——确保这些条件的社会秩序本身就必须是自决的存在者，也就是说，必须是活生生的、能再生产它自身的体系；因为这个体系的结构符合概念，所以它展现出了一切合理的（自决的）存在者必须拥有的基本特征。（这是黑格尔所独有的对客观自由的看法。）

接下来两章将致力于用细节充实我的主张，即黑格尔在捍卫现代三大基本社会制度时运用了两种对客观自由的看法。我们在本章余下的部分将看到，黑格尔之所以认为这些制度具有自在的合理性，是因为它们共同构成的社会整体充分实现了自决的理想。我在第五章将探索另一条主张，即具有自在合理性的制度还有进一步的要求：这些制度应该（以后面将会说明的方式）让个体成员有可能拥有自决意志。

我对客观自由学说的第一部分的讨论将从考察黑格尔的一个表述开始——当他在社会理论的领域中诉诸对自决的较强的整体主义看法时，他对这个方法背后的基本思想做了一个比较明白易懂的表述："作为有生命的精神，国家纯全只是一个有机的、被区分为种种特殊功能（Wirksamkeiten）的整体，这些功能在从对合理意志的一个尽管还不是作为概念被知晓的概念出发时，持续不断地产生着这个合理意志作为它们的结果。"

（E § 539；着重号已忽略）①这句引文简练地说出了黑格尔对自决的整体主义看法所包含的四个属性，它们对于我对客观自由的分析十分重要：自决的社会秩序是（1）有目的的组织，（2）能再生产它自身的整体，（3）这个整体是由专门化的、半自律的功能元件接合起来的（即它"被区分为种种特殊功能"），（4）这些功能元件的具体性质和相互关系是由概念决定的（它们是"从对合理意志的一个概念出发"的）。② 我在第一章简要叙述了黑格尔是出于何种理由才认为展现出这些属性的存在者是自决的或自由的。本章关注的问题并不是为"自由"一词的这种用法辩护，而是阐述它背后的思想：我将说明这些属性在黑格尔社会理论的语境下意味着什么，以及如何能对它们加以转化，以便对合理社会世界的特征做出可取的（尽管是不完整的）叙述。

当"合理"在这里被用在社会世界身上时，它的含义是什么？有必要就此先说两句。我们可以在哪些方面、从什么角度判断伦理（Sittlichkeit）制度是合理的？因为黑格尔学说的这个部分依赖于对自决的较强的整体主义看法，所以这个学说所凸显的合理社会世界的特征是社会作为整体所展现的属性，而不是社会的个体部分本身所具有的属性。这些属性主要是存在于社会的诸多部分之间的某些关系，所以这里所说的合理性是这些部分的

---

① 或者用类似的话说："自由的真正现实性是［国家的］有机体……也就是说，它把自身区分为……抽象的［或零碎的］……各项任务，以便从这些……特定的劳动和利益中产生普遍的利益和作品"（VPR1，269）。

② 第一章提到，黑格尔的有机整体概念源于康德对"自然的有机产物"（KU，§ § 65－66）的叙述。这样一种存在者的标准有两条：（1）它的各个部分——包括就存在而言和就形式而言的各个部分，是完全由它作为整体所具有的目的或 telos 决定的；（2）它可以自行组织，因为它的每一个部分都有助于生产（和再生产）其他所有部分。（后一条标准的一个例子是生物有机体的生长。）有趣的是，康德也认为合理国家可以被看成与有机体类比："人们在近代……把一个伟大的民族改造成一个国家时，就很恰当地频繁把有机化（organization）［德文原文为'Organisation'。——译注］这个词用于建立市政机构等乃至整个国体。因为在这样一个整体中，每一名成员当然都应当不仅是手段，而且同时是目的，并通过参与促成这个整体的可能性，又是按照自己的地位和职能而由整体的理念所规定的"（KU，§ 65 n）［《康德著作全集》，第 5 卷，第 390 页。——译注］。

组织所固有的，或者说是社会世界的内在结构所固有的。[①] 因此，黑格尔对自决的整体主义看法可以被看成说明了社会秩序的各个部分必须具有何种相互关系，这个秩序才能被算作具有合理组织的整体。

　　有必要提一下，我们必须从一个能够把社会秩序看作整体的立场出发，这样一种社会秩序才能表现出合理性，所以持有这个立场的人必须能够超越被这个秩序中的某个特殊立场所束缚的有限视角。这意味着这个视角属于一名外部的观察者，他也许是纯粹出于审美的理由才乐于沉思一个组织良好的整体；但我们不能错误地总结说，只有外部的观察者——某个不属于相关社会秩序的人——才会对它是否具有这种意义上的合理性感兴趣。社会秩序与其他种类的有机体有一个关键差别：它的各个部分——个体社会成员——不仅有能力走出他们的特殊处境，把由他们构成的东西看作一个整体，而且有兴趣这样做。社会秩序之所以是比单纯的生物有机体更高的、更有精神性的存在者，正是由于它的各个部分能够采取面向整体的立场。换句话说，黑格尔认为人类个体不止仅仅拥有地方性视角的特殊存在者；他还把他们看作普遍的存在者——道德主体，后面将说明这一点——他们会关心他们所从属的整体的性质。在当前的语境下，这意味着社会成员不仅会渴望在社会中肯定自己的特殊命运，而且会对他们所居住的世界（在后面将会界定的意义上）是否构成连贯的、可理解的整体感兴趣。

　　于是，我目前的任务就是确定黑格尔对自决的整体主义看法隐含了何种关于合理组织的观点。为了使合理组织的概念具有内容，一个办法是把它界定为社会成员的私人目的的协调。按照这样一种观点，对个人目的的描述是独立于他们在相关群体中的成员资格的，而社会秩序若要被算作一种合理组织，就要满足与这些目的的有效协调相关的某条标准（例如，这

---

① 参见 VPR1，148：“合理性仅仅是整个体系……组织就是合理性。”

类目的在社会中比在社会之外总体上能更多地得到实现；或者换一条标准：与单独行动相比，每一名成员都由于社会合作而实现了更多目的）。不论具体使用哪条标准，这样一种观点都把社会组织应有的目的确定为个人的私人目的的有效协调，并认为社会整体只有实现了这个目的，才是合理的。尽管这种看法仅仅把私人目的看作社会意志的构造所依据的基本要素，但要认为社会秩序有它自身的目的（从而可以用合理或不合理来判断），也是有意义的，因为社会组织获得了一个也许在它的任何个体成员身上都找不到的目的。

然而，这明显不是为伦理（Sittlichkeit）理论提供基础的对合理组织的看法，因为在黑格尔对社会契约论传统的频繁而猛烈的攻击中，他恰好批评了以这种方式界定国家合理性的做法。（这会引起一个将在第六章考察的问题：黑格尔的著名批判是否立足于一个可疑的预设，即社会契约论坚信这样一种关于国家如何才能具有合理性的看法。）这当然并不是说黑格尔简单地拒斥了这种对合理组织的看法，以为它与社会理论无关，而只是说他为这种看法指派了一个非常有限的角色。只要社会制度的功能之一是帮助社会成员实现某些种类的私人目的（比如从他们对谋生手段的需要中引出的私人目的），黑格尔所叙述的合理制度就同样必须有效地协调这些目的。这种考虑在黑格尔对市民社会的辩护中尤为突出，这番辩护的一个部分包含了一项常见的主张，各式各样的非黑格尔主义社会理论家也支持这项主张：基于市场的生产和交换体系是一种合理的组织形式，因为它能够有效协调个体参与者的私人经济目的（§§ 182—184）。

如果刚才描述的对合理组织的看法并不是黑格尔社会理论的核心，那么他提出的替代方案是什么？本节一开始引用的段落表明，为了使合理社会整体这个概念具有内容，伦理（Sittlichkeit）理论诉诸了有目的的组织这个观念。因此，黑格尔的理论要求社会秩序应当达到的那种合理组织类似于生物学家在考察不常见的生命形式时所寻求的合理性，或者说类似于评论家在试图解释艺术作品时所寻求的合理性。两者在尝试理解各自的对象时都提出了一个问题：这个存在者的诸多部分如何共同形成了一个连贯而和谐的整体？这些研究者都试图在他们的对象中找到一种有目的的秩序，这种秩序为整个对象赋予了一种可理解性。为了把一个对象理解为有目的的组织，最少需要两个要素：第一，要对整个存在者的本质目的或 telos 持有一种看法——要知道它应有的功能是什么；第二，要理解各个部分的组成如何由这个目的决定，换句话说，要理解我们可以如何诉诸整个存在者为了实现它的目的而要求的东西，以便解释各个部分的特定性质。[①] 对这种秩序的理解让我们得以洞察可以被称作对象的内在合理性的东西，因为这种理解让我们能够按照对象本身的内在目的把握它如此存在的理由。

伦理（Sittlichkeit）理论所固有的对有目的的组织的描述还包含了第三个特征（之前提到，整体是由专门化的、半自律的部分接合起来的），这个特征尽管显然是从复杂的生物有机体这个例子中借来的，却被黑格尔有效地运用到了他对社会有机体的叙述中。当一个身体必须执行多种复杂功能才能实现它的目的时，它通常会依赖于差异化的、高度专门化的各个部分的合作。在生物有机体中，这种专门化一般采取的形式是功能子系统的网络，每个子系统在运作时都有相当程度的自律，尽管所有子系统最终要服从整体的目的，并依赖于它的恰当运行。尽管它们的自足受到了这些限制，但是专门化子系统的相对自律使我们有可能认为它们仿佛拥有了各自不同的目的或各自应有的功能。于是，这意味着我们可以有意义地把有机体与它的各个部分之间的关系描述为一种相互依赖。也就是说，不仅整体的恰当运行依赖于各个部分执行它们的特殊任务，而且各个部分在实现各自不同的目的时同样依赖于整体（更精确地说，它们依赖于与其他部分统一起来，构成一个运行得当的整体）。这种部分与整体彼此依赖的关系是

---

① 康德在阐述有机整体的这个特征时说，一个事物的目的（Zweck）会"先天地规定应当包含在该事物之中的一切"（KU，§ 65）[《康德著作全集》，第 5 卷，第 387 页。——译注]。

普遍性和特殊性"相互渗透的统一"的一个特征；我们在第一章看到，黑格尔把这种统一等同于合理性（§ 258A）。

这第三个特征在有目的的组织这个概念中添加了一个观点，即一个完全合理的有机体不论是社会性的还是生物性的，都只有通过众多高度差异化的、相对自律的部分才能实现它的主导目的："国家中的不同部分必须作为各自不同的组织中的成员而存在，这些成员有自在的自立性，并生产[或]再生产出了整体。"（VPR1，151）这样一种有组织的整体之所以在黑格尔看来是合理的，不只是由于它能极为有效地实现它的目的；更加重要的原因在于，它让独立的特殊性得以兴盛——这种兴盛实际上是它所需要的。因此，它要达到它的主导目的，就不能压制多样性，而要使它的不同要素得到和谐的、有目的的安排，从而保存这种差别所包含的丰富性质。① 126
在沉思这样一种有目的地组织起来的整体时，观察者可以得到一种合乎理性的满足，因为他既看到了多样性如何得到了公正对待，同时又看到了多样性的秩序如何服务于它所从属的整体的目的。或者用黑格尔的话说，他看到了特殊性与普遍性如何产生了一种"相互渗透的"统一关系。黑格尔在他对合理实存（即"现实"，Wirklichkeit）的界定中明确肯定了他是以这种方式看待具有合理组织的整体的——在这种整体中，整体的恰当运行与半自律的特殊部分的恰当运行之间存在一种和谐的、彼此依赖的关系——这个界定出自《法哲学》的如下"补充"："国家是现实的（wirklich），它的现实性在于，整体的利益是在特殊目的中成为实在的。现实性始终是普遍性与特殊性的统一，其中普遍性分解为特殊性，虽然这些特殊性看来是独立的，其实它们都包含在整体中，并且只有在整体中才得到维持。"（§ 270Z）

然而，倘若仅仅阐述黑格尔的伦理（Sittlichkeit）理论背后的对合理组织的看法，显然还不足以确证这个理论适合作为合理社会秩序的标准。有

---

① 这标志着黑格尔与卢梭的一个重大区别，后者一般把特殊的差别看作对公意的出现所需的社会统一的威胁。

一种(对我们现代人来说)很自然的想法：应该撇开黑格尔观点的这一面，因为有目的的组织所隐含的合理性的理想不论对生物学家或评论家来说有什么价值，在规范性社会理论的领域中都没有位置。说到底，目的的和谐和统一是艺术作品或活的有机体的特性，为什么社会世界应当展现出同样的特性？我们很难抛开自己对黑格尔立场的抵制，因为这种抵制的根源(至少是根源之一)在于我们对有目的的组织的一个核心特征怀有根深蒂固的反感，正是这个特征实际上最清晰地把这种组织与之前讨论的另一种对合理组织的看法区别开来了，后者就是私人目的的有效协调。这两种看法的主要差别并不在于目的论的观点认为社会整体有它自己的目的，这些目的不同于它的个体成员本身的目的，因为我们已经看到，这对于前一种看法也能成立。毋宁说它们的差别在于在决定社会整体所具有的目的时，处于首要地位的是整体还是个体成员本身。更确切地讲，目的论的观点认为社会整体所具有的目的在概念上先于各个部分本身的目的，与之对立的观点则认为社会整体应有的目的可以彻头彻尾地从社会成员的私人目的中构造出来。

127

　　这个问题把我们带回到了第一章所讨论的一个争论的核心，即伦理(Sittlichkeit)理论所固有的整体主义是否充分尊重了个人的切身利益，是否会为了社会有机体的集体目的而牺牲这些利益。为了在这项指责面前捍卫黑格尔，我并不试图抽象地考察他对有目的的组织这个理想的承诺总体上意味着什么；我们不妨首先通过具体的细节来考察他的社会理论实际上是如何运用这个理想的。不仅如此，我们眼下还应该把黑格尔的立场——处于首要地位的是整体——看作一个启发式的观点，这个观点关系到以什么顺序阐述他的学说；至于这个观点是否还实质性地影响了他对整个社会世界所具有的目的的理解，我们应该保留判断。换句话说，让我们暂且把一个非常错综复杂的问题存而不论，这个问题在第六章评估黑格尔与社会契约论传统的关系时将处于核心地位：倘若我们的立场仅仅是从一种对个

人切身利益的看法出发的，那么可以在多大程度上重构黑格尔对合理社会
整体的各个属性的叙述。

　　当黑格尔在《法哲学》中讨论国家的结构时（这里把国家狭义地理解为
政治空间本身，而不是政治制度和非政治制度的复杂整体），他最明确地
运用了他对合理组织的看法。在他对构成国家"内部宪法"的三种基本权力
的叙述中——它们是王权以及行政权和立法权——我们可以最清晰地见到
这种看法。然而，虽然有目的的组织这个理想是黑格尔的社会理论所固有
的，但在我看来，最根本的方面是这个理想为整个社会世界的合理结构提
供了基础，我在这里将仅仅考察这一点。更具体地说，黑格尔宣称现代社
会世界之所以算得上是结构合理的，是因为它的三大基本制度——家庭、
市民社会和国家——可以形成一个整体，这个整体展现出了先前概括的有
目的的组织的各个属性；我将尝试重构这个论断，使它变得可取。换句话
说，黑格尔主张三大伦理（Sittlichkeit）制度代表了相互依赖的、半自律的
社会领域，它们的功能是专门化的、互补的，并共同使现代社会世界成为
一个能再生产它自身的、可以得到合理认识的整体，而我将探究这项主张
的内容和力量。在这个过程中，我前进的大致顺序就是我在本节开头的说
法所提到的黑格尔对自决的整体主义看法所包含的四个属性。让我们回顾
一下自决的社会世界是如何界定的：（1）它是有目的的组织，（2）是能再生
产它自身的整体，（3）是由专门化的、半自律的功能元件接合起来的，（4）
这些元件的具体性质和相互关系是由概念决定的。

　　我已经描述了伦理（Sittlichkeit）理论所运用的对有目的的组织的看法
有何种一般特征。要更加具体地理解这种看法是如何作为理想在社会组织
中起作用的，第一步就要说明整个社会世界在黑格尔看来具有何种目的。
究竟是什么构成了"整体的利益"（§ 270Z）或社会有机体的"普遍事务"
（allgemeines Geschäft）（VPR1，150）？只要再次把生物有机体作为例子，
就能看到这些目的中间最容易认识的一种：一个组织合理的社会必须掌握

再生产它自身所需的物质和能力。单凭这个想法就能揭示出黑格尔对现代伦理（Sittlichkeit）如何才能具有合理的结构所做的叙述的重要一环，即这个结构的各个领域执行了社会的物质再生产所必需的不同功能：家庭为社会提供了人类个体；市民社会供应的是维持生命所需要的物质产品；国家则执行了调节前两个领域的功能（因为一部分国家法律旨在支撑前两种下级制度，并确保两者的兴盛都不会以对方为代价）。

不过，单凭物质需求还不能充分说明社会有机体为了实现再生产它自身这个目的而需要的条件，理由很简单：社会有机体不仅是一种物质存在者。伦理（Sittlichkeit）制度构成了黑格尔所说的"客观精神"，因而与任何"精神"存在者一样，社会整体（用黑格尔的语言来讲）不仅作为实体而存在，而且作为主体而存在（PhG，¶ 17；23）。换句话说，人类社会不仅是一种物质存在者，而且作为（人的）意识而存在。更确切地讲，社会世界的组成部分（即人）——他们在这个世界中全部是作为意识的个体承担者而存在的——具备有意识的意志、态度和信念，社会世界只有在它们当中、并通过它们才能运行。社会世界（在有待进一步规定的意义上）是由本身就相互有别的主体性单位所构成的，这个事实标志着社会有机体与生物有机体有一个极其重大的差别，正如黑格尔所认识到的那样。我们必须注意到这个差别，这对于这里的课题十分关键，原因不仅在于它会影响到黑格尔在许多重要问题上的观点的内容，而且在于就社会世界是由个人主体构成的这个事实而言，他理解并顺应这个事实的方式将对我们评估他的整体主义立场的可接受性产生重大影响。

社会世界是一种精神存在者，而不止是一种物质存在者；这个存在论地位对于我们的尝试——规定社会有机体再生产它自身所需的条件，而且我们会以合乎情理的效率做到这一点——非常重要，因为它向组织合理的社会提出的条件不仅关系到这个社会的客观结构，而且关系到社会再生产的行动者的主观构造。最重要的是，它意味着一个社会若要如实地再生产它自身，它的个体成员在主观上就必须能够自愿执行社会所需要的功能——他们在这时的活动必须是从内部推动的，而不是由外部的、强制的机关所促成的。我们只要回想一下第三章对与伦理相适应的主观态度的叙述，就能清楚地看到黑格尔对社会有机体的这条要求的回应背后的思路：社会制度需要可靠的再生产者——往往能够自愿把普遍目的放到私人利益之上的社会成员——为了满足这个需要，个人为普遍目的服务的活动就必须让他们得到一种与单纯追求私人目的相比更有实体性的满足。因此，合理社会世界要求让它的成员得以作为特殊个人在社会活动中找到并实现自己的实践身份，这可以被理解成既植根于社会对一种从内部驱动的再生产机制的需要，又植根于个人对自己在完成这项社会任务时不服从陌生意志的需要。这个观点表明，我们可以妥当地把黑格尔对伦理（Sittlichkeit）的主观态度的叙述看作他对社会理论基本问题的解答的重要一环，这个问题可以用卢梭特有的方式来表述：社会在完成它的"普遍事务"时如何能与参与其中的每一名个人的自由相容？①

这个表述虽然凸显了黑格尔与卢梭两人社会理论的进路之间真实而深入的亲近关系，却也可能产生误导：它并不是说在黑格尔看来，社会整体的目的在概念上独立于个体社会成员的自由，也不是说伦理（Sittlichkeit）理论所面对的基本问题是调和由这两个不同的、相互抗衡的目的（即整体的目的与它的成员的自由）各自提出的主张。我认为黑格尔的立场可以更加精确地陈述为：他认为对个人自由的关注源于社会整体的目的，从而内在于这个目的，只要这个目的得到了恰当理解。按照这样一种观点，我们对整个社会秩序的目的的看法就需要让个人自由的实现不是表现为外部的欲求，而是表现为运行得当的社会的一个本质部分。一旦我们认识到，社

---

　　①　需要注意的是，这个表述类似于第二章对卢梭眼中的政治哲学根本问题的表述：如何设计一种政治结合的形式，以便调和结合的成员对社会合作的需要与他们作为自由存在者所具有的本质特性（SC，I. 6. iv）。

会作为一个能维持自身的存在者所具有的目的在黑格尔看来不是单纯的自身再生产，而是按照自己的本质进行自身再生产，我们事实上就能够恰好以上述方式解释黑格尔的立场；换句话说，社会有机体的目的是合乎本质的自身再生产。

　　合理社会秩序的本质特性当然是要把它自己实现为自由的、自决的东西，但我们已经遇到了许多种意义上的自决，这里说的是哪一种？虽然黑格尔从来没有恰好以这种形式探讨这个问题，但我们要认识到，他对社会整体的目的的看法不仅包括较强的整体主义意义上的自决，而且包括它的个体成员的实践自由——这一点无比重要。因此，合理社会整体的本质之一是它在再生产它自身时，还会尽最大可能顺应它的个体部分的自由。黑格尔理论的这个关键特征虽然没有得到任何明确表述，却显现在了一个事实中：在《法哲学》中，自由的比较个人主义的形式——人格自由和道德自由，对它们的叙述占据了这部作品三大主要部分中的两个——获得了重要地位；在关于合理社会组织的一处极其广泛的讨论中，黑格尔又提出了一个非常重要的说法，更加直接地表达了这个特征："构成群众的个人本身是精神的存在物。"（§ 264）①这个说法的语境清楚地表明，它想要表达的观点并不是人类个体的本质特性是从属于共同体，而被视为整体的共同体展现出了精神存在者的属性（尽管这在黑格尔看来也是成立的）。毋宁说当黑格尔主张个人本身是精神存在者时，他想要传达的正是字面的含义，即人类个体的本质正是在自身中复制在界定精神存在者时所依据的性质，尽管这种复制只是一种近似，规模也极小。进一步讲，这项主张还意味着社会世界倘若未能公正对待这个事实，就会远离合乎本质的自身再生产这条要

131

---

　　①　在黑格尔社会理论的早期版本的对应段落中——学生所做的讲演记录保存了这些版本——并没有这个说法（或等价的说法），这对于理解黑格尔思想的发展十分重要。（参见 VPR1，270，这可以清楚地证明这一点直到 1819 年仍然成立。）出于这个理由，我的结论是黑格尔在很晚的时候才发展出了对个人的精神本性的恰当而公正的关注，并在 1820 年出版的文本中首次明确说出了这一点。

求所隐含的理想（因为这个世界忽视了它的个体部分的本质）。黑格尔认为个人本身具有精神的地位；这个说法无论还有什么别的后果——它的全部意义只有在接下来的章节中才会显示出来——终究都意味着社会有机体若要运行得当，根本就在于保障它的个体成员的自由。在黑格尔对伦理（Sittlichkeit）的叙述中，社会世界若要满足它的本质特性的这一面，就不只要建立一座舞台，让社会成员在上面获得特殊身份，由此让他们得以把制度的普遍意志作为自己的意志来加以拥护（从而在按照这个意志行动时是自决的）；这个世界还要确保他们为了作为个体人格体和个体道德主体来实现自己的自由所必需的条件。

　　以这种方式解读社会整体的目的有一个重大后果：这里勾勒出的两种为客观自由的概念赋予内容的可能性——其一源于卢梭对公意的叙述；其二源于黑格尔对自决的整体主义看法——不再表现为相互抗衡的选项了。因为这里的关键假定是：只有社会世界的各个部分本身拥有了与作为个人的他们相适应的那几种形式的自决，整体才能实现它的本质目的。这个假定意味着按照黑格尔的观点，卢梭对客观自由的看法——对它的宽泛界定是：它为个人意志的自由确保了条件——其实构成了整个社会的目的的一个本质要素。

　　为了把现代社会世界理解为一个组织合理的整体，一旦我们规定了社会有机体应有的目的，下一步就要查明它的组成如何由这个目的来决定；换句话说，我们要查明社会世界的各个部分，在这里就是伦理（Sittlichkeit）的三大基本制度，必须具有何种特定功能，这个世界才能够按照它的本质特性再生产它自身。黑格尔在如下段落中表达了他对合理组织的看法的这一面："精神实体活生生的自身生产（Sich-selbst-Hervorbringen）在于它的有机活动……它的普遍事务和权力是由……不同的权力和事务接合起来的，并划分为这些不同的权力和事务。最终目的是从不同事务领域的特定工作中产生出来的，这个事实……构成了自由的内在必然性。"（VPR1，

132

150；着重号已忽略）我已经提过现代伦理（Sittlichkeit）的各个领域如何以独一无二的方式推动了社会秩序为了在物质上维持自身所需要的生产。只要把这些不同的再生产功能指派给不同的社会制度，就有可能把后者看作接合在社会整体中的不同领域，它们作为相对自律的子系统而运行，由此执行了自己专门化的任务。例如，我们可以有意义地把家庭、经济体和国家当作独立的研究对象，并分别追问：这些领域是如何从事它们独有的工作的？在社会的物质再生产这项总体任务中，它们是通过何种特殊机制发挥出自己的作用的？不仅如此，因为社会秩序的本质目的还包括了它的个体成员的自由，所以黑格尔的理论还有进一步的任务，即说明各种基本制度要如何运行，才能共同确保人格自由和道德自由的实现所需要的条件。这是黑格尔对普遍事务的叙述的一个重要部分——这番叙述关系到社会的普遍事务是如何通过不同的、独立运行的社会领域的相互合作来实现的——对这个部分的详细讨论将是第五章的话题。

上一段话的主张可以更加简洁地表述如下：为了使构造合理的社会这个概念具有内容，黑格尔诉诸了有目的地组织起来的整体这个观念，而这意味着他的社会理论的核心任务之一是描绘现代伦理（Sittlichkeit）制度在协同运作时如何特别适合于实现整个社会有机体的两个主要目的，即在物质上再生产社会有机体，并养成社会再生产的有意识的行动者，他们作为人格体和道德主体是自由的。黑格尔主义社会理论家需要用这种方式证明这类制度的必然性，或者用黑格尔的说法，证明它们"构成了自由的内在必然性"。我们当然要把这里的必然性理解为有目的的必然性：之所以主张家庭、市民社会和现代国家是必然的，是为了使社会有机体实现它应有的目的。

刚才论述的观点虽然是黑格尔对合理社会世界的叙述的核心，却还没有穷尽他所提出的现代社会世界具有合理组织这项主张的内容。因为黑格尔对合理组织的看法还包含了一个晦涩得多的要素，这个要素与他关于概念的形而上学学说紧密相关；在他的哲学体系中，这个学说是在被称作逻辑学的部分建立的。本节开头引用的段落已经涉及了黑格尔社会理论的这一面：构成合理社会的各个特殊领域据说是"从对合理意志的一个概念出发"的。黑格尔还有大量说法都与此相关；这些说法大致认为，整个伦理（Sittlichkeit）的构成反映了概念的逻辑结构。[①] 我在第一章提到，黑格尔的"概念"（der Begriff）一词不仅表示理性——"主体"的认知能力——据说固有的基本结构，而且表示这种能力的"对象"、即现实本身（Wirklichkeit）据说固有的基本结构。也就是说，"概念"在黑格尔看来不仅可以指称理性要求它的对象应该具备的结构——否则这些对象就无法满足理性的需求，即世界从头到尾都应该是可以理解的——而且可以指称整个世界的根本结构，这个根本地位是可以（由哲学）证明的。用黑格尔更加宏伟的语言来讲，概念学说可以说为他的哲学的一项著名主张提供了根据：哲学要彻底确立主体与对象的同一性。这个形而上学论点对于社会理论的重要性在于：它声称能够为组织合理的社会世界赋予独特内容（因为它自称可以说明理性能充分理解的任何存在者的结构）。更具体地讲，为了确定社会世界需要包含几个部分，以及它们需要具有何种本性，才能让这个世界算得上是合理的，黑格尔诉诸了他对任何具有合理秩序的整体所包含的三个本质成分的叙述——它们是直接的统一、差别和经过中介的统一这三个"环节"[②]。因此，在伦理（Sittlichkeit）理论的语境下，概念学说转化成了一条要求，即社会世界应该由三个相互区别的社会领域所组成，每个领域都对应概念的三个环节之一。于是，组织合理的社会世界的基本制度可以让直

[①]　尤其参见 § 144，伦理（Sittlichkeit）所特有的"差别"在那里被说成"由概念规定"；§ 145 也指出，"伦理性的东西就是理念的这些规定的体系，这一点构成了伦理性的东西的合理性"。类似的说法在《法哲学》中到处都可以找到，比如 §§ 145Z、260Z、262、263＋Z 和 270Z。

[②]　这个结构的各个要素也可以被规定为普遍性、特殊性和个体性（Einzelheit），但当黑格尔在伦理（Sittlichkeit）的语境下提到概念的结构（比如，§§ 157－158，181）时，他通常会使用我在这里使用的术语。

接的统一、差别和经过中介的统一这三个环节获得充分的、彼此相容的表
达。① 从黑格尔的形而上学立场的视角看，我们之所以可以判断这类制度
是合理的，并不是因为它们非常适合实现社会有机体所特有的一组特殊目
的（因而仿佛不用涉及黑格尔所特有的任何关于理性的本性的论点，就可
以把握这些制度的"合理性"），而是因为它们所构成的整体具有自在的合
理性：这个整体恰好体现了理性本身的结构。

　　在黑格尔逻辑学的具体学说面前，一代代同情他的注释者的努力向来
都遇到了不同寻常的阻力，以致很难把这些学说重构为在哲学上有说服力
的形而上学体系。我并不想把这种形而上学说成可取，以便捍卫黑格尔从
中引出的社会理论的这一面（我之所以放弃这个挑战，主要不是由于篇幅
不够，而是由于能力欠缺）；我将局限于一个比较谦卑的、但是未必没有
多少价值的任务，即说明黑格尔如何运用概念学说的资源有力地论述了现
代社会世界的本性——我们不用掌握黑格尔式的逻辑学，就能领会这番论
述的力量。这个程序当然是与另一些解释者对立的，他们坚持认为黑格尔
的思想是一个没有缝隙的整体，因而当我试图远离它的形而上学基础来解
释他的一部分哲学时，他们却会不假思索地拒斥任何这样的尝试。与这条
解释进路相反，我认为即使没有预先坚信黑格尔的形而上学，也可以证明
他的伦理（Sittlichkeit）理论为合理社会世界提供了一种有说服力的论
述——这见证了黑格尔哲学成就的深度。因为这意味着倘若只是把一条抽
象的概念公式机械地运用到哲学的各个问题领域，那是无法得出他无所不
包的体系的特殊片段的；这也符合黑格尔本人的自我理解。毋宁说黑格尔
在最好的情况下——我试图证明他的社会理论就是如此——显示出了一种
令人惊奇的能力：他能够运用他所独有的形而上学学说洞察哲学探究的诸

————————

　　①　这个表述受到了查尔斯·泰勒的启发，参见《黑格尔》（剑桥：剑桥大学出版社，1975），
第 374 页。

多领域所特有的复杂现象。①

　　为了看到我所持有的观点，我们不用认为概念说明了可理解的全部(ü-berhaupt)现实的结构，而是可以认为自觉的存在者——不论是个人还是集体——为了成为完整的、充分整合起来的主体(或者按照黑格尔的术语，就是实现它作为"精神"所具有的本质特性)，就需要得到一种内在阐述，概念则是对这种阐述的高度抽象的叙述。考虑到了这一点，我们只要进一步认为家庭、市民社会和国家分别与概念的环节——直接的统一、差别和经过中介的统一——相关联(后面会考察其中的理由)，就可以清楚地看到黑格尔想要提出的主张：由这些制度组成的现代社会世界算得上是一个精神的、从而彻底合理的整体。

　　我这里想要强调的是这个学说的一个方面——我把这视为它的合理内核——为了更加清楚地聚焦于这个方面，我们可以考察黑格尔是出于何种理由把三大伦理(Sittlichkeit)制度与概念的环节联系起来的。② 在这个语境下，直接的统一、差别和经过中介的统一主要指的是与它们相联系的制度

135

---

　　① 在这个问题上——我应该明确地讲——我与英美的一些解释者是休戚与共的：用艾伦·伍德的话说，在他们看来，"作为一名哲学家，黑格尔重大而积极的成就并不是……他的思辨逻辑体系，而是……他对现代西欧文化的社会困境和精神困境的反思"(艾伦·W. 伍德：《黑格尔的伦理思想》[剑桥：剑桥大学出版社，1990]，第5页)。可是我认为，虽然欧陆传统中的杰出解释者并不那么轻视黑格尔的逻辑学，但他们的观点也为我在这里的进路提供了依据。例如，这条进路隐含在米夏埃尔·托伊尼森的作品中(尤其当他在《存在与外观》[Michael Theunissen, *Sein und Schein*.——译注]中试图从社会的角度理解黑格尔的逻辑学时)；迪特·亨利希的作品则明确说出了这条进路："[黑格尔]之所以始终认为思辨哲学的形式理论……是在现实中得到了实现和确认的，只是因为它让人得以在概念的形式中把握并透彻理解[现实]生活中各种关系的全部复杂性……这种形式是这些关系所独有的，也只能从它们那里推导出来"。参见亨利希的"逻辑形式与实在总体"，《黑格尔的法哲学》，迪特·亨利希和罗尔夫-彼得·霍斯特曼编(斯图加特：克莱特-科塔，1982)[Dieter Henrich, "Logische Form und reale Totalität," in *Hegels Philosophie des Rechts*, ed. Dieter Henrich and Rolf-Peter Horstmann (Stuttgart: Klett-Cotta, 1982).——译注]，第428页。

　　② 黑格尔在运用他的逻辑范畴时会展现出一种灵活性(抑或不一致性?)，一个有趣的例子就是在讲述伦理(Sittlichkeit)的概念结构时，他的用词有时不同于我在这里使用的术语。例如，黑格尔在§260Z把家庭和市民社会称作特殊性的环节，并把国家与普遍性联系起来了。(第一章简要讨论了这个分类方案的意义。)

的结构。更具体地说，它们表示的是相关制度所特有的那种统一，以及这种统一所要求的个体成员的相互关系。这里的要点是：虽然家庭、市民社会和国家都体现了一种社会统一——在三者中，相关群体可以说都拥有集体目的或公意——但它们所体现的统一属于不同的类型。例如，家庭之所以可以算作一种直接的统一，是因为爱是把家庭成员统一起来的首要纽带，它使他们有可能拥有集体意志，使每个人都把其他成员的好处和整个家庭的好处看作自己的好处。家庭的爱之所以代表了一种对他人的直接归属，是因为它的根源不在于经过中介的、经过反映的思想，而在于"自然的感受"（性爱和亲子之爱都是如此）。正如黑格尔所说，"在家庭生活中……人们所经验到的伦理（Sittlichkeit）具有未经商议的爱和信赖的形式"（VPR2，144；译文略有改动）。这里有必要提一下，家庭的统一不仅是直接的，而且是"实体性的"，这与"形式的"或"外在的"统一相反（§§ 157—158；VPR1，250）。这意味着家庭的爱和随之而来的信赖是家庭成员相互的实体性归属的基础，这里的"实体性"指的是一个事实，即一个人所怀有的这类（对其他特殊个人的）归属构成了他这个人的实体——或者按照第三章提出的术语——这些归属（在一定程度上）构成了一个人作为特殊个人所拥有的身份。由此可见，实体性的社会统一体的成员不会把自己在这些统一体中的参与单纯看作或主要看作满足自己私人目的的手段。毋宁说他们在这类群体中的成员资格产生了新的、为社会所共享的最终目的，因而参与家庭生活等成为一个自在的目的。对实体性的统一体的成员来说，"社会结合本身是真实的内容和目的，而［这类］人的使命是（Bestimmung）过普遍生活［也就是共享的或集体的生活］"（§ 258A）。

反之，市民社会代表了差别的环节——或"原子主义"（E § 523）的环节——因为参与经济领域的人是单独的、独立的个人，他们的工作和交易是为了满足自己的特殊需要，尤其是他们由于具有自然存在者的地位而引起的需要。把市民社会中的个人联合在一起的是黑格尔所说的"形式的普遍性"（与家庭的实体性统一相对），而且据说他们只有"外部的"相互关联，他们与整个经济秩序也只有"外部的"关联（§§ 157，181）。经济领域的这些基本特征源于一个关键事实：现代市民社会中的生产和交换是由市场调节的。这意味着尽管看似独立的经济主体的活动是由一些规则——市场法则——所主导的，而且这些规则把他们统一在了一个连贯的生产和交换体系中，但它们的运作仍然处在相关个人的意志和意识之外。这样一种体系中，个体生产者和交易者推动了社会目的的实现——有效增加了社会总财富——但他们并没有把这个目的作为自己的目的来加以认识和希求。市民社会的成员与其他个人的关联以及与整个经济秩序的关联之所以是外在的，是由于他们作为经济主体需要仅仅由自己的私人目的来推动，而不是由市民社会中其他参与者的目的或集体目的来推动，尽管他们实际上（却又是无意中）促成了这个集体目的——他们一般就是这样做的。在这个领域中，个人与他人的关联以及与社会本身的关联在他们眼中主要具有工具性的价值，因为这些关联是达到一组目的（包括保护他们的人格和财产）所用的手段，这组目的独立于他们在市民社会中与他人的联系："普遍性本身不是自在自为的目的，而是个人生存和延续的手段。"（VPR1，208）（有必要记住，我在这里简化了黑格尔的叙述，因为市民社会在完全合理的形式中也包含了某些群体——同业公会——其中的成员在一定程度上摆脱了独立个人的视角，获得了与自己行业或等级的同胞成员相互团结的纽带。不过，就连这些纽带据说也是从一个人由自我中心主义推动的生产活动中直接发展出来的，因而仍然植根于他作为追求私人目的的独立个人所具有的角色。）

最后，黑格尔所理解的现代国家体现了经过中介的统一这个环节。这样一来，它就吸收了先前两个领域突出的结构性要素：家庭的实体性统一和市民社会所特有的差别要素或原子主义。黑格尔追随了卢梭，把国家或政治领域当作一个公共空间，其中法律的制定和执行遵循了一种共享的对

137

整个社会的好处的看法。换句话说，他把国家当作一座舞台，公意在上面既获得了特定内容，又获得了现实存在。国家之所以涵盖了市民社会的原子主义，是因为进入政治领域的公民作为特殊个人拥有以独立的方式确立起来的不同身份，他们的家庭纽带和在市民社会中的地位使他们具有了截然不同的特殊利益。因为差别的环节不应该被国家压制，而应该被国家所涵盖，所以黑格尔主义政治学所关注的头号问题是找到一种把个体公民的特殊意志结合到公意中的方式，这种方式不仅是制定法律，以便促进整体的好处，而且是从主观上转变公民，让他们能够把公意作为自己的意志来加以拥护。后一条要求提出了一个到这里已经多次出现的问题：如果社会政策有时会使公民的私人利益让位于整体的好处，那么他们为什么能够赞同这些政策？黑格尔在这里的回答所诉诸的观念与他对家庭的实体性统一的叙述背后的观念是一样的：个人若要能够把国家的目的作为自己的目的来加以拥护，就必须能够感到他们的自我源于他们作为公民所拥有的角色（§ 261A）。因此，要让个人希求公意（即让他们在完整的意义上成为公民），国家就必须是实体性的统一体，其中个人与他们公民同胞的关联——他们一起组成了同一个民族（Volk）——为他们提供了一项共有的、"普遍的"事业，开展这项事业对他们来说既是一个自在的目的，又以实体性的方式为他们带来了他们给自己的生活赋予的价值。

　　然而，这会引发进一步的问题：公民据说相互具有的纽带如果不只是工具性的，又是从何而来的？政治领域中的何种归属取代了在家庭中把个人统一起来的爱的纽带？我们不禁要假定：黑格尔既然诉诸了民族身份的观念，就意味着公民与公民的纽带类似于兄弟情谊，它们植根于一种前反思的归属，公民之所以相互感受到这种归属，是由于他们生来就全都从属于同一个民族。于是，公民拥护公意的能力就寄生在一种类似于爱的关注之上，他们关注的是自己同胞的福祉，而且这种感受先于（独立于）他们在自己社会所包含的专门的政治制度中的相互交往。可是黑格尔反复强调说，家庭的归属和国家的归属之间有一个性质上的根本差别——它使国家成为一种经过中介的统一，而不是直接的统一。黑格尔坚持认为，国家所特有的统一并非植根于直接的感受或其他任何"自然纽带"（VPR1，250），而是一种"由法律带来的结合"，因而这种"统一得到了认识，是有意识的，得到了公开宣告，还得到了思考"（§ 157N）。①可见，国家之所以体现了经过中介的统一这个概念环节，是因为把公民联系在一起的纽带——这条纽带为他们赋予了同一个意志——只有通过由立法的理性所做出的一个集体行为才能出现：国家通过给自己立法来为自己确立的原则具有普遍约束力，得到了明确认识，并且在一种公开反思共同好处的过程中获得了有意识的赞同。②黑格尔说道，国家有别于家庭之处在于国家"知道它希求什么，知道它希求的对象具有普遍性，是被思考的东西；因此，国家是依照那已被意识到的目的和认识了的基本原理并且是根据那……被意识到的规律而运行并行动的"（§ 270）。

既然黑格尔主张公民的实体性归属首先是通过法律的实施才充分建立起来的，这就意味着就现代国家如何解决它的核心问题而言——如何促使公民把公意作为自己的意志来加以拥护——立法过程的具体运作在黑格尔的叙述中起到了关键作用。在黑格尔看来，要促成许多意志的这种结合，关键就在于立法行为本身的某个（理想的）特征，也就是它的"公开性"，或者按照我在这里的提法，就是一种公开而透明的过程，公意借此获得了特定内容。合理国家的立法过程之所以是透明的，不仅是因为它对公众的观点是开放的，而且在更有实体性的意义上是因为由此发布的法律的合理基

----

① 也可参见 VPR1，268："国家不是家庭；［它是］精神的统一体，而不是血缘的统一体。"

② 这里的说法——国家的统一之所以是经过中介的，而不是直接的，是因为它植根于合理反思——也许看上去与之前提出的一个观点有冲突：国家之所以体现了一种经过中介的统一，是因为它涵盖了市民社会的原子主义（它允许个人在作为公民参与国家事务时不放弃他们各自的特殊身份和特殊目的）。可是这两个特征是一体两面的。理性的力量就是在（相对）自足的单位中间产生实体性的统一。

础得到了清晰的阐述，可以为全体公民所了解。

139　　　当黑格尔主张立法过程的公开和透明有助于让公民得以希求公意时，这项主张背后有两个主要观点。第一，要让公民逐渐认识到他们的法律是合理的——反映了整体利益，就要让他们看到这些法律是如何从公开商议中产生出来的，这种商议旨在辨认集体好处，并公正考虑社会的所有主要利益群体的意见。① 与卢梭相反，虽然黑格尔认为法律到最后应该"出自全体"，但他并不要求每一名个人都参与立法过程——在黑格尔看来，这在大型现代社会中是不切实际的——而只要求所有基本的利益群体都在立法过程中得到了公平的代表（§ 309Z）。第二，公民除了要看到自己的法律具有普遍合理性（即从整体的视角看是合理的）之外，还必须能够认为公意在某种意义上是自己特殊意志的延续。公开而透明的立法过程要达到这个目的，就要允许公民成为实际过程的旁观者——黑格尔把这个过程称作"场面"（Schauspiel）（§ 315Z）——他们的特殊利益在这个过程中得到了考虑，作为有分量的东西得到了承认；由此，相互抗衡的特殊利益才达成了必要的社会妥协。个人之所以能在普遍的东西中通过这种特别具有政治性的方式获得特殊的满足，是基于他们对（至少一个）占据了立法舞台的首要参与者的认同，它们就是"协会、自治团体、同业公会"（§ 308），个人作为市民社会的成员在涉足政治之前就从属于它们。个人只要认为他们公会的议员代表了他们自己——从而代表了他们自己的特殊利益——就能够感到立法过程对公会利益的承认是对作为特殊存在者的他们自己的一种承认。

　　　只要考虑到黑格尔关于概念的形而上学学说，再考虑到他主张家庭、

---

　　① 当然，仅仅在这种意义上理解法律的合理性——把握到它们事实上增进了整体的利益——未必会导致对它们的希求；例如，一个人倘若对整体的好处漠不关心，就不会希求这些法律。因此，要主张这类见解会促使个人拥护公意，似乎就要预设他们已经怀有一种对自己社会的归属，从而能够关注它的好处。实际上，黑格尔似乎的确认为这样一种前反思的对一个人民族（Volk）的归属是必要的，否则就无法解释公民如何可能采取他们必须采取的立场（§§ 346—347；E §§ 545, 552）。说完这些，有必要提一下，民族（Volk）中的成员资格与共同的血缘无关（VPR1, 268），而是关系到共同的精神或文化（§§ 274, 349；E § 540；VPR1, 148）。

市民社会和国家体现了概念所特有的三个环节，我们就可以领会黑格尔的论断——现代社会世界是一个精神的、彻底合理的整体——背后的大致观念。可是真正说来，这个论断不仅是一项关于一种抽象结构的主张，整个社会世界需要这种结构，才算得上是一个精神存在者。它还是一项关于不同种类的社会成员资格的主张，个人需要经验到这些成员资格，才能作为完整的、充分发展的主体而存在。为了更加清楚地看到这一点，我们应该认识到，一个按照概念来组织的社会世界不仅要说明三大基本制度必然的内在结构和社会成员必须具备的相互关联，而且要考虑到不同种类的身份，个人需要拥有它们才能自由地参与这类制度。聚焦于后一个观点就能发现，黑格尔对伦理（Sittlichkeit）的概念结构的论述包含了一项主张：现代社会世界之所以是合理的，（在一定程度上）是因为它允许社会成员发展并表达不同的、互补的身份，而他们与他人（以及与自身）又会产生许多人类主体可以获得的、也值得拥有的关联，为了全面实现这些关联，每种身份都是不可或缺的。由此可见，就三大基本制度而言，倘若缺乏任何一种制度中的成员资格，（个体）自我的充分实现就会丢失一个重要部分。

在为这番解释补充一些细节之前，有必要考察一条根本性的（而且在一定程度上是正当的）反对意见：它认为黑格尔并不想让他的概念学说不仅为整个社会世界的结构提供理想，而且为个体社会成员的内在构成提供理想。我们很容易认识到，这个争议不过是一场更大的辩论的一个具体方面，这场辩论关系到伦理（Sittlichkeit）理论就其基础而言在多大程度上是整体主义的——换句话说，合理社会世界的基本属性在多大程度上同样可以被分别归于这个世界的各个部分，也就是个体社会成员。这条反对意见所隐含的解释性主张是与我本人的主张相反的：在黑格尔看来，只有整个伦理（Sittlichkeit）才实现了（或者近乎实现了）精神存在者所具有的合理结构，而个人若要尽可能接近于实现这个理想，仿佛就只能在这样一种结构合理的整体中占据一个专门化的地位。①

　　说黑格尔在这个问题上持有一种较强的整体主义立场，的确是有文本依据的。第一，对一类重要的个人，也就是对女性来说，虽然人格的形式权利没有遭到否认②，但在三大伦理（Sittlichkeit）制度中，她们在国家和市民社会这两种制度中的成员资格却被毫不含糊地排除了（§§ 164Z，166，301A；VPR1，98，253—254）。换句话说，黑格尔显然相信（而且并不为此感到困扰），女性要实现精神性理想，就不能在她们自身中体现概念的三个环节，而只能参与整体的生活，这个更大的整体体现了这三个环节。第二，我们可以认为即使就大群的男性而言，黑格尔想要为他们指定的精神命运也与全体女性的精神命运并无不同。之所以会造成这个印象，是由于黑格尔表面上把市民社会的前两个等级③——农业等级和商业等级［应为工商业等级。——译注］——的许多（男性）成员也排除出了政治领域，后果就是国家层面的生活看起来几乎成了由构成"普遍"等级的公务员所独占的领地。④ 这就是说，较强的整体主义立场——这个立场认为，个人可以拥有的精神地位仅仅在于他们从属于一个按照概念来组织的整体，并不是唯独局限于女性的情况，而是更加深入地扎根在黑格尔的社会理论中（否则

141

----

　　① 泰勒赞同这种解释："综合这三个［环节］的方式并不是使它们存在于全体公民身上，并在每一个公民那里达到和谐。毋宁说这种综合是通过共同体才出现的：在这个共同体中，不同的维度主要是由特定群体分别承担的。"（《黑格尔》，第434页）我在文本中和在本书第170页注释②的第二点讨论了这项解释性主张的有效性的局限。

　　② 这一点隐含在黑格尔对继承权的讨论中（§180A），他在那里把女性认作潜在的财产所有者，从而认作法律上的人格体。

　　③ 把市民社会划分为三个等级是概念的结构表现为社会组织的原则的另一个例子。农业等级是"实体性的或直接的"；商业等级是"反思的或形式的"；公务员则构成了"普遍的等级"（§202）。

　　④ 我在这里想到的黑格尔理论的特征是：（1）事实上，佃农似乎只能让土地贵族的成员在立法机构中代表自己，后者在获得这个功能时"并非取决于选举的或然性"（§307；VPR1，181—182）；（2）同业公会的成员之外的人（"做零工的人、仆人等"）被排除在了代表之外（VPR1，183）；（3）他反复提出，商业阶级的成员因为专注于追求自己特殊的经济利益，所以在原则上不适合辨认和执行公意（比如，§§308，310A）。

我们就可以认为这个立场仅仅是由关于男性自然优越性的沙文主义假定所导致的，从而很容易把它撇开）。

黑格尔把女性排除在了国家和市民社会之外，这一点无可争议，但第二种情况所涉及的文本问题要复杂得多。我将证明：虽然这两个立场都可以在相关文本中找到支持，但若对比一下早期与晚期的原始资料，就能揭示出黑格尔的思想明白无误地经历了一番发展，他在早期持有之前描述的较强的整体主义立场，后来则认为，合理社会秩序按其界定就旨在允许全体（男性）个人尽可能充分地涵盖与三大基本社会领域中的成员资格相联系的种种身份。为了最生动地显示出这种发展，我们可以考察不同版本的"法哲学"（Rechtsphilosophie）[包括《法哲学原理》和多年的讲演录。——译注]中的两个平行段落，第一段来自学生为黑格尔的 1818—1819 年讲演所做的记录："伦理（Sittlichkeit）的整体看上去很难使一部分个人停留于家庭生活的有限性或[市民社会领域中的]资产阶级生活的必然性。可是一方面，这是一种必然性；另一方面，这种必然性中也有和解。"（VPR1，270）之后不到两年，在首次出版的《法哲学》中，这一段被 §§ 262—264 取代了，后者包含了如下关于个体社会成员的精神本性的说法（之前已经引用过一部分）："……个人本身是精神的存在物，所以本身便包含着各是一个极端的双重要素，即具有自为的认识、自为的希求的个体性和认识实体、希求实体的普遍性。因而个人就能够获得这两方面的权利，只有他们无论作为私人或作为实体性的人都是现实的。"（§ 264）黑格尔原先的立场让他得以迁就一种必然性，即大量个人必然停留于纯粹的家务的狭隘性或一种受制于自己职业追求的生活；后来他转变了观点，承认全体（男性）个人都有权利同时作为家庭成员、作为社会生产职位上的从业者，以及作为公民

142

参与社会生活。① 他的 1819—1820 年讲演更加浅显地说出了这一点："人（der Mensch）假如只是一名父亲、只是市民社会的一名成员等，就未能完成他的使命（Bestimmung）。"（VPR2，127—128）②

之前引用的段落（§ 264）还给目前的讨论带来了另一个难题，因为它所讲的个人仅仅体现了两个极端（即个体性与普遍性），而不是我们所期待的三个环节，因为概念具有三元结构。然而，只要我们认识到黑格尔不止一次（比如在 § 260＋Z）把家庭和市民社会归并在一起，把它们称作特殊性

---

① 伊尔亭似乎支持 VPR1，361 n. 383 的这个说法。应该进一步注意的是，黑格尔在出版文本的 § 262（与在 1818—1819 年讲演记录中一样）仍然说道，精神会把"个人""分配"到家庭和市民社会这两个领域中。然而，§ 262 的其余部分清楚地表明，他在这里提出的观点是：在合理社会世界中，个人对于自己在这两个领域中所占据的特殊地位可以行使选择权。这个想法——个人可以在家庭和市民社会中占据特殊的、选定的角色，由此限制自己（而不是试图在每个领域中同时担任几个不同的角色）——不同于他在 1818—1819 年提出的、在 1820 年则不再提到的一项主张，即大群的个人"停留于……家庭……的有限性或……资产阶级生活"（VPR1，270）。

② 有必要对这项主张做两个限定，以便就我眼中的黑格尔的成熟立场给出一幅更加完整的图景：第一，黑格尔从来没有抛弃一个观念，即整个合理社会世界完整而充分地体现了概念的各个环节，而这是任何个体社会成员都做不到的。不仅如此，他还期望我们只要承认了这个关于社会世界的事实，就可以有进一步的理由肯定伦理（Sittlichkeit）制度，并使我们中的每一个人都能与我们的一种局限和解：我们作为个人无法达到概念的结构所隐含的一个理想，即圆满无缺的生命。这个观点——个人只能以不圆满的方式实现概念的全部三个环节——反映了黑格尔的一种认识：虽然合理社会世界必须力求符合这个理想，但是社会有机体所需要的诸多生活形式内在的具体状况却使这三种身份中的每一种都不可能在每一名个人身上得到充分发展。例如，黑格尔认为商人不会有充足的时间——佃农则不会有充足的知性——来深入关心政治事务，作为贵族的土地所有者或公务员则相反；但与商业阶级的成员相比，后两种人物只有较少的机会可以追求在市民社会中的参与所特有的私人事业。

第二，刚才提到的例子表明，认为概念的结构为每一名个体社会成员提供了理想与支持有机主义的一种相当坚定的形式未必不能相容。后者在黑格尔的政治理论中显现为他所坚持的一个观点（§§ 261A，303＋A，305—308）：个人作为公民所拥有的具体权利和义务是不同的，这取决于他们从属于哪一个等级（以及他们在这个等级中的特殊地位）。黑格尔的政治理论把个人当作平等的人，因为它在根本上要求社会条件应该使每一个公民都可以把公意作为自己的意志来加以认识和希求（从而可以在国家的领域内免于服从陌生的意志）；但是公民的这种基本平等仍然是高度抽象的，因为他进一步主张不同类型的个人必然会以相当不同的方式与公意相关联。〔大体上讲，佃农之所以最终会希求公意，是基于一种相对缺乏反思的信赖（E § 528）；商人是通过这里描述的以同业公会为中介的整合过程做到这一点的；公务员则直接参与了公意的执行或形成。〕可见，这里的观点是国家的结构需要顺应与每一名成员的本性和社会地位所固有的局限相容的最大程度的自由。我可以再次说明，我更感兴趣的是黑格尔理论背后的基本理想，而不是这些理想所采取的具体形式，比如，他对三个社会等级的本性和差别的叙述。

的领域①，并把两者与国家对立起来——黑格尔把国家识别为普遍领域——这个难题就不那么令人困惑了。把家庭和市民社会与特殊性联系起来表达了一个观点：从整个社会世界的视角看，这两个领域的目的是（以各自不同的方式）培养并表达社会成员的特殊性。也就是说，个人通过参与市民社会和家庭发展并表达了自己的身份，而这些身份从性质上把他们与国家的其他成员区别开来了，并为他们提供了截然不同的、有可能相互冲突的目的和利益。虽然黑格尔把家庭和市民社会仅仅归到了特殊性这个名目之下，但这个做法与我们所期待的三重分类并非不一致，因为这两个领域中的成员资格分别关系到一种独有的特殊身份，这种身份取决于相关的社会统一体究竟是体现了差别这个概念环节，还是体现了直接的统一这个环节。

　　我们已经看到，黑格尔在区分家庭与市民社会时的出发点是相关群体的成员所产生的相互关联——要么是"实体性的"关联（这是一种直接的实体性），要么是"外在的"关联：作为家庭成员，一个人与他人的关联构成了他的身份的一部分内容（因而这些他人的好处和整个家庭的好处成了他本人有意识地予以拥护的最终目的），而市民社会的成员有意识地追求的是私人目的，他们与他人的关联对他们来说主要具有工具性的价值。可是正如我先前提到的那样，个人在这两种制度中相互关联的不同方式意味着他们在这些领域中获得并表达的特殊身份也相应地属于不同种类。这两种身份最根本的差别可以表述如下：在家庭中，一个人认为自己在本质上是一个特殊的社会统一体的成员（§ 158），需要依靠自己对这些具体他人的归属才能成为自己所是的某个人，而市民社会中的参与者把自己看作一个独立的个人，认为自己追求的是私人的目的和事业，并通过自己的生产活动供养自己，由此获得自足的存在。可见，家庭成员这种身份的特点是：

143

────────────
　　①　这里我再次用"特殊性"替换了"个体性"。尽管这两个术语有不同的专门含义，但是黑格尔的用词经常忽略这个事实。

在一个人的自我认知中，其他个人具有积极形象，而不会产生消极作用，不是他在界定自己是谁时所遇到的限制或边界。因此，家庭与市民社会的区别在于：个人由于参与前者而获得的特殊身份是悖论性的，因为赢得这种身份的唯一办法是一种对自我的舍弃，是抛下一种关于自我的立场，即认为自我是独立的、单独的东西，而且仅仅是或主要是由它自己的私人目的所推动的。

黑格尔对伦理（Sittlichkeit）的叙述隐含了一个想法：这些身份对拥有它们的个人来说各自具备一种特有的、独立的价值，而且若要全面实现（或近乎全面地实现）自我的各种可能模式，那么以这两种形式经验到的特殊性都至关重要。于是，倘若丢失了社会成员资格的这些形式中的任何一种，一种成为自我的基本方式就会被剥夺，因而会（在一个方面）遭受生活的贫乏。为了更加有力地说明这一点，我们可以回想一下这些领域中的成员资格如何带来了各种实践事业，这些事业具有各自不同的快乐和回报：家庭成员从事的是有意识地共享的事业，它们是由他人的好处来界定并限定的——这些成员由于爱而归属于这些他人——而在市民社会的领域中，（用一名注释者的话说，）个人"以自己的方式追求自己的福祉，选择自己的生活方式，并与他人产生自愿的关联，这些他人同样会自由选择自己的目的和活动"[①]。为了显示出参与这两个领域的重要性，另一个办法是考察这两种形式的社会成员资格如何为个人提供了使他们的特殊性得到他人肯定的不同方式。个人在市民社会中获得的承认取决于他们作为生产的社会成员有多少竞争力，所以这种承认是"通过自己的活动、勤劳和技能"赢得的（§ 207）。家庭中的承认则与此相反，它以爱为基础，所以它虽然也代表了一种对特殊存在者的肯定，却独立于一个人对他人的有用性，也独立于他使自己成为了怎样的人。在市民社会中，"我必须使自己获得普遍性的

---

① 伍德：《黑格尔的伦理思想》，第 239 页。

144

形式，使自己对他人来说成为某个东西[，才能获得承认]……而在家庭中，我之所以有价值(ich gelte)，是由于我的直接存在"(VPR2，148)——也就是说，他人之所以肯定我的特殊性质，只是由于它们碰巧是我的性质，此外别无理由。

与特殊性的领域相反，国家中的成员资格让个人有可能通过参与"致力于实体性的普遍物的公共生活"(§157)来获得一种普遍存在。国家之所以是普遍性的领域，是因为公民在其中取得了一种普遍共享的身份(也就是说，一个人与自己土地上的其他所有公民共享了这种身份)，还因为他们学会了辨认整体的好处，也学会了被这种好处所推动，即使这有时与他们的利益——这些利益出自他们在市民社会中的具体地位或他们自己家庭的独特处境——是有冲突的。黑格尔的主张是：倘若个人的实践参与局限于家庭生活和在经济领域中追求自己的私人好处，他们所过的生活就陷入了不必要的狭隘，难以全面实现现代世界为自我提供的可能性。在政治空间中的参与之所以重要，不仅是因为个人需要这种参与才能符合卢梭的要求——他们的意志不应该由外在的他者决定(他们既然肯定了公意，决定他们行动的法律就不再是某种他者了)，而且是因为这种参与为个人提供了一组独有的事业和归属，这些事业和归属充实并丰富了他们原本只是特殊的生活。不仅如此，国家中的生活在黑格尔看来还不单纯是又一种成为自我的方式，仿佛与其他所有方式具有同等意义。毋宁说——由于它体现了普遍性的环节——它代表了这些可能性中最高的一种。也就是说，政治生活最接近自足的主体性这个理想(也就是精神性的理想)，因为它是一座舞台，公民在上面作为一个团体按照普遍原则规定他们自己，这些原则是他们通过发挥自己在社会中形成的公共理性得出的。

第五章

客观自由，第二部分：
个人自由的社会条件

　　我在本章要转向黑格尔的客观自由学说的另一个部分，这一部分可以被粗略地描述为卢梭式的学说。黑格尔观点的这个部分展现出了它与卢梭观点的一种亲近关系：这里所讲的客观自由关系到个体社会成员在何种必要的社会条件下才能拥有自由意志，而不是把客观自由确定为伦理（Sittlichkeit）的一些特征，这些特征使整个社会世界成为一个自决的存在者。然而，与此同时，伦理（Sittlichkeit）理论的这个部分仅仅就其基本原则而言才是卢梭式的。在具体细节的层面上，黑格尔的社会理论与卢梭的社会理论有许多实质性的分歧，主要原因在于这两位理论家立足于对同一个问题的不同叙述，这个问题就是合理社会制度如何能让个体成员的自由成为可能。更确切地讲，黑格尔的叙述在两个主要维度上有别于卢梭。第一个维度关系到这两种据说是以合理社会制度为条件的对自由的看法在内容上的差别；第二个维度关注的是这些制度据说会以何种具体方式为社会成员确保自由的条件。

　　于是，我的第一项任务是说明黑格尔的基本主张——伦理（Sittlichkeit)制度为社会成员确保了拥有自由意志所需的社会条件——谈论了哪种或哪几种对自由的看法。卢梭认为，公民之所以能享有他所说的公民自由（即个人只要处于在共同体的重大利益之外的私人活动领域中，就能够在行动时不被他人的意志所约束），是由于公意提供了他们需要的条件；这项主张的黑格尔版本则要复杂得多。这是因为我们已经看到，黑格尔认识到了三种不同的对实践自由的看法，它们都可以被归于个人，而且都与社会理论相关：它们是人格自由（一个人在以其他人格体的权利为边界的私人领域内可以自由追求自己的任意目的，不受他人妨碍）、道德自由（一个人可以按照自己对善的理解决定自己的意志和行动）和我一直谈论的社会自由（这是黑格尔社会理论的基石和我在这里的主要探究对象）。于是，问题在于：按照黑格尔的主张，这三种对自由的看法中的哪一种是以合理社会制度为条件的？对这个问题的简短回答是：三者皆是。

　　就前两种对自由的看法而言，这项解释性的主张并不会带来特别的困难。黑格尔之所以要捍卫现代伦理（Sittlichkeit）制度，一定程度上就是为了证明它们确保了一些社会条件，人格自由和道德自由没有这些条件就无法实现；要说明这一点，相对而言是没有什么问题的。① 可是我们很难弄明白客观自由学说为什么还叙述了使社会自由成为可能所需的条件。要看到这里的困难，我们只要简单地回想一下（1）社会自由被设想为两个要素的统一（即客观要素和主观要素），两者有时都会被独立地当作一种自由（一方面是客观自由，另一方面是在社会成员的主观态度中实现的自由）；（2）个人据说在这两个环节结合起来时才享有社会自由。也就是说，合理制度要满足客观自由学说所界定的标准，个人则要与这些制度具有合适的主观关联（即具有"与自由相适应的"主观态度）。既然客观自由是社会自由的一个因素，那么若要把它同时当作后者的一个条件，看起来就很古怪。

---

　　①　我们可以回想一下之前引用的黑格尔的说法：人格和道德主体性"不能自为地实存"，而是"必须以伦理的东西为其承担者和基础"（§ 141Z）。

虽然复合物缺少了一个本质部分就不能得到实现，但除了这条明显的理由，这里的主张——客观自由据说确保了社会自由的条件——是否还有更多意义？要理解黑格尔在这里的立场，关键就在于更加确切地重新表述这个立场：合理社会制度所体现的客观自由的一个方面是为社会自由的主观因素确保必要的可能性条件。换句话说，客观自由学说的一部分所关注的问题是社会制度必须具有何种特征，才能使个人获得一种主观态度，以便让他们得以把自己的社会参与看作自己自由从事的活动。后面我们将极为详细地看到，这里最重要的主张是个人若要能够在他们的社会成员资格中找到自己的特殊身份，伦理（Sittlichkeit）制度就必须能够满足黑格尔所说的"主体的特殊性"（VPR1，81），这个术语指的是所有特殊个人的福祉或福利（Wohl）。

可见，引导本章的观点可以做出如下归纳：社会制度若要体现客观自由——符合理性的需求，这些需求是按照自决为了在世界中实现所提出的要求来界定的——就必须确保人格自由和道德自由所需的社会条件，还必须满足个体社会成员的特殊性，以便让他们能够在这些制度中找到自己的身份，并在主观上把这些制度作为自己的东西来加以拥护。

黑格尔与卢梭的第二个重大差别在于社会制度据说会以何种具体方式为社会成员确保自由的条件。我们在第二章看到，卢梭把政治秩序的客观自由确定为它能够通过由公意造就的法律重塑个人的自然依赖或前政治的依赖，使得人不再由于有需要而难免屈从于他人的意志。相反，按照黑格尔的理解，合理社会制度以多种方式为社会成员的自由提供了条件，因而很难仅仅归纳为一句话。我已经提到，黑格尔认为这类制度以如下方式为社会成员的自由提供了条件：它们满足了与"主体的特殊性"相联系的需要，从而让个人有可能获得一种主观态度，这种态度是社会自由的一个本质部分。我将把对黑格尔这部分观点的讨论推迟到本章最后一节；现在我将聚焦于黑格尔对伦理（Sittlichkeit）制度如何确保人格自由和道德自由的社会条件所做的广泛叙述。

就社会制度以什么方式确保个人自由的条件而言，我们在这里能够把这些方式划分为两个主要类别：这些条件要么内在于拥有自由的个人，要么外在于他们。后一个范畴包括人格体和道德主体为了在世界中实现他们的自由所必需的外部社会条件。黑格尔理论的这个部分相对来说既简单直接又没有争议，所以我在这里也不用多说什么。这类条件的首要例子是政府制度的一些机关——法庭和执法机关，黑格尔以"司法"为标题对它们进行了探讨——它们的目的是通过执行法律（这些法律保障了人格体的权利，包括对财产的合法要求）实现抽象法的原则，同时保护道德主体的权利，即他们可以按照自己对善的理解来生活，只要这种理解与他人的自由和整个国家的自由相一致。

前一个范畴——自由的内在条件，是黑格尔所独有的一项更加有趣的主张的基础：伦理（Sittlichkeit）制度的核心任务之一是塑造社会成员的主体性，把他们变成能够达到自决的行动者。① 这类行动者必须符合两个基本条件。第一，他们必须重视自己作为人格体和道德主体所拥有的自由，从而有动力获取这些自由。第二，他们必须具备一些基本的主观能力，以便在这两种意义上实现自己对自由的渴望。② 因此，按照黑格尔的客观自由学说的这个部分，合理社会制度有一项至关重要的任务，即通过 Bildung，也就是养成或教化，使得社会成员能够在主观上把他们自己实现为自由意志的承担者。下一节将探讨黑格尔观点的这个部分，再往后我将更

---

① 鉴于对人格自由和道德自由的内在条件与外在条件的这个区分，我可以按照如下方式重述我对客观自由学说的这个部分的概括：社会制度若要算得上是合理的，就必须（1）提供一个受保护的社会空间，个人在其中可以充分行使自己作为人格体和道德主体所拥有的权利；（2）塑造或教化个人，使他们成为有自决能力的行动者；（3）让个人得以在这些制度中找到自己的身份、并自由地把这些身份作为他们本人的身份加以拥护，由此满足他们的特殊性。

② 虽然黑格尔对教化（Bildung）的叙述主要关系到人格自由和道德自由，但是严格来讲，它并不限于这两者。因为后面我们将看到，家庭的功能之一就是为儿童提供一种必要的经验，使他们在成年之后可以具备信赖的能力，这种能力对于与自由的公民资格相适应的主观态度至关重要。

加简短地讨论满足特殊性的需要如何能让社会自由成为可能。我们可以认为这两节分别探讨了前面在概述黑格尔的客观自由学说时提出的一个问题：第一，伦理（Sittlichkeit）制度如何能通过对社会成员的教化（Bildung）推动自由的实现？第二，这些制度以何种方式满足了社会成员的特殊性，从而让他们有可能在社会参与中找到自己的特殊身份？

社会制度的养成任务

我之前的评论表明，教化（Bildung）在黑格尔看来是与自由不可分离的；实际上，解放（Befreiung）被说成教化（Bildung）的"绝对使命"或目的（§ 187A）。可见，教化（Bildung）不单纯是任何类型的养成经历，而是有特定目的的养成经历，这个目的就是自决。用更加确切的话来表述，教化（Bildung）所指的那种养成经历会促使尚未定型的、"自然的"个人（或民族）转变为渴望自由的①主体，并使他们拥有实现自由所需的主观能力。教化（Bildung）之所以在黑格尔的社会理论（在这里，得到转变的主体是人类个体）和他的历史哲学［在那里，教化（Bildung）的主体是精神（Geist）或全人类］中都十分重要，是由于他对人的生存的基本困境的理解：自由虽然是人的本质特性，却不是人天生就拥有的。也就是说，虽然自由构成了人的本质，但在自然的、直接的状态下——在通过教化（Bildung）得到转变之前——人既不具有实现自由的倾向，又没有合适的本领去实现自由。②

由于尚未定型的主体甚至缺乏对自由的渴望——他们缺乏对自己真正本质的认识，也缺乏实现它的欲望——所以教化（Bildung）的内在本性是它

---

① "教化（Bildung）产生了对自由的领会。"（VPR1，50）

② "应该怎样做人，靠本能是不行的，而必须努力。子女受教育的权利就是以这一点为根据的"（§ 174Z）。我们在卢梭那里可以找到关于人的条件的相同观点，这一点并非巧合。实际上，这个想法是《论不平等》的核心观点。

会无意识地、非自愿地发生，如同恰好发生在经历了养成过程的主体背后。或者更精确地说，个人和民族在参与教化(Bildung)过程时并没有认识到他们所从事的活动的养成意义，因而这种活动对自由的促进并不是他们想要的结果。我们单凭这个事实就可以清楚地看到为什么黑格尔对伦理(Sittlichkeit)的养成功能的叙述可以算作客观自由学说的一部分：教化(Bildung)代表了在没有得到个人的认识和同意时使他们变得自由的一种方式(在这里就是逐渐用自由的主观条件装备他们)。

　可是教化(Bildung)的非自愿本性不能唯独由用这个事实——尚未定型的个人不具有自由的欲望，从而缺乏采取必要措施来达到这个目的的动机——来解释。教化(Bildung)之所以必定不是自愿的，还有一个原因：在很大程度上，只有经历了受到严厉规训的日子，才能获得自由的实现所需的主观能力①，这种规训可以在劳动(这是市民社会所特有的规训形式)和对一名更加强大的他人的意志的服从(这是家庭规训的基础)中找到。② 这意味着个人只是出于必然性才会接受养成过程，而这个事实使得伦理(Sittlichkeit)制度，尤其是家庭和市民社会③特别适合执行教化(Bildung)的各项任务。因为个人之所以从属于家庭和市民社会，并不是出于选择，而是因为他们的需要——包括他们童年的无助和他们对谋生手段的持久需

150

---

① 在这个语境下，我们也许不妨回想一下《精神现象学》，所讲述的奴役、恐惧和劳动在精神(Geist)的形成过程中起到的必要作用(PhG，¶¶193－196；152－155)。黑格尔的另一个评论表达了同样的观点：教化(Bildung)需要"否定性的严肃、痛苦、容忍和劳作"(PhG，¶19；24)[《精神现象学》，第12页。——译注]。

② 虽然儿童的服从也许在一定程度上植根于他们对父母的爱，但这种爱不足以导致规训。因此，父母还需要有更高的权力。成为好的父母所要面临的挑战(或许多挑战之一)就是如何把两者统一起来。

③ 虽然国家中的成员资格并不比家庭或市民社会中的成员资格更加自愿，但是前者与个人最直接的需要的满足并没有多少直接的联系。这有助于解释为什么与国家相比，后两种制度作为教化(Bildung)的工具具有更大的意义。尽管如此，国家也不是没有它自己的养成效果，之前的讨论已经探讨了其中一种效果，即立法过程的透明性有助于让公民得以把公意作为自己的意志来加以拥护。黑格尔明确承认，立法过程的这一面是教化(Bildung)的一种情形(§315＋Z)。

要——使他们别无选择。① 于是，人的需要为个人参与家庭和市民社会提供了保证，而这些制度若要在黑格尔看来（就这里关注的特殊方面而言）是合理的，就不仅要能够满足一些基本需要，从而使个人有必要参与这些制度，而且要能够促使人的需要服务于自由这个更高的目的。另一个条件要求在这些制度中，对需要的满足应该在参与者不知道的情况下同时是一个养成过程，他们可以在这个过程中获得人格体、道德主体和（在较小的程度上）公民所需要的主观特征。② 既然家庭和市民社会是社会成员的教化（Bildung）得以发生的主要舞台，我们自然就要把对伦理（Sittlichkeit）的教化功能的这番讨论分成两个主要部分。我将首先考察家庭如何把其中的成员通过多种方式转变成了自决的存在者，然后对市民社会做同样的考察。

就家庭而言，我的总体论点——合理社会制度的一个本质目标是个人的养成——相对而言并没有争议，因为对子女的抚养（Erziehung）显然是家庭生活所关注的核心问题之一。然而，对子女的抚养如何服务于自由这个特定目的就不是显而易见的了。换句话说，现代家庭以何种方式有助于把儿童培养成能够具备自决意志的主体？按照黑格尔，家庭的养成意义有三个单独的方面，因为对子女的抚养据说可以使三种不同形式的自由成为可能：作为一个运行得当的家庭的成员，儿童取得了一些必要的主观能力，从而能够实现（1）人格自由和（2）道德主体性的自由，还能够（3）获得与自

---

① 这里所说的仅仅是家庭中的成员资格对于儿童并不是自愿的，因为他们是家庭教化（Bildung）的主体，他们的父母则不然。家庭中的成员资格在十分明显的意义上对于成年人是自愿的，因为结婚和生儿育女是他们的选择。

② 这个观点表明，本章所讨论的客观自由的两个方面——教化（Bildung）和对社会成员特殊性的满足——具有比初看起来更加密切的关系，因为两者都不可分割地与人的需要这种现象相关。教化（Bildung）要求人有需要，并且会利用这些需要，以便达到它的目的，而对这些需要的满足是对特殊性的满足的核心。

由的公民资格相适应的主观态度。①

　　家庭以这三种方式推动了社会成员的教化（Bildung），其中最容易阐述的是家庭如何服务于道德主体性这个目的。在这个语境下，家庭生活最重要的方面是父母的规训。父母规训的意义与其说是讲授具体的道德标准，不如说是实际上为子女提供了一种特殊的主观能力——在这里是一种意志的能力——它对于道德主体性所特有的那种自决至关重要。按照黑格尔的设想，规训的合理目的是使儿童超出他们最初的状况，即"自然直接性"（§ 175）——在这种状况下，意志仅仅是由自然提供的"冲动、情欲、倾向"所决定的（§ 11）——并使他们的意志不再单纯等同于意志的自然内容，从而不再被这种自然内容所决定。可见，规训为儿童注入的主观能力是对自己的直接欲望（即未经反思的欲望）说不的能力，也是按照外部的、"客观的"意志（即更加强大的、有惩罚能力的父母的要求）来决定自己意志的能力，这个外部的意志不同于直接的欲望，处于这些欲望之上，而且（如果子女得到了良好的抚养）展现出了一种恒定性，而变幻无常的意志或由短暂的冲动决定的意志缺乏这种恒定性。② 虽然按照父母的意志决定自己的意志显然远离了黑格尔对道德主体的看法所隐含的自决理想（即一个人按照自己对善的经过思考的理解来决定自己的意志），但在一段时期内服从父母的权威却是养成过程的一个本质部分，因为我们最初是直接的存在者，只有经历了这段时期，才能达到理想中的目的。③

---

　　① 我们在一种情况下能够看到家庭的第四个养成功能：它可以把儿童塑造成在成年之后愿意结婚并开启自己家庭的个人。家庭的这个特征可以在黑格尔的意义上被算作教化（Bildung）的一种形式，因为它确保了作为一种社会制度的家庭的持久存在所需的一个主观条件，还因为家庭（以多种方式）对于自由的实现至关重要。黑格尔在 VPR1, 107 暗示了这一点。

　　② 也可参见 § 174Z；VPR1, 105—106。

　　③ 家庭还可以在另一个方面把儿童教化成道德主体：他们在家庭中学会了与自己的直接冲动保持距离，以便考虑何种行动会促进他人的好处，或者与他人的好处相冲突——这里的他人就是其他家庭成员，他们与这些成员是由爱统一起来的。这个观点表明，家庭的统一尽管立足于爱，却并不像黑格尔有时似乎想要认为的那样是"直接的"（即没有通过一个人反思性地与自己的欲望保持距离来得到中介）我要感谢大卫·布林克对这些观点的讨论。

　　儿童在家庭中所接受的教化（Bildung）的第二个方面关系到他们在后来的生活中能否享有一种特殊形式的自由（这是社会自由的一个亚种），它在黑格尔看来是与政治领域中的成员资格相联系的。更具体地说，家庭的一项至关重要的任务是给儿童提供一种"主观基础"（VPR1，257），否则他们就无法获得公民所需要的主观态度，他们在国家中的参与（在第三章所阐述的意义上）也不是自由的，而是由外部的他人决定的。黑格尔用如下说法表达了他在这里想到的观点："在家庭生活中，应该在儿童身上把伦理的东西（das Sittliche）[的基础]产生出来并予以确保。一个人应该首先在未经反思的爱与信赖的形式中了解伦理，这一点至关重要……这种统一和亲切的缺失是无可弥补的。"（VPR2，144；VPR1，257）可见，这里所说的公民资格的主观基础是由儿童最早在家庭中的情感经验所提供的，他们在家庭中与他人的关系充满了一种信赖的感受，这种感受植根于家庭成员相互的爱（他们反过来也认识到了其他成员对他们的爱）。这里有必要记住，家庭成员的相互关联与公民的相互关联之所以相似，不是由于爱和亲切——这是前者的标志，而是由于信赖的态度。黑格尔的主张是：儿童倘若早年在家庭中缺乏信赖的经验，就会丢失一种关键的养成经历，而没有这种养成经历，他们就不可能（或者在最好的情况下，难度也极大）在后来的生活中确立信赖关系，包括公民资格按其本性所要求的信赖关系。这项主张的依据可以在如下状况中找到：家庭和国家作为"实体性的"社会统一体都要求它们的成员能够把集体目的作为自己的目的来加以采纳，并认为这些目的（至少有时）优先于单纯的私人利益。然而，这样做的前提是个人怀有一种信念、一种信仰或信心，即他们可以确信同胞社会成员在自己的私人目的与整体的好处不能调和时，也会做出同样的选择。可见，为了让个人得以承担公民的角色，家庭的养成功能就在于为儿童提供一种根深蒂固的与他人共享的早期生活经验，他们在这种经验中学会了相信同胞社会成员可以在整体的好处有需要时放弃私人目的。也许更加重要的还不止如此：家庭生活之所以在儿童身上培养了信赖的能力，是由于它让他们明白了社会结合的益处，即在社会结合中，一个人同胞成员的好处和整体的好处有助于一个人建构他认为自己具有的目的。这里最重要的不在于儿童明白了社会成员资格可以具有工具性的价值，可以作为一种手段来确保他们的私人目的，而在于他们学会了领会并期盼与他人的共同生活——这种生活包括一起追求共有的最终目的——所固有的独特回报。个人倘若在早年不是这样一种实体性的统一体的成员，成年之后就不大可能具备自决的公民所需要的主观本领，也就是（在一定程度上）抛弃唯独由自己的私人好处所推动的独立自我的立场。因此，与柏拉图的假定相反，家庭生活不是对国家福利的威胁，而是个人在国家中起到他们应有的作用所必需的条件。[①]

最后，为了让个人能够获得人格体的自由，家庭也起到了至关重要的养成作用。为了推动人格体的教化（Bildung），家庭首先在塑造年轻成员的特殊身份时发挥了特别的功能。家庭中的成员资格为儿童提供了可以称作他们的"自然特殊性"的东西，黑格尔在一处地方把它叫作"自然的自我"（natürliches Ich）（VPR4，421）。一个人的自然特殊性应该被理解为众多或然的、特殊的性质——其中混杂了遗传的和习得的性质——它们是一个人或多或少被动地从家庭成员资格中获得的。这些性质——包括一个人的运动技能或对音乐的爱好、热情的气质或对努力工作的酷爱等特征——都可以被看作自我的既定内容或原材料，它们不论在一个人后来的生活中可能得到怎样的重塑，都构成了他最终成为的特殊存在者的不可或缺的（也是不可逃避的）基础。可见，家庭中的成员资格为儿童的身份提供了一种初始的、既定的内容，这一点是相当简单直接的，因为就他们作为特殊自我

153

———————

① 这个事实——家庭中的成员资格为个人提供了一种主观能力，这种能力是他们成为公民的必要条件——可以被看作三大社会领域的一种"相互和谐和彼此依赖"的一个例子；这种和谐和依赖必须存在，否则这些领域就无法满足第四章讨论的黑格尔对自决社会整体的看法所隐含的要求（也就是说，它们无法构成一个有目的地组织起来的、展现了概念结构的整体）。

是谁、将成为谁而言，家庭中的成员资格至今都是他们的特殊性质、能力和倾向最重要的源头。

然而，家庭的这个功能——塑造个人的特殊身份——还有一个更加重要的方面。家庭不仅为儿童提供了一组特殊性质，而且有另一个任务：它给儿童注入一种对他们的自然特殊性加以肯定的态度，这种态度让他们得以认为他们特有的、或然的本性是有价值的，并为此感到快乐。倘若儿童仅仅作为一组特殊性质的承担者步入成年，那是不够的；他们还必须对自己自然特殊性的价值有信心，才能够在这个基础上形成自己的目的，并以充分的决心追求这些目的。家庭做到这一点的能力依赖于它的一个特征，即儿童从他们的父母那里接受的爱——这个特征同样解释了家庭中的成员资格如何让个人有可能具备与公民资格相关的主观态度。然而，这里的重点并不是父母之爱能够为儿童提供一种对实体性的社会统一体的经验，而是这种爱的另一个方面，即它按其本性就是无保留地肯定被爱的人的特殊存在。儿童从他们的父母那里接受的爱是无保留的，因为这种爱不同于在市民社会中赢得的承认，它不以儿童的竞争力和他们对他人的有用性为条件。儿童仅仅作为他们自己就经验到了父母对他们的无保留的爱，从而可以延续父母的这种态度——无条件地接受他们自然的自我——还可以学会重视并享受自己或然的本性。① 这对于实现人格自由至关重要，因为一个人若要自由地追求自己的任意目的而不受他人阻碍，就必须拥有属于自己的任意目的，也要有追求它们的动机，而他恰好要肯定自己的自然特殊性才能够做到这一点。

家庭还在另一方面促进了儿童成长为人格体，这个方面在黑格尔的文

---

① 按照米夏埃尔·托伊尼森，克尔恺郭尔恰好把一个人对自己或然本性的这种重视描述为一种自由，即自我接受的自由。参见他的《绝望的概念》(缅因河畔的法兰克福：苏尔坎普，1993) [Michael Theunissen, *Der Begriff Verzweiflung* (Frankfurt am Main：Suhrkamp, 1993). ——译注]，第41页，第51页以下。

本中比刚才讨论的方面具有更加突出的地位。家庭的这种养成功能的总体目标是培养儿童对于父母的独立性（Selbständigkeit）。更确切地讲，这个目标是"使子女超脱原来所处的自然直接性，而达到独立性和自由人格，从而达到脱离家庭的自然统一体的能力［以便进入市民社会的领域］"（§175）。黑格尔明显想要把这里所讲的独立性与我们之前理解的人格自由关联起来，尽管前者也不只是人格自由（即一个人在以其他人格体的权利为边界的私人领域内追求自己的任意目的而不受他人阻碍的"抽象"权利）。在当前的语境下，儿童在父母面前的独立性包括了物质上的自足，即能够作为一名成功的、有工作的市民社会成员在资金上供养自己。为了完成这项任务，父母的一个明显的办法是向（男性）儿童讲授一些技能和态度，他们一旦达到了法定的成年年龄，离开了家庭生活这个受保护的领域，就要在物质上自力更生，从而需要这些技能和态度。不过严格来讲，我们若要把家庭的这项养成任务看作以某种形式的自由为目标的教化（Bildung）的一个方面，就必须认为物质独立以某种方式包括了（自由）人格的理想。可是这一点若要成为可能，我们就必须扩展对人格体的看法，不能仅仅把它看作任意选择目的的人，这种人被社会认作（"抽象"）权利的承担者。黑格尔恰好想要这样做，他在开始探讨市民社会时就指明了这一点：他提出了"具体的人格体"这个观念，并宣称这是市民社会的理想或"原则"（§182）之一。具体的人格体是"各种需要的整体以及自然必然性与自由选择［或任性］（Willkür）的整体"（§182）。因此，与抽象的人格体不同，具体的人格体不只是自由选择的意志；它（由于"自然必然性"）还是需要的承担者，而且它自由选择的行为在很大程度上是以这些需要的满足为目标的。

155

　　从"抽象法"篇到"伦理"篇的进展包含了对人格体观念的充实，这意味着黑格尔想要批评对人格体的抽象看法——这是前一个学说的基础，是不完整的。他隐含的主张是：倘若仅仅向社会成员保证一种形式的权利，即按照自己的选择来行动（这种权利的边界是由一切形式的自由的普遍实现所规定的），就未能充分表达人格体所隐含的理想，或者说自立的个人意志的理想，即自由选择自己的目的。表述这项主张的最佳方式也许是说，具体的人格体这个观念在对人格的抽象看法之上做了一点补充：它认识到了人不止是在自由选择自己的目的。对人格体的这番描述忽视了一个重要考虑，即人在现实生活中做出的大多数或许多选择都是由满足自然需要的欲望所引导的。之所以要走出这一步，并不是要否认"抽象法"篇的主张，即一名人格体任意选择的行为即使并没有以满足需要为目标，也拥有一种固有的权利，即受到他人的尊重——因为这类行为依然表达了一种自决；而只是要声明，鉴于人的具体面目（鉴于他们的自然需要），自由人格的大多数表达都会出现在努力满足自然需要的语境下，从而是以这种努力为条件的。换句话说，我们一旦考虑到了人有需要这个基本事实，就必须扩大人格的核心理想：按照具体的理解，人格体渴望的是通过他本人自由选择的行动来满足他的需要（以及达到其他更加任性的目的）。[①] 现代家庭促成了这个理想的实现，因为它让儿童最后得以离开家庭的保护，并在市民社会这个不甚友善的舞台上取得成功。

关于家庭如何培养儿童的独立和自足，从而有助于他们作为人格体所受的教化（Bildung），黑格尔的文本还指出了另一种比较不明显的方式。这种特殊的养成效果不是来自儿童从父母那里学到的内容（比如自足所需的诸多技能和态度），而是来自现代家庭的一个特定的结构性特征。有必要强调一下，这个结构性特征并不属于所有可以设想的家庭形式，而是唯独属于现代家庭，因为当我们区别现代家庭与传统的、前现代的家庭，并论述前者在后者面前的合理优势时，这个特征会起到关键作用。这个特征源

156

[①] 阳性代词在这里比初看起来更有意义。黑格尔理论给予女性的地位可以这样来阐述：她们尽管获得了人格的抽象权利，通常却没有机会把自己实现为具体的人格体，因为她们被排除在了市民社会之外。因此，在批判黑格尔对女性的论述时，抽象人格与具体人格的区分可以被用作批判的基础。

于一个基本事实：现代伦理（Sittlichkeit）中的家庭是核心家庭，它不同于传统的大型亲属群体或宗族（Stamm），而是（一般）由两名父母和他们的未成年子女组成，并且仅仅持续一代。① 在当前的语境下，核心家庭最重要的特征是"儿童……被承认（anerkannt）为成年人，即具有法律人格，并有能力拥有自己的自由财产和组成自己的家庭……从此他们在这一新家庭中具有他们实体性的使命。同这一家庭相比……第一个家庭就退居次要地位，更不必说宗族了，因为它是一种抽象的，是没有任何权利的"（§177）。因此，现代家庭最重要的特征是它通常会在子女达到法定的成人年龄后解体——更精确地说，它对个体成员提出要求的权利减弱了。黑格尔的主张是现代家庭在传统家庭面前代表了一种进步，因为核心家庭的结构使它更适于把家庭成员培养成独立的人格体，也使它对他们人格自由的表达更加友善。第一，核心家庭之所以造成了一种教化（Bildung）——鼓励儿童发展独立性，只是由于它的结构事实上恰好使儿子（在我们现在看来，还有女儿）必须准备好在成年后供养自己，而不是依靠家庭的资源获得生存资料（means of subsistence）[黑格尔惯于使用"生存资料"（Subsistenzmittel）一词，本书作者沿用了这个术语的英文版，它与马克思一般使用的"生活资料"（Lebensmittel）有不容忽视的差别。——译注]，并且家庭成员从小就明白这种必然性。第二，核心家庭有助于发展并加强儿童作为人格体所具有的自我认知，由此达到养成效果。它做到这一点的办法是承认②他

———————

① 我在这里的叙述极大地受到了伍德的影响，他关于核心家庭和他对于自由人格的意义所做的评论既简要，却又很有启发意义。参见艾伦·W. 伍德：《黑格尔的伦理思想》（剑桥：剑桥大学出版社，1990），第 26 页，第 240 页，第 281 页 n. 3。

② 正如刚才引用的段落所指出的那样，黑格尔显然把父母的这种态度看作对子女人格的一种承认（Anerkennung）。我在这里归于黑格尔的观点——承认是教化（Bildung）的一种形式，因为它在得到承认的个人心中注入了一种特殊的自我认知——起源于费希特关于承认在人格体的形成中的作用的叙述。参见弗雷德里克·诺伊豪瑟：《费希特，及权利与道德的关系》，《费希特：历史语境与当代争论》，丹尼尔·布雷齐尔和汤姆·洛克摩尔编（新泽西州，大西洋高地：人文出版社，1994），第 158—180 页。

们拥有独立行动者的地位，这种行动者作为成年人有权利自行做出重要的人生决定，而不被他们"第一个家庭"的成员的愿望所决定，也不受家庭传统的约束。父母不会控制成年子女对职业、配偶和居住地的选择，从而承认了与后代自己的任性（或"选择的"意志）（Willkür）所具有的权利相比，家庭责任的力量减弱了。对作为独立人格体的子女的承认不止体现在现代家庭典型的习俗和态度中；在合理社会世界中，这种承认还在法律领域中得到了表达——例如，父母对于成年子女的财产没有合法权利，法律也禁止了一些传统的继承方式，这些方式把女儿排除在继承人之外①，或者以弟弟和姐妹为代价来优待长子（§ 180），从而违反了（同样现代的）独立人格概念所隐含的平等原则。

　　现在我将转向黑格尔的教化（Bildung）学说所涉及的第二种主要社会制度，即市民社会。我们在一开始就可以提出两个问题：第一，在市民社会中的参与为何种自由提供了条件？第二，参与这个社会领域的个人会如何——以何种机制——得到塑造，从而能够实现这些类型的自由？为了回答这些问题，我应该首先完整地考察黑格尔的一段话，它极其全面地描述了市民社会的养成意义：

> 个别的人，作为［市民社会的成员］来说、就是私人，他们都把本身利益作为自己的目的。由于这个目的是以普遍物为中介的，从而在他们看来普遍物是一种手段，所以，如果他们要达到这个目的，就只能按普遍方式来规定他们的知识、意志和活动，并使自己成为社会联系的锁链中的一个环节。在这种情况下，理念的利益（das Interesse der Idee）——这是市民社会的这些成员本身所意识不到的——就存在

---

　　① 黑格尔批评了把女儿排斥在财产继承之外的法律，这可以代表他的一个观点：人格的形式权利同等适用于两性，尽管女性无法在市民社会的领域中把自己培养成具体的人格体。

于把他们的个体性和自然直接性①通过自然必然性……提高到知识和意志的形式的自由和形式的普遍性的这一过程中，存在于把特殊性教化（bilden）成为主观性的这一过程中。（§187；忽略了一些着重号）

　　现在我试图确定这段话为上面提出的两个问题给出了何种答案。在回答第一个问题时——市民社会中的教化（Bildung）为何种自由提供了条件？——黑格尔未能给出一个清晰地用我们如今期待的方式表述的答案。他没有说明这里所讲的自决是人格自由还是道德自由，却仅仅把它描述为"形式的"自由。他对自由所必需的主观能力的描述更有利于我们的理解：市民社会这个领域中的参与者据说拥有这种主观能力，即他们能够达到一种意志的普遍性，而不是自然状态所特有的意志的直接性和个体性（或任性）。黑格尔对第二个问题的回答——它关注的是教化（Bildung）的机制——要清楚一些。市民社会的养成效果据说依赖于一个事实：个人若要能够在这个领域内达到他们所追求的私人目的，就必须摆脱自然的直接性和任性，并（在一种有待规定的意义上）成为普遍的存在者。由于个人在市民社会中追求的目的植根于自然需要，所以除了遵守市民社会关于目的的满足所给出的条件之外，他们并没有真正的选择，因而除了接受这个社会领域所独有的养成过程之外并没有真正的选择。虽然单凭这段话还远远不能说明个人所达到的意志的普遍性到底是什么，但是达到它的过程却得到了比较清晰的表述：为了丢掉意志的直接性和任性，市民社会的成员要把自己变成社会联系的锁链中的环节，也就是要采纳意志的一些性质，这些性质让他们能够适应社会生产和交换的体系。

　　我们如何才能把这些观点综合起来，以便叙述市民社会所特有的养成

158

---

　　①　我在这里把"Natürlichkeit"译作"自然的直接性"（natural immediacy），因为它比"自然性"（naturalness）更好地传达了黑格尔的意思。参见§187A，"自然的简单性"在那里等于"直接性和个体性"。

过程？下面两段话提示了一种可能性：

> 教化（Bildung）的绝对使命（Bestimmung）就是解放……在主体中，
> 这种解放是一种艰苦的工作，这种工作反对举动的纯主观性，反对情
> 欲的直接性，同样也反对……偏好的任性……但正是通过这种教化
> （Bildung）工作，主观意志才在它自身中获得客观性。（§187A）
>
> 通过劳动的实践教化……[其次，]在于限制人的活动，即一方面
> 使其活动适应物质的性质；另一方面，而且是主要的，使能适应别人
> 的意志；最后，在于通过这种训练而产生客观活动的习惯和普遍有效
> 的技能的习惯。（§197）

这几段话的要旨似乎是说，个人在市民社会中接受的教化（Bildung）主要是从事劳动的结果；更具体地说，是从事社会生产劳动的结果。只要我们回想一下，在《精神现象学》中，一种社会生产劳动（即奴隶为主人从事的劳动）在精神（Geist）的形成过程中起到了至关重要的作用（PhG，¶¶190－196；150－155），那么这个解释性的提议就更加可取了。[①]按照刚才引用的段落，社会生产劳动的养成意义在于它培养了意志的"客观"和"普遍"的性质——这两个术语是黑格尔对它们的称呼。可是更确切地讲，黑格尔的这两个术语指的是什么？我们应该如何理解他的主张，即个人需要从事社

---

① 虽然《现象学》对劳动的探讨肯定与《法哲学》对劳动的讨论相关，但我们不能错误地假定前者可以被简单地引入后者，仿佛不用考虑这两个文本的基本企图的重大差别。（杰里米·沃尔德隆在《私有财产权》[牛津：牛津大学出版社，1988][Jeremy Waldron, *The Right to Private Property* (Oxford: Oxford University Press, 1988).——译注]，第十章对黑格尔和财产权的叙述就是犯下这个错误的解释的一个例子。）在前一个文本中，黑格尔感兴趣的是劳动在绝对精神的历史形成中的意义；在后一个文本中，他关注的则是在合理社会制度的语境下，劳动在实践自由的实现中起到了什么作用。两个文本的系统性目标的这个差别造成了它们对劳动的讨论在内容上的实质性差别：在《现象学》中，劳动的主要意义在于它能够按照主体的命令转变外部的客观世界，由此让自我意识得以认识到在客观领域找到自身的可能性，从而认识到确立主体与对象的同一性的可能性。这个观点在黑格尔对市民社会的叙述中是看不到的，取而代之的是我在文本中强调的观点。

会生产活动，才能促进或产生这两个术语所指称的现象？

　　我将从黑格尔的一个说法开始，它把劳动描述为客观的活动，以及主观意志为了达到客观性所用的手段。劳动在两种不同的意义上算得上是客观的活动。首先，劳动是客观决定的（是由对象决定的），因为它是"遵循对象……特性"的"举止行动"（§ 187Z），而不遵循主观的变幻无常或直接的欲望。要生产一只可以派上用场的鞋，鞋匠就不得不在一块尚未定型的皮革上做出由它的独特属性和鞋的用途所要求的事情，而不是他在当时碰巧想要做的随便什么事情。在生产一个能够满足人的需要的对象时，"工人……制造应（soll）被制造出的物件来"（§ 197Z），从而要按照一种命令——与应当如何制作对象相关的想法——来决定他的活动，这种命令必须高于劳动者本人的直接欲望，它的有效性也植根于某种比主体的任性更有实体性的东西。劳动还在另一种意义上（即在§ 26所论述的第三种客观性的意义上）是客观的活动：作为世界中的现实活动，它要求把主观目的（即单纯希求的或想要的目的）转化到客观性的领域（即"外部实存"）："在这个意义上，意志只有通过实现它的目的，才成为客观的。"（§ 26）于是，劳动者的意志在两种意义上通过生产活动达到了客观性：第一，劳动者学会了使直接的欲望让位于具有客观有效性的命令所提出的要求，即让位于原则；第二，他获得了为他的目的赋予客观实存所需的本领，或者说获得了使他的"行动跟……本意……一致"（§ 187Z）所需的本领。劳动者若要成为"自己活动的主人"（§ 197Z）[《法哲学原理》的原文是从相反的方向来讲的："笨拙的人……对自己的活儿做不了主。"——译注]，从而实现黑格尔对道德主体性的看法所固有的自决理想（即成功按照自己对善的理解来行动），那么具备这两种能力就至关重要。

　　刚才讨论的意志的客观性质源自劳动作为一般生产活动所具有的本性，之前提到的普遍性则依赖于另一条要求：市民社会中的劳动应该是社会生产劳动（也就是说，它所生产的物品或服务应该满足同胞社会成员的

实际需要）。① 虽然市民社会的成员是为了实现自己的私人目的而劳动的，
但他们的劳动发生在一个以分工为标志的社会合作体系中。由于个人无法
仅仅通过自己活动的直接产品来满足自己的全部需要——市民社会是一种
"在一切方面相互依赖的制度"（§ 183）——所以他若要成功达到自己从事
劳动的目的，劳动产品就必须为他人所需要。这意味着市民社会中的个人
在安排自己的生产活动时必须学会考虑到其他主体的需要、愿望和看法，
从而在一种非常粗略的意义上达到"普遍性"，这种普遍性要求"限制人的
活动……使能适应别人的意志"（§ 197）。② 换句话说，社会生产劳动充满
了对他人主体性的一种承认：这种活动既承认了一个人要与其他拥有独特
目的的存在者分享一个世界，又承认了一个人在决定自己的行动时有必要
考虑他人的目的。这样一来，社会生产劳动与道德行动就在结构上展现出
了一种重要的亲近关系，让黑格尔得以认为前者带来了一种为后者服务的
教化（Bildung）。市民社会中的劳动尽管本身并不是道德行动的一种（因为
它是单纯由以自我为中心的目的推动的），却有助于在个人身上培养一种
一旦缺乏就会使道德行动变得不可能的主观能力，也就是辨认同胞的目的
并按照这些目的决定自己活动的能力。

　　鉴于黑格尔把一种对客观性和普遍性的特定看法与从事社会生产劳动
联系起来了，而且后者在他对市民社会的叙述中处于核心地位，我们不禁
要得出结论：道德自由是这个社会领域中的教化（Bildung）所指向的主要目
的。可是，虽然黑格尔事实上的确支持我刚才概括的观点，但就市民社会
的养成意义而言，这些观点并不是他仅有的主张，甚至不是他最重要的主

---

　　①　§ 192Z 明确谈论了劳动应该是社会生产劳动这条要求与普遍性的联系："我必须配合着
别人而行动（nach dem anderen richten muß），普遍性的形式就是由此而来的。"黑格尔只是粗略地
把社会生产劳动描述为"与他人的需要相联系的劳动"（VPR1, 116）。需要注意的是，黑格尔所指
出的普遍性之所以会出现，有赖于劳动者意识到他们的劳动应该是社会生产劳动这条要求——马
克思认为资本主义生产无法提供这个条件。

　　②　注意上一个注释所声明的普遍性与"配合着别人而行动"之间的联系。

张。为了了解黑格尔立场的其余部分，我们可以追问，之前勾勒的叙述是否为现代社会世界的合理性质提供了专门的论证？回顾一下这番叙述就能发现，在那里指出的市民社会的养成效果仅仅依赖于一条要求，即个人的劳动应该在一种非常一般的意义上是社会生产劳动（它所生产的物品或服务应该满足同胞社会成员的实际需要），但这些效果并不依赖于这种劳动在现代所特有的任何组织方式。这意味着按照我们到这里的阐述，黑格尔的观点相当于论述了在社会分工的语境下从事的任何生产活动的养成效果，因而不能被理解成给现代所独有的任何社会制度提供了辩护。看起来，就连奴隶和农奴也通过他们的劳动达到了之前提到的那种意志的客观性，因为他们同样学会了使直接的欲望让位于客观的命令，并获得了把主观目的转化到外部现实中的能力。这一点对于意志的普遍性这个性质也能成立，至少在这里所讲的一种较弱的意义上是如此：奴隶和农奴在决定自己的劳动活动时，同样学会了允许他人的意志发挥作用。

　　那么，黑格尔对市民社会中的教化（Bildung）的叙述如何能被看成为现代社会世界的合理性给出了一种论证？我试图在这里证明，除了对一般社会生产劳动的养成效果的论述之外，黑格尔对市民社会的叙述还包含了一项主张：现代经济中的参与者需要以一种相当特别的方式考虑他人的意志——这种需要是系统性的——这导致了现代所独有的经济主体的相互关联，而当这些关联为他们赋予普遍意志时，这种普遍性的意义要比先前使用的意义更加准确、更加丰富。不仅如此，意志的这种普遍性其实还在个人成为人格体时起到了至关重要的作用（因而是实现人格自由的一个必要条件）。①

161

————————

　　①　市民社会可以说（就获得与公民资格相适应的主观态度而言）带来了另一种教化（Bildung），因为在解释个人如何能够最终拥护公意时，在这种制度中的参与起到了关键作用。我在这里无法探讨这项重要主张，只能提一点：它植根于一个事实，即同业公会中的成员资格虽然是个人在市民社会以自我为中心的追求的自然产物，却也为私人意志与政治领域中的公意提供了关键的中介联系。我在第四章叙述同业公会在透明的立法过程中起到的作用时阐述了这里的基本观点。

　　不过，在直接向这个话题前进之前，最好就黑格尔对"市民社会"这个术语的用法先说两句。① 与"家庭"和"国家"这两个术语不同，"市民社会"单纯指在黑格尔看来现代所独有的一种社会制度。② 因此，虽然谈论现代（核心）家庭、并把它与传统家庭（或大型亲属群体）区分开来是有意义的，但是"现代市民社会"是多余的；按照黑格尔对这个术语的用法，"市民社会"指称了现代所特有的一种经济组织形式。于是，目前的问题关系到就参与者的教化（Bildung）而言，市民社会如何把自己与其他前现代的经济组织形式区别开来。更具体地说，与单纯由隐含在任何社会分工中的一般要求——劳动应该是社会生产劳动——所带来的养成功能相比，市民社会的何种独一无二的特征导致了它具有更进一步的养成功能？

　　我已经表明，我们所寻求的特征是市民社会的成员相互关联的某种方式，或他们在决定自己的生产活动时考虑他人意志的某种方式。重构这个观点的关键在于黑格尔的一项主张，它在文本中并没有得到强调，也几乎没有得到解释：个人在市民社会中相互具有的关联是抽象的（§ 192）。在被他称作"需要的体系"的部分，黑格尔一直在用"抽象"一词描述市民社会的许多方面，包括个人作为市民社会的成员所拥有的需要（§ 190）、他们为了满足这些需要而集体生产的物品（即满足需要的手段，Mittel）（§ 191），以及他们为了做到这一点所借助的劳动（§ 198）。在所有这些情况下，"抽象"与"特殊化"（§ 190）、"专门化"都是同义词。因此，黑格尔所指出的现代经济的一个特征是：个人的需要和为了满足它们而生产的物品事实上都远远比过去的社会更加特殊化了。（例如，我们可以想一下对使用水处理法去除咖啡因的、哥伦比亚种植的法式烘焙咖啡的需要如何取代

162

---

　　① 参见曼弗雷德·里德尔：《传统与革命之间》（剑桥：剑桥大学出版社，1984）[Manfred Riedel, *Between Tradition and Revolution* (Cambridge：Cambridge University Press，1984). ——译注]，第六章。
　　② "市民社会是在现代世界中形成的，现代世界第一次使理念的一切规定各得其所。"（§ 182Z）

了一种界定得比较简单的对一般咖啡的需要。）与人们最初的期望相反，黑格尔之所以把这类有具体规定的需要说成抽象的，是因为它们依附于它们对象身上的非常特殊的性质（比如，哥伦比亚生产的法式烘焙咖啡独一无二的味道，或使用水处理法去除咖啡因的过程所特有的好处）。然而，这预设了需要的主体拥有一种高度发达的能力，即能够把一个有一大堆属性的对象（咖啡）分解成很多单一的性质，并把它区分开来。按照黑格尔，为了以这种方式聚焦于需要的对象身上的一个特定性质，就需要做出一种抽象，因为若要在许多相互联系的性质中间挑出一种性质，就要同时抽掉其他所有性质。① 市民社会中的需要和物品越是具有抽象的本性，劳动的本性也就越是抽象。黑格尔明显想要用后者谈论现代社会世界所特有的高度专门化的分工。② 在这种情况下，"抽象"这个限定词的意义就更加直观了，因为我们很容易想到，高度发达的分工就是把复杂的生产过程划分为许多简单的部分，并指派每一名个人仅仅从事其中一项（或者也许是少数）"抽象的"任务。

可是，黑格尔又说个人在市民社会中的相互关联是抽象的，这是什么意思？这个事实如何像我所宣称的那样与人格体的教化（Bildung）相联系？鉴于刚才提到的对"抽象"的运用，我们不禁要以为，黑格尔所谈论的市民社会中的抽象关联指的是一个简单的事实，即个人在社会分工中占据的地

163

---

① 参见黑格尔的一个提法："具体的需要分解和区分为个别的部分和方面，后者又转而成为特殊化了的，从而更抽象的各种不同需要。"（§ 190）

② 就现代世界所独有的高度专门化的分工而言，黑格尔与马克思不同，对解释它的原因不太感兴趣。［当他尝试这样做时，他似乎认为人据说拥有的一种基本倾向具有首要的解释力：人与动物相反（§ 190），倾向于使需要多样化、专门化（§ 198；VPR1, 117）。］黑格尔虽然提到了高度发达的分工与生产率的增长之间的联系（斯密强调过这一点），却未能看到前者如何是由对后者的需求导致的，这个需求的根源是资本主义社会关系。实际上，黑格尔的分析完全缺乏专门的资本主义生产方式的概念。黑格尔所指出的市民社会的根本特征是由市场调节的商品生产和交换。他并不关注生产资料是否为私人所有，或者生产的开展是否以积累剩余价值为目的。这会引起一个非常有趣、却又非常复杂的问题：黑格尔所描述和捍卫的经济体系是否必定也具有资本主义形式，或者（黑格尔式的）社会主义市民社会是否同样是可以设想的？

位是高度专门化的。然而，我将证明，我们应当认为黑格尔指的是市民社会的另一个特征，它尽管很可能必定是与高度发达的分工相伴随的（因而很容易与它相混淆），事实上却是现代经济的一个在概念上不同的特征。虽然在黑格尔出版的《法哲学》版本中几乎没有文本依据能明确支持我的主张，但这部作品的其他版本以及与黑格尔论述的前提相关的考察在解释上和哲学上都提供了充分根据，足以确定据说存在于经济主体之间的抽象关联并不在于一个事实，即每个人都在社会分工中占据了一个专门化的地位。那么，它指的是什么？

在一名学生为黑格尔的 1817—1818 年大学讲演所做的记录中有如下说法，他在这里最接近于明确阐述他的观点："劳动和物品的普遍交换[所造成的]中介使得个人成为自觉的自由意志（即自由的任性，freie Willkür），并将保持下去……而这种意志同样是普遍的。由此出现了形式权利的观念。"(VPR1，125)在这里，市民社会的一种养成效果被毫不含混地追溯到了现代生产者在追求自己的特殊目的时相互关联的独特方式和他们与整个生产体系相关联的独特方式。也就是说，他们成为"劳动和物品的普遍交换"的参与者。因此，市民社会中的劳动在本质上是生产可交换的物品。[1]这里的观点不仅是说一个人的劳动成果事实上可以用来交换他人的产品，而是说只有在这种交换是一种有意识的意图时，人们才会从事生产，而且这种意图从一开始就决定了生产；在市民社会中，开展生产是以交换为目的的。[2] 不仅如此，这里所讲的交换并不是生产者直接的相互交换（即不以货币为中介的易货贸易体系），而是发生在"普遍的"交换体系中的交换；换句话说，它是以市场制度为中介的，因而是以一种对物品的抽象价值的

---

[1]　黑格尔在《哲学全书》对伦理(Sittlichkeit)的探讨中比在其他地方更加明确地说出了这个观点；市民社会中的生产活动在那里被描述为"通过自己的劳动……重新产生可交换的手段"(E § 524)。

[2]　黑格尔在 VPR1，117 明确说道，人们之所以会在市民社会中从事生产，是为了创造可以与他人的产品交换的剩余。

看法为中介的（用马克思的更加准确的术语来讲，这就是商品的交换价值）。[①] 这意味着一个人之所以会在市民社会中从事生产活动，并不是以满足特定个人的需要或愿望为目标的，而是考虑到了自己产品的价值，这个价值是由它在自由市场上可以换到的货币量来表达的；在现代经济中，"一个人只会联系到对象的价值来生产对象"（VPR2，160）。因为市民社会成员的互动是唯独由一种普遍的、没有属性的[②]商品（即货币）来中介的，所以他们在相互关联时并不是具体的、特殊的个人，而只是"抽象的"买主和卖主，他们在一切相关方面都与其他所有买主和卖主相同。

　　可是市民社会的这个特征如何有助于它把它的成员培养成人格体？按照刚才引用的说法，参与劳动和物品的普遍交换有一个益处：它在市民社会的成员中间培养了一种自我意识——意识到自己是一个自由的、普遍的意志——而这据说又是"形式权利"的基础之一。这种自我意识的本性在§209 中得到了更加清晰的阐述，而且这一节又毫不意外地标志着黑格尔从对需要体系的讨论过渡到了对司法的探讨（其中的核心问题之一是人格体的抽象权利的执行）："自我被理解为普遍的人，即跟一切人同一的，这是属于教化（Bildung）的问题，属于思维——采取普遍性的形式的个人意识——的问题。人之所以为人，正因为他是人的缘故，而并不是因为他是犹太人、天主教徒、基督教徒、德国人、意大利人等不一。"（§209A）可见，黑格尔的主张是：参与劳动和物品的普遍交换体系会以一种对于人格自由的系统性实现至关重要的方式塑造社会成员的意识。这种参与促使个人把自己与他人当作在一个根本方面——一切人都具有"普遍性的形式"——相同的存在者，不管他们有多少具体差别。更确切地讲，他们会

---

　　① 与早先的斯密一样，黑格尔也未能完全把商品的使用价值与交换价值区别开来。这个含混尤其出现在他关于人的劳动为它的产品赋予价值的说法中（§196）。在当前的语境下，以及在随后所有用到"价值"一词的地方，它都必须被解释成表示交换价值。

　　② 更确切地讲，货币缺乏一切质的属性，因而（作为货币）只有量的属性，即为物的（交换）价值提供尺度。

逐渐把自己与同胞社会成员看作人格体，而人格体本身是与其他所有人格体相同的，并且他们之所以算得上是人格体（即同一组权利的受承认的承担者），并不是由于他们所具有的任何特殊性质，而只是因为他们拥有人的地位。[①] 倘若一个人把自己当作其他人格体中间的一名人格体，就预设了一种特殊的主观能力，而这在黑格尔看来是一切精神现象的根本：即能够与不同于自身的东西——与"他者"——确立一种同一关系。一名人格体若要展现出这种能力，就要意识到自己既是一个充分特殊化的存在者，在性质上不同于其他所有人，同时又是一个抽象的、普遍的主体，就由这个共同地位引出的权利和责任而言是与其他人格体相同的。黑格尔的主张背后的观点必定是说，参与市民社会之所以有助于把个人塑造为人格体，是因为它要求他们以一种在结构上类似的方式看待他们自己以及他们与他人的关联。[②] 由于个人的经济交易是以市场为中介的，所以他们所遇见的他人并不是具体的、具有独特性质的存在者，而是抽象的、被剥去了一切特殊规定的行动者；也就是说，他们所遇见的他人仅仅是买主和卖主，而这些人就他们作为经济主体所拥有的权利和责任而言是与其他所有人相同的。这一点的原因在于一个事实：经济关系是以市场和市场所预设的价值概念为中介的。作为市民社会的成员，个人之所以能够达到自己的特殊目的，只是因为自己的产品（或劳动力）可以转化为价值这门普遍语言，这门语言必然会抽掉它的对象的一切特殊性质。于是，在市场的语境下，个人之所以有价值（即能够换到商品），也只是基于他们的抽象性质，即作为货币持有者或一定数量价值的占有者。与抽象法所设定的人格体一样，他们

---

① 严格来讲，黑格尔对人（Mensch）的看法不同于他对（抽象）人格体的看法。一个人就是一个被认为具有基本需要的人格体。所以，尊重人权就要求关心这些基本需要的满足，这不同于以狭窄的方式理解的人格权利。如果"人"是以这种方式界定的，那么我看不出它与黑格尔所界定的具体人格体有什么差别。

② 需要注意的是，黑格尔在这里提出的主张会被马克思视为一项唯物主义主张，因为这是社会存在决定社会意识这条原则的一个版本。

也被当成在性质上与同胞社会成员是相同的，从而配得上拥有与其他所有人一样的权利和特权。

社会制度和对特殊性的满足

我在这里将考察黑格尔的客观自由学说的最后一个方面：他主张合理社会制度确保了使社会自由的主观因素成为可能所需的条件，由此推进了社会自由。黑格尔理论的这个部分关注的是：社会成员若要获得一种主观态度，让他们得以把自己在制度中的参与看作自己的自决活动，那么制度必须要有何种特征。我先前宣称，这里最重要的主张是伦理（Sittlichkeit）制度必须能够满足黑格尔所说的"主体的特殊性"，否则个人就不能够通过自己的社会成员资格来找到自己的特殊身份，从而不能够自由地参与社会生活。黑格尔理论的这个部分的核心概念是福利（Wohl）或福祉，他的首要主张是社会制度必须能够满足全体成员的基本物质需要，否则这些制度就无法构成合理的、好的社会秩序。我们在第七章将更加详细地看到，若要证明伦理（Sittlichkeit）制度是好的，表明它们促进了所有个人的基本福利就至关重要，因为黑格尔所界定的好处统一了权利（Recht）与"普遍"福利（§§ 129＋Z, 134）。这个好处的概念意味着倘若社会秩序注意到了社会成员的人格权利，却没有注意到他们的基本福利，它所实现的好处就有欠缺。可是福利在黑格尔的社会理论中的重要性也可以从自由的视角来理解，因为倘若在一个社会秩序中，人的基本需要一直没得到满足，这个秩序就无法让社会成员自由地拥护它——这些成员不仅是意识的主体，而且是物质存在者，有自然的、身体的需要。① 换句话说，若要让伦理（Sittlichkeit）成员能够肯定自己的社会角色，认为它们建构了自己的身份，从

166

---

① 第七章进一步讨论了福利与自由的联系，那里的语境是黑格尔对道德主体性及其核心概念——善——的叙述。

而自由地参与社会生活，条件之一就是这些角色以及为它们提供框架的制度应该允许他们满足自己的物质需要。

毫不意外，黑格尔观点的这一面与卢梭的政治理论有明显的共同点。为了看到这一点，我们可以回想一下，卢梭在表述政治哲学的核心问题时区分了人的两类根本利益——合理国家必须增进这些利益——关于自由的利益和物质福利。[①] 与黑格尔一样，卢梭认识到了物质需要对于人的生存是一个重大事实，而且个人从社会生活中收获的首要好处之一（也是最明显的好处）就是可以在生产生活必需品时通过与他人合作更加有效地满足自己的需要。与黑格尔一样，卢梭的想法是一个社会倘若可以应对社会成员纯粹的精神需要[②]，却不去满足他们的物质需要，就既不可持续，又（在道德上）不合法。可是卢梭只是笼统地陈述了公民的物质福利所需要的东西——生命的维持、个人安全，以及一定数量的基本资源——除此之外，他相对而言不太关注合理国家如何能保障公民的物质需要。[③] 因为黑格尔的伦理（Sittlichkeit）理论超出了国家，包含了非政治制度，所以他能够以比卢梭更加完整的方式叙述在合理社会秩序中，满足所有人的基本物质需要的工作是如何与实践自由的实现这项更有精神性的任务汇集在一起的。为了重构黑格尔的立场，我需要考察福利的本质因素在黑格尔看来是什么，以及他认为合理制度要如何运作才能确保这些因素。

在这样做之前，我们有必要清除黑格尔的福利概念所陷入的一种含混。这里的问题是：这个概念是仅仅指物质福利，还是也包括了我们可以称作精神福利的东西。至少在一个段落中，黑格尔似乎把福利与幸福

---

① 这两者的一个差别是黑格尔把关于物质福利的问题归到了自由这个标题之下，因为一个人要肯定他的社会秩序，从而自由地参与其中，合乎情理的充裕就是一个必要条件。

② 在黑格尔看来，一种纯粹的、脱离了一切物质性的精神需要恐怕是不可能的，因为精神（在他看来）总是自然与意识的统一。

③ 卢梭在《论政治经济学》第三部分确实在某种程度上考察了这个问题；PE，224—236。

（Glückseligkeit）等同起来了（§ 123）。① 在之前的另一处地方，他把福利界定为满足意志的"直接现存的内容"，并把这些内容识别为"冲动、情欲、倾向，意志通过它们显得自己是被自然所规定的"（§ 11）。这些由自然给予的冲动、情欲和倾向——动物也拥有它们（§ 11Z）——会引起需要（Bedürfnisse）（§ 11A），对这些需要的满足构成了人的福利的一个核心因素。② 尽管福利最初被界定为满足由自然赋予我们的需要，但是黑格尔在好几段话中表示，人的福利不仅包括这些"感性"（sinnliche）需要，而且包括"精神"（geistige）需要（§§ 124，11N；VPR1，80），其中最突出的是需要得到他人的承认（§ 124）。（在这里所讲的意义上，对承认的需要并不是一种自然需要，因为它预设了一定程度的自我意识——拥有自我认知，并拥有使它在他人眼中得到确认的欲望——这把承认提升到了单纯的自然领域之上。）

　　在当前的语境下，我将把"福利"仅仅用来指物质福利，它表示人的自然需要或感性需要的满足。我之所以采用这个比较狭窄的对福利的看法，只是因为我在第三章已经考察了伦理（Sittlichkeit）制度如何能顺应"精神"幸福的首要方面，也就是从他人的承认中获得的尊重。我们如果在比较宽泛的意义上理解"福利"，就可以认为第三章的那些主张说明了只要为全体社会成员提供充分的机会，让他们获得各种形式的承认——作为人格体、道德主体、家庭成员、生产者以及公民——合理社会秩序就能确保个人的精神福利所需的（至少很大一部分）条件。我们尚未看到的是黑格尔对合理社会秩序的叙述如何能顺应从我们纯粹自然的冲动、情欲和倾向中产生的需要。

168

---

① 伊尔亭否认了这种等同（VPR1，305 n. 134），但他的主张很难与黑格尔在 § 124 的用词调和起来。不仅如此，伊尔亭为了支持他的主张而引用的段落在我看来也不是决定性的。

② 黑格尔理论的这个部分可以被看成探讨了罗尔斯所说的"人的欲望和需要的诸多特征，它们的相对紧迫性和重复出现的周期，以及它们的发展阶段"。参见约翰·罗尔斯：《正义论》（马萨诸塞州，剑桥：哈佛大学出版社，1971）[John Rawls, *A Theory of Justice* (Cambridge, Mass.: Harvard University Press, 1971). ——译注]，第 424 页。

　　这里应该承认，关于纯粹自然的（即未经陶冶的）冲动、情欲和倾向的观念是非常成问题的。我们即使对历史只有最肤浅的了解，也能确认卢梭在《论不平等》中想要讲述的东西，也就是人的欲望和由此引起的需要很容易在文化和历史的环境中以无数方式被培养出来。不仅如此，这一点即使对于最原始的生物冲动也能成立。例如，20世纪的居民对营养的需要与史前的人对营养的需要是极其不同的，因而对于一个群体可以算作满足的东西在另一个群体那里不能被认作一种满足。黑格尔追随了卢梭，并不想要否认人的需要和欲望具有近乎无限的弹性。同时他也认识到，人并不是一块白板，仿佛随便什么形态的需要和欲望都可以刻在上面。尽管并没有固定的、确定的"人性"，但人的生物性确实给在历史中形成的具体个人的心理构造施加了某些不可回避的限制，这是社会理论不能忽视的。换句话说，人的一些冲动虽然能够采取数不清的具体形式，却天生是人的一部分，因为倘若封闭了它们表达自身的所有途径，就是徒劳而残暴的。一种关于合理社会秩序的理论需要对这些限制有所认知，并确保它所赞同的制度为满足人身上由它们引起的需要提供了充足的手段。

　　既然卢梭把自由看作人的本质特性（SC，I. 4. vi）——离开了这个属性，人就不再是真正的人——他的社会理论所关注的一个核心问题就是证明普遍自由与人的基本物质需要的满足并没有必然冲突。（他在《社会契约论》开头提出的著名问题就是这个意思：是否可能从"人类的实际情况"出发，按照法律的"可能情况"来设计法律（SC，I. 1. i）〔《社会契约论》，第3页。——译注〕）我们已经看到，黑格尔同样认为自由是人的"实质本性"〔《哲学史讲演录》第4卷，第234页。——译注〕，而且合理社会秩序必须允许物质需要以一种可以顺应这个观点的方式得到满足。黑格尔的立场与卢梭的立场是有分歧的，其中最重要的方面是：在黑格尔看来，寻求物质福利不仅与自由相容，而且在自由的实现中起到了实质性的作用。福利与自由不只是能够共存；毋宁说理性为了实现它的目的而积极利用了人的感性。这一点应该如何理解？

我将首先考察自由与物质需要在家庭中是如何相互关联的。我们已经看到，家庭之所以是一种具有合理必然性的制度，是因为它以许多关键方式推动了自由的实现：它为它的成员提供了特殊身份，由此让他们得以自由地使自己的私人意志让位于由集体好处提出的要求；它给社会秩序提供了后者所需要的人类个体，否则社会秩序就不是一个能维持自身的整体；它还把儿童在主观上塑造成了人格体、道德主体和公民。现在考察的黑格尔的这部分观点为这番叙述添加了一项主张，即家庭生活的一个"环节"或目的是"满足性冲动"（VPR2，130）。换句话说，家庭之所以算得上是合理的，还有一个原因：它把单一配偶的性爱制度化了，从而让成年的家庭成员得以把人身上最强烈的冲动之一以一种与自由的实现相一致的方式表达出来。可是我已经提到，黑格尔想要提出的主张不只是自然的冲动和需要可以与自由相容。在家庭中，性冲动之所以积极推动了自由的实现，是因为它是一种强大的力量，可以使两名成年人一同步入婚姻，而且有助于在抚养子女这项漫长而艰难的任务中使他们保持结合。① 由于这是自由的实现所要求的，所以家庭可以说为了合理目的而利用了人的性需要，从而为一种原本是纯粹自然的冲动赋予了伦理意义。黑格尔是这样表达这个观点的："婚姻包含了一个自然的环节……[在这个环节中，]自然的关联被升格为一种精神的关联，而没有被丢弃……伦理的环节就在于对自然的克服。另外，这种自然的关联并没有被看作某种低下的或错误的东西，也没有被看作一种缺陷，仿佛一个人单纯是由于人性的不完善才陷入了这种缺陷。"（VPR2，130－131）

婚姻的自然要素虽然始终是服从伦理的——它只有较低的价值，而且

---

① 人的需要——在这个例子中就是性需要——在这里再次显示出自己是理性的伴侣。它不仅保证了人在教化（Bildung）过程中的参与，而且提供了一种自然动力，使他们可以进入一种与他人发生伦理交往的形式。

"只有在被纳入伦理统一体时才拥有尊严"（VPR2，132），却又是一个本质
要素："[有些]教派通过最严格的禁欲来[实现]神的意志……[这]并不是
170 一种多么高尚的德性。作为生命体，人必定具有[性]冲动，必定要满足
它，并把自己提升到它之上。"（VPR1，253）这里提出的观点是——与柏拉
图关于爱的理想相反——婚姻倘若在完成较高的任务时脱离了性满足，就
是一种不圆满的结合，比不上在完成较高的任务之余还使性吸引保持活力
的婚姻。这是因为"[这种]关联包含了人格体的整个总体——其中不仅有
心智和感情，而且有感性的存在"（VPR1，253）。换句话说，在这样一种婚
姻中，自然的命令与精神的命令达到了更加完整的和谐；自然的需求与伦
理的需求是统一的、相互巩固的。这就是说，用我们之前遇到的一个说法
来讲，一种"相互渗透的统一"存在于自然与自由之间。

市民社会明显增进了社会成员的物质福利。它有利于经济合作，从而
让人得以更加可靠、更加有效地生产出他们存活所需要的物品。在现代世
界中，市民社会还让大多数个人不仅能够存活——满足"某些普遍需要如
吃、喝、穿等"（§189Z）——而且能够在物质上获得一定水平的舒适和享
受（§§191Z，195），这种舒适和享受所惠及的范围在人类历史上是前所
未有的。黑格尔追随了斯密，把现代生产力的主要根源确定为广泛的分
工，而不是市民社会的任何鲜明的资本主义特征（§198）①；分工让复杂的
生产过程得以分解为简单的任务，从而得以由不同的个人来完成，并极大
地提高效率。黑格尔还强调了市民社会的另一个特征，即生产事实上是由
市场支配的——他很可能认为这个特征促进了市民社会引人注目的生产

---

①　按照马克思的领会，斯密和黑格尔所称颂的分工并不是资本主义所特有的，因为它还是
至少某些形式的社会主义生产的一个特征。马克思指出，资本主义是由生产的社会形式（social
form of production）[例如，《资本论》第2卷，人民出版社2004年版，第44页。——译注]界定的，
而不是由物质生产方式界定的。在资本主义社会中，前者包括某些基于阶级的生产关系（在这里，
生产资料是为私人所有的，大多数个人除了自己的劳动力之外并不占有这类资料）和一个特定目
的，开展生产就是为了这个目的（即无止境地积累由私人占有的剩余价值）。有趣的是，资本主义
的这两个本质特征在黑格尔所描述的市民社会中都没有起到突出作用。

率，虽然他并没有明确说过这一点。在这里，黑格尔也实质性地接受了斯密的主张，即不受管制的市场是一种极其有效的组织生产和确保总产出最大化的方式。这种社会的运作并不是由中央协调的，而是由大量独立的行动者承担的，推动他们的仅仅是他们本人的经济收益。由于市场可以如此有效地利用自利的力量增进整个社会的物质福利——它所遵循的原则是："我在促进我的目的的同时，也促进了普遍物"（§ 184Z）——所以市场在实践自由的实现中起到了不可或缺的作用，而且是现代性对完全合理的社会秩序所做出的最重要的贡献之一。[①]

　　最后，市民社会在增进社会成员的福利时所获得的成功之所以有助于自由的实现，还不止是因为它让个人得到了好处，从而为他们提供了物质激励，让他们得以不受强制地参与具有客观合理性的制度（即可以实现自由的制度）。与家庭一样，市民社会为了达到自由的目的，也间接利用了社会成员的物质需要。为了表达它这种做法的首要方面，黑格尔把它描述为一种"在一切方面相互依赖的制度"（§ 183），其中"个人的生活和福利……同众人的生活、福利……交织在一起，它们……只有在这种联系中才是现实的和可靠的"（§ 183）。因此，正如卢梭清楚地认识到的那样，广泛的分工——市民社会依靠这一点才能生产出生活必需品——使对他人的彻底依赖成为现代世界的一个突出的、不可回避的特征。然而，与卢梭不同，黑格尔认为这种依赖对于自由主要是有益的，而不是一种威胁。我们在本章前面看到，这是因为正是这种对他人的依赖会迫使个人在决定自己的（社会生产）活动时走出自己单纯的特殊视角，采取一种普遍视角——后者恰当地考虑到了抽象的他人有何种需要和看法。可见，市民社会不止是一种极其有效的满足物质需要的手段；它还在暗中利用了这些需要，促使

171

---

　　①　黑格尔在这里再次凸显了市民社会的一个对于资本主义至关重要的特征，但它并不是资本主义所特有的。一个值得进一步讨论的问题是：某种形式的市场社会主义能否顺应市民社会在黑格尔眼中作为一种合理制度所具有的特征。

它的成员得到了教化（Bildung），成为人格体和道德主体。

　　有必要提一下，黑格尔对市民社会的探讨并没有终结于这些来自斯密的赞扬市场和分工的观点。因为黑格尔比斯密更加敏锐地意识到，完全不受管制的经济是有内在缺陷的。市场虽然在生产物品时极其有效，但在满足社会成员的物质需要时，它就自身而言并不是一种完全合理的手段。之所以这样讲，最重要的理由是市场尽管促进了大量物品的生产，却不能保证它们的合理分配。① 后者所要求的不单纯是拿出足够的物品来满足整个社会的物质需要，而是物品的分配应该让每一名个人的物质需要都得到满足——这是一条更加严格的要求。［黑格尔所设想的好处不仅涵盖了整体的福利，而且涵盖了一切人的福利（§§ 125，230）；所以在市民社会中，"所有个人的福祉都应当获得满足"（VPR2，189）。］为了使全体社会成员有可能支持市民社会，并在承担他们在市民社会中的角色时如同"在家里"一样（从而是自由的），他们就必须能够认为社会的繁荣不会与自己的私人苦难相伴随；因此，市民社会庞大的生产能力的真实目的并不是单纯地创造财富，而是向每一名个人保证他的需要会得到满足（§ 230）。可是黑格尔认识到，财富的巨大落差、包括极端的贫困是不受管制的经济不可避免的后果（§§ 185＋Z，241－245），而当个体参与者成功发财、从而获得人们在社会合作中生产的物品时，这却是由"或然的情况"（§§ 200，241）决定的。出于这个理由，市民社会若要完全成功地满足社会成员的物质需要，市场就必须与另外两种制度相伴随，即同业公会和黑格尔所说的"警察"。

　　同业公会在应对贫困问题时的主要任务是保障自己成员的需要，因为他们有可能要么没有工作，要么被"或然的情况"所影响——祸不单行的事情并不罕见——无法作为市民社会中的个体参与者达到自足（§§ 252，

---

　　① 我们还必须指出——尽管很难说黑格尔是否认识到了这一点——单凭自由市场同样不能够保证生产出足够的种类合适的物品，以便满足所有人的物质需要。这是因为市场回应的是有效需求；如果一个人在自己需要的东西面前缺乏购买手段，他的需求就不会得到回应。

253A）。可是同业公会显然不足以彻底消除贫困，因为市民社会的许多成员——比如做零工的和缺乏技能的工人（§ 252A）——并不从属于任何同业公会。黑格尔若要就贫困问题设想一个总的解决方案——许多人以为他并没有这样做①——那么这个方案必定在他对警察（我们可以把它称作公共事务机关）的叙述中。

就物质需要的满足而言，警察的头号职责是促进物品交换，照顾公共健康，并确保生活所必需的商品的质量（§§ 235－236；VPR2，190；VPR4，597）。它似乎还要负责确保市民社会的全体成员都能获得满足自己的基本物质需要所要求的物品："关于穷人的问题，［公共］权力接替了家庭的地位……顾到他们的直接匮乏"（§ 241）。不过，黑格尔实际上从来没有为这个在现代尤为显著的（§ 244Z）社会病症找到一个可以让他全心全意予以赞同的解决方案（这是他值得称赞的地方），尽管他为此付出了长期努力。虽然公共福利体系也许看起来明显可以应对贫困问题，而且完全属于警察的职权范围，但是黑格尔对这样一种提议的疑虑是很著名的。［在他含混地提到"公共赈济机关"（§ 242A）时，他最接近于赞同一种由国家资助的福利体系。］他的理由与当代围绕贫困的"文化"［指 20 世纪中叶出现的一种社会理论，它试图从穷人的主观精神和生活方式的角度研究贫困代代相传的原因。许多学者不能同意在这种情况下使用"文化"一词。——译注］产生的辩论并非毫无关系：虽然以捐赠的形式援助穷人也许可以应付物质需要的问题，但这种做法却使穷人无法获得市民社会中的参与者所能得到的一种（在他看来）更加重要的好处，也就是一个人由于凭借自己的劳

---

① 有大量文献都与黑格尔对贫困的探讨相关。最好的一些论述包括伍德：《黑格尔的伦理思想》，第 247－255 页；迈克尔·O. 哈迪蒙：《黑格尔的社会哲学：和解的企图》（剑桥：剑桥大学出版社，1994），第 236－250 页；梭罗莫·艾维尼里：《黑格尔的现代国家理论》（剑桥：剑桥大学出版社，1972）［Shlomo Avineri, *Hegel's Theory of the Modern State* (Cambridge: Cambridge University Press, 1972). ——译注］，第 146－151 页，第 214－218 页；以及哈利·布罗德：《黑格尔的政治哲学》（科罗拉多州，博尔德：西方视野出版社，1992）［Harry Brod, *Hegel's Philosophy of Politics* (Boulder, Colo.: Westview Press, 1992). ——译注］，第 107－110 页。

动和努力来满足物质需要而产生的"精神"满足——自尊和他人的承认
（§§ 244＋Z，245）。

黑格尔还拒斥了另一个提议，即公共事务机关可以用国家的钱创造岗
位，由此缓解贫困。他在这里的理由是经济的，而不是伦理的：人为创造
的岗位只会加剧生产过剩的现象，这是贫困最初的起因。如果根本问题在
于生产出来的物品超过了可以在市场上找到买主的物品，正如黑格尔所认
为的那样，那么更多的岗位就仅仅意味着生产的增长，并最终意味着私人
部门中的岗位会流失得更多（§ 245）。（黑格尔当然没有想到凯恩斯的药
方，即用国家资金雇用失业者去从事公共工程，这些工程会改善生活质
量，却不会助长物品的生产过剩。）在考察了私人慈善、济贫税、让穷人自
谋出路乃至国家颁发的乞讨执照之后（§ 245＋Z），黑格尔承认，现代贫困
还没有一个完全令人满意的、与市民社会的原则相一致的解决方案（§
245）："因此，市民社会在总体上缺乏消除贫困的力量。它只能求助于一
种不属于它自己的力量，即土地所有权。这不是市民社会在自身内部所拥
有的某种东西；毋宁说市民社会必须指望某种别的东西。这显示出了殖民
的必然性。"（VPR2，198）

黑格尔的结论是必须依靠殖民——或者更浅显地讲，依靠帝国主
义——来缓解贫困；这对他的理论志向造成了严重打击。这个解决方案显
然未能符合他本人关于合理社会制度所提出的标准，因为它意味着现代社
会秩序恰好不是一个稳定的、自足的体系，而是必须依靠某种在它自身之
外东西才能达到它的目的。即使我们不再专注于单个民族国家，而是把整
个地球视为一个渴望自足的单位，在这里也是没有用的。因为这里有一个
非常严峻的问题，即帝国主义如何能与被殖民的土地上原有居民的自由相
容；不仅如此，黑格尔所提出的药方至多也只是一个临时的解决方案，它
只有在地球上有些部分没有被殖民的情况下才能起作用。在那之后，黑格
尔所设想的完全合理的社会秩序又如何能得到实现？

174

黑格尔本人承认，难以解决的贫困指出了"市民社会概念中的一个深刻缺陷"（VPR2，201）。鉴于这一点，我们很难设想人们如何能避免得出进一步的结论：按照黑格尔本人的标准，他未能证明现代社会世界具有完全的合理性。然而，我们有必要认识到，这个失败丝毫不能驳斥黑格尔的伦理（Sittlichkeit）理论在评价社会秩序时使用的规范性标准。由于我在这里的目标是捍卫并阐明这些标准，而不是论证我们自己的世界可以符合它们，所以我不会考察我们能否既为贫困找到一个令人满意的解决方案，又让市民社会的基本特征得以保持完好。就我的目的而言，我只需要清楚地表明为什么持续贫困对于黑格尔主义社会理论家必定是不可接受的，并进一步指出对市民社会的当代批判有可能在黑格尔对什么可以算作合理社会秩序的叙述中找到怎样一个立足点。

第六章

黑格尔的社会理论与
方法论原子主义

　　前面三章关注的是填充黑格尔对社会自由的看法的两个基本方面——主观因素与客观因素——所包含的许多细节。我们既然已经看到了这两个要素如何共同形成了伦理（Sittlichkeit）理论的基础，就有能力更有成效地思考一个在这里反复浮现出来、却依然未能得到解决的基本哲学问题了，那就是在黑格尔对合理社会秩序的叙述背后，个人好处与集体好处有怎样的关系。更确切地说，现在是时候确定我们可以在何种程度上同意第一章已经提到的艾伦·伍德的论断了：在黑格尔的社会理论中，"集体好处之所以有价值，是因为它们对于个人有价值"①。我把这个论断理解为如下主张：在黑格尔看来，集体好处可以毫无保留地被还原为个人好处。

　　确定黑格尔在这个问题上的立场并不是一项简单的任务，这首先是因为集体好处可以被还原为个人好处这项主张可以得到多种多样的解释，其次是因为黑格尔并没有在任何地方恰好用这些术语明确陈述他在这个问题

---

　　① 艾伦·W. 伍德：《黑格尔的伦理思想》（剑桥：剑桥大学出版社，1990），第259页。

上的立场。在他最接近于直接讨论这个问题的地方，他大致说道，社会哲学不能"原子式地进行探讨"或者"以单个的人为基础而逐渐提高"（§156Z）。为了重构黑格尔的观点，我们可以在他对社会契约论的批判中找到进一步的、更有实体性的资源——这番批判是由众多分散在他的各种著作中的难以捉摸的评论所构成的。① 我在本章想要考察其中一些评论，以便重构黑格尔关于集体好处与个人好处的关系的观点。在这个过程中，我将主要专注于一个非常复杂的问题，它关系到他的社会理论在何种程度上与我所说的方法论原子主义的某个版本相一致。② 有必要提一下，我在这里讨论的方法论原子主义与社会科学哲学家通常称作方法论原子主义的观点并没有关系；后者是一种认识论学说，它认为关于人的科学中的一切解释都可以被还原为关于个人的行动和状态的主张。这里所考察的方法论原子主义关注的是对社会现象的评价，而不是对它们的解释。它是规范性社会理论在规定或"构造"某个社会存在者——比如，国家——的合理目的时所运用的一般方法或一般程序。

176

　　我在这里将聚焦于方法论原子主义的一个特殊版本，黑格尔在描述社会契约论的基本学说时使用的一个说法提示出了这个版本。在他看来，社会契约论所独有的特征是把"单个人本身的利益"看作政治结合的最终目的（§258A）。后面我将更加详细地解释这个观点，但在眼下，我们可以用如下观点来描述黑格尔所关注的方法论原子主义：社会群体的集体好处是由一些原则界定的，这些原则可以彻头彻尾地从一个起点出发来构造，这个起点就是仅仅考虑这个群体的成员在被看作个人时所拥有的利益，也就是说，需要原子式地看待这些成员，抽掉他们在所考察的特殊社会制度中

---

　　①　就重构黑格尔对社会契约论的批判而言，最重要的文本资源是§§ 29A，75A+Z，258A+Z；NL，59—70，85—92，123—124/11，440—453，470—480，518—519；LHP，vol. Ⅲ，401—402/XX，307.

　　②　这个术语受到了先前引用的黑格尔的一个评论的启发，他在那里否认了社会哲学可以"原子式地进行探讨"。

的成员资格。我认为，这个学说如果运用到政治制度领域，就是所有版本的社会契约论(包括霍布斯、洛克、卢梭的版本，甚至也许还有罗尔斯的版本)的一个本质特征，但它也是另一些形式的自由主义的核心，其中包括一些效用主义(utilitarian)理论。按照这个界定，方法论原子主义就不是一种可以被随便什么社会理论或政治理论所采用的程序，仿佛它对于理论的内容是中立的一样。相反，就任何可供考虑的对社会群体的集体好处的看法而言，方法论原子主义都包含了与这种看法可能具有的内容相关的一项实质性主张，那就是社会整体的好处所包含的一切目的都必定可以从构成这个整体的个人(在被视为个人时)的利益中推导出来或构造出来。①

177   按照这样的描述，方法论原子主义就能以一种可行的、具有历史影响力的方式解释前面的论点，即集体好处可以毫无保留地被还原为个人好处；但我们在这番讨论的一开始就有必要认识到，它并不是解释这个论点的唯一方式。为了看到这一点，我们可以考察一个志愿团体的例子：它由一群热忱的舞蹈爱好者组成，他们的目的是一起练习，在同伴面前表演，并开展相互批评。这个团体的成员所实现的好处不能简单地被理解为他们作为个人所拥有的利益得到了满足。因为在这里练习的舞蹈是一种具有内在社会性的活动；也就是说，对从属于这个群体的个人来说，他们同胞成员的参与和反应建构了他们力求达到的目的，而且一个人倘若不能增进并关心自己同伴的(一部分)好处，就不可能在这个群体中获取自己的好处。在这种情况下，跳舞的欲望在自身内部包含了与他人建立某些非工具性的关联的欲望。除此之外，我们仍然可以认为，这个团体所实现的好处可以被还原为它的个体成员的好处。换句话说，整个团体所实现的好处也许不

---

① "推导""构造"和"还原"这些说法的含义远远不够清晰；至于集体目的在什么意义上可以从个人目的中构造出来，这里所提到的自由主义理论也持有非常不同的观点。不过，这些理论都首先把一组合理目的的归于假设的、先于政治结合的个人，然后追问如何最好地协调这些目的，由此推导出集体目的。我在后面详细考察了这个程序的一个特定版本，即卢梭所使用的版本，他是我在这里最感兴趣的社会契约论者。

能脱离它的个体成员在参与它时以多种方式获得的益处。如果是这样，这个团体的例子就表明，一个群体的集体好处虽然可以被还原为个人好处，却不能被还原为他们作为个人所拥有的好处。隐含在社会契约论中的方法论原子主义对政治领域中的个人好处与集体好处的关系持有一个比较狭窄的观点；它宣称，合理国家的目的可以完全从它的个体成员所拥有的利益中推导出来，这种做法不仅可以脱离他们在这种制度中的成员资格，而且先于这种成员资格（虽然未必能脱离他们在随便什么社会群体中的成员资格）。①

　　我最终将证明，黑格尔的社会理论拒斥了对这个学说——集体好处可以毫无保留地被还原为个人好处——的这两种解释，并主张合理社会秩序所实现的好处不仅高于它的个体成员的好处，而且不能被还原为后者。然而，我同时也将力图表明，与通常的想法相反，黑格尔的立场与上述学说的两个版本都十分接近。最重要的是，我主张伦理（Sittlichkeit）理论用到了一种对个人作为个人所拥有的好处（或根本利益）的看法，尽管这一点是隐含的；它使用这个观念是为了对合理社会秩序可能的组织形式施加约束。更确切地讲，它把全体社会成员的这些利益的满足看作一个社会秩序为了被算作完全合理的秩序所必须满足的条件之一。这意味着合理社会秩序据说可以实现的较强的整体主义好处必须与它的所有个体成员在被视为个人时的根本利益的满足是相容的。为了证明这些主张，我需要详细考察黑格尔是如何试图与社会契约论，以及在更加一般的意义上与它所预设的方法论原子主义保持距离的；这个问题得到了很多讨论，却极少得到理解。

　　在社会契约论传统的现代批判者中间，黑格尔也许是最猛烈的；对许

---

　　①　换句话说，社会契约论一般并不会把自然状态下的成员描绘为丧失了一切社会关系的人；它只会抽掉一切政治结合的纽带，因为国家（而非家庭等）才是它的探究对象。

多读者来说，他看起来显然毫无疑问比任何人都更有资格被算作一名方法论原子主义的反对者。尽管我最终并不否认这个判断在某种意义上是正确的，但在这里我想要首先质疑这个关于黑格尔立场的广为接受的假定，以便澄清他与方法论原子主义的分歧到底在何处，以及这个分歧有怎样的意义。这意味着我不会仅仅从表面上对待黑格尔对社会契约论的明显拒斥，而会试图以黑格尔本人并未达到的清晰性来确定他在为合理社会制度辩护时所使用的基本哲学思路在何种程度上与卢梭——他是在精神上最接近于黑格尔的社会契约论者——所运用的思路在种类上是不同的。①

在确定个人好处与集体好处在黑格尔的社会理论中的关系时，我们之所以会遇到特别困难的挑战，一个原因是按照这里所给出的重构，在伦理（Sittlichkeit）中实现的主要好处——社会自由——在第一章所区分的较强和较弱的意义上都是一个整体主义属性。因此，一方面，社会秩序本身（而非构成它的个人）被看成自决的，因为它作为整体可以维持它自身，并展现出概念的合理结构；另一方面，伦理（Sittlichkeit）的个体成员据说事实上可以享受一种独特的（社会）自由：（1）他们通过社会参与的一种形式找到了自己的特殊身份，而且在这种参与中，他们由于把公意作为他们自己的意志来加以拥护，所以仍然仅仅服从自己的意志，因而在主观上是自由的；（2）他们自愿参与的社会秩序满足了由客观自由学说界定的合理社会秩序所需的前提，而这并不依赖于他们的主观态度。（也就是说，社会秩序确保了实现人格自由和道德主体性的自由所必需的条件，也确保了社会成员的主观态度；在这个过程中，社会秩序本身始终可以维持它自己，并在至关重要的三大社会领域中为个人提供了各式各样的社会成员资格。）可见，为了实现社会自由，整个社会秩序必须在一种意义上达到自决（它

179

---

① 我们之所以有必要质疑公认的观点，一个原因是在把黑格尔对社会契约论的评论编织成一番连贯的批判时——批判的对象是对政治理论的社会契约论进路的某种可行的解释——我们会遇到极大的困难。

必须可以再生产它自身，它的结构也必须符合概念）；同时，构成它的个体成员的社会活动必须在另一种并非黑格尔所特有的意义上是自决的（大体上讲，他们并不服从陌生的意志）。

　　这番叙述会引发许多相互关联的问题，它们关系到较强的整体主义意义上的社会自由在黑格尔那里具有怎样的价值，以及这种价值与个体社会成员的好处有怎样的关系：社会整体所达到的自决之所以有价值，只是因为它以某种方式保障了个人好处，还是因为它也是一种自在的好处，不依赖于它在实现个人好处时所具有的随便什么工具性的价值？反过来讲，个体社会成员所享有的自决之所以重要，只是因为它对于较强的整体主义意义上的社会秩序所达到的自决至关重要，还是说它拥有一种独立的、属于它自身的价值？抑或两种形式的自决就其本身都是有价值的，不论它们有怎样的相互关系？倘若是这样，那么这些好处是否有一种等级关系，即其中一种被认为高于另一种？之前提到，我的提议是在处理这些问题时首先探讨一个密切相关的、尽管有所不同的问题，它是由方法论原子主义提出的：为了得出一种对合理社会秩序的基本目的的完整叙述，我们能否从叙述社会成员作为个人据说可以拥有的合理目的开始，不管他们通过自己的社会成员资格本身可以获得怎样的利益？换句话说，除了个人在独立于社会成员资格时所拥有的目的，以及单纯由这些个人目的的合理协调来界定的目的之外，黑格尔所描述的合理社会秩序是否还会追求任何别的目的（或者实现任何别的好处）？如果是这样，那么它们是怎样的目的？

　　如果说黑格尔的社会理论有可能按照方法论原子主义的条条框框来重构，或者有可能接近于这种重构，那么我们一开始会很难严肃看待这个提议；原因有很多。让我们在这里提出两个原因：第一，按照黑格尔在许多段落中的描述——他的文本中到处都是这样的段落——合理社会秩序实现了一种无条件的或神圣的好处，这种好处仿佛处于一个与有限的人类个体所拥有的好处完全不同的（而且是更高的）级别。我可以引用几个有名的例

子：黑格尔把国家（这里应当被理解为全部合理社会制度的总和）描述为
"自在自为的理性东西"（das an und für sich Vernünftige），并进一步把它
描述为"绝对的不受推动的自身目的……［它］对单个人具有最高权利……
成为国家成员是单个人的最高义务"（§ 258；着重号已忽略）。更加声名狼
藉的说法是："神自身在地上的行进，这就是国家。"（§ 258Z）

　　还有一条理由可以让我们相信黑格尔拒斥了方法论原子主义：他对社
会契约论传统的很大一部分批判似乎都明确指向了一点，即它不仅原子式
地看待个人，而且把个人好处放在了首要地位。在他对这种批判的成熟
的、最充分的阐述中，有一段话强烈谴责了把"单个人本身的利益"作为
"这些人结合的最终目的"（§ 258A）的政治理论。① 然后，黑格尔立刻对他
本人的观点做了一番描述，并认为它与刚才描述的立场有直接冲突："但
是国家对个人的关系，完全不是这样。由于国家是客观精神，所以个人本
身只有成为国家成员才具有客观性、真理性和伦理性。结合（Vereinigung）
本身是真实的内容和目的，而人的使命是过普遍生活。"（§ 258A）如果个
人只有在合理社会秩序中过"普遍生活"才能达到"客观性"和"真理性"，如
果结合本身是社会生活的最终目的，那么——看上去——个人作为个人所
拥有的利益（这里抽掉了他通过相关的各种形式的社会成员资格所获得的
归属）对社会理论来说就不是一个合适的出发点。刚才引用的段落清楚地
表明，黑格尔之所以会拒斥唯独从个人本身的利益推导出社会制度的合理
目的的理论，是出于他的一个假定：这个做法会促使一个人把社会成员资
格对个人而言所具有的价值理解为纯粹工具性的东西（相反，"结合本身"
才是社会成员资格的"真实的内容和目的"）。倘若我们局限于这里提到的
181　几种个人利益，也就是"安全以及对所有权和人格自由的保护"［同样出自
　　§ 258A。——译注］，那么这个假定看起来就是可取的。黑格尔的想法

────────────

　　① 他在同一处地方把他所反对的立场描述为把"单个人意志的原则"当作"基本概念"（§
258A）、因而"从个体性、个体的自我意识出发"（§ 258Z）的立场。

是，对一种仅仅从诸如此类的利益出发的理论来说，社会成员资格（在这里就是以比较狭义的方式来理解的政治成员资格）之所以可以有意义，只是由于个人把它作为手段来达到他们共享的、却又相互分离的目的，而不是由于实体性的社会纽带和共享的最终目的——它们在黑格尔的伦理（Sittlichkeit）理论中处于极其突出的位置，是以它为根源的。倘若在建立合理社会制度时可以允许的目的仅仅包括个人所拥有的目的，而且这些目的先于家庭的、行业的和政治的归属（即抽掉了这些归属），那么我们有什么根据可以主张个人在参与社会活动时是为了这种参与本身——他们把社会制度的"普遍利益"当作"他们的最终目的"（§ 260）——并把这作为合理社会秩序的一个本质特征？

　　后面我将证明，如果试图把黑格尔的理论重构为方法论原子主义的一个版本，那么第一个要点——黑格尔把国家描述为一种无条件的、神圣的好处——的确会带来真正的问题。（我将把对这个问题的讨论推迟到本章末尾。）然而，我们现在有必要看到，第二组考虑对这样一种重构所造成的障碍要小得多。前一段话所描述的黑格尔对社会契约论的拒斥立足于一种高估：他高估了内在于社会契约论的方法论原子主义在何种程度上必定会转变为一种实体性的个人主义理论（例如，认为社会成员资格无非是达到个人本身的目的所需的手段，以及为了达到这些目的，个人不必把他人的好处看作自己的最终目的之一）。这种误解很容易产生，却很难摆脱；出于这个理由，这里有必要比较详细地解释一下为什么黑格尔关于方法论原子主义的实体性后果的隐含假定是错误的。[1]

　　为了达到这个目的，第一步是清除一种关键的含混，这种含混内在于我们对当前问题的表述，即这个问题关系到合理社会秩序中的成员资格对

---

　　[1]　罗尔斯在讨论"社会结合"时，以及在否认社会契约论肯定会赞同"私人社会"的理想时提出了类似的观点。他对这两种结合的对比与黑格尔在这里关注的区分是平行的。参见约翰·罗尔斯：《正义论》（马萨诸塞州，剑桥：哈佛大学出版社，1971），§ 79。

构成它的个人有怎样的好处。要显示出这种含混，我们最好聚焦于这个表述中的"对"（for）字［即"对构成它的个人有怎样的好处"中的"对"字。——译注］，它可以具有两种不同的含义。按照一种理解——主观意义上的"对"字——它指的仅仅是个人在据说对他有好处的东西面前的有意识的态度。按照这种解释，当且仅当我事实上认为某个东西有价值，或把它看作我的一部分好处时，它才对我有好处。因此，如果一名父亲很重视他在家庭生活中的参与，这个事实就足以使它在这个意义上对他来说成为一种好处。倘若在第二种意义上、即在客观意义上理解"对"字，那么在宣称社会成员资格对个人有好处时，我们所指的就不是他们本人对这种成员资格的价值的评估，而是它对他们所具有的客观价值。以这种方式来看，这是一个从哲学视角提出的说法，这个视角也许外在于社会成员的实际意识——或者用黑格尔的术语来讲，外在于他们的主观态度。要在这个意义上说合理社会秩序对个人有好处，就是主张社会成员资格满足了所有个人作为个人所能拥有的利益，不管他们有意识地持有何种价值观。

黑格尔关于社会成员的主观态度的学说认为，在合理社会秩序中，社会参与对个人来说并不只有第一种意义上的单纯工具性的好处：他们会认为他们为了集体目的所进行的活动就其本身就是有价值的。然而，内在于社会契约论的方法论原子主义会引出一项主张，即合理社会秩序在第二种意义上对个人是有好处的：它满足了个人本身的根本利益。我们当然还远远不能断定这两个不同的论断可以在同一个社会理论中连贯地统一起来，因为我们似乎仍然可以认为，一种立场倘若唯独植根于对个人好处（或个人的根本利益）的叙述，而不考虑他们的社会归属，就不能够得出一个观点，即个人必须能够把家庭、行业和国家的集体目的作为自己的最终目的来加以拥护，否则社会世界就不是完全合理的。前面提到的黑格尔对社会契约论的一部分批判恰好隐含地立足于这个表面现象，即刚才描绘的两个论断是不相容的。

这里有必要回想一下，黑格尔对这项主张的支持依赖于他关于何种利益算得上是个人本身的利益所做的一个关键假定（这种利益是"安全以及对所有权和人格自由的保护"）。黑格尔在批判社会契约论时所想到的这几种个人利益有一个重要方面：追求并满足它们的行动者可以坚持极端个人主义的自我认知。也就是说，他们可以把自己设想为自主的、自立的存在者，对他人的好处并不抱有非工具性的关注。尽管为了达到个人安全的目的，这类个人很可能需要与其他自立的存在者在一个共同防御的方案中通力合作，但是唯独为了这个目的而联合起来的个人没有理由把自己同伴的好处纳入自己的最终目的，也没有理由认为自己的社会合作不只是达到这个目的所需的有效手段——他们之所以抱有这个目的，并不依赖于自己与他人的结合。我在第三章界定伦理（Sittlichkeit）成员与他们的制度理应具有的意志中的同一时引入了一个术语，我们在这个术语的帮助下可以得出同样的观点：黑格尔在批判社会契约论时所想到的个人利益是行动者在不舍弃他们完全私人的意志时所能追求和满足的利益（也就是说，每个人都可以继续拥有一种意志，它唯独指向他自己作为有别于他人的、没有归属的个人所拥有的利益）。

既然我们发现黑格尔对方法论原子主义的拒斥依赖于他关于个人作为个人所拥有的利益有怎样的本性所做的这个假定，我们就应该进而提出如下问题：倘若与黑格尔的假定相反，还存在另一种好处，它可以满足两点：（1）获得这种好处代表了个人（本身）的一种根本利益；（2）个人若要普遍地获得它，就必须成为一种主体，这种主体往往会把自己同伴的（至少一部分）好处看作自己的最终目的之一；那么，情况会是怎样？换句话说，倘若在个人本身可以拥有的利益中间有一种利益，它的满足要求（这条要求是所有人的满足所需的条件，正如哲学反思所揭示的那样）个人不能把自己设想为彻底自立的单位，而应该认为对自己的存在而言，自己与他人在某些社会群体中的关联构成了自己身份的一个内在部分，而且这导致自己获得了一种能力，即为了集体好处本身而希求这种好处，甚至以（某些）私人目的为代价；那么，情况会是怎样？我们当然可以回答说，如果有这样一种利益，黑格尔本人的社会理论就远远不像他所断定的那样是与方法论原子主义的一切版本都不相容的。可是这样一种利益是否存在？我将在这里证明，黑格尔和卢梭在他们社会理论的最底层都隐含地坚持认为有这样一种利益；不仅如此，他们还都认为这种利益是一种关于自由的利益。

184

黑格尔和卢梭都支持一个观点：合理社会秩序的一个本质特征是它的成员会认为他们的社会参与——他们在为普遍目的服务时所进行的活动——并不只有单纯工具性的价值；为了更加清楚地看到方法论原子主义如何能与这个观点相容，我们有必要更加详细地说明这两个立场是如何在卢梭对社会契约的叙述中统一起来的，尤其是他对自由的理解——自由是个人的一种根本利益——如何让他得以结合这两个立场。

卢梭

卢梭事实上的确想要统一这两个立场，他对社会契约的叙述有一个突出的、向来使解释者感到迷惑的特征，它可以清晰地证明这一点。[①] 我所说的特征是：卢梭坚持认为，为了解决政治理论所面临的核心问题，合理国家的公民需要具备一种与他的理论一开始假设的自然状态下的居民极其不同的主观构造。自然状态下的个人据说"自身……是一个完整而孤立的整体"（SC，Ⅱ.7. iii）[《社会契约论》第 50 页。——译注]，一个仅仅考虑他自己的存在者（SC，I.8. i），而且只会被他的"私人"利益（即纯粹以自我

---

① 例如，参见帕特里克·莱利的《意志与政治合法性》（马萨诸塞州，剑桥：哈佛大学出版社，1982）[Patrick Riley, *Will and Political Legitimacy* (Cambridge, Mass.：Harvard University Press，1982).——译注]，第 110 页，他的论断是——在我看来是错误的——这个特征在卢梭的政治理论中构成了一个核心的、不可解决的悖论。

为中心的利益)所推动(SC，Ⅱ.7.ix)。相反，公民理应把自己当作"一个
更大的整体的一部分，[他]以一定的方式从整体里获得自己的生命与存
在"(SC，Ⅱ.7.iii)[《社会契约论》第50页。——译注]；凭借这种自我认
知，他能够"总是希望……每个人都幸福"(SC，Ⅱ.4.v)[《社会契约论》第
38页。——译注]。按照另一些段落，公民应该"觉得他们自己的存在只是
国家存在的一部分"；他们"在某些程度上把自己和这一较大的整体视为一
体"，并"觉得自己是国家的成员"(PE，222)[《论政治经济学》第21
页。——译注]。这些主张所引起的迷惑与黑格尔在前面引用的段落中对
社会契约论的拒斥背后的想法是完全一样的：如果正如卢梭所说，"在导
致人们统一起来的动机当中……没有哪一个是与为了结合而结合相关的"
(GM，158)，那么他如何可能得出这个观点，即要求个人的主观构造应该
使得他们认为整体的好处构成了自己的一部分好处？为了回答这个问题，
我们需要首先使自己明白卢梭政治哲学的基本论证结构，以及它在何种意
义上算得上是方法论原子主义的一个版本。

　　卢梭理论的逻辑起点是一番对个人本身的根本利益的叙述，我们可以
从这个事实中看到他的方法论原子主义。在这个理论的语境下，为了使
"个人本身的利益"这个范畴具有内容，就要思考倘若个人生存在一个缺乏
社会关系的世界中(即生存在自然状态下)——这些社会关系是特殊形式的
结合(在这里就是国家)所特有的，而这种结合的正当性是有待探究的主
题——那么他们会拥有何种利益。把这些根本利益分离出来对于卢梭的理
论至关重要，因为只要确定了按照何种原则进行社会互动才最有利于协调
这些利益，就能由此(彻头彻尾地)构造出在合法政治结合中处于支配地位
的原则。合法的或合理的国家被界定为允许全体公民的根本利益都得到满
足的国家。在表述政治哲学需要解决的核心问题时，卢梭具体地列出了他
归于个人本身的利益："要寻找出一种结合的形式，使它能以全部共同的
力量来维护和保障每个结合者的人身和财富，并且由于这一结合而使得每

185

一个与全体相联合的个人又只不过是在服从其本人，并且仍然像以往一样地自由。"(SC，I.6.iv)[《社会契约论》，第 19 页。——译注]在这里，个人拥有两种不同类型的利益：第一种可以被描述为与物质福利相关的利益（包括生命的维持、个人安全以及福利所必需的基本物品），第二种则是一种道德的或"精神的"利益，即维护一个人的自由——自由被界定为"只不过是在服从其本人"①。

这两种根本利益的存在似乎给合理政治制度的设计者带来了一个无法解决的两难，因为与物质福利相联系的利益只能通过广泛的社会合作来满足，可是这种合作的自然后果仿佛刚好是与维护自由所需要的条件不相容的。事实上，社会合作的必要性给维护自由造成了两道不同的障碍，我们必须把握这两者，否则就无法充分领会卢梭政治思想所探讨的问题的复杂性。在第二章已经出现的一个观点阐述了第一道障碍：社会合作所引起的依赖如果停留在自然的、未经重构的状态，就会使个人几乎不可能继续仅仅服从他们自己的意志（从而使自由变得几乎不可能）。维护自由所面临的第二道障碍源于社会合作的另一个特征：由于有效的合作必须由一个以共同好处（包括所有人的物质福利）为目标的集体意志来调节，所以与他人合作的需要就要求个人按照自己的私人好处之上的利益调整或限制自己的行动。然而，这似乎意味着个人将别无选择，只能让一个与自己的意志不同的意志决定自己的行动，从而舍弃自己的自由；因为只要个人仅仅考虑到自己，并唯独被自己的私人好处所推动，旨在实现共同好处的法律就不能不在他们面前表现为一种外在约束，使他们无法追求自己的好处。虽然用惩罚性制裁来进行威胁或许事实上可以引导这类个人遵守以共同好处为目

---

①　第二章提到，"只不过是在服从其本人"应该被理解成与另一个对自由的界定是相等的：自由就是"不服从他人的意志"(OC Ⅲ，841；RSW，83)。我们可以证明——虽然卢梭在他对政治哲学基本问题的表述中并没有提到这一点——他认为社会契约还必须应对第三种利益，也就是获取他人的承认，由此满足与自爱(amour-propre)相关的（一部分）需要。

标的法律，但他们的遵守意味着屈从于陌生的意志，而不是服从他们自己。

　　这两种根本利益的存在所造成的两难是有可能解决的——这也是卢梭政治哲学的核心见解——这种可能性最终立足于一个事实：我们有可能设想多种形式的实践主体性（黑格尔会把它们称作自由意志的各种形态），其中每一种都满足了自由的本质前提，也就是一个人仅仅服从他本人。这正是卢梭在本性的自由与道德的自由之间所做的关键区分背后的观点。按照卢梭的理解，本性的自由仅仅是完全不被其他个人的意志所约束。在最初的自然状态下没有相互结合的存在者（正如《第二篇论文》开头所描述的那样）享有这种自由，因为他们在追求自己需要和欲望的满足时，或多或少是不受他人阻碍的。由于他们与他们的同胞没有持久的往来，所以他们可以免于被陌生的意志所决定，从而可以仅仅服从他们本人；在这种情况下，这无非意味着他们可以自由追随自己特殊意志（即私人意志）的冲动，而不被他人阻挡。① 这里有必要提一下，在表述由物质福利与自由这两种相互抗衡的利益所造成的两难时，我（隐含地）援引了这种对自由的看法。② 不过幸运的是，在设想个人如何能始终仅仅服从自己的意志时，这并不是唯一可能的方式。另一种可能性出自卢梭所说的道德自由（la liberté morale），他把它界定为"服从人们自己为自己所规定的法律"（SC，I. 8. iii）[《社会契约论》，第 26 页。——译注]③。这种对自由的看法背后的想法

187

---

　　① 在《社会契约论》中，"本性的自由"所指的对自由的看法与《第二篇论文》为最初的自然状态下的存在者赋予的自由略有不同。按照前者，本性的自由在于一个事实：政治社会之外的个人并没有向他人意志屈服的责任。因此，他们在法律上（de jure）天生就是自由的，而《第二篇论文》所描述的没有相互结合的存在者事实上（de facto）天生就是自由的（他们满足自己需要的能力让他们事实上得以避免向陌生的意志屈服）。

　　② 更确切地讲，我对维护自由所面临的第二道障碍的叙述预设了这种对自由的看法，因为只有假定个人完全是由自己的私人好处推动的，那里所讲的问题才会产生。

　　③ 卢梭眼中的道德自由与自由的另一种形式——在黑格尔那里与道德主体性相联系的形式——并不相同，后者大体上指的是一个人按照自己对善的理解来行动。

是：如果支配合理国家的法律可以被理解成以服从法律的个人的意志为根源，遵守这些法律就可以被看作自我服从的一种形式，从而被看作一种自由。因此，个人对社会合作的需要（为的是促进关于物质福利的利益）若要变得与他们关于自由的利益相容，那么支配这种合作的原则、包括以所有人的物质福利为目标的原则就必须可以被看成以某种有意义的方式从他们自己的意志中产生的。

卢梭想要用公意学说为这个据说处于政治哲学核心的复杂问题提供一个解答。为了做到这一点，这个学说给在合理国家中调节公民互动的法律加上了两个不同种类的条款（这两个条款分别对应于黑格尔的客观自由学说和主观自由学说）。第一，这些法律必须具有特定内容，才算得上是真正表达了公意：它们必须事实上增进所有人的物质福利［最初就是这种根本利益推动他们相互结合的(SC，I.6.i；GM，157－158)］；我们在第二章看到，它们还必须重塑自然依赖，使人们在现实中有可能避免服从其他个人的特殊意志，由此有效缓解社会合作所造成的危害自由的后果。［为了做到这一点，公意保障了一种以否定形式界定的对自由的看法所必需的条件，或者说保障了公民自由的必要条件(SC，I.8.ii)，这种自由就是能够在行动时不被他人的特殊意志所约束，只要个人的活动领域外在于整个共同体的重大利益。］①第二，为了满足个人仅仅服从他们本人这条要求，法律不仅事实上必须促进他们作为个人所拥有的根本利益，而且必须被服从法律的公民认作他们自己意志的产物。卢梭在许多地方明显把公民看作法律的实际塑造者（我们应该记得，道德的自由据说就是一个人给自己规定法律）。然而，他在另一些段落中(SC，II.1.iv)似乎仅仅加上了一个较弱的条款——接近于后来黑格尔所采用的条款，他认为现代国家的规模使人们没有办法以彻底的形式参与民主，也就是公民只需要肯定支配自己的法

---

① 因此，公民自由大致等于黑格尔对人格自由的看法。

律是好的。在两种情况下，公民若要把合理法律认作自己意志的产物——他们若要在服从这些法律时保持自由——就必须能够被自己对共同好处的评估所推动，并认可（有时）使自己的私人好处让位于整体好处的法律。

在概括性地叙述了卢梭政治理论的基本结构之后，我们已经具备了必要的资源，可以开始阐述他的方法论原子主义——他的起点仅仅是个人本身的利益——如何能导致一个观点，即认为政治成员资格对个人而言不仅是一种纯粹工具性的好处，并要求他们的主观构造应该使得他们往往会把自己同伴的（一部分）好处当作自己的一部分好处。卢梭的观点背后最重要的一部分论证可以被概括为以下主张：

1. 被视为个人拥有的两种根本利益：他们本人的物质福利和他们的自由。

2. 个人必须参与社会合作，以便增进他们关于物质福利的利益。

3. 可是社会合作给个人自由带来了威胁，因为（a）它意味着依赖关系，从而使个人难以逃脱对他人意志的服从；（b）合作是由共同好处的原则所支配的，而这些原则至少有时是与他们的私人好处相抵触的，因而仿佛外在于他们自己的意志。

4. 因此，若要调和对物质福利的要求与对自由的要求，一个必须满足的条件就是（隐含在公意概念中的）法律在调节个人的互动时，应该既能增进共同好处，又能重塑他们的相互依赖，减少这种依赖对自由的损害。

5. 可是这个条件若要完全满足自由的要求，即个人仅仅服从他们本人，那么个人就还必须能有意识地把公意所发布的法律作为自己的法律来加以拥护。

6. 由于这些法律是以共同好处为内容的——它们旨在增进全体公民的利益——所以个人若要在服从这些法律时保持自由（即把支配

自己的法律认作自己的法律)，就必须能希求共同好处。因此，他们的自由要求他们不止拥有单纯的私人意志。

可见，合理国家中的成员资格有助于在两个方面实现公民的自由：公意所发布的法律缓解了依赖所造成的危害自由的后果(从而保障了一种以否定形式界定的公民自由所必需的条件)，而且公民只要把公意作为自己的意志来加以拥护，就是在服从自行规定的法律，从而可以享有一种自决(即道德的自由，la liberté morale)。后一个观点十分关键，否则我们就无法理解一种政治理论如何能仅仅从个人本身的利益(包括他们关于自由的利益)出发、却又认为政治结合所具有的价值超出了它在保障个人本身的根本利益时所起到的纯粹工具性的作用。这是因为政治参与本身——既包括制定法律(这是人们一起按照一种共享的对共同好处的看法来从事的工作)，又包括实际地遵守法律(人们把这些法律认作自己的法律)——不只是获得自由的一种手段；它还在更加重要的意义上构成了一种自由，因为当公民按照自己给予自己的法律来行动时，他们所做的无非就是服从自己的意志。① 因为这种形式的自由预设了公民对共同好处有一种长久的承诺，所以它的实现所必需的条件之一就是公民应该能够希求自己的整个政治共同体的好处(包括自己公民同胞的好处)。因此，鉴于对社会合作的需要造成了政治理论的核心问题，人类个体若要充分实现他们对自由的渴望，就必须以获得公意为条件。卢梭有时把同样的观点表述为另一条主张：合理国家自身的延续依赖于国家成员的德性(SC，Ⅲ.4. vi；PE，222)，而德性被简单地界定为"个人的意志……与公意一致"(PE，217)[《论政治经济学》，第15页。——译注]。由于对共同好处的辨认按其本性就是一件需要

---

① 我认为约夏·柯亨提出了大致相同的观点，他说"拥有公意并不是……通向自律的一种手段"，而是"自律的存在本身"。参见约夏·柯亨，《反思卢梭：自律与民主》，载《哲学与公共事务》第15期(1986年夏)：第287页。

一同完成的工作，需要在公共的舞台上进行，而且需要其他公民给出意见，所以个人必须成为一个集体主体的成员，否则自由的实现对他们来说就是不可能的——这种主体是一种由全体公民构成的团体，它力图按照它的公意来认识、希求和决定它的活动。用另一种方式来讲——这会让我们想到黑格尔在描述精神时所用的术语——"我"只有作为"我们"的一部分才能获得自由。①

190

　　可是"我"到底必须以怎样的深度被建构为"我们"，才是自由的？对共同好处的承诺究竟必须在意志的哪个层面上被纳入自由公民的主观态度？换言之，自然状态下的居民的自我认知必须经历多么彻底的转化，才能使他们在合理国家中拥有自由成员的地位？严格来讲，按照我们到这里的阐述，卢梭的论述只是确定了个人作为国家成员如果仍然要仅仅服从自己的意志，就必须能够希求共同好处（在这里也就是说，他们必须能够赞成促进共同好处的法律）。然而，这一点单凭自身并不能证明公民在这样做的时候，他们所拥有的自我认知必须如卢梭所宣称的那样彻底不同于他对社会契约的叙述在一开始假设的个人所特有的自我认知。更确切地讲，之前概括的论述还不能证明，个人若要在合理国家中实现自己的自由，就需要认为自己的政治结合是自己的存在所固有的，从而需要在致力于实现整体的好处时以这种好处本身为目的，因为他们认为自己共同体的兴盛（和自己公民同胞的成功）是好的，不管这种兴盛与他们本人作为单独个人所拥有的好处有什么关系。换句话说，这番论述证明了公民若要获得自由，就必须能够希求共同好处；但它尚未证明他们必须以非工具性的方式希求

────────────

①　在说明从"我"到"我们"的建构如何遵循了卢梭型号的方法论原子主义时，我认为我是在给柯亨的提法所隐含的观点填充一些细节：他提出，当卢梭强调自由是个人的一种根本利益时，这意味着"对公意的期待——公意是某种普遍的东西——存在于契约的情景本身中，因而公意的基础存在于人的本性中"（284）。

它，把它作为一个最终目的。^①

事实上，这里所概括的论述让我们得以更加清楚地看到个人如何可能既拥有公意（即能够希求共同好处，即使以一些私人目的为代价）——因为他需要这样做才能获得自由——最终又仍旧是一个完全自利的存在者。因为这番论述表明，若要满足一个人作为个人所拥有的根本利益，就必须存在一个政治共同体，使所有人的相同利益都得到满足——这两种满足有不可分割的联系。可见，对这个事实的认识恐怕会让公民有可能既赞同以共同好处为目标的法律，又认为获得这种好处只有工具性的价值，仅仅是一种手段，可以用来满足他们作为个人所拥有的根本利益。在这样一种情况下，为了能够在共同好处与一个人的私人目的发生冲突时希求共同好处，无非就要求他能够把他作为个人所拥有的根本利益与他所抱有的另一些不那么根本的目的区别开来，并始终使前者高于后者；换句话说，按照卢梭本人的表达，个人只需要学会"偏爱他真正意义上的利益，而不是他表面上的利益"（GM，163）。

我们有必要重视一个事实：就连这种对与公民资格相适应的主观态度的设想也要求实质性地重塑尚未成为公民的个人的主观构造，我们有理由把这种重塑称作对自我认知的彻底转化。自然状态下的居民只会以自己的特殊好处为目标，他们与始终希求共同好处的存在者——因为后者认识到了这样做最有利于自己的根本利益——相去甚远。对在后一个场景中起作用的自我认知来说，它最深切的认同并不是一个人自己的特殊好处，而是他与其他所有个人共享的利益（即一个人作为个人所拥有的根本利益）；这种自我认知认识到了若要满足一个人的根本利益，就必须促进所有人的根本利益。不过，这种主观变化无论是多么实质性的变化，都无法带来一种

191

---

① 我们可以用一个当代的例子使这个区分更加具体：我之所以支持全民医保，究竟只是因为我的目光足够长远，看到了我本人的自由和福利在一个被医保等基本物品的极端不平等所困扰的共同体中会受到威胁，还是因为我认为满足我的公民同胞的基本需要具有某种内在价值？

彻底的改变，卢梭认为后者必须发生，否则自然的人（不论男女）就无法转变为公民。因为卢梭反复说道，后者会认为政治共同体的好处在逻辑上先于自己的好处，因而会为了它本身而希求它，而不是仅仅把它作为一种手段，用来满足自己作为个人所拥有的利益。① 可是卢梭有什么根据可以要求自由的公民怀有这种对社会更加热情的态度？

　　若要理解卢梭的这一部分观点背后的至少一个动机，关键就在于领会一个贯穿了他全部主要作品的主题的重要性，那就是：由于激情会扭曲人的远见，把他们推到错误的方向，所以他们自然很难牢记自己的最佳利益，并按照这种利益行动。② 正是人的这个特征使得政治哲学有必要关注公民的养成（SC，Ⅱ.7. x）[《社会契约论》，第 54 页，原译"形成"。——译注]或教育——黑格尔把这称作教化（Bildung）。为了使对共同好处的希求变得可靠，不认为整体的好处具有内在价值的个人就必须拥有在卢梭看来近乎超人的品质：他们要能够始终记住共同好处与自己的根本利益之间的本质联系，还要一直怀有一种把这些（长期的、有时几乎觉察不到的）利益看得更高的态度，同时抵制自己纯粹的特殊好处（他可以更加直接地感受到这种好处）所施加的影响。③ 在卢梭看来，如果一种政治理论要求这些品质广泛分布在公民中间，否则国家就无法成功保障所有人的根本利益，那么它恰好就违背了这样一种理论必须遵守的第一原则：它试图按照"法律的可能情况"设计法律，却没有充分考虑到"人类的实际情况"（SC，I.1.

----

　　① 我认为这一点隐含在卢梭的两处论述中：其一，他谈到了一种"共享的幸福，每一名个人都可以从中推导出自己的幸福"（GM，158）；其二，他主张在合理国家中，"公共幸福远远不是以个人的私人幸福为基础的，因为前者本身才是后一种幸福的根源"（GM，160）。

　　② 这个冲突之所以是自然的，并不是因为它甚至属于最初的自然状态下动物般的存在者，而是因为它是人的条件的一个基本特征。也就是说，它自然地与社会依赖和特殊利益的相互分歧相伴随；一旦个人所获得的东西超过了最简单的需要，这种依赖和分歧就会出现。

　　③ 卢梭是以如下方式表述这里所说的问题的："每一个个人所喜欢的政府计划，不外是与他自己的个别利益有关的计划，他们很难认识到自己可以从良好的法律要求他们所做的不断牺牲之中得到怎样的好处。"（SC，Ⅱ.7. ix）[《社会契约论》，第 53 页。——译注]

i)[《社会契约论》，第 3 页。——译注]。在辨认和希求自己的根本利益时，人的能力总体上是不可靠的，而这意味着公民若要按照自由的要求始终关注公意——若要"保障"他们"不至于受个别意志的诱惑"（SC，Ⅱ.6. x）[《社会契约论》，第 49 页。——译注]——他们的主观态度就应当包含一种对共同好处的归属，这种归属不能过于依赖他们理性的有效性。

卢梭肯定是出于这个理由才认为，公民必须对共同好处怀有一种更深的归属——因而必须更加彻底地被建构为"我们"——尽管他的论述最初看来并不能确保这一点。在回答这里提出的问题时，卢梭——虽然这一点在他的文本中并不总是非常清晰——并不认为公民之所以会对共同好处做出承诺，主要根据在于他们理解了这种好处与他们作为个人所拥有的根本利益有不可分割的联系，而是把这个根据确定为公民与他们的政治共同体之间的一条情感纽带，而且这条纽带延伸到了他们与他们的公民同胞之间。因此，对绝大多数个人而言，公民的自由到头来与其说依赖于对个人利益与集体利益的同一性的合理见解（或哲学见解），不如说依赖于"爱国心"（l'amour de la patrie），即一种对"国家的命运"（PE，224）[《论政治经济学》，第 24 页。——译注]的持久关注；为了强化这种关注，乃至把它灌输到公民心中，就需要有意识地开展政治教育工作。这种对自己政治共同体的情感归属为公民的意志提供了力量；因为这种力量本身是一种激情，所以与就其本性而言具有更加纯粹的合理性的力量相比，它更适合于抗衡他们特殊意志的催促。可见，正是爱国心、而不是其他任何东西让公民得以对自己同胞成员的好处抱有实际的关注——让他们得以"总是希望……每个人都幸福"（SC，Ⅱ.4. v）[《社会契约论》，第 38 页。——译注]——这种关注对于拥有公意至关重要。[①]

也许另一番考虑也促使卢梭认为公民必须为了共同好处本身而希求这种好处，尽管他本人并没有明确提到这一点。然而，如果我们在卢梭的意义上准确理解自由一词，那么这番考虑与自由的实现并没有联系（也就是说，严格来讲，它并没有单纯立足于公民最终应该仅仅服从自己的意志这条要求）。毋宁说这番考虑植根于一个略有不同的想法：一个人的政治成员资格和政治参与应该更加直接地表达他的自我认知，并更加直接地与这种自我认知所包含的最终目的相关联，而公民如果认为整体好处的实现本身并没有价值，就不太可能做到这一点。让我们再次考察一下如果个人往往会希求共同好处，但这只是因为他们知道唯有这样才能保证自己作为个人所拥有的根本利益，那么他们会具有怎样的主观态度。按照卢梭对自由的界定，这类个人在遵守公意时是自由的，因为在按照共同好处行动时，他们只是在做自己的意志所规定的事情。我们甚至可以肯定，政治参与——与他人一起决定共同好处有怎样的要求，并在促成共同好处时发挥自己的作用——在这类个人的经验中具有某种自在自为的价值，因为这种参与不仅是确保他们的根本利益所需的一种手段，而且构成了他们在合理国家中享有的某种自决（即自己给自己规定法律）。[②] 可是在这类个人的政治参与中，有一个方面可以说并不完全属于"他们自己"，我们可以从一个事实中看到这个不足：他们作为公民所进行的商议和活动的直接对象（即共同好处）对他们来说恰好并不具有内在价值。虽然他们在国家中的参与

---

① 如下说法很好地归纳了爱国、政治教育与公意的这种联系："爱国思想（l'amour de la patrie）是最灵验的[教导公民变好的手段]。因为……只要个人的意志在任何事情上都与公意一致，只要我们的意愿与我们热爱的人的意愿一致，则人人都是善良的。"（PE，218）[《论政治经济学》，第15页。——译注]

② 诚然，这里的主张——公民就算并不认为共同好处或自己与他人的结合有任何内在价值，或许也会为了政治参与本身而重视自己的这种参与——有些怪异。也许更加精确的说法是：他们的政治参与满足或表达了他们对自己的某种认知，即他们是自决的存在者；支配这种参与的条款也使他们获得了与这种自我认知相适应的尊严。

符合自由的形式前提（即他们避免了向陌生的意志屈服），但在一种重要的意义上，这种自由的内容——它直接指向的目的——尽管与他们的意志并不对立，却仍然外在于他们最终关心的东西。这里的想法是：如果个人对共同好处所怀有的归属唯独植根于自利，那么他们作为公民所拥有的意志和所进行的活动的直接对象（即共同好处）就仍然大大远离了他们的最终目的（即满足他们的根本利益），这些目的是他们能够希求共同好处的原因。这种距离是一个人在涉足世界时的很大一部分实践的特征①，它完全可以被看作一种异化，即一个人与他自身和他的活动相异化。虽然我们可以更加明显地从黑格尔对主体的渴望的理解中、而不是从卢梭的理解中看到这个想法——它是黑格尔的一条要求的一个本质部分，即个人应该在自己的社会制度中"与自身同在"（bei sich）——但是卢梭至少同样提示了这个想法，因为他在总体上关注的是个人应该不仅获得自由意志，而且使意志达到一种整体性或完整性，其中包含了感受与理性的和谐。

可见，卢梭为我们提供的是一番对合法国家的叙述，它是按照方法论原子主义的条条框框来构造的，却又规定如果公民把自己的政治成员资格看作一种自在的目的，并把政治共同体的好处当作自己的一个最终目的，那么他们的主观态度就是合理的。不仅如此，国家中的成员资格还不止是在公民的主观态度中表现为就其本身就有价值的东西。在哲学家看来，政治成员资格其实也并非只有工具性的价值（即不只是满足个人本身的利益所需的手段）。这是因为在合理国家中的参与——与他人一起建立支配自己行动的法律——不仅是获得自由的手段，而且本身就是一种自由；它事实上是一种必要的自由，否则一个人仅仅服从他本人这个理想就无法得到完的、普遍的实现。因此，卢梭的观点虽然最初看来需要借助哲学的戏法，但是其实只需要借助一种论述，它的思路依赖于实际转变我们看待政

---

①　这个限定词十分重要，因为无疑并不是一切具有工具性价值的活动都会导致异化。

治自由的方式。只要确立了两项主张，就可以导致这种转变：第一，在人与人相互依赖的状况下，一个单纯以本性的自由为基础的社会世界事实上是人们普遍服从他人意志的世界；第二，如果个人为了增进自己作为个人所拥有的根本利益而使自己接受了集体意志，同时又要保持自由，那么他们作为公民所享有的自由就必须具有一种更加复杂的形式，这种形式虽然还是一个人仅仅服从他本人，却超出了本性的自由这个观念：只有把公意作为他们自己的意志来加以拥护，公民才能始终仅仅服从自己的意志。

　　我们有必要看到，卢梭的论述并不是简单地把它最初对自由的看法替换成了另一种完全无关的看法。相反，他的论述依赖于这两种看法的一种本质上的可通约性，即从第一种看法的视角出发，第二种看法也可以被认作一种对自由的看法。不仅如此，这种可通约性还在于，自由是由一个人仅仅服从他本人这个性质来界定的，而这两种看法代表了为这个性质赋予内容的两种不同方式。因此，尽管卢梭对自由的抽象本质的界定在他的论述中并没有发生变化（自由始终是一个人仅仅服从他本人），但使这个抽象本质具体化的方式或使它得到规定的方式却需要改变。或者用罗尔斯所引入的术语来讲，我们可以说在从本性的自由向道德的自由进展时，转变的是对自由的看法（conception），而不是自由的概念（concept）〔这两个词的译法在本书中从头到尾都是固定的。——译注〕。①

　　因此，卢梭政治理论的一个独有特征是：虽然它是从仅仅考察个人本身所拥有的根本利益开始的，但为了普遍满足这些利益，它最后叙述了一个合理国家，这个国家要求公民实际地舍弃他们最初的（某些）个体性——它要求他们不再把自己仅仅当作单独的个人。卢梭理论的这个基本特征可以被转换成一项更加一般的主张：虽然有可能脱离个人的社会关系来识别或界定他们的根本好处，但要完全确定这种好处的内容（即具体规定这种

195

———————————

①　我们可以在罗尔斯：《正义论》，第5—6页找到（正义的）概念与（对正义的）看法之间的区分。

好处将如何在世界中实现），就不可能不把个人设想成整合在政治共同体中，他在那里不再认为自己的好处在本质上是与整体的好处相分离的。卢梭的主张不仅是说个人关于自由的根本利益只有在某种政治秩序的框架内才能得到满足，这项主张还要更加彻底：个人在合理国家中实现的自由就其内容而言恰好必须是社会性的，这种自由就在于公民会辨认并赞同自己政治共同体的集体意志，而且在这样做的时候，他们并不是独立的个人，并非拥有相互分离的利益，而是实质性地整合在单一的、不可分割的团体中的成员。

可见，对卢梭立场的这番重构表明，与黑格尔的假定相反，政治理论中的方法论原子主义——把“单个人本身的利益”作为“这些人结合的最终目的”——同黑格尔关于个人与合理社会秩序的关系想要提出的至少某些主张未必不能相容，这些主张就是：“个人本身只有成为国家成员才具有客观性、真理性”；“结合本身”是社会成员资格的“真实的内容和目的”；以及“人的使命是过普遍生活”（即拥有公意）（§ 258A）。换句话说，卢梭会同意黑格尔的结论，即个人只有作为国家成员才能获得客观性（才能成为他们按其本性就应当成为的那种存在者），但是卢梭会否认这样做在任何方面超出了对他们作为个人可以具有的根本利益的满足，因为他们作为人所拥有的本质特性就是由自由这个性质界定的，而他们作为公民成功实现了自己的自由。

最后，有必要提一下，与表面上相反，卢梭的方法论原子主义并没有导致他以为从自然状态下没有相互结合的、纯粹自利的个人的视角出发，同样可以如实地领会合理国家中的公民资格所带来的全部好处——这些好处使得公民资格对享有它的人来说是有价值的。按照我在这里的重构，卢梭的论述思路为一个观点留下了余地——卢梭本人明确拥护这个观点（SC，I.8. i）：公民资格本身带来了某些好处（例如，对他人怀有持久的、非工具性的归属具有内在的好处，与他们一起追求由共享的最终目的所造就的共同事业也是有好处的），只有已经拥有了与公民相适应的主观态度的个人才能认识到它们的价值。① 于是，这意味着合理国家之所以对它的成员有好处，未必唯独是因为它成功满足了他们作为个人所拥有的根本利益。事实上，卢梭的论述思路仅仅促使他宣称，只要考虑到个人本身的根本利益，这本身就足以引出一种对合理国家的目的的完整叙述；进而，这些利益的满足（尤其是自由的实现）代表了个人通过国家中的成员资格所能获得的最根本的好处。②

我在这里归于卢梭的立场多半显得包含了深入的悖论。因为他给社会成员规定的主观态度似乎明显与他在为这种态度和为他眼中的合理社会秩序辩护时所运用的规范性视角相抵触的。更确切地说，卢梭的观点既认定对特殊他人的实质性的情感归属是必要的、可取的，同时又把最高的规范性分量给予了另一个视角，这个视角抽掉了与他人的这些前理性的、建构身份的关联，而且卢梭在评价社会秩序时的视角仅仅承认没有归属的个人的利益。换句话说，卢梭确认了合理国家的实际公民必须被建构为"我们"（否则就不能获得自由），但在确认这项主张时，他的论述针对的是各自被建构为"我"的存在者（它认为最终只有个人好处是有价值的，因而力图联系到个人本身所拥有的利益来给社会参与的价值提供根据）。（让我再次提前指出：卢梭的理论与黑格尔的理论之间最重要的差别就在于，前者把最高的规范性分量给予了一个视角，它仅仅承认没有归属的个人的利益——它把我们中的每一个人都仅仅当作"我"。后面我将证明，黑格尔的理论隐含地依赖于我在这里重构的卢梭式的思路，因为它坚持认为合理社会秩序

197

_____

① 卢梭似乎对家庭中的成员资格持有相同的观点（DI, 146—147）。他在这里把夫妻之爱和父子之爱描述成"人类感情中最温柔的"[《论人与人之间不平等的起因和基础》，第 89 页。——译注]；在发展出家庭之前的没有相互结合的存在者恐怕认识不到这种爱所固有的好处。

② 在这个语境下，我们有必要回想一下，卢梭以及更加一般的社会契约论的主要目标并不是就政治成员资格的好处给出全面的叙述，而是追问国家及其法律必须满足何种条件，才能具有合法性，从而可以约束服从它们的人。

实现了所有个人（本身）的好处。可是黑格尔的理论超出了卢梭，因为它还认识到了一种较强的整体主义的集体好处（从而为社会参与做出进一步的辩护），这种好处就是被视为整体的合理社会秩序在他看来所拥有的"自决"。因此，在黑格尔看来，伦理（Sittlichkeit）制度中的成员资格从两个视角看都是合理的：这些制度既满足了个人的根本利益，又共同构成了一个自足的、合理的整体，它比任何人类个体都更加完整地实现了自决的理想。

　　为了更加清晰地显示出卢梭论述中的这个表面上的悖论，我们可以追问，倘若社会成员已经把自己设想成了实体性的社会整体的主要成员，而不是孤立的个人，那么他们从方法论原子主义的视角可以找到何种规范性力量来为自己的制度辩护？① 个人如果相信社会契约可以赋予合法性，难道不是肯定会认为合理社会秩序的最高标准是满足没有归属的个人的利益？这难道不是与卢梭的一项主张——个人必须认为集体好处对于他们本人的好处是不可或缺的，并认为自己首先是一个更大的整体的成员，否则就无法实现自由——相矛盾？

　　事实上，卢梭的立场并不包含悖论；我们只有看到了这一点，才能把握他——以及黑格尔——关于社会理论中的合理辩护必须做到什么所持有的观点的一个基本特征。我们已经看到，与后来黑格尔的理论一样，卢梭的理论强调了建构身份的社会纽带的重要性，这些纽带的存在先于并独立于合理反思。不仅如此，两位理论家也都认为，实体性的社会整体中的成员资格本身会带来从这些群体之外无法如实领会的好处。在这些方面，他们的观点与当代共同体主义者的观点有极为亲近的关系。可是与后者不同，黑格尔和卢梭还坚持认为，使个人找到自己身份的社会整体要服从严格的、非地方性的标准，才能得到合理接受。在他们看来，为了得到合理

———————————

① 我要感谢理查德·博伊德，他首次向我阐述了这个问题。

肯定，一个社会整体必须能够经受"普遍"理性的审视，其中一条标准是它的全体成员作为个人所具有的完整性都应该得到充分尊重。这条标准在黑格尔和卢梭那里都包含了一条要求，即在实现集体目的时决不能以任何社会成员的根本利益（包括自由和物质福利）为代价。可见，黑格尔和卢梭所设想的那种社会成员既是对他人怀有情感归属的个人——这些归属建构了他们的身份——同时却又感到有必要从自己的特殊社会关系中后退一步，以便追问：可是这些归属是否满足了理性的要求？对现代主体来说，这又包含了一个问题：我所从属的制度是否充分认识到了人类个体本身的价值，确保了所有人的根本利益都能得到满足？这意味着在完全合理的社会中，个人必须把自己不仅设想为特殊社会群体的成员，而且设想为一般的理性行动者——对这样的主体来说，普遍理性的要求具有最终权威[①]——他们还必须把自己设想为个人，这些个人本身所拥有的利益有别于自己所从属的群体的利益（而且他们可以正当地主张自己有满足这些利益的权利）。这正是黑格尔在主张伦理制度必须得到道德主体的肯定、否则就不具有充分的合理性时想要做出的论断。他对伦理（Sittlichkeit）的设想如何能满足道德主体性的要求是第七章的话题。

黑格尔

　　现在是时候回到这份研究的主要话题了；我试图回答一个从先前的讨论中自然产生的问题：我们对卢梭政治理论的论述思路的理解如何能照亮黑格尔伦理（Sittlichkeit）理论的基础？黑格尔看起来当然不是一名方法论原子主义者（而且的确不是），但他关于个人好处与集体好处的关系的观点到底与卢梭有什么差别？更具体地讲，黑格尔在何种程度上可以同意卢梭

---

① 我受益于特里·欧文，他使我注意到了这一点。

的看法，即我们可以按照方法论原子主义的某个版本构造出一种对合理社会秩序的完整叙述？

对于后一个问题，人们最初的反应很可能是直截了当地拒斥它的提议，即黑格尔社会理论的进路也许与卢梭的方法论原子主义共享了某种有意义的东西。这个反应是很自然的，理由至少有两条：第一，显而易见，黑格尔实际上并没有首先叙述个人作为个人所拥有的根本利益，然后在这个基础上着手构造合理社会制度（我们可以极其容易地看到这个事实，因为他的理论缺乏一种对自然状态的叙述）。第二——这一点不那么明显——与卢梭不同，黑格尔根本没有涉足对社会制度的构造。毋宁说《法哲学》用许多篇幅描述的社会秩序是由已经存在的制度构成的——黑格尔宣称，他发现这些制度至少就其基本轮廓而言已经存在于他本人所处的时间和地点了（也就是 19 世纪早期西欧的某些地区）。在他看来，构造合理社会世界的工作，或者更精确地说，为它奠定基础的工作，是一件已经在现实中而非仅仅在思想中由历史进程完成的工作。鉴于这个观点，黑格尔认为他作为哲学家所承担的任务是证明我们所居住的社会秩序。事实上就其基本轮廓而言满足了理性的要求（即这个秩序对实践自由的实现是友善的），从而让我们得以与它和解，不再认为这个秩序就我们对自由的渴望而言是无关紧要的或有敌意的。可是，即使黑格尔并没有自下而上地着手构造一个合理社会秩序，他对现代欧洲基本社会制度的评估也必定会用到某种与这些制度相关的看法，即它们如何才是合理的、好的，因而值得被它们的成员所肯定。出于这个理由，我们仍然可以提出一个有意义的问题：黑格尔的社会理论所运用的规范性标准是如何设想社会成员作为个人所拥有的利益与据说只有合理社会秩序才能实现的好处之间的关系的？在回答这个问题时，我们有必要抛开一个简单的假定，即当黑格尔拒绝运用自然状态这个手法时，这仿佛意味着他的社会理论并没有诉诸一种对个人本身所拥有的利益的叙述。我在这里想要聚焦于一个问题：黑格尔理论的基础——他对社会自由的看法——是否隐含地依赖于这样一种叙述；如果是这样，那么当他断定家庭、市民社会和国家就其现代形式而言是合理制度时，这些利益具有怎样的重要性。

提出这个问题实际上是追问之前引用的黑格尔主张——"个人本身只有成为国家成员才具有客观性、真理性和伦理性"，以及"人的使命是过普遍生活"（§258A）——背后有什么依据。更具体地讲，黑格尔有什么权力把个人所获得的"客观性"（即履行他的"使命"）与在合理社会秩序中过普遍生活等同起来？我已经详细地考察了卢梭通过怎样的论述才得以提出类似的主张，即个人若要获得一种与人的本性相适应的存在，社会成员资格就处于核心地位：对必须参与实体性的社会合作的个人来说，倘若既要增进关于物质福利的利益，同时又要仅仅服从自己的意志，那么唯一的办法就是过普遍生活（即希求公意）；换句话说，过普遍生活是他们获得自由的方式。

显然，黑格尔的基本立场至少在如下程度上与卢梭相一致：在黑格尔看来，履行一个人的使命（即获得"客观性"或"真理性"）与他的社会成员资格有本质联系，因为自由（就这个词的某种意义而言）构成了一个人作为人所具有的本质特性，而且这种自由只有在合理社会秩序中才能得到充分实现。黑格尔的许多说法明白无误地做出了这种论断，比如以下说法（它在第四章已经出现了）："因为伦理性的规定构成自由的概念，所以这些伦理性的规定就是个人的……普遍本质。"（§145Z）[1]除了这样的说法之外，还有大量段落在阐述伦理（Sittlichkeit）制度如何具有合理性时强调了一点：社会成员在这些制度中获得了"实体性的自由"（§§149,257）。可是，尽管有这类论断，要确定黑格尔的基本论述思路究竟在何种程度上与卢梭相似还是极其困难的，这主要是因为黑格尔从来没有以一种毫不含混的方式

---

①　其他明确地把个人的本质与自由联系起来的段落有§§149Z，153。

说明这类段落所提到的自由是什么。这里的决定性问题是：在重构黑格尔
社会理论的规范性基础时，能否借助一种与卢梭的论述具有相同基本结构

201 的论述。更确切地讲，如果个人脱离了他们的社会成员资格也可以拥有某
种有意义的本质或根本利益，那么现代伦理（Sittlichkeit）的特征——有了
这些特征，这种伦理才算得上是合理的——所具有的价值在何种程度上是
源于这些特征在实现这种本质或增进这种利益时所起到的作用？是否可能
把黑格尔的立场理解成提出了、哪怕只是隐含地提出了某个关于人类个体
的本质的概念，这个概念与卢梭的自由概念一样，可以脱离个人的社会成
员资格来得到抽象的界定（尽管不能得到充分说明），而且它的主要理论功
能是为一种生存方式——社会制度必须允许个人拥有这种生存方式，否则
他们的本质特性就无法得到实现——给出一条总体标准？我们不难从黑格
尔那里找到一些适合以这种方式解释的说法。例如，"如果有人问个体性
如何能获得它的最高权利，答案就是精神的普遍性，即国家本身。只有在
国家中，个人才拥有客观自由"（VPR2，209－210）。个体性拥有一种"最高
权利"，它既是用自由界定的，又只有通过在国家中（可以宽泛地把国家理
解为一般社会秩序）达到普遍性才能得到满足；这项主张无疑表明——当
然，它本身不能证明这一点——某种与卢梭的思路类似的东西也在黑格尔
对伦理（Sittlichkeit）的叙述中起作用。

为了解决这个问题，我们要转向另一个问题：我们能否有意义地认
为，个人在获得他们的最高权利时所凭借的自由是以个体的方式属于他们
本人的，是伦理（Sittlichkeit）的每一名成员在某种重要的意义上所赢得的
一种自决，而不只是被视为整体的社会秩序所赢得的一种自决。换句话
说，虽然这种自由只有在个人作为依赖整体的成员被纳入社会秩序时才能
得到实现，但它是否仍然存在于个体社会成员的意志中，而不只是存在于
社会秩序的总体结构中？就卢梭对政治自由的看法而言，后一个问题的答
案显然是肯定的：当公民把公意作为自己的意志来加以拥护时，就可以实

现一种自由，而且我们可以合乎情理地说，它属于每一名社会成员，而不是整体本身。虽然卢梭在一种重要的意义上认为，自由的公民必须不再把自己设想为个人——从而不再是个人（他们必须学会不把自己看作完全自立的存在者，这种存在者的主要好处不同于社会整体的好处）——但他对合理国家的叙述依然把公民作为个体行动单位，赋予了他们很大程度的完整性。卢梭所推崇的政治自由仍然是个人的一种自决，我们可以从一个事实中看到这一点：只有当每一名个体公民都被看作独有意志的承担者，并且实际上都赞同支配他们的公意、而不只是公意发布命令的对象时，对公意的服从才可以算作自由（即完全的政治自由，其中排除了被迫自由的情况）。可见，合理国家致力于实现的自由依赖于所有人对公意的肯定，每一个主体在这里都需要说"是"。

这使我们看到了一个对于重构黑格尔社会理论的基础至关重要的观点：在黑格尔看来——这种看法并不弱于卢梭——若要在合理社会秩序中实现自由，就需要每一名个人都肯定在所有人的社会参与中处于支配地位的法律和规范。只有当每一名社会成员都把社会制度的普遍目的当作自己的目的时，社会自由才能得到充分实现："国家是现实的一种形式，个人在它当中拥有并且享有他的自由。但是有一个条件，就是他必须承认、相信、并且情愿承受那种为全体所共同的东西。"（PH，3S/XII，55）[《历史哲学》，第 38 页。——译注]①。黑格尔坚持认为，社会自由之所以会出现，只是由于个人与集体意志具有一种意识中的、意志中的关系——只是由于他们"承认……并且情愿承受那种为全体所共同的东西"——而这意味着他的社会理论以一种不弱于卢梭的方式致力于确保一种自由，它可以被分别归于个体社会成员，而且或多或少是与卢梭认为公民在拥护公意时所获得

---

① 其他强调了同一个观点的段落有§§260，264 和 VPR1，269—270。

202

的自由相同的。①

不仅如此，这里有必要回想一下，除了这个卢梭式的观点之外，黑格尔还在另一种意义上认为个人可以通过他们的社会成员资格达到一种自决：在履行他们所认同的诸多社会角色时，他们使他们的"自我"获得了现实规定，因为他们实现了自己特殊的自我认知，并作为有价值的自我获得了社会承认的地位。当社会成员在世界中为自己确立这类身份时，他们达到了在他者中与自身同在的状态，黑格尔把这种状态识别为自由在实现时的本质特征。这两个观点都有助于解释拥有公意对个人来说如何并非只有工具性的价值——使从哲学家的规范性视角看也是如此。因为"承认、相信、并且情愿承受那种为全体所共同的东西"不仅是通向自由的手段，而且构成了自由，这一点对于这里区分的两种意义上的自决都能成立。

从这些主张中可以得出的结论是：就个人如何实现自由而言，黑格尔的社会理论要求合理社会制度具备一些条件，而卢梭的论述思路——他仅仅考虑了个人作为个人所能拥有的利益——促使他采纳了另一些条件；但这两组条件在内容上是相似的，而且同样十分严格。在这一点上，黑格尔的理论与卢梭等人的立场实际上并没有分别，这个立场是脱离个人的社会成员资格来界定他们的本质特性的，尽管并不能充分说明这种本质特性；然后，这个立场就运用这个概念对可接受的制度安排施加约束。在黑格尔

---

① 本书第 58 页注释①和第 156 页注释①已经给出了支持这项主张的文本依据。前者清楚地表明，倘若个人始终只是社会机器中的齿轮，在执行自己的特殊功能时并不知道，也不能肯定支配整体的原则，那么社会自由就无法得到充分实现。后者则表明，黑格尔最初采取了一个柏拉图主义的立场（即强调个人的专门化任务，却不要求他们认识或希求整体的目的），但到了 1820 年，他拥护的是一个更接近于卢梭的观点：个人不仅要执行专门化的任务，而且要渴望并获得公意。这个事实——黑格尔最初采取了一个柏拉图主义的模型，后来把它替换成了我在这里勾勒的模型——为我的一项主张提供了证据：在他的成熟理论中，某种对个人本身利益的看法发挥了作用，并对合理社会秩序可能的组织方式施加了约束。换句话说，伦理（Sittlichkeit）理论的任务不仅是设想一个能维持自身的、按照概念来组织的社会秩序，而且是在设想这样一种秩序时使它也允许个人自由得到实现。对社会秩序的叙述倘若无法满足后一条标准，就不能涵盖基督教遗留给现代性的一个关键理想，也就是所有个人都拥有神圣性，每一名个人都是神圣关怀的一个特别对象。

那里，正如在卢梭那里一样，这些限制意味着若要达到集体目的（即整个家庭或国家的好处），社会制度就必须也允许其中的每一名成员避免服从陌生的意志。

可是，如果伦理（Sittlichkeit）理论隐含地用到了一种对个人作为个人所拥有的根本利益的看法，并用这个观念对合理社会秩序可能的组织方式施加了约束，那么黑格尔为什么不能被算作一名方法论原子主义者？是什么使他的社会理论的基本进路不同于卢梭之类思想家的进路？用最宽泛的话说，答案就是黑格尔拒绝认为对个人作为个人所拥有的利益的考察可以为一种对合理社会秩序的完整叙述提供充分根据。相反，他主张一种完全充分的社会理论必须包含一个观点：被视为整体的合理社会秩序可以实现一种好处——一种自决——它既高于个体社会成员所能拥有好处或自由，又不能被还原为后者。我们将看到，黑格尔观点的这个特征不仅解释了他为什么不是一名方法论原子主义者，而且解释了他为什么会拒斥集体好处可以被还原为个人好处这个学说的所有较弱的版本，包括本章开头所勾勒的版本。（让我们回想一下舞蹈集体的例子：群体所实现的好处在那里可以被还原为个人好处，但不能被还原为他们作为个人所拥有的好处，也就是他们在脱离了自己在这个群体中的成员资格时所拥有的好处。）这个关于集体好处的不可还原性的观点在黑格尔所特有的两项关于国家的主张中得到了表达——国家是无条件的，而且是有机地组织起来的——这两项主张 204
分别对应黑格尔针对一般社会契约论所提出的一种特定批评。为了阐明这两项主张，我们最好短暂地回到黑格尔对社会契约论传统的批判，并在更加系统地考察了这番批判的意义之后对这两项主张进行定位。

黑格尔针对社会契约论的零散评论是难以捉摸的，这一点声名狼藉；但它们的主要观点可以被表述为三个相对独立的论点。第一个论点之前已经用许多篇幅讨论过了，它的主张是一个人倘若从个人本身的利益来推导国家的目的，就会坚信国家对它的成员来说仅仅具有工具性的价值。我在这里已经证明，这种批评是由于黑格尔误解了社会契约论的个人主义出发点所带来的后果；与他的主张相反，社会契约论并没有排除一种可能性，即认为——他和卢梭都是这样认为的——在合理国家中，与他人相结合本身就是社会成员的一个最终目的。然而，另外两个论点标志着黑格尔的立场与社会契约论的真正差别。一个论点主张——本章开头提到了这项主张——合理国家所实现的好处是无条件的（或"神圣的"），因而不能被还原为它的个体成员在被视为个体成员时的好处。在表达另一个论点时，黑格尔的说法大致指出，社会契约论不能够公正看待国家作为"伦理组织"（sittliche Organisation）所具有的真实本性（NL，124/11，519）。① 这一点可以被重新表述为如下主张：由于仅仅考虑到了个人作为个人所拥有的根本利益，而且由于"抽象地"（§ 303A）看待这些个人——把他们看作同等的存在者，具有相同的利益、能力和本性——社会契约论使自己不能够把国家理解为一个有机地组织起来的整体，不能够看到公民在这个整体中占据了不同的、专门化的角色。我们将看到，在对伦理（Sittlichkeit）理论的哲学基础的这番重构中，我感兴趣的主要是后两个论点中的第一个；不过，鉴于黑格尔对一般社会契约论的批判被大量困惑所包围，我们也有必要考察第二项主张的要害，并确定它对我们在这里关注的主要问题有怎样的意义：我们关注的是个人好处与集体好处在黑格尔对合理社会秩序的叙述中的关系。

205　　我将从黑格尔对社会契约论的一项指责开始，即它必然无法公正对待国家作为有机整体所具有的本性。应该如何理解这条反对意见？我们在第四章看到，黑格尔对社会自由的看法的一个重要方面是认为整个社会秩序体现了客观自由，只要它是一个有目的地组织起来的、能再生产它自身的存在者，并且它的内在结构反映了概念或理性自身的结构。这幅图景还包

---

① 　也可参见 §§ 303A，308A；NL，60/11，440；以及 XII，534。

含了一条要求，即社会成员之所以要在社会中占据专门化的角色，是为了执行社会秩序合乎本质地再生产它自身所必需的诸多复杂功能。倘若一个人仅仅想到了市民社会的领域，黑格尔的主张就是平淡无奇的，因为这个观点实在太为人所熟知了：就连一个具有最低限度的复杂性的生产体系也要求它的参与者有一定程度的专门化，而这很可能导致占据不同经济角色的人的生活方式和外表出现实质性的差异。社会秩序的经济需要的复杂性要求有农民和市民、贸易商和制造商、士兵和公务员；如果这种角色的多样性相应地要求许多类型的个人，那也并不意外。在现代世界，没有任何严肃的社会理论家（除了青年马克思）会对这个观点提出异议。黑格尔之所以有别于洛克和卢梭等社会契约论者——实际上有别于一切类型的自由主义者，是由于他坚持认为，我们在市民社会中发现的专门化溢出到了政治领域，并塑造了个人在公民的角色中所拥有的特殊权利和义务。这正是黑格尔在一些说法中想要表达的观点，比如以下说法："具体的国家是分为各种特殊集团的整体；国家的成员是这种［市民社会中的］等级的成员；他只有具备这种客观规定才能在国家中受到重视。"（§ 308A）

在我看来，这个学说代表了黑格尔对国家的理解与自由主义政治理论的分歧的最重要的方面。我将进一步证明，这是黑格尔立场仅有的一个毫不含糊地、不可调和地与自由主义根本信条相抵触的方面。我还主张，这个令人反感的、过时的学说是黑格尔社会理论的一个相对无足轻重的部分，它同个人好处与集体好处的关系几乎是无关的。更确切地讲，我们有可能既拒斥黑格尔的这项主张，即作为公民的个人是作为一个有机整体（国家）的各个专门化的部分相互关联的，却又不会消除他的理论的全部独有特征，甚至不会消除它最重要的特征。不仅如此，就伦理（Sittlichkeit）理论是把个人好处还是把集体好处放在首要地位这个问题而言，忽视这个学说也不会造成实质性的变化。不过，让我们先看一下这个关于公民资格的观点是怎么回事。

206

　　倘若主张个人只有作为特殊等级（或社会阶级）的成员才能出现在国家中，就意味着公民的权利和义务并没有以不顾社会地位的方式被平均地指派给个人，而是以差异化的方式按照每个人所从属的等级被指派给他们的。因此，要问公民在合理国家中有何种权利和义务，在黑格尔看来就没有一般答案，而是必须考虑到个人在市民社会中占据的角色。这意味着公民被允许以何种特定方式参与国家事务是由他们的阶级成员资格决定的。这条原则最重要的例子是不同等级的成员在立法过程中——公意由此得到了建构和表达——会起到不同作用。因为我们在第四章简要地看到，公务员由于他们在国家官僚体系中的职位而直接参与了法律的形成和执行；商业阶级的成员通过他们特殊的同业公会选举立法会议的代表；农业阶级的利益、包括佃农和地主的利益则是由土地贵族的成员代表的，这些成员不是由选举产生的。

　　这个关于公民资格的观点与社会契约论的一个根本信条是不相容的，这一点应该说十分明显。因为按照社会契约论，自然状态下的个人是自由而平等的；在着手从这个关于个人的观念推导出政治结合的原则时，它致力于把相同的基本公民权利分派给国家的全体成员。没有哪个版本的方法论原子主义会既从个人（就一切有政治意义的方面而言）在性质上没有分别这个假定出发，却又像黑格尔一样始终坚持认为应该给不同阶级的个人指派不同的政治参与的权利。黑格尔的政治理论以这种差异化的方式对待个人这个事实或许看起来与我之前支持的一项主张也是有冲突的，那就是伦理（Sittlichkeit）理论隐含地用到了一种对个人作为个人所拥有的根本利益的看法，而且它之所以认为一组社会制度是合理的，只是由于每个人的根本利益，其中尤为紧要的是关于自由的利益可以在这些制度中得到实现。然而，进一步的反思会显示出这个印象的错误：在黑格尔的伦理（Sittlichkeit）理论中，对合理社会秩序的要求——它应该顺应所有个人的根本利益——转化成了另一条要求，即有机地构造出来的社会整体应该让所有个体成员既能够保持自由意志，又能够以他们自己的特殊方式有助于他们社会的合乎本质的再生产。在黑格尔的政治理论这个比较狭窄的语境下，这主要意味着国家的每一名成员都必须有可能获得公意——一个人把支配整个社会的法律作为自己的法律来加以认识和拥护——以便在公民的角色中避免服从陌生的意志。这条要求实际上给合理政治制度加上了两个主要条款。它意味着国家的结构必须不仅确保每个阶级的特殊利益都在立法过程中得到了考虑（即得到了代表），而且确保每一名（男性）个人都可以通过属于自己的手段获得一个视角，这个视角使他可以认为法律只要表达了他的社会的公意，就是好的，从而是可以赞同的。

黑格尔的学说断定公民权利是有差异的，这可以被看成出自他为了满足第二个条款而进行的尝试；这番尝试立足于他的一个信念：现代社会在经济上的复杂性要求许多类型的个人，他们在思考共同好处和获得它的方式时拥有不同的能力和资源。这番尝试的结果是认为，虽然所有（男性）个人都必须可以获得一种普遍立场，以便可以肯定公意，但他们所具有的不同本性①意味着他们必须沿着不同的路线才能得出这个立场。正是这个想法为黑格尔的一些主张提供了根基：佃农之所以最终会肯定公意，是基于一种相对缺乏反思的信赖（E § 528）；商业阶级是通过以同业公会为中介的政治参与来做到这一点的；公务员（唯有他们拥有必需的时间和专业技能）则直接参与了公意的形成和执行。我对黑格尔观点的重构所强调的方面并不是个人，事实上要沿着不同的路线来得出一个普遍立场，而是一条更加根本的要求，即对每个公民来说都应该有这样一条路线。② 因此，虽然黑格尔的政治理论在一种明显而重要的意义上与自由主义相反，把公民

208

————————

① 至于黑格尔是（像柏拉图一样）认为这些差别是天生的，还是认为它们是通过长期占据专门化的角色才获得的，在这里无关紧要。

② 这个条件——以及另一项规定，即个人可以自由选择自己的等级（§ 206），是黑格尔的理论有别于柏拉图的一个重要方面。

当作不平等的人（即认为他们是以不同的方式与公意相关联的，并且在公意的形成过程中拥有不平等的发言权），但在另一个更加根本的层面上，个人在这个理论中是作为平等的人出现的（所有人的特殊利益都必须得到代表，而且每个人都必须能够肯定支配整体的法律）。简言之，黑格尔的观点是公民应该被看作平等的人，因为他认为所有人都拥有一种根本利益，即自由，但他们获得自由的具体方式必然会随着阶级的不同而不同。

现在，我将转向把黑格尔关于国家的观点与社会契约论区别开来的第二个论点，即他主张国家体现了一种无条件的好处，这种好处无法被分解为国家为它的个体成员实现的好处。尽管表达了这个意思的论断在黑格尔的文本中到处都可以找到，但对这个观点的最充分的陈述——它比其他陈述充分得多——出现在《法哲学》"伦理"篇第 3 章，在他开始讨论国家时。前面已经引用了这段话的一些片段，但我们现在既然试图说明黑格尔的主张，就不妨看一下这段话更加完整的版本：

> 国家是……自在自为的理性东西（das an und für sich Vernünftige）……这个实体性的统一是绝对的不受推动的自身目的，在这个自身目的中自由达到它的最高权利，正如这个最终目的对单个人具有最高权利一样，成为国家成员是单个人的最高义务……自在自为的国家就是伦理性的整体（das sittliche Ganze），是自由的现实化；而自由之成为现实（wirklich）乃是理性的绝对目的。国家是在地上的精神（Geist），这种精神……有意识地使自身成为实在……神自身在地上的行进，这就是国家。国家的根据就是作为［自由］意志而实现自己

的理性的力量(§ 258＋Z)。①

　　附在这段话后面的是一个针对卢梭的说法,它与对社会契约论的批判高度相关:黑格尔在那里断定,按照契约模型理解国家会导致对国家神圣地位的否认——会否认它是某种"既是自在的又是自为的"东西——因而会"破坏……其绝对的权威和庄严"(§ 258A)。

　　除了我们在这里主要关注的主张之外——国家具有无条件的价值(它是"自在的绝对目的")——这段话关于国家还提出了四个紧密相关的论断: 209

　　1. 国家是合理的(它是"理性的绝对目的")。

　　2. 国家是自由的(它是实践自由最高的、实现得最完整的化身)。

　　3. 国家是神圣的[它是精神(Geist)的一种形式,具有"自在自为"的存在]。

　　4. 国家在人类个体面前拥有绝对权威和庄严(他们的"最高义务"是从属于国家)。

　　第1个到第3个说法应该被理解成列举了国家的三个属性——合理性、自由和神圣性——它们是国家在黑格尔看来所具有的无条件价值的根源。相反,第4个说法阐述了国家在黑格尔看来是由于具有这种价值而造成的一个后果,也就是它在它的成员面前拥有庄严和绝对权威。为了理解黑格尔为什么认为国家在它为个人带来的好处之上还实现了一种更高的好处,我们必须比较详细地考察上述每一个观点。

——————————

　　① 黑格尔的相关说法包括:"国家是神的意志,也就是当前的、开展成为世界的现实形态和组织的地上的精神"(§ 270A);"国家是精神为自己所创造的世界……因此,人们必须崇敬国家,把它看作地上的神物"(§ 272Z);以及"作为国家的民族,其实体性的合理性和直接的现实性就是精神,因而是地上的绝对权力"(§ 331)。

　　然而，在这样做之前有必要提一下，黑格尔在这里引用的段落中明确地把国家等同于"伦理性的整体"（das sittliche Ganze）。这十分重要，因为它意味着我刚才识别出的几个特性并不适用于伦理（Sittlichkeit）所包含的专门的政治制度本身，而是适用于整个社会秩序，其中不仅包括了狭义的国家，而且包括了市民社会和家庭。这一点有一个重要后果：在黑格尔的描述中具有一种无条件价值的社会存在者（即整个社会秩序）涵盖了很大的范围，远远超过了社会契约论致力于叙述的那组制度（即比较狭义的、严格的政治意义上的国家）这个事实使黑格尔对社会契约论的批判的意义变得越发难以评估了；除此之外，它也十分重要，因为它指出了黑格尔本人关于狭义国家的观点与自由主义的几个标准版本所提出的观点之间的另一个分歧：在黑格尔看来，政治领域不是一个可以分离出来的、相对自立的领域，而是与构成了整个社会秩序的另一些制度（即非政治制度）具有不可分割的关系。这就是说，如果脱离了一种对何种非政治的社会制度具有合

210 理必要性的叙述（即何种非政治制度对于实践自由的实现是必要的），以及一种对这些制度如何有助于这个目的的理解，就不可能表述合理政治结合的原则。因为按照黑格尔的观点，要界定政治制度应有的目的，在一定程度上就恰好要考虑到其他必要的制度有何种需要；因此，合理法律的一个主要目的是确保家庭和市民社会的兴盛，否则意志自由就无法得到实现。

　　记住了这一点，我就要开始考察社会秩序的三个属性了，它们让黑格尔得以宣称它具有一种无条件的价值。在这个语境下，说社会秩序是合理的——它是"理性的绝对目的"，不外是说它有利于自由的实现这个目的（"自由之成为现实乃是理性的绝对目的"）。为了解释社会秩序如何才是合理的，看起来也许就还应当谈到一个事实，即社会秩序是按照概念、按照黑格尔眼中的理性自身的结构来组织的。可是社会秩序的这个性质，事实上并非不同于它真正意义上的促进自由的特性。因为我们在第一章看到，概念在黑格尔看来所具有的结构源于对自决的考察，即一个存在者必须如

何建构，才能作为自决的东西存在（自决在这里的意思是：存在者的特殊属性是由它自身、由它为了获得自己的本质特性所需要的东西来决定的）。概念之所以被等同于理性——被等同于"自在自为的理性东西"——只是因为体现了概念的结构就达到了某种形式的自决。因此，要解释社会秩序所具有的第一个属性，这项任务就直接通往对第二个属性的考察：社会秩序如何才能体现自由？为了回答这个问题，这里引用的段落几乎无法对我在前几章用大量篇幅讲述的观点做出任何补充：伦理（Sittlichkeit）理论所赞同的社会秩序之所以实现了自由，是由于（1）它作为整体是自决的，因为它能维持它自身，而且展现了概念的合理结构；（2）它确保了人格和道德主体性所必需的条件；（3）它的成员通过参与它才找到了自己的特殊身份，而且他们在把公意作为自己的意志来加以拥护时，仍然只是在服从自己的意志。

　　虽然前面解释了当黑格尔把社会秩序描述为合理的和自由的东西时，他所表达的意思是什么，但我一直没有提到几个令人困惑的紧密相关的术语，它们在前面引用的整段话中反复出现：国家不仅是合理的和自由的，它据说还是精神的、绝对的，具有"自在自为的"存在，而且是"不受推动的"（不被自身之外的东西所推动）。这些谓词都关系到我在这里分离出来的第三个论断，即关于国家神圣性的主张［或者按照黑格尔在另一处的说法，国家是"地上的神物"（§ 272Z）］。把这个性质归于社会秩序才真正为前面给出的对伦理（Sittlichkeit）的叙述添加了某种新东西，而且这与一个观点有极为直接的联系：合理社会秩序所实现的好处不能从它的个体成员的好处出发来分析。可是当黑格尔把国家比作神时，他想要向我们传达什么？他通过这种方式——把国家描述为地上的某种神圣的东西——表达了一个观点：（除了被视为一个有意义的整体的世界历史之外，）在尘世存在者中间，合理社会秩序最接近于充分体现在他看来与神圣存在者相联系的属性。这个观点与黑格尔在各种文本中经常做出的一个论断有密切联系：

伦理(Sittlichkeit)是一种实体(§§144，146，156)。^① 为了看出黑格尔所想到的东西，我们最好回顾一下斯宾诺莎对实体的界定和他所认为的它与神的同一性。在斯宾诺莎看来，实体主要是由自足(或独立)的性质来界定的，它是"自在的和通过它自身来设想的东西，也就是说，它的概念并不需要另一个东西的概念，它并非必须从另一个东西中形成"^②。换句话说，实体是在存在论上(就它的存在而言)和在概念上(就它的"概念"或本质而言)都完全自足的东西。我们在第一章看到，黑格尔还追随了斯宾诺莎，把这个观念与自由或自决联系起来了，因为一个人若能以这种方式获得自足，就成了他本人的规定或性质的唯一源头。不仅如此，由于这样来界定的实体完全独立于任何外在于它自身的东西，所以斯宾诺莎认为它必定是无限的(即不被任何外在的东西所限制)，从而是神一般的。按照黑格尔的术语，这样一种存在者也算得上是绝对的，因为它具有无条件的存在和本性(它不以自身之外的任何东西为条件)。

因此，黑格尔的争议性论断——合理社会秩序是神圣的——可以被转化为一项主张：伦理(Sittlichkeit)制度总的来看在很大程度上体现了斯宾诺莎关于存在论的和概念的自足性的理想。就合理社会秩序的存在而言，它趋近于完全自足，而且比任何人类个体都更接近于达到这种自足，因为它专门化的有机结构(这是第四章的话题)让它得以不断把它自身和它的全部本质特性再生产出来。当然，现代国家本身无法完全达到存在论的自足，因为它的出现依赖于它自身之外的历史前提，包括古希腊人所经验到的城邦中的自由、基督教的发展以及拿破仑所完成的法国大革命在西欧的

---

① 参见迈克尔·O.哈迪蒙：《黑格尔的社会哲学：和解的企图》(剑桥：剑桥大学出版社，1994)，第43—52页，他更加完整地讨论了与黑格尔社会哲学相关的精神和实体的概念。

② 我在这里受益于亨利·阿利森对这些问题的出色讨论，参见《本尼迪克特·德·斯宾诺莎入门》(康涅狄格州，纽黑文：耶鲁大学出版社，1987)[Henry Allison, *Benedict de Spinoza: An Introduction* (New Haven, Conn.: Yale University Press, 1987). ——译注]，第44—63页。引用的段落出现在第46页。

延伸。黑格尔在这个基础上认为——前面提到了这个观点——就地上的神圣性而言，整个世界历史是一个比现代国家更加完美的例子。

伦理（Sittlichkeit）制度体现了概念的自足这项主张更加难以解释，但我想要表明，只要彻底思考这项主张，我们就会发现它与我们已经遇见的一个论断是相同的：合理社会秩序是按照概念来组织的。[①] 我们也许不妨首先把概念的自足思考为一种解释的自足[②]：如果不用涉及一个存在者自身之外的任何东西，就可以给出一种对它的解释，那么它在概念上就是自足的。这个提议的问题在于，解释有许多不同的类型，所以有必要说明这里讲的是哪一种（或哪几种）解释。我认为，黑格尔在两种意义上认为现代国家在概念上是自足的。第一种意义关系到一个观点：合理社会秩序的诸多特征可以用目的论的方式来解释，也就是说，不是用某种外在于国家的东西来解释，而是联系到它自身（联系到它自己的本质特性，即自决）来解释。只要可以证明现代国家之所以要以某种方式建构，是因为它的特殊性质有利于实践自由的实现这个目的，就可以说我们仅仅依靠它自身就能解释它是什么。合理社会秩序还在另一种意义上拥有解释的自足，这种意义比较接近斯宾诺莎对实体的界定，即实体的概念不依赖于其他任何东西的概念。这里的想法是，我们在解释整个国家是什么的时候——在把握它的本质特性时——可以不用涉及某个超出它自身的概念（不用超出自由的概念本身）。在当前的语境下，这一点应当被理解为一项主张：为了解释合理国家所具有的价值——为了把它的本质的实现理解为一个有价值的目的——我们不用提到它自身的目的或价值之外的任何目的或价值。这无非是说，除了实现国家自己的本质之外，国家的价值并不源于它在为别的目

213

---

① 这表明，黑格尔关于概念的逻辑学说可以被理解成试图彻底思考斯宾诺莎关于概念的自足性的观点有怎样的后果，为此他要说明这样一种存在者必须如何组织，才能达到这种意义上的独立。

② 这个术语是由阿利森提出的，参见《本尼迪克特·德·斯宾诺莎入门》，第 47 页。

的服务时所起到的某种作用；相反，合理国家是一个自在的"不受推动的"目的。

在这个语境下，有必要提一下，黑格尔对神圣的看法包含了一个斯宾诺莎对实体的界定所没有的关键要素：神——或者用黑格尔的术语来讲，精神（Geist）——不止在存在论上和在概念上是自足的；它还意识到了它自身的这种自足。正是这个自我意识的要素使得神圣存在者不仅是一个实体，而且是一个主体。[《精神现象学》有一个著名的断言：精神正是由这两种性质的结合——实体性与主体性的结合——所界定的（PhG，¶ 17；23）。]合理社会秩序在这个方面也近乎具有神圣的属性，因为黑格尔在之前引用的一段话中告诉我们，"国家……这种精神……有意识地使自身[在地上]成为实在"①。虽然黑格尔显然坚信合理国家具有一种集体意识（和集体意志），后者的存在超出了国家的任何个体成员的意识（和意志），但我们不必认为这种意识包含了某种神秘的、超人的认识（§ 257）。毋宁说合理国家的自我意识无非是一个事实：它的活动受法律支配，而这些法律（1）是公众知道的；（2）是国家成员在政治参与中有意识地自我规定的；（3）（在社会自由得到了圆满实现的情况下）是完全透明的，也就是说，全体公民都承认它们是好的。

我们现在有能力回到一开始的问题了，它刚才把我们引向了神圣性的话题。黑格尔之所以认为合理社会秩序所体现的好处既高于又不能被还原为它的个体成员的好处，是因为伦理（Sittlichkeit）制度如果被视为单一的整体，就是一个由意志支配的存在者，它比任何人类个体都更加完整地体现了圆满的自足这个理想。因为合理社会整体比个人的有限意志更接近于达到神圣的独立，所以按照黑格尔的价值尺度，与它的不那么自足的各个

---

① 也可参见 § 257，国家在那里被描述为"作为显示出来的、自知的实体性意志的伦理精神，这种伦理精神思考自身和知道自身，并完成一切它所知道的[也就是完成自身]，而且只是完成它所知道的"。

部分相比，它占据了较高的位置、实现了一种较高的好处。① 不仅如此，我们还有必要认识到，社会整体之所以在黑格尔眼中具有较高的地位，其中的原因不能被简单地还原为它如何推进了它的个体成员本身的利益。因为合理社会秩序达到（或者近乎达到）神圣的自足所凭借的性质是一些较强的整体主义属性，它们存在于作为总体的社会秩序中——存在于它的各个部分作为整体来进行的共同运作中，而不是存在于个体部分本身中（正如自足的属性可以被归于能维持自身的整个有机体，但是确切地讲，它不能被归于构成这个有机体的个体细胞）。我们至多可以有意义地说——后面我将回到这一点——个人作为伦理（Sittlichkeit）成员分享了自己社会秩序的神圣性质，但他们本身并没有展现出这些性质。

214

　　在叙述了国家的无条件价值的根源之后，仍然有待回答的问题是：国家的神圣性质对它的个体成员以及对他们与它的关系有什么影响。这个问题把我们带回到了前面第 4 个说法所陈述的黑格尔的主张，即合理社会秩序在人类个体面前拥有绝对权威和庄严。在把一种庄严归于国家时，黑格尔想要主张自足的社会秩序值得让它的成员把它作为某种比他们自己更加伟大的东西来加以尊敬——作为一个生命体，它不仅超越了他们本人比较有限的自决能力，而且它由于在它自己的个体成员死后仍然可以存活，所以近乎克服了人的有限性，达到了尘世的极限。② 黑格尔明显相信，完全合理的社会秩序——这种自立的、持久的、具有和谐秩序的有机体，它的每个部分和功能都服从单一的合理目的——应当在人身上激发出一种敬畏的感受，这种感受类似于我们在注视一件臻于完美的艺术作品时所经验到

---

　　① 因此，艾伦·伍德的主张严格来讲是正确的："如果认为黑格尔把真实的自由看作集体自由，而不是个人自由，那就严重歪曲了黑格尔的观点。"（238）因为黑格尔并不是仅仅关注集体自由而非个人自由。不过，他关注的是一种不能被还原为个人自由的集体自由；要理解黑格尔社会理论的规范性结构如何有别于其他更加常见的观点，就迫切需要认识到这一点。

　　② 参见黑格尔在 § 324A 提出的主张：在一个圆满地建立起来的国家，自然被剥去了它的有限性，这个性质的两个标志是有朽和无常。

的东西。可是社会成员在国家面前感受到的尊敬与艺术作品所引发的尊敬有一个关键差别，因为他所见到的庄严的存在者并不是某个外在的、与他自身没有本质联系的对象；他不可分离地从属于这个存在者，因而它的性质至少在有限的意义上就是他自己的性质：他不仅作为一名对完全的整体有所依赖的成员分享了国家的神圣性质，而且是这些性质的（一部分）原因，因为他的社会参与推动了它们的实现。

不仅如此，这一点之所以对于伦理（Sittlichkeit）成员可以成立，还不只是由于它也适用于生物有机体的各个细胞，即它们分享并促成了这个有机体的自我维持的性质。这是因为与有机体的细胞不同，伦理（Sittlichkeit）成员本身就是主体，他们既能够形成对自己的认知（即与自己在本质上是谁相关的认知），又能够对自己所从属的整体采取有意识的、肯定的（或否定的）态度。这意味着人类个体有能力认同由他们组成的更大的存在者；换句话说，他们能够认为自己的社会秩序与自己是一体的，并（出于这个原因）自豪地把它的属性当作自己的属性。我们可以带着这个想法回到第一章所提到的黑格尔的一个基本学说，也就是主体性所独有的特性——这个特性对于获得自由的能力是不可或缺的，是主体既能够认为自己不同于自己的对象，同时又能够看到对象在某种意义上与自己是相同的，由此克服或否定对象的他者性。就社会成员资格而言，成为一个主体让个人得以既把社会秩序认作某种比自己更加伟大的东西（从而并不是严格地与自己相同），同时又认为自己与整体是一体的，由此让自己能够不仅把它的目的看作自己的目的，而且把它的属性看作自己的属性。因此，伦理（Sittlichkeit）成员作为有意识的主体可以分享自己社会秩序的神圣性质，而他们假如像有机体的细胞一样缺乏主体性，就做不到这一点。通过对整体的有意识的认同，个人不仅能够意识到他们分享并促成了国家神一般的性质，而且能够在这个事实中找到一种满足，仿佛这些性质是他们本人的性质一样。可见，黑格尔想要主张的是，如果从属于合理社会秩序，

215

并与它产生合适的、有意识的关联，个人就有机会实现他的哲学所认为的人最深切的精神渴望——倘若他们仅仅是个人，或者认为自己仅仅是个人，这种实现就不够充分——这些渴望体现在实体性的理想中，也就是渴望完全自决，并达到一种比一个人单凭自身所能拥有的存在更加持久的存在，由此克服自己有朽的生命，而且这种存在趋近于事物的不可毁坏的、自立的、"实体性的"存在。①

　　虽然黑格尔的观点——国家应有的（一部分）使命是满足它的公民的某些精神需要——很可能让现代读者感到陌生，但他的另一项主张——国家在它的个体成员面前拥有绝对权威——在我们现代（自由主义）读者听来无疑是极其刺耳的。如果有一个信条能把自由主义政治思想的许多版本统一起来，肯定就是如下观点：国家的合法权威不是绝对的，而是局限于为它的成员的共同好处服务（对社会契约论来说，国家在这样做的时候还不能侵犯任何一名成员的根本利益）。可是，在总结说黑格尔彻底远离了现代主流政治思想之前，我们应该再次停下脚步，考察一下他的主张到底是什么意思：国家神一般的本性意味着何种"绝对"权威？② 前面引用的段落清楚地表明，社会秩序的神圣地位有一个后果，即人类个体的"最高义务"是从属于国家。不过我们已经看到，这个观点本身未必标志着他与社会契约论传统的分歧，因为卢梭得出了本质上相同的立场：他证明了每一名个人都只有作为在合理国家中充分整合起来的公民，才能实现他作为自由存在者所具有的本性。自由主义者的真正担忧可以再次归结为：黑格尔的观点

216

---

　　① 由于个人的精神满足源于他们分享了自己社会秩序的较强的整体主义性质，所以在某种意义上，就连这些性质也可以说是为构成整体的个人实现了一种好处。这条评论尽管可以成立，却与我的基本主张并不矛盾，即在黑格尔看来，合理社会秩序所实现的好处之一不能被还原为它给人类个体带来的好处。这里的要点是：达到神圣的自足不仅是一种好处，而且它的价值超越了它可能同时为分享了这个属性的个人（尽管他们自身并没有展现出这个属性）所带来的随便什么好处。

　　② 在 § 146，社会秩序作为实体所具有的自足（Selbständigkeit）被明确说成导致了伦理（sittliche）规范的绝对权威。

既然让国家获得了绝对权威，是否就会纵容它为了达到它自己据说更高的目的而无视或牺牲个人的合法利益。黑格尔所做的许多陈述仿佛恰好支持这个结论，这个事实加强了这份担忧。在讨论国家有权力诉诸武力来保护它自己、并号召它的公民冒死保卫它时，黑格尔把战争说成了这样一种现象：它揭示了国家"对抗一切单一和特殊，对抗生命、财产及其权利……的绝对权力"，而且它"使这些领域的虚无性出现在……意识中"（§323）。黑格尔的历史哲学在这方面更加有名，它充满了把人类个体看作世界历史的"不知不觉……的工具"（§344）的提法；为了世界历史自身的较高目标，个人必然是"供牺牲的、被抛弃的"（PH，33/XII，49）[《历史哲学》，第33页。——译注]。按照这个观点，当世界历史达到理性的目的时，不仅推动这些目的的个人不必知道或同意这一点，而且世界历史会把他们本人的幸福和利益作为代价。历史过程所实现的目的具有单纯的人不可企及的伟大，所以历史在"迈步前进的途中，不免要践踏许多无辜的花草，蹂躏好些东西"（PH，32/XII，49）[《历史哲学》，第33页。——译注]。

要评估这样一些说法的意义，我们有必要把黑格尔所提出的主张清晰地区分为两个看起来很相似，但是其实相当不同的类型，这里引用的两个论断为这两个类型提供了例子。第一个论断旨在阐述国家合法权威的本性和内容，并说明这种权威会导致公民对国家负有何种义务。如此一来，它显然属于黑格尔的伦理（Sittlichkeit）理论；更具体地讲，它属于他对比较狭义的、严格的政治意义上的国家的叙述。第二项主张在黑格尔的体系中占据了一个不同的位置，那就是他的历史哲学。这两项哲学课题的关键差别是：前者关注的是意志的现象（这些现象被理解为社会制度及其成员的活动），它们属于此时此地，并构成了一个活动的体系，这个体系可以长期运行，而且完全满足了理性的要求。按照黑格尔的描述，理性在现代国家中使它的目的获得了完整的、从而是最终的实现。在哲学的这个领域，把特殊的社会实践理解为合理的（即促进自由的）实践就是同时把它作为一件对居住在现代世界中的人而言有价值的事情来加以赞同。

相反，第二个哲学课题纯粹是一件回顾的、沉思的工作，它唯一的目标是让我们得以对过去采取一种特殊态度——这种态度可以使我们把过去理解成为理性的目的服务，由此使我们与它和解。① 这个课题主要关注的是让我们有可能肯定历史，从而有可能与它和解，尽管它最初看来不外是一系列无意义的、无休止地重复发生的事件，其中邪恶、奴役和苦难向来战胜了善良、自由和幸福。在哲学的这个领域，把过去的一部分所包含的合理性揭示出来并不是为了建议现代个人把它作为行动方针；毋宁说把历史的一部分理解为合理的东西是为了把它把握为一个宏大过程中的必要发展阶段，精神在这个过程中达到了它按其界定所具有的目的，即让世界成为一个完全合理的、能理解它自身的实体。由于这种哲学认识的模式会把过去看作精神为了达到它的最高目标所必需的历史条件，由此为过去辩护，所以它会认为过去的某些方面仅仅具有工具性的合理性。也就是说，它们作为理性目的的充分实现所需的手段是必要的，但它们本身并不属于最后圆满达到了这些目的的世界。因此，当黑格尔的历史哲学宣称个人为了精神的较高目标而牺牲具有合理性和必要性时，他作为一名关于合理社会秩序的哲学家并不需要认为类似的牺牲在已经充分实现了理性的现代国家中是必需的或可接受的。

我已经表达了我的信念，即我们有可能既领会黑格尔对合理社会秩序的设想背后的主要观点有怎样的力量，又不用接受他对历史的神正论叙述。出于这个理由，我在这里的目标并不是评估这番叙述的好坏，而只是专注于它与伦理（Sittlichkeit）理论所从事的哲学课题之间的基本差别，以便表明黑格尔在他的历史哲学中提出的把个人看得无足轻重的主张并不会

218

---

① 这两个哲学课题的差别对应于黑格尔在§324A做出的一个重要的、却又经常被忽视的区分：神正论的任务是从天意的视角为过去的战争辩护，实践的任务则是从伦理的视角为当前的战争辩护。后者旨在为采取某个行动提供理由，而不是设法与已经成为某种样子的世界和解。

直接影响他眼中的个人与国家在完全建成的、具有圆满合理性的社会世界中的关系。因此，在之前提出的两个问题当中，只有一个是与我们在这里关注的东西直接相关的，那就是公民据说有义务冒死保卫自己的祖国，因为唯有这个观点回应了我们的疑问，即黑格尔的理论授予了国家怎样一种在个人之上的权威，以及在完全合理的社会秩序中，整个社会是否拥有它自己、必须（或可能）以个人的根本利益为代价才能达到的较高目的。那么，黑格尔对公民军事责任的讨论如何有助于澄清他在把绝对权威归于国家时所表达的意思？

首先，非常有必要提一下，黑格尔从国家在个人面前的所谓绝对权威中推论出来的具体义务仅仅是公民有责任在为祖国服兵役时冒生命危险[1]，以及公民有责任由于战争的迫切需要而把自己的财产出让给国家（§324）——后一点不那么重要。不仅如此，黑格尔还确切规定了国家在何种条件下有权利要求公民做出这类牺牲："如果国家本身，它的独立自主（Selbständigkeit），陷于危殆，它的全体公民就有义务响应号召，以捍卫自己的国家"（§326）；只有在需要"保存……国家的独立和主权"（§324）时，才可以要求个人冒死作战。诸如此类的说法清楚地表明，当黑格尔宣称国家在个人面前的权威是绝对的东西时，他并不是说国家的合法权威是没有限制的，或者只有极少的限制，而是说在某些罕见的、界定得十分严格的场合下，国家有权力要求它的公民使某种从他们作为个人所拥有的视角看是"绝对的"东西陷入危险，也就是使他们自己的生命陷入危险。只要明确指出了这一点，我们就很难看出就国家权威的本性而言，黑格尔与自由主义者的分歧在何处，乃至他们是否有分歧。我们很难想象自由主义政

---

① 尽管保卫祖国在原则上是全体公民的一项义务，但是黑格尔认为，它在现代国家一般仅仅是由一个特殊的非世袭等级（Stand）的成员履行的，他们会专门投身于兵役（§§325，326A）。这意味着在黑格尔的国家中，普通公民只有在极其罕见的情况下才会被要求牺牲比他们的财产更多的东西来支持国家的战争。

治理论会想要否认黑格尔的结论，即公民有责任在国家主权受到威胁时冒死保卫自己的（正义）国家。按照黑格尔本人的理解，他的立场与社会契约论在这个问题上的分歧并不是公民是否负有这项特殊责任，而是一个更加根本的问题，即如果说公民负有这项责任，那么需要怎样的哲学原则才能为这项主张辩护。黑格尔在陈述自己的立场时认为，以契约观念为基础的国家理论（或任何类型的方法论原子主义）不能够解释公民如何会有义务为了自己的国家冒生命危险；这意味着一个理论只有认为社会整体实现了一种比它的个体成员的有限目的更高的好处，才有能力解释这一点："有一种很误谬的打算，在对个人提出牺牲［生命］的要求这一问题上，把国家只看成市民社会，把它的最终目的只看成个人生命财产的安全。可是这种安全不可能通过牺牲应获得安全的东西而达到。"（§ 324A）

219

可是黑格尔在这里再次错误地宣称，虽然公民在保卫自己的国家时有义务冒生命危险，但是社会契约论或一般而言的方法论原子主义不能够为这项义务提供根据。不仅如此，他对这项主张的信念还立足于一个假定，这个假定恰好与先前考察的对社会契约论传统的批判所运用的假定是一样的，也就是方法论原子主义会促使社会契约论把对个人生命和财产的保护看作政治结合的最终目的。假如黑格尔的假定可以成立，他的结论也许就是正确的，即他所想象的自由主义对手并不能够说明公民在服兵役时冒生命危险的义务，而且他在这里诉诸的理由隐含在这里引用的段落中：如果政治权威的合法性仅仅在于它要保护每一名个人在撇开国家中的成员资格时所拥有的根本利益，而且如果其中最基本的利益是维持生命，那么为了国家的好处而使公民的生命陷于危殆就只能被看成越过了国家可以向它的公民合法提出的要求的边界。然而，我们已经看到，我们没有理由认为一个忠于方法论原子主义的理论必定会把政治结合的目的局限于保护个人的生命和财产，而且社会契约论的至少一个重要版本——卢梭的版本——避免了这一点，因为它在个人本身所拥有的利益中包括了关于自由的利益，并认为个人应该把他们在政治共同体中的成员资格看作他们自己身份的一个构成部分，否则自由就无法得到充分实现。不仅如此，这条（方法论原子主义的）思路还让卢梭有足够的资源可以解释为什么个人有义务为了自己的祖国冒生命危险，以及他们如何会有这样做的动机。① 因为如果从属于国家既表达了一个人自己有意识的身份，又是实现他至关重要的人性（即自由）所必需的，那么失去国家就无异于失去了他自己（或者更确切地讲，无异于失去了他自己的一个实体性部分，因为一个人的身份并不是彻头彻尾地由国家中的成员资格所构成的）。这类个人之所以愿意为了国家的主权和独立而使自己的生命陷于危殆，无非是因为这表达了一种态度：自我具有比单纯的生命更高的价值，而且有时可以合乎情理地使后者面临危险，以便避免一种更加可怕的前景，即一种没有自我的生存。

220

　　因为黑格尔延续了卢梭的原则，即人类个体必须能够认为自己在政治共同体中的成员资格构成了自己的（一部分）身份，否则就无法实现自己作为自由存在者所具有的本质特性（即无法满足自己作为个人所拥有的一种根本利益），所以他不应该错误地认为，为了解释公民为什么有义务在国家的独立面临威胁时用自己的生命去冒险，或者解释他们如何有这样做的动机，就有必要把神圣性或无条件的价值归于社会整体。就合理国家的公民是否有这样一项义务而言，黑格尔与社会契约论传统并没有争端，而且为了说明这项义务，他并不需要利用方法论原子主义之外的资源；那么，黑格尔与方法论原子主义者就国家权威的本性而言是否并没有真正的差别？我认为这样一种差别是存在的，但它其实不那么重要，它的本性也不同于我们一开始很可能抱有的期望。黑格尔与传统自由主义在这个问题上的分歧并不在于两者指派给公民的实际义务，而在于这两个理论分别设想的合理政治秩序的成员在按照国家的要求做出牺牲时所具有的态度或心智

---

　　① 让我们回想一下第二章提出的观点：在卢梭看来，我们对他人的义务最终植根于我们对自己所负有的义务，即作为自由存在者实现我们的本质特性。

模式。这个提议把我们带回到了黑格尔关于自足社会秩序的庄严性的观点，以及他关于这种秩序值得它的成员尊敬的主张：它是一种比他们自己更加伟大的存在者，这个存在者不仅更加圆满地实现了自决的理想，就此而言超出了他们的能力，而且以不可比拟的方式超越了人的有限性的束缚。黑格尔的观点在一个方面有别于卢梭的观点和方法论原子主义的其他版本：他认为伦理（Sittlichkeit）成员之所以把他们的国家对他们提出的合法要求当作权威，不仅是因为他们在主观上认同社会整体——不仅是因为他们把它看作自己的延伸和自己"所特有的本质"（§147）——而且是因为它的自足（Selbständigkeit）性质单凭自身就获得了他们的尊敬（§146），而且他们把它认作一种比满足自己单纯的特殊目的更高的好处，从而把它认作一个更有价值的目标。① 换句话说，维护国家的独立和主权之所以在他们看来是一项重要事业，不仅是因为它对于达到他们本人的特殊目的是必需的，对于实现他们的本质特性、即自由也是必需的，而且是因为一种关于意志的自足和圆满实现的观念在他们看来很有分量，可以有力地推动他们以力所能及的方式使这个神圣的理想获得一种尘世的存在。

　　这个事实——为了解释国家的权威，黑格尔的伦理（Sittlichkeit）理论援引了斯宾诺莎对神圣实体的看法的一个版本，无疑是一种在当代哲学家中间广为流传的感觉的一个重要原因，这种感觉就是我们用不着严肃地把他的理论作为一种对合理社会秩序的设想来加以关注。针对黑格尔理论的这一面所提出的一条明显的反对意见是：它不合情理地认定人类个体可以，乃至应当关心社会秩序是否展现出了一种与斯宾诺莎意义上的自足类似的属性。尽管说明社会秩序在概念上和在存在论上的自足或许足以使一名坚定的斯宾诺莎主义者相信它值得我们尊敬，但这些性质似乎太过抽象，普通社会成员不会非常关注它们，甚至并没有分享斯宾诺莎的形而上

---

① 黑格尔本人区分了与伦理（Sittlichkeit）成员相适应的主观态度的这两个方面，并在§§146和147分别做了讨论。

学前提的哲学家也不会。可是我们只要想一下自足的概念在被实际用于伦理(Sittlichkeit)理论时所包含的所有内容，就可以回答这条反对意见。我们由此可以揭示出，在黑格尔看来，由于社会秩序具有神圣的自足性而尊敬它无非是把它作为一组具有系统合理性的制度来加以尊敬，而这意味着它可以协调并实现他所设想的诸多方面的好处。按照这个观点，自足的社会秩序是一种持久的、自给自足的、能再生产它自身的制度体系，它具有合理组织，可以(在各种意义上)实现个人的实践自由，使这种自由与他们的基本福利相和谐，并在它的成员完全知情的情况下完成这些目标。

222　　　黑格尔对神圣的实体这个概念的使用还遇到了另一条更加根本的反对意见，它把我们带回到了本章试图探讨的主要问题的一个方面。这里的指责是：把国家看作某种绝对的或无条件的东西会不可避免地把有限个人的利益变成政治理论所关注的次要问题，从而会导致一个观点，即允许为了共同体更高的集体目的而轻易否决这些利益。本章最重要的成就之一就是证明了这条反对意见也是没有依据的。它立足于一个自然而又错误的假定，即黑格尔仿佛把神圣的东西视为一种超越的与有限领域相分离的存在者，而不是一种内在于有限领域的存在者。换句话说，我们可以把这条反对意见背后的错误描述为：它未能充分领会黑格尔所设想的神圣东西的泛神论性质(他在这里再次追随了斯宾诺莎)。为了从黑格尔立场的这个特征出发得出恰当的结论，我们还是有必要区分两种理解泛神论论点的方式——这个论点就是一切皆神。按照其中一种解释，黑格尔的立场仅仅涵盖了如下观点的一个世俗化版本：神圣的火花存在于每一名人类个体身上。由此，"一切皆神"意味着所有人按其本性都展现出了与神相似的重要方面，这些相似之处使我们不得不把某种尊严和不可侵犯性赋予每一名个人。某种与此类似的观点的确可以被归于黑格尔，因为——他在本质上同意卢梭、康德和其他社会契约论者——他认为合理社会秩序的一项条件是社会成员的活动是由法律支配的，这些法律可以得到所有人的肯定，由此顺应了每一名（男性）个人的自由，从而顺应了他们至关重要的尊严。按照对泛神论的另一种更加正宗的解读，"一切皆神"并不是说构成整体的每一个单位身上都有某种神一般的东西，而是说神圣性贯穿了全部存在，它是某种属于整体的（较强的整体主义）性质，条件是整体的各个部分——它们原本是有限的、不完善的——必须具有恰当秩序。在黑格尔的理论中，这个观点在他的一条隐含主张中得到了表达：神圣的东西在于对各个要素的某种系统安排，而且无非是这种安排；这些要素自在地看是有限的，但若被当作一个整体，就体现了一个完全自足的存在者的性质。因为黑格尔同时赞成泛神论论点的这两个版本，所以他所设想的整体的神圣性与人类个体作为它的部分所拥有的完整性或尊严不会相互抗衡。相反，在黑格尔看来，完全合理的国家所拥有的庄严在于它在达到集体目的时，还顺应了它的成员作为个人所拥有的根本利益，包括他们（最重要的）关于自由的利益。倘若它要以它的成员的自由或其他根本利益为代价来达到存在论的和概念的自足所具有的较强的整体主义属性，就远离了黑格尔认为现代社会制度能够符合的一个非常严格的理想。在黑格尔对社会自由的看法中，整体的自由包括了个人自由，并把它作为自己的本质因素之一；这一点十分明白，因为他明确否认了"一种与个人自由相分离的关于所有人的总体自由的概念"，把它看作一种"空洞的抽象"（NL，88-89/Ⅱ，476）。（这至少把握了黑格尔理论的基本意图。在接下来的最后一章，我将详细考察黑格尔在何种程度上成功调和了两种权利：一种可以被称作整体的权利；另一种则是道德主体性的权利，这是个人尊严的一个方面，也是最让他的自由主义批判者担忧的方面。）

　　在结束本章之前，我想要比较简洁地阐述一下我们关于黑格尔与方法论原子主义的关系已经学到的东西。第一，我们已经看到，与表面上相反，黑格尔的伦理（Sittlichkeit）理论用到了一种对个人本身所拥有的根本利益的看法，并认为合理社会秩序的一个必要条件是这些利益对于每一名社会成员都应该是可以实现的。（此外，就这些利益有哪些和如何在社会中实现它们而言，黑格尔的理解与卢梭——他是方法论原子主义的一位突出的追随者——就同样的问题给出的叙述密切相关。）方法论原子主义与伦理（Sittlichkeit）理论的这个重要的一致之处可以被更加粗略地表达为一项主张：社会秩序要具有合理性，一个必要条件就是它对作为个人的个人有好处。不仅如此，对这个观点的这种表述还恰当地解释了之前引用的艾伦·伍德的一个正确、却并不准确的论断，即在黑格尔看来，集体好处之所以有价值，是因为它们对于个人有价值。

第二，我们看到了黑格尔与方法论原子主义的分歧可以被确定为他拒绝认为对个人本身的根本利益的考察可以为一种对合理社会秩序的完整叙述提供充分根据。理由有二：其一，因为方法论原子主义不能公正对待合理社会秩序的有机性质（包括个人据说在公民的角色中具有不同的权利和义务）；其二，因为它不能说明社会秩序无条件的或神圣的地位。后一点更加根本，黑格尔在这个基础上提出了一项与方法论原子主义相对的主张，即合理社会秩序所实现的最高好处并不是满足个人的根本利益。黑格尔主张这种秩序是神一般的，并把它的神圣性确定为它只有在被看作整体时才具有的某些（较强的整体主义）属性；由此，他坚信它实现了一种集体好处，这种好处高于它为个人确保的有限好处，而且不能被还原为后者。这个结论表明，我们必须对一个一般论断——在黑格尔的社会理论中，集体好处之所以有价值，是因为它们对于个人有价值——做出一种重要的限定。因为这个结论意味着黑格尔认为，合理社会秩序所实现的好处的一个方面不能被理解为一种个人好处。可见，我们可以更加精确地说，社会秩序要具有合理性，一个必要条件就是它对个人有好处，但这一点并没有穷尽它的好处。另一种表达这个观点的方式是说，在重构黑格尔的社会理论时，我们的起点不能够仅仅是叙述个人在假设的自然状态下的根本利益。（这正是黑格尔在 § 156Z 想要提出的观点，他在那里区分了社会理论的两个可能的出发点，即"个体性"与"实体性"，并明确拒斥了前者所固有的方法论"原子主义"。)相反，黑格尔论述思路的要点是首先抽象地叙述一个意志必须展现出何种属性，才能算得上是完全自决的（或完全自足的），然后追问：何种具体现象最充分地体现了自决意志的属性？黑格尔伦理（Sittli-chkeit）理论的非个人主义的方面是由他对这个问题的回答导致的，这个回答就是：单个人类个体的意志只能非常不圆满地实现这些属性，而只有被视为整体的合理共同体才能近乎达到实践哲学的最高理想，即从他者的决定中完全独立。

第七章

道德主体性在伦理中的位置

　　本章所探讨的主要问题是黑格尔所设想的社会自由能否与道德主体性的自由相容。换句话说，当个人在自己的社会角色中找到"自己的本质"（E§514）时，他们还能否把自己看作独立的道德主体，以及能否成为这种主体？为了回答这个问题，我们有必要就黑格尔对道德主体性的看法展开一番详细考察，并更好地把握他的社会理论所赞同的制度需要如何顺应一个重要事实，即这些制度的成员是道德主体。

　　我在第一章把道德主体性的核心特征初步确定为一个人能够按照自己对善的理解决定自己的行为。我还提到，道德主体性与一种实践自由、即意志自决有密切联系，因为它要求意志在为自身给出目的时所遵循的伦理标准不是从外在的、陌生的源头推导出来的，而是（在一种有待进一步说明的意义上）从这个意志本身推导出来的。我们可以用另一种方式表达黑格尔对道德主体性的叙述所隐含的基本理想：人类主体应当不只是服从约束他们的关于善的合理标准（即不只是受这些标准的支配），他们还应当是这些标准的源头。因为只有当这些标准在某种重要的意义上是主体自己的标准时，由它们支配的行为才可以被看成自由的、自决的。我们可以再换一种方式来表述黑格尔的观点：个人要把自己实现为道德主体，就必须在自己身上、而不是在某种单纯外在的东西身上找到道德权威的源头。可见，道德主体理应拥有深切的、彻底的自由，因为作为可以自足地仲裁善恶的人，他们不必依靠外在于自己主体性的东西就能知道义务对他们有怎样的要求。就何种命令可以约束道德主体的意志而言，这种主体是——用道德主体性这个现代理想的头号创始人之一的话说——"万物的一个全然自由的、不服从任何人的主宰"[①]。

　　由于黑格尔的伦理（Sittlichkeit）理论背后的基本观点是，社会制度之所以是合理的，是因为它们实现了实践自由，而且它们在多大程度上实现了实践自由，就具有多少合理性，所以我们很容易辨认出这里要提出的问题：黑格尔所赞同的制度如何有助于实现与道德主体相适应的那种自决？因为这种自由看起来是某种完全内在于个人的东西——它仅仅是一个人对善的理解与他本人的行动之间的关系——所以我们最初也许看不出社会制度如何影响了它的实现。虽然这个问题在接下来对道德主体性做出更加准确的叙述之前无法得到完整回答，但是刚才给出的勾勒让我们得以认识到，社会制度可以在两种一般意义上被看作培养了道德主体的自由。第五章对社会自由的"客观因素"的讨论已经触及了第一种意义。黑格尔理论的这个部分的一个核心学说是：合理社会制度通过教化（Bildung）过程确保了实践自由的前提。也就是说，这些制度在塑造社会成员时会为他们提供以诸多形式发挥实践自由所必需的主观能力。把黑格尔的主张应用到当前的语境下，也就是说，为了把个人塑造成一种主体，使他既认为自己能够自为地辨认出什么是善，又认为自己有资格这样做，伦理（Sittlichkeit）制

226

----

　　① 马丁·路德：《基督徒的自由》，见《路德作品集：美国版》，第31卷，哈罗德·J.格里姆编（费城：米伦伯格出版社，1957）[Martin Luther, "The Freedom of a Christian", in *Luther's Works: American Edition*, vol. 31, ed. Harold J. Grimm (Philadelphia: Muhlenberg Press, 1957). ——译注]，第344页。

度——其中最重要的是市民社会和现代家庭——就会起到关键作用。①

　　合理社会制度的另一个一般方面也可能有助于实现道德自由：它与道德主体性的形成无关，而是关系到当社会成员已经被建构为道德主体时，社会秩序如何能增进他们发挥道德主体性的能力（也就是成功按照他们本人对善的理解来行动的能力）。因此，黑格尔对道德主体性的看法可以对社会理论造成一个后果：它对合理社会世界提出了一个条件，即应该保证它的成员拥有一定数量的基本资源，这些资源对成功实现关于善的生活的任何设想来说具有最低限度的必要性。本质上正是这个观点促使黑格尔要求伦理（Sittlichkeit）制度应该使"单个人生活和福利得到保证——把特殊福利作为法来处理，并使之实现"（§230）。[这个想法对于当代政治理论决不陌生，因为罗尔斯之所以聚焦于对基本的善（primary goods）的公正分配，理由之一就是他认为它们是成功实现任何对善的生活的看法所必需的手段。② 因此，如果翻译成黑格尔的语言，这就是说：罗尔斯之所以认为基本的善十分重要，一定程度上是因为它们是道德主体性的实现所必需的条件。]

　　社会理论还可以从另一方面关注如何让成年的社会成员得以发挥他们的道德主体性，这个方面或多或少直接出自这种对主体性的看法所强调的一种可以被称作"内心肯定"的东西，即服从伦理规范的人应该在内心肯定这些规范。用非常一般的话说，这里最明显的观点是：合理社会制度必须能够顺应道德主体性的核心要求，即约束个人意志的原则必须被他们本人

---

　　① 黑格尔社会理论的这一面是于尔根·哈贝马斯批判的对象，参见《道德培养与自我认同》，载《目标》第 24 期（1975 年夏）[Jürgen Habermas, "Moral Development and Ego-Identity", Telos 24 (summer 1975). ——译注]：第 41—56 页。哈贝马斯的主张是：黑格尔的社会理论强调了个人对家庭和民族国家等特殊主义社会群体的认同，却不能让普遍主义的"后习俗认同"（post-conventional identities）得到发展。按照我的意见，这番批评立足于对黑格尔观点的误解，因为伦理（Sittlichkeit）理论在哈贝马斯眼中所缺少的那种认同事实上与黑格尔的道德主体概念有关键的相似之处。本章旨在表明，道德主体性的实现与伦理制度中的成员资格是相容的。

　　② 约翰·罗尔斯：《正义论》（马萨诸塞州，剑桥：哈佛大学出版社，1971），第 93 页。

承认为一种善。用黑格尔本人的话说，他对道德主体性的叙述有一个后果："伦理的……规定不得仅仅作为某个权威的外在的法则和规范来向人提出遵守它们的要求，而且要在人的心、态度（Gesinnung）、良知、洞察等里面拥有对它们的赞同、承认，甚至赞同和承认的理由。"（E §503A）换句话说，合理社会秩序需要满足黑格尔所描述的道德主体最重要的权利（§132），也就是他们应该能把一切支配他们生活、决定他们行动的实践规定——其中包括通行的法律和来自社会生活的命令——作为善来加以承认和肯定。本章旨在考察社会制度与道德主体性的关系的这个方面。它的任务是阐述、理解和评价黑格尔社会理论所设想的一些措施，它们的作用是确保个人在社会生活中的参与不会与他们作为道德主体所拥有的权利——仅仅受制于自己的伦理标准——相冲突。后面我们将更加清楚地看到，它的核心问题可以被表述为一个疑问：黑格尔式的社会秩序为良知规定了何种权利和自由？

　　尽管我们的探究还处于初步阶段，但是值得一提的是，这里要探讨的问题不过是另一个问题的一个版本，后者经常被自由主义传统看作政治哲学的根本问题。罗尔斯的正义理论无疑是这条进路最清晰的例子，因为我们很容易把它的头号任务解释成设计一些正义原则，以便使"人格体"（罗尔斯的这个术语大体上类似于黑格尔的道德主体）的道德地位得到充分承认——"人格体"可以通过一个特征来界定：一个人"能够形成、修改并合理追求"他本人对善的看法。① 由于罗尔斯对推动正义理论的问题的理解强调了现代个人对善的看法有不可消除的分歧，所以在回答政治结合应当如何顺应道德主体性这个问题时，他所推崇的观念是确保对个人的道德地位的尊重——个人被看成书写了他们本人对善的看法。这种对尊重的强调在

228

----

① 约翰·罗尔斯：《政治自由主义》（马萨诸塞州，剑桥：哈佛大学出版社，1993），第19页。这个观点——正义原则源于人格体这个道德概念——在罗尔斯后来的思想中比在《正义论》本身中更加明确。

罗尔斯的理论中以多种方式显现出来，但它最重要的后果之一是对国家可以合法要求公民去做的事情施加了限制。他认为这类对国家权威的限制在道德上是必要的，否则就无法避免按照个人自己并未持有的对善的看法来强迫他们行动，因而无法避免侵犯他们作为人格体（用黑格尔的话说，作为道德主体）所拥有的地位。罗尔斯对人格体应当获得的这种尊重的关注不过是一个更加一般的学说的一个版本，这个学说以各种形式在所有自由主义国家理论中起到了核心作用，那就是：合法政治结合的主要任务是为它的成员确保一座舞台，保护它不受国家和其他个人的干扰，让他们在上面可以自由地按照他们认为合适的方式行动——引导他们的仅仅是他们自己对善的评估——由此保护他们作为道德主体所拥有的地位。尽管黑格尔的理论与罗尔斯的理论有重要的亲近关系——这种亲近关系比人们的最初印象更加深入，而且有更加丰富的内容——但是后面我们将看到，黑格尔在解答如何调和道德主体性的要求与社会合作的要求这个问题时，主要并不依赖于自由主义关于尊重的观念，也不依赖于限制国家的需要，即对国家在掌控公民时的权威施加一些界定得十分清楚的限制。（然而，我们还将看到，这类自由主义观念在黑格尔理论中的表现要比通常所想的更加突出。）黑格尔的解答倒是首先聚焦于使社会成员明白现代社会秩序在根本上的好处和合理性，从而使他们在做到对它的规范和法律的遵守时可以不用违背道德主体的理想，即他们的行动仅仅由他们本人对善的理解来决定。不过，黑格尔与罗尔斯（和其他自由主义者）在这个问题上无可否认的差别不应该使我们无视一个重要事实：推动这两个立场的是它们对同一个问题的关注，即确保社会秩序可以充分表达道德主体性的一个在本质上为两个理论所共有的理想。我们需要记住黑格尔与自由主义传统的这个切点，这不仅会帮助我们理解伦理（Sittlichkeit）理论如何处理道德良知的问题，而且会帮助我们评估这个解答的长处和弱点。

黑格尔对道德良知的看法

　　为了更加确切地理解本章所探讨的问题，首先有必要对这里的主要概念、即道德良知（Gewissen）展开详细分析。[①] 良知在这番讨论中是一个合适的焦点，因为它是黑格尔所理解的道德主体性的核心特征。[②] 换句话说，要问伦理（Sittlichkeit）能否顺应它的成员的道德主体性，首先就是问它能否允许良知得到充分的表达和实现。为这个问题寻找一个清晰的答案是很困难的，因为良知在黑格尔的文本中事实上是以两个不同面貌出现的。一个面貌是良知的"真实"形式，黑格尔认为它在合理社会秩序中可以得到充分实现。另一个面貌是对道德权威的一种过于抽象和过于个人主义的看法，黑格尔批评它无异于任性，而且离邪恶本身只有一步之遥。[③] 良知的两种形态都涵盖了道德主体性的核心观点的各个版本，这个观点就是约束个人意志的随便什么伦理标准都以自律的方式源于他自己。在《法哲学》中首先出现的是"坏的"、过于个人主义的形式。也就是说，黑格尔首先是从"道德"篇的抽象视角看待良知的。随后出现的是黑格尔在"伦理"（Sittlich-keit）篇的讨论，这番讨论只是几处零散的评论，它们提到了良知的"真实"形式。出于这个理由，我们可以合理地把当前的任务描述为试图确定现代伦理保存或扬弃（aufgehoben）了道德良知的何种要素，这也是注释者经常

230

---

　　① 在用英语对这个话题所做的展开讨论中，最好的是艾伦·W. 伍德：《黑格尔的伦理思想》（剑桥：剑桥大学出版社，1990），第10章。

　　② 黑格尔对道德主体性的看法要比我在这里的讨论所能传达的内容复杂得多。良知虽然是道德主体性最重要的、"最高的"要素，却不是唯一的要素。这一点在一个事实中得到了反映：在良知的权利之外，黑格尔还认识到了另一些道德"权利"（或道德自由）。它们包括"认识"的权利（§117）、"意图"的权利（§120）和"主观满足"的权利（§124＋A）。我的主张——良知是道德主体性的核心特征——立足于一个事实：黑格尔把良知的自由称作"主体的最高权利"（§132A）。伍德更加完整地叙述了黑格尔关于道德主体的观念，参见《黑格尔的伦理思想》，第134页。

　　③ 《精神现象学》（PhG，¶¶632—671；464—494）、§§138—139和E§511描述了后一种看法。§137讨论了真实的良知。

采取的做法。这意味着在这番讨论的末尾，我需要比黑格尔更加明确地说出就良知的两种形式而言，他的社会理论排除了被拒斥的形式的何种要素，以及他对伦理（Sittlichkeit）的叙述所涵盖的形式是否公正对待了完全自行立法的个人主体这个理想——这个理想应当是"道德"篇的立场为黑格尔对完全合理的社会秩序的设想所做的贡献。

我可以从回顾之前引用的黑格尔的一个说法来开始对良知的分析，这个说法强调了社会成员有必要对他们必须遵循的随便什么"伦理规定"抱有内心肯定：倘若道德主体性要在伦理（Sittlichkeit）制度中得到公正对待，法律和规范在支配人们在这些制度中的参与时就"要在人的心、态度（Gesinnung）、良知、洞察等等里面拥有对它们的赞同、承认，甚至赞同和承认的理由"（E§503A）。这里对社会成员的态度的谈论应该让我们想起第三章，我在那里分析了黑格尔所理解的与自由的社会成员资格相适应的主观态度或心智模式，并表明它在他对社会自由的主观方面的叙述中是一个核心观念。这一点很容易促使人们以为，为了探讨这里就个人对社会规范和法律的内心肯定所提出的问题，只要再次援引第三章已经探索过的观点就行了。换句话说，社会秩序为了顺应成年社会成员的道德主体性所必须满足的条件仿佛就是他们应该在第三章所阐述的意义上主观地认同自己所从属的制度（即在这些制度中找到自己的实践身份）；也就是说，（1）他们应该把自己社会群体的集体好处作为最终目的来加以重视和追求；（2）他们应该在自己的社会参与中找到并表达自己的特殊身份；（3）他们应该认为自己的制度是由自己的活动维持的，从而把这些制度看作自己意志的产物。这里的想法是：个人只要在这种意义上主观地认同了自己的社会制度，就至少会隐含地承认这些制度是一种善，因而当他们遵循支配社会生活的法律和规范时，约束他们的仅仅是他们本人所肯定的善的标准。

要理解本章的目标，关键就在于认识到，倘若一个人单纯以刚才描述的方式主观地认同他的社会制度，那还不能充分满足黑格尔所理解的道德主体性的要求。这项主张反映在一个事实中：之前引用的段落不仅提到了社会成员的态度，而且提到了他们的"良知"和"洞察"。为了进一步确认这一点，我们可以回想一下，黑格尔认为古希腊人也在自己的社会参与中找到了自己的身份——实际上，社会自由的理想本身就其主观方面而言就是由希腊城邦带给我们的——可是同时，他们不能够实现、甚至不能够设想实践自由的所有形式，现代世界则不仅可以具备这些形式，而且认为它们是不可或缺的。我们现在已经很熟悉黑格尔伦理（Sittlichkeit）理论的意图了：它不是要简单地以古代的（和原始的）面貌再次凸显古希腊的理想，而是要在一种关于自由的哲学中重新表述这些理想，这种哲学涵盖了另外两种对自决的看法，即人格体和道德主体的自决，它们（据说）晚于古希腊文化。①

与古希腊相联系的主观认同在黑格尔看来缺少一些道德主体性的要素，他的一处简练而又有些惊人的评论指出了其中最重要的要素："希腊人没有良知"（§ 147N）——苏格拉底是一个值得注意的例外，他被看作主体性的这条现代原则的最初来源。② 为了理解现代所特有的这条原则在黑格尔看来是怎样的，我们最好追溯一下他对它漫长的历史发展的叙述，这番叙述的起点是与苏格拉底为道德主体性的历史所做的贡献相关的一个说法：

> 　　道德的立场最初是在苏格拉底的时代产生的。按照雅典人的指
> 控，他的罪行是不再遵循祖国的法律，不再信仰自己国家的神——不

---

① 在我对古人的讨论中，我将仅仅致力于阐述黑格尔是如何理解他们对自由的看法（和这种看法的缺陷）的。我不会试图为他关于希腊人的主张确定历史真实性，因为我最感兴趣的是他关于古代伦理（Sittlichkeit）的观点让他得以在概念上做出的区分。

② "讲到希腊人当他们第一次取得自由的真正形态的期间，我们不妨说，他们并没有良知；他们［的伦理］受为祖国而生存习惯的支配，没有更进一步的反省。"（PH，253/ XII，309）［《历史哲学》，第 251 页。——译注］

再那么直接地合乎伦理（sittlich）。苏格拉底确立了内心反思的立场，即［自为地］思考某个东西是否真实。［他的原则是］神的概念无论善恶……自在地看都没有直接的约束力（gültig）；这个概念必须首先开辟一条通向人的内心的道路，才能得到承认（VPR4，301）。

　　这里说出了苏格拉底所引入的主观态度的两个（相互关联的）标志：缺少直接性——"直接地合乎伦理"就是一个人不加反思地接受自己社会的伦理实践——以及在接受社会习俗的有效性之前渴望自为地思考这些习俗。可见，黑格尔的观点似乎是：第三章所描述的主观态度之所以单凭自身无法达到道德主体性的理想，是因为它是同个人与社会实践的"直接"关系相容的，而苏格拉底在质疑雅典的规范时恰好想要挑战这种直接性。［至于这种直接性的例子，我们可以回想一下安提戈涅雄辩的论断，即她必须遵循的伦理法则——按照黑格尔的阐发——具有不可动摇的、难以捉摸的性质："并非今天或昨天，而是永恒以来，它就活着，没有人知道它何时开始显现。"（PHG，¶ 437；321－322）（《精神现象学》，第 264 页。——译注）。］因此，黑格尔的观点似乎是——这时他还没有把这些观点应用到他的社会理论中——在一个完全合理的社会秩序中，个人不会直接地（不加反思地）把支配他们的法律和规范作为好东西来加以接受，不会像安提戈涅那样认为这些法律和规范仅仅"存在着，此外无他"［同样出自《精神现象学》，第 264 页。——译注］。毋宁说完全自由的社会成员在肯定约束他们的伦理标准时，必须采取一种与他们作为有良知的存在者所拥有的地位相适应的方式，也就是采取一种涵盖了道德主体的能力和渴望的方式：道德主体能够使自己与既定的实践和规范保持距离，也能够合理评估它们的善恶，而且渴望这样做。

　　起源于苏格拉底的道德良知的观念在基督教的宗教教义中得到了强化和阐发；按照黑格尔，这些教义在新教改革的神学中得到了最清晰、最连贯的表述。就路德对基督教的变革的哲学意义而言，黑格尔关于历史哲学的大学讲演中的以下片段表达了他的一部分评估："因为个人知道他自己是充满了神圣的精神……一切外在性的关系都瓦解了；现在不再有教士和凡人的分别；没有一个阶级占有着真理的内容……相反地，那颗心——人类情绪的精神性——是被承认为能够占有，而且应当占有真理的东西；这种主体性便是一切人类的共同产业。"（PH，416/XII，495－496）[《历史哲学》，第411页。——译注]

　　从苏格拉底式的道德主体性的理想出发，有两个进展在这里值得一提。第一，路德以及更加一般的基督教神学认为，人的道德权威依赖于他们与神圣存在者的联系，后者的地位是绝对的或无条件的，这个地位使得它与世界的关系超越了有限的人类个体本身所能拥有的局限视角。前一段指出，人只是因为可以"充满神圣的精神"，所以才能够在道德事务中"占有真理"，能够就人的规范和实践的善恶提出合格的判断。按照这个观点，苏格拉底式的"内心反思的立场"——能够自为地决定伦理标准的有效性——需要具备一个视角，这个视角所提供的善的标准具有绝对的、无条件的有效性。基督教的这项创新的一个后果是：人们逐渐认为，伦理判断需要找到绝对的和最终的根据。苏格拉底对话的本性经常是不给出结论，这一点可以被解释成在怀疑禁得起理性持续审视的伦理标准是否存在；路德的观点则清楚地预设了这类最终标准的存在，而且人只要与神圣的东西具备正确的关联，就能知道这些标准。在这样一种观点看来，在伦理事务中获得真理不再只是道德主体的一种渴望；由于神会向人启示它自身，所以神的存在既确保了这种真理的存在，又确保了人类主体可以拥有它。

　　从苏格拉底关于道德主体性的观念出发的第二个进展出现在路德的一个明确论断中：道德权威的源头在每一名个人身上，不论他出生如何，或在尘世中有怎样的地位。（让我们回想一下，他的主张被黑格尔表述为"这种主体性是一切人类的共同产业"。）因此，人与神圣的东西之间的联系在路德看来不只是神与某些被选中的人类个体之间的关联，也不是神与人的整个共同体之间的关联。毋宁说每一名个人都至少潜在地具有与绝对的东西之间的直接联系，从而可以在未经中介的情况下知道善的真正标准。换句话说，路德把每一名个人都看作道德权威的所在地，这个所在地是有别于他人的、独立的，而且不用外人协助就可以知道在道德上真正的善有怎样的要求。

黑格尔对新教信经的概括简练地把握了路德为道德主体性观念的发展所做的两大贡献："这就是路德的宗教信仰，按照这个信仰，人与神发生了关系，在这种关系中，人必须作为这个人出现。"（LHP, vol. Ⅲ, 149/XX, 51）[《哲学史讲演录》，第 3 卷，第 378 页。——译注]就我们的兴趣而言——我们感兴趣的是这些贡献与现代或启蒙时代对道德良知的理解之间的联系——值得一提的是，隐含在宗教改革的神学中的对道德主体性的叙述可以被看作一种普遍主义叙述，而这两个教义各自代表了这种普遍主义的一个方面。这对于这里区分的第二点是最明显的：黑格尔主张道德权威并不是一个特殊阶级的人独自占有的东西，而是存在于所有个人身上。这个立场之所以可以说是普遍主义的，是由于它所支持的信念是善的真正标准可以得到普遍认识。（黑格尔还认为，这个新教教义不过是阐发了早期基督教信仰中已经存在的一种普遍主义：按照这种信仰，唯一神的关注和权威延伸到了所有人身上，不论他是犹太人还是非犹太人。）①可是前一个论断——善的真正标准的最终源头是绝对的——也隐含了一种普遍主义。这里的观点是：对人的行动有约束力的伦理标准之所以具有最高权威，是由于它们事实上在一个无条件的视角中表现为一种善，这个视角既

---

① 黑格尔是这样表述基督教的这个根本信条的："[基督教的]神将使一切人类都获得拯救。所以，假如把一切特殊性质撇除不论，人类，当在自己和为自己时——从他为人的简单的性质来说——具有无限的价值；这种无限的价值不附属在生世或者国土的一切的特点。"（PH, 334/XII, 404）[《历史哲学》，第 330 页。——译注]

没有偏袒，又没有局限，因为它对善的设想并非依赖于或关系到它在道德宇宙中占据的特殊位置。可见，这个立场之所以构成了普遍主义的一种形式，是因为它认为有理有据的道德判断需要出自普遍的视角（这个视角超越了一切有特殊处境的视角）。①

正是在启蒙时代——康德的道德哲学尤为紧要——道德良知的观念获得了最突出的地位，得到了最完整的阐述。黑格尔归于启蒙的对良知的看法在很大程度上仅仅综合了苏格拉底和路德各自关于道德主体性的观点。路德强调"情绪的精神性"为人类与神圣的东西之间的联系提供了基础，黑格尔则丢弃这一点，赞同更加古老的苏格拉底式的观点，即道德主体性的发挥不能依靠感受，而要依靠合理反思——在认知上使自己与既定的规范和实践保持距离，以便评估它们的合理性——他还赞同一个相关的主张，即只有在这类规范可以禁得起理性审视的情况下，它们才具有道德约束力。可是启蒙时代对这种理性是什么的理解以世俗化的形式挪用了路德的三个核心观点，那就是：在伦理事务中存在一种具有最终权威的真理；这种真理在原则上是面向所有个人的（它可以得到普遍认识）②；要获得这种真理，就需采取一种立场，它抽掉了一切单纯的特殊视角（它是一个普遍视角）。

启蒙时代为这一切添加了一项属于它自己的无比重要的创新："路德

---

①　我们也许可以认为，这第二种型号的普遍主义已经隐含在了苏格拉底向他的雅典同胞发出的哲学挑战中。这里的观点是：当苏格拉底挑战他的对话者、要他们为雅典传统实践的合法性找出理由时，他从事的是一种对正当性的寻求，这种正当性超越了雅典人的地方性视角，号称要适用于所有合乎理性的探究者。然而，在这个方面值得一提的是，黑格尔虽然始终把苏格拉底等同于"反思"的原则（换言之，"否定性"的原则）（VPR4，301），却没有把他等同于这里意义上的普遍主义。尽管苏格拉底显然邀请他的对话者合理地反思他们的实践，但我们看不出他所渴望的反思是否应当被看成旨在建立可以为任何合乎理性的探究者所赞同的规范。毋宁说它似乎抱有一个比较谦卑的目标，即内在的连贯。

②　有必要提一下，黑格尔最终赞同的是真理可以得到普遍认识这条原则的一个经过削弱的版本。在他看来，伦理事务中的真理只能为全体现代个人所认识，生活在较早的、精神（Geist）尚未得到充分发展的历史时代中的人则不然。

曾经[为人类]获得了精神的自由……[因为]他胜利地决定了什么是人类永恒的命运，这种命运必须在他自身内发生。但是凡是必须在他自身内发生的东西的内容……却被路德认为是一种已经定出的东西，一种已经宗教启示了的东西。现在[在启蒙时代]这个原则已经定好，就是这种内容是一种向我呈现的内容，必须是我能够获得一种内在的确信的内容，而且一切的东西必须可以带回到这个内在的根据。"（PH，441－442/XII，523）[《历史哲学》，第436页。——译注]这个启蒙信条的意义在于，它认为无条件的伦理标准的源头并不在外在的神那里，而在人的理性本身之内。这不只是说所有个人都可以像路德宣称的那样在伦理事务中认识真理；毋宁说这种真理的源头本身——我们伦理标准的根据——也存在于我们每个人身上。黑格尔在这里归于启蒙时代的最高渴望是看到伦理标准的内容源于某种在服从这些标准的存在者之内的东西。黑格尔在这段话之后的段落中清楚地表明，倘若单纯要求约束主体的伦理标准必须可以被他们的理性认作权威——这条要求或多或少已经隐含在了苏格拉底的观点中——就无法充分把握这种渴望的满足所需的前提。因为如果以这种方式表述道德主体性的理想，就会留下一种可能性：理性可以被设想成以人之外的某种东西为源头——例如，柏拉图把理性与宇宙秩序背后的原则等同起来了——这样一来，道德义务的内容就会在一个重要方面仍然仅仅是从外面给予人或者强加给人的。相反，在启蒙时代，道德主体若要认为一些伦理标准是合理的，它们就必须具有"内在的根据"，这个根据（在一种有待解释的意义上）来自主体本身。（也许另一种说法更有启发意义：在启蒙时代，任何东西倘若不是在这种意义上内在于人的，就不再能被算作理性。）黑格尔在《法哲学》中说道，道德良知的概念所体现的理想包含了一个论断，即主体不仅有权利"在自身中"（in sich）——在自己的意识中——知道"什么是权利和义务"，而且有权利"根据它自身"（aus sich）来认识权利和义务（§ 137A）；他在这里想要传达的正是上述启蒙观念。

可是更具体地讲，我们要如何理解这条要求，即伦理规范的内容应该源于某种内在于人的东西？在这里的语境下，我们不妨回想一下，黑格尔在康德式的道德自律原则中——这条原则把义务的源头确定为一种"内在根据"，也就是意志自行立法的能力——找到了对这个立场的典型表述。在康德看来，我们之所以可以说伦理义务来自某种内在于人的东西，是由于决定这些义务的标准——意志的准则能否被普遍化，无非是表达了发挥实践理性所需的最根本的条件，而理性的这种能力被康德等同于意志本身。按照黑格尔，这番对道德责任的源头的叙述有一个重要后果："权利和伦理开始被认为在人类……的意志中有它的根据，在从前的时候，这种权利和伦理仅[是]外在地规定下来的神的命令。"（PH，440/XII，522）[《历史哲学》，第 435 页。——译注]

236

黑格尔把另一个概念——"希求自由意志的那自由意志"（§ 27）——当作他自己道德哲学和社会哲学的基础，这可以说是换了一种方式表达康德的核心观念，即自律，以及与此相伴的主张，即伦理标准的内容应该源于人的意志之内的原则："自己希求自己的意志，乃是一切权利和义务的根据……意志本身的自由，它是一切权利的原则和实体的基础。"（PH，442－443/XII，524）[《历史哲学》，第 437 页。——译注]正如前几章试图说明的那样，这条康德主义思路的黑格尔版本要求表明社会规范和制度对于实践自由的实现是必要的（即它们是意志为了达到完全自决所必需的条件），由此确立它们的合理性质。这样一种思路把伦理标准的源头放在了人之内，因为自由是人的本质："意志……的自由[使]人类成为人类，所以它是精神的基本的原则。"（PH，443/XII，524－525）[《历史哲学》，第 437 页。——译注]因此，启蒙时代的渴望——在人身上找到伦理规范的内容——在黑格尔《法哲学》中表现为一个观点：为了对人具有真正的约束力，这类规范必须可以使他们认识到它们不仅符合理性的某种可能是外在的标准，而且促进了人所特有的一个目的——自决，它实际上是人所特有的一切目的当中最高的一个。①

　　我们在之前的章节已经看到，黑格尔社会理论的一个独有特征是它认识到了一种实践自决，它不能被用作个人意志的谓词，而只能被用作以集体的方式看待的社会群体的谓词。[让我们回想一下第四章讨论的一项主张：伦理（Sittlichkeit）制度本身就是自决的，因为它们构成了一个自足的社会秩序，这个秩序体现了概念的结构，而且能够再生产它自身及其所有本质特性。]可是我一直煞费苦心证明，黑格尔观点的这个特征不应当被理解成在支持一条我们经常听到的论断，即为《法哲学》提供基础的意志自由是某种比单纯的人的自由更加深奥的东西。虽然按照黑格尔的理论所提出的对自决的看法，自决严格来讲的确不能被用作个人的谓词——因为与卢梭一样，他也把社会秩序看作有统一的生命和意志的集体主体（SC，I. 6. x）——但我们不能因此就错误地以为自决的这种超个人形式必定是某种与人的自由不同的东西。这样讲有两条理由。第一，当黑格尔把（客观）自由归于制度本身时，他的一部分意思是这些制度确保了它们个体成员的（全部三种形式的）自由所必需的条件。第二，这些"自由"制度的存在并没有超越有血有肉的人所居住的世界；它们倒是彻头彻尾在人间的存在者，是由人类个体的活动创造和维持的，甚至被这些个人看作他们本人自我的延续。因此，即使当黑格尔的理论设定一种超个人的意志、认为它具有一种属于它自己的自由时，这种自由就其概念和存在而言也仍然是与人类个体的自决活动不可分离的。

　　黑格尔采纳了康德的总体思路，把伦理规范设想为"自由法则"——设想为从意志的基本特性、即自决出发的原则——但我们决不能让这一点掩盖这两位思想家的重大差别，这些差别关系到他们如何理解自律的概念和

----

　　①　鉴于黑格尔的精神学说——尤其是它对人的目的如何与精神的目的相关联所做的叙述——被困惑所包围，我们有必要强调这里引用的黑格尔的段落中的一项明确主张：正因为自由是人的一个目的（因为它使"人类成为人类"），所以它是"精神的基本的原则"。

把它作为实践哲学的基础所带来的后果。由于黑格尔对合理社会秩序的非常丰富的叙述在他看来仅仅出自自律这个出发点，所以毫不意外，他对意志所特有的自由的看法比他的前辈宽广得多。两种看法发生分歧的最明显的方面反映在一个事实中：黑格尔虽然也认为道德原则内在于意志，却认为它并不是普遍性这种单纯形式的原则，而是包含了一种实质性的对善的看法。在黑格尔看来，以（人的）意志的本性为根源的原则并不是个人的准则能否被普遍化，而是一种对善的看法，它结合了抽象法的原则（这些原则要求尊重所有人格体的自由）与人的福利（Wohl）的系统性实现（§§ 129＋Z，130，134）。[①]

238

这个学说背后的想法是："福利没有权利就不是善。同样，权利没有福利也不是善。"（§ 130）黑格尔之所以提出这项主张，理由是只有当权利的要求与总体福利达到系统性的和谐时，这种事态才能使理性得到充分满足，从而可以被理性毫无保留地作为善来加以肯定。当然，这个关于善的道德概念所涵盖的福利是普遍福利（§§ 125，130）[②]，而不只是属于作为有良知的主体致力于决定善是什么的个人。同时，黑格尔煞费苦心地表明，现代道德主体性所运用的善的概念并不认为普遍福利指的是对某个集体存在者，比如对国家最有利的东西（§ 126A），而是认为它指的是"一切人的福利"（§ 125），其中包括所有个人的特殊福利（和私人福利）（§ 126A）。这意味着现代道德主体只会把权利与福利以一种特定方式达到的

---

① 在黑格尔与康德两人的道德理论之间建立准确的关联是一件极其复杂的事情。（我受益于大卫·布林克和迈克尔·哈迪蒙，他们指出了其中的一些困难。）一个重大差别是：虽然康德认识到了增进他人的幸福是一项一般义务，但是黑格尔的理论首先就任何个人的福利必须包括什么内容做了一番特定的叙述，由此论证了个人有义务参与特殊的社会制度体系，只要它〔也就是现代伦理（Sittlichkeit）〕最好地为所有人实现了这种福利。

② 一个有些争议的问题是：黑格尔的道德理论究竟是要求关注现存（和未来？）所有人的福祉，还是仅仅要求关注从属于自己民族共同体的所有人的福祉。（参见§§ 125，126A＋N。）为了重构黑格尔（和卢梭）的社会理论，我们只要认为"普遍福利"指的是一个人的所有公民同胞的福利就够了。

统一认作善，那就是系统性地调和所有人的人格自由与每一名个人的福利。[在这里不妨回顾一下卢梭会让我们有所收获：他把《社会契约论》的根本任务表述为"把权利所许可的和利益所要求的"统一起来，"以便使正义和功利二者不致有所分歧"。（SC，I.0.i）（《社会契约论》，第 3 页。——译注）]

既然黑格尔认为决定我们义务的原则包括了人的福利这个因素，这个事实仿佛就背离了他的一项主张，即他要追随康德，单纯从意志的自决性质中推导出伦理标准的内容。我们不得不追问，这种善如何能被看作自由的原则？黑格尔从来没有对这一点给出明确论证，但它似乎依赖于如下观点：假如一种对"自由法则"的理解把增进福利排除出了这些法则的建构性目的——抽象法的原则就主张这样做——那么约束道德主体的最高原则与一个重要目的就不会有必然联系，这个目的是任何人都不能不感兴趣的，那就是幸福。这意味着道德在对个人行为提出要求时所凭借的原则就其后果而言完全可能系统性地对人的一种根本利益，即幸福漠不关心，甚至也许是与幸福相对抗的。实际上，对这样一种道德来说，伸张正义（fiat iustitia）完全可能意味着毁灭世界（pereat mundus）。["Fiat justitia, et pereat mundus"是一则拉丁谚语，意为"即便世界毁灭，也要让正义伸张"。《法哲学原理》第 130 节引用了这句话；从本书的上下文来看，亦可参考康德《论永久和平》对这句话的讨论，见《康德著作全集》第 8 卷，中国人民大学出版社 2010 版，第 384 页。——译注]

239　黑格尔对这样一种可能性的拒斥立足于一个想法：由于人的肉体特性是不可抹杀的，所以倘若一种道德既宣称它在他们的意志面前有最高权威，却又无助于人的福利，或者仅仅偶然推动了这种福利，那么他们与这种道德就是永远无法完全和解的。① 诸如此类的存在者不能不深切关心自己的幸福，因而会不可避免地发现自己不能够全心全意地赞同这样一种道德的命令。也就是说，他们难免会感到，这些法则虽然是作为他们的最高法则呈现出来的，却未能考虑到某种对于他们必不可少的东西。可是倘若一种道德只能赢得这种勉强的赞同，服从它的人在遵循它的命令时就不可能是完全自由的，因为在这样一种情况下，他们自己身上总会有一个实质性的部分在对道德的要求表示抵抗。通过对这条思路的讲解，一个观点清楚地出现在了我们面前：与康德的立场相反，黑格尔对意志自决所需要的前提的理解并不是从对自由的本性的一番纯粹先天的叙述开始的，而是从另一番考察开始的，即带着某些自然需要和倾向进入世界的存在者能够把什么作为自己的最高原则来加以拥护，才不会粗暴对待自己的肉体本性，或者使自己与这种本性相异化。②

黑格尔的主张——源于自决概念的伦理规范必须涵盖对人的福利的考虑——意味着他的立场与康德的立场最终还有另一个方面的分歧。在黑格尔看来，倘若道德仅仅涵盖了人的一般福利，把这种福利作为它的本质目的之一，因而遵守它的要求会导致增进"一切人的福利"，那是不够的。个人若要能够完全拥护道德的要求，完成义务就还必须为完成它的个人带来某种特殊满足。黑格尔在这里的想法是：个人若要能够不只是把道德视为一名苛刻的、严厉的监工，道德就必须不只是命令他们推进他们人类同胞

---

①　当康德论述对神的存在的信念具有实践必要性时，他运用了一个类似的想法。他的论述在本质上依赖于一项主张：假如道德法则与获得幸福（对在道德上配得上幸福的人而言）并没有系统性的关联，人在这个世界中就无法完全如同在家里一样——永远无法认为世界是完全合理的。康德在这里与黑格尔有一个重大差别：在他看来，善的概念（"最高的善"）只有在确立了绝对命令无条件的有效性之后才能进入道德哲学。这意味着在证明道德义务的约束性质时，我们并不需要善的概念。在黑格尔看来，要确立义务的约束性质，就必须说明它们如何能适应于一个关于社会制度的方案，这个方案系统性地实现了包括人的福利在内的善。

②　不言而喻，黑格尔的这个步骤预设了对一个基本的康德主义二分法的拒斥，这个二分法的一边是倾向，另一边是理性和自由。

的自由和福利；它还必须为他们提供这样做的动机，这个动机要比抽象地
关注所有人的好处更加生动，而且也要针对他们本人作为特殊存在者所拥
有的利益。① 由于义务经常会要求个人为了他人的好处而牺牲自己的私人
好处，所以黑格尔认为，若要系统性地调和伦理要求与道德主体的特殊满
足，这些主体就必须把他们在三大伦理（Sittlichkeit）制度中可以获得的特
殊身份作为他们本人的身份来加以接受。因为（我们在第三章看到）这些身
份具有厚重的社会性——它们既是特殊的，同时又是普遍的——所以它们
不仅让个人得以增进他人的好处，而且使他们获得了一种特殊满足，这种
满足关系到他们使自己对自己是谁所持有的认知成为现实，并通过发挥对
社会有益的作用赢得了他人的承认——赢得了自己的"荣誉和声誉"（§
124）。

　　就我刚才追溯的漫长历史发展的遗产而言，黑格尔的理解可以被概括
为他关于"［道德］主体的最高权利"的说法，这种权利有时也被称作"主观
意志的法"（§ 132）："良知表示着主观自我意识绝对有权知道在自身中（in
sich）和根据它自身（aus sich）什么是权利和义务，并且除了它这样地认识
到是善的以外，对其余一切概不承认，同时它肯定，它这样地认识和希求
的东西才真正是权利和义务。"（§ 137A）可见，按照黑格尔的观点，为了
充分顺应良知的权利，就必须满足以下所有条件②：（1）约束个人的法律和
规范必须被他们有意识地作为善来加以赞同；（2）他们对约束自己的伦理
标准的赞同是他们本人合理反思的结果，这种反思的前提是能够从通行的
法律和规范中后退一步，并从普遍的（而非特殊的）视角对它们进行评价；

---

　　① 黑格尔把这条原则称作"在行为中找到他的满足的主体的权利"（§ 121），也称作"主体的
特殊性求获自我满足的这种权利"（§ 124A）。

　　② 这些是充分实现在黑格尔看来与道德良知相联系的那种自决所需的充分必要条件。我在
后面会提到，它们不同于伦理规范对个人的约束所需的一组较弱的条件。在黑格尔看来，伦理规
范即使未能在个人那里得到如实的认识，也对他们有约束力。在这样一种情况下，个人在道德上
有责任遵循这些规范，但他们无法充分享有道德主体性的自由。因为约束他们的原则虽然具有客
观有效性，却没有得到他们本人有意识的赞同。

（3）个人从理性的反思出发最终赞同的伦理标准构成了对善的真正陈述；
（4）这些标准之所以是一种善，是由于它们事实上增进了人的一种内在价
值，也就是意志自决。合理反思在这番对良知的叙述中处于核心地位；为
了迅速驱散对这个地位的任何怀疑，我们可以注意到黑格尔还把这组条
件——它们是道德主体的"最高权利"——称作"洞察善的权利"（§132A），
这种洞察被毫不含糊地描述为从理由出发的信念。黑格尔在1825年《法哲
学》讲演中无比清晰地说出了这个观点：他在那里宣称，有良知的存在者
所具有的与伦理标准的主观关联应当"不止是对善的大体了解"；毋宁说
"我"作为道德主体"应当具有对善的洞察，而洞察不只是单纯的了解……
随着反思而产生的一条要求是……我应该对他人宣布的权利和善具有洞
察，我应该［从良好的理由出发］信服这种权利和善"（VPR4，351—352）。①

道德主体性在伦理（Sittlichkeit）中的位置

　　黑格尔的读者非常清楚，《法哲学》第二篇（即"道德"篇）陈述了刚才讨 241
论的关于良知及其权利的观点，然后黑格尔把注意力转向了伦理（Sittlich-
keit）理论及其对社会制度会如何影响实践自由的实现所做的叙述。对良知
的这番讨论在文本中的位置引发了一个明显的问题：黑格尔关于道德主体
性的观点究竟与他的社会理论有什么关系？我们很容易把这个问题看作一
个更加一般的问题的一个特例，后者伴随着对黑格尔哲学方方面面的解
释，那就是：当他的体系靠前的部分被靠后的部分辩证地"扬弃"（aufgeho-
ben）之后，靠前的部分还拥有何种地位？把这个问题应用到当前的情况
下，也就是说：良知的权利在何种程度上在伦理（Sittlichkeit）理论中得到
了保存，而不是仅仅遭到了否定？完全充分的社会秩序究竟是如何顺应道

---

① 　虽然"从良好的理由出发"（aus guten Gründen）在我引用的这个特殊段落中并没有出现，
但是黑格尔在§132A使用了这个说法。

德主体性的权利的？①

　　对黑格尔不抱同情的解释者再三提出质疑，认为他的伦理（Sittlich-keit）理论否定而非保存了他本人对道德主体性的叙述的最重要的要素。更确切地讲，他们的主张是黑格尔对合理社会秩序的设想没有为它的成员提供任何真诚地表达道德良知的场所。这类攻击最近的例子是恩斯特·图根哈特，他认为："黑格尔并不容许与……国家建立一种负责任的、批判性的关系的可能性。他倒是告诉我们，现有的法律拥有绝对权威……个人的独立良知必须消失，而且信赖取代了反思。黑格尔所说的伦理（Sittlich-keit）对道德的扬弃（Aufhebung）就是这个意思。"②在《法哲学》对伦理（Sit-tlichkeit）概念的最全面的讨论中，有一个著名段落似乎为图根哈特的指责——个人的良知在黑格尔对合理社会秩序的设想中没有位置——提供了支持，黑格尔在那里确实说道："个人……自身的良知在伦理（Sittlichkeit）……中消失了。"（§152）我们在第三章已经看到，黑格尔毫不含混地宣称，拥有社会自由的个人的主观态度是以信赖而非反思为标志的。③

　　我们将足够详细地考察黑格尔的立场，这是它应得的；但在这之前，

----

　　①　路德维希·希普对这个问题的讨论很有帮助，参见《伦理对道德的'扬弃'》，见《黑格尔的行动哲学》，劳伦斯·S. 斯蒂佩列维奇和大卫·兰姆（新泽西州，大西洋高地：人文出版社，1983）[Ludwig Siep, "The 'Aufhebung' of Morality in Ethical Life", in *Hegel's Philosophy of Action*, ed. Lawrence S. Stepelevich and David Lamb (Atlantic Highlands, N. J.: Humanities Press, 1983). ——译注]，第137—155页。尤其参见第四节。

　　②　恩斯特·图根哈特：《自我意识与自决》（马萨诸塞州，剑桥：麻省理工学院出版社，1986），第315—316页，译文有改动。图根哈特还提出了一项更加极端的指责（它的错误也更加明显）："黑格尔的哲学是对现存秩序的有意识的、明确的……辩护，全然不顾这个现存秩序可能是如何建构的。"（317）

　　③　图根哈特引用了 E §§ 514—515 来支持他的主张，即伦理（Sittlichkeit）排除了与道德主体性相适应的反思（315）。我在后面会更加详细地讨论这段话；现在只需要注意到，尽管黑格尔的确把这里的信赖等同于"真正的、伦理的态度"，但是据说被它取代的反思被限定为"选择性的反思"（die wählende Reflexion）。由于黑格尔始终把选择（Wahl）描述为希求的一种不完全合理的形式（§14，E §§ 476—477）——它大致相当于一个人在一组既定选项中按照自己的主观偏好进行挑选——所以当他主张"选择性的反思"在伦理（Sittlichkeit）中并不存在时，我们不能认为这意味着一切反思、包括与道德主体性相联系的反思都遭到了排斥。

简要提出三个观点也是值得的，它们应该使我们在进一步考察之前不要立刻接受这种常见的批判。第一，让我们回顾一下之前为了支持图根哈特的指责而引用的一段话，这次是完整的引文："个人的自我意志（Eigenwilligkeit）和他自身的良知在伦理（Sittlichkeit）实体性中消失了，这种良知曾经自为的（für sich）存在，也曾与伦理实体性相抗衡。"（§ 152）所以，虽然无可否认，良知在某种意义上应当在合理社会秩序中消失，但是黑格尔在这里事实上把良知与自我意志（而且与一种始终反对现存社会实在的冲动）联系起来了，这应该使我们感到疑惑：黑格尔的批判者是否正确理解了他究竟想要把道德主体性的哪个方面从伦理（Sittlichkeit）中驱逐出去？第二——这一点更加重要——即使图根哈特是正确的，即黑格尔对合理社会制度的叙述未能公正对待道德良知的权利，我们从中得出的结论也应当是他没能忠于他本人的哲学，因为他违背了"辩证"方法的一条根本教义，也就是在体系前进时，靠前的概念（在这里就是"道德"篇的各个要素）从来不会被简单地丢弃，而会在接下来的阶段［即"伦理"（Sittlichkeit）篇］得到保存，成为一个更加全面的整体中的因素。① 可见，黑格尔的失败不会导致我们拒斥他的社会理论的基本原则，而会导致一种比较局部的重新思考：按照他本人的哲学，个人的道德判断应当在合理社会秩序中起到什么作用。最后，就黑格尔关于良知在伦理（Sittlichkeit）中"消失"的评论而言，图根哈特的解释与《法哲学》从头到尾提出的其他许多说法是极其难以调和的，这些说法包括一项主张："良知……是一种神物，谁侵犯它就是亵渎。"（§ 137A）

---

① 图根哈特的批判十分深入，我在这里对它的简要探讨显示不出这一点。他旨在表明，伦理（Sittlichkeit）对良知的所谓排斥不单纯是黑格尔的疏忽，而是他的哲学的根本特征本身的必然后果，这些特征包括他对意识的"客体模型"的坚持以及他对认同和自由的"思辨"看法。这些指责虽然最终并没有说服我，但是应该得到更多关注，我在这里无法这样做。路德维希·希普更加全面地反驳了图根哈特的批判，参见《送别黑格尔？》，载《哲学研究期刊》第 35 期（1981）［Ludwig Siep, "Kehraus mit Hegel?", *Zeitschrift für philosophische Forschung* 35 (1981). ——译注］：第 518—531 页。

这三个观点也许仅仅不容置疑地确立了一件事情，即黑格尔关于伦理（Sittlichkeit）如何顺应道德主体性的要求所提出的观点相当复杂，无法用简要的概括来把握。这无疑是由于一个我们已经看到的事实：他对道德良知的看法结合了几个截然不同的要素，需要进行仔细梳理。因此，为了查明黑格尔想要在社会生活中为良知赋予怎样的作用，以及为了评估贬低他的人所提出的指责是否可取，我们有必要以一种比我到这里的论述更有条理的方式前进。更具体地讲，我们有必要准确规定在良知从"道德"篇的视角看所包含的诸多要素当中，有哪些是黑格尔想要在伦理（Sittlichkeit）中予以保存的，以及它们究竟会以何种形式得到保存。

我将首先探讨反思的问题和对黑格尔的一项指责，即他归于社会成员的信赖态度是与他们采取一种普遍的、非地方性的视角不相容的——他们从这个视角出发才能追问自己社会秩序的规范和实践能否得到合理辩护。（按照图根哈特对这项指责的表述，"信赖"在伦理（Sittlichkeit）中"取代了反思"，而这排除了对现存规范"采取一种合理视角"的可能性。）① 需要注意的第一件事情是，黑格尔的文本充满了直截了当地与这条反对意见有矛盾的段落，它们明确肯定了他想要在现代伦理（Sittlichkeit）中保存良知的这个方面——一个人能够合理反思自己社会制度的善恶。② 例如，让我们考察一下黑格尔的 1819 年《法哲学》讲演中的如下段落：

> 现在善有许多形式。它首先可以被描述为合法的东西，即法律所允许或禁止的东西。我可以知道什么是合法的，而且我关于它的知识仅仅是一种笼统的认知，即它是有效力的、应该得到服从（daß es

---

① 图根哈特：《自我意识与自决》，第 311 页，第 315—316 页。

② 除了这里引用的段落之外，也可参见 § 147A、§ 268 和 VPR2，123—124，它们都毫不含混地确认了信赖与合理洞察的较高形式是相容的。不仅如此，§ 5 还清楚地表明，反思——一个人抽掉意志的"[一切]现成的和被规定的内容"的能力，包括抽掉自己社会中的通行规范，是意志的一个本质要素，自由的充分实现不能脱离这个要素。

gilt)。然而，另一种知识是基于理由的知识，它不是单纯直接的东西[与第一种情况不同]。在这种情况下，知识被称作信念。更高的是……基于概念的知识[也就是充分的哲学认识]。我的道德权利导致了我可以要求一件事情之所以对我有效，应该不只是由于法律规定或基于特定理由；毋宁说它的合理性应当按照概念来得到说明。(VPR2，106)

不仅如此，在提出(先前谈到的)古希腊人缺乏良知这个评论之后——这种缺乏显然被看作古代世界的一个缺陷——黑格尔又补充了一句话，借此说明了这项主张的含义："[他们]不能够给出理由；[他们]没有良知，没有信念——[他们的肯定立场]没有经过理由的中介。"(§ 147N)

既然有大量文本依据可以证明黑格尔想要把合理反思的能力包含在与伦理(Sittlichkeit)成员相适应的主观态度中，把前者作为后者的一部分，那么一个问题也许是有启发意义的：为什么那么多解释者坚持要把相反的观点归到他头上？[①] 我认为，这个常见的误解有两条理由。第一，我们很容易取得一种印象，即黑格尔所理解的道德良知是不可挽回地与(第三章概括的)自由的社会成员资格在他看来所包含的主观态度相抵触的。这是因为后者要求个人在主观上认同自己的社会制度，前者则附带了一条看似相反的要求，即个人对自己社会角色的归属应该足够宽松，以便让他们得以从一个没有归属的普遍视角反思自己的社会秩序，这个视角被现代性当作理性的一部分。可是这条思路立足于一个广为流传的错误理解，它关系

244

———————————

　　① 清楚地认识到了黑格尔社会理论的这个方面的一名注释者是安德烈亚斯·维尔特，他甚至干脆说道，社会制度之所以合乎伦理(sittlich)，是因为它们使哈贝马斯所说的"后习俗认同"的形成成为可能。虽然黑格尔的确把这一点算作合理社会秩序的一个标志，但这远远不是这种秩序按其界定所具有的特性。参见安德烈亚斯·维尔特：《自律与承认》(斯图加特：克勒特－科塔，1982)[Andreas Wildt, *Autonomie und Anerkennung* (Stuttgart: Klett-Cotta, 1982). ——译注]，第110页。

到黑格尔在何种意义上主张伦理（Sittlichkeit）制度中的成员资格构成了个人的身份。事实上，第三章所给出的对这项主张的重构为我们提供了驱散这个常见错觉所需的资源，这个错觉就是反思的道德主体性与自由社会成员据说对自己的社会世界所怀有的感觉——觉得这个世界与自己是"没有区别的"，而且体现了自己"所特有的本质"（§ 147），是不相容的。在这个语境下，关键在于回顾我在那里为身份这个棘手的概念——它的棘手是声名狼藉的——所赋予的准确含义。我在第三章论证了黑格尔并不想要宣称个人所占据的社会角色穷尽了他们的实践身份，因而个人不过是他们所占据的诸多特殊社会角色的承担者——这是当代共同体主义者有时持有的主张。个人要在伦理（Sittlichkeit）制度中找到自己的身份这个论断可以被分解为两项更加谦卑的主张：第一，社会角色为个人提供了他们自认为最重要的目的和事业，这些目的和事业所构成的活动可以说界定了他们的生命；第二，就社会成员的"自我感"而言——这种感受使他们觉得自己是有"价值和尊严"（§ 152）的个人——它的一个实质性部分源于他们成功履行了自己在伦理（Sittlichkeit）中的角色之后所获得的社会承认。如果在这种比较局限的意义上理解"身份"，在黑格尔对自由社会成员的主观态度的叙述中就没有什么东西会阻碍一种能力，即一个人能够与自己的社会角色保持反思的距离，以便作为道德主体追问自己居住的社会秩序能否得到合理辩护。

黑格尔对伦理（Sittlichkeit）的叙述之所以经常被当成没有为它的成员的合理反思留出任何位置，还有一条理由是黑格尔有时仿佛正是这样讲的。某些段落承认，个人可以通过形形色色的路线最终肯定自己的社会制度在根本上是一种善；黑格尔在这里仿佛贬低了合理洞察的路线，并宣称对自由的社会成员资格来说，以更加直接的形式做出肯定就足够了，这样的形式甚至也许比以理由为中介的信念优越。让我们考察一下黑格尔在他自己那本《法哲学》中草草写下的一些注释，它们紧挨着他在"道德"篇中讲述"主观意志的法"的段落："我们可以盼望人们知道权利的合理根据、权利的比较深入的根源——[但]这在客观上是不必要的。信赖、信仰、健全的常识、道德习俗(Sitte)——这些是在普通情况下为[我们的伦理信念]提供根据的客观方式。"(§ 132N)[①]不仅如此，这样一些评论所传达的印象还被已经提到的一些成问题的段落进一步强化了，黑格尔在那里仿佛主张个人的良知在伦理(Sittlichkeit)中消失了(§ 152)，并且信赖取代了道德反思(E § § 514—515)。

　　然而，对这些段落的仔细阅读可以表明，它们与以下观点并不矛盾：黑格尔归于伦理(Sittlichkeit)成员的主观态度旨在顺应而非排斥现代道德主体的一项主张，即这种主体能够通过理性的反思来验证它所拥护的伦理标准。让我们首先考察刚才引用的第一段话，它否认了个人有必要知道他们的善的标准有何种合理根据。解释这段话的关键在于注意到，它只是说对善的洞察在客观上不必有合理根据。黑格尔借此想要讲两件事。第一，社会成员有责任服从体现了善的法律和规范；即使他们洞察不到他们的社会实践出于何种理由才一种善，这项责任也不会减轻。[②] 只要这类理由存在，而且是人的理智可以认识的，就足以为遵守这些法律和规范的责任提供客观根据。[后面我将回到这一点，以便考察能否调和它与黑格尔关于良知在伦理(Sittlichkeit)中得到了保存的主张，因为道德责任不依赖于道德主体的实际洞察这个观点与他所描述的良知的权利似乎有直接矛盾——这项权利被描述为"自我意识绝对有权知道……什么是权利和义务，并且除了它……认识到是善的以外，对其余一切概不承认"(§ 137A)]

----

　　① 也可参见 § 147＋A，黑格尔在这里仿佛抬高了与社会秩序的一种直接关联，而不是他所提到的经过了更多中介的关联。然而，即使在这里，合理洞察也明显被描述成与信赖的态度相容。参见第三章，尤其是第 117 页注释②，我在那里解读了这个令人困惑的段落。

　　② 黑格尔在 § 132A 的说法表达了这一点：尽管主体有权利合理地洞察任何约束它的规范，但是"理性作为客观的东西对主体所具有的权利……依然屹立不动"；以及"我为了满足我对某一行为的信念，即这一行为是善的……所提出的任何要求，对于客观性的权利一无妨害"。

第二，虽然有些社会成员缺乏这种合理洞察，但这个事实并不妨碍社
会秩序成为概念的一种充分的"客观化"（§ 132），或者换句话说，并不妨
碍它符合它的理想，即成为一个自决的有机体，其中维持它的各个部分
（即人类个体）本身也拥有自决意志。只要社会成员以某种方式在心中肯定
了支配自己的法律和规范，他们在遵守这些法律和规范时的行动就是与自
己的意志相和谐的，而没有被外在的意志所决定。对于这类个人，我们不
能说他们不自由，甚至不能说他们缺乏道德主体性的自由的最一般的形式
（即一个人按照自己的善的标准决定自己的行动），而只能说他们不能够为
自己所肯定的善的标准给出合理理由，因而无法全面实现现代主体可以获
得的道德自由。这促使黑格尔提出了一条原则：如果在一个社会秩序中，
社会制度是值得肯定的，而且许多个人对其中的理由都有透彻理解，那么
它初步看来就比使这种洞察局限于少数人的社会秩序优越（因为在前一个
社会中，现代主体性的理想可以更加广泛地得到实现）。可是黑格尔认为，
个人的自然禀赋是不同的，再加上现代市民社会对从事一项职业的人的时
间和精力提出了实质性的要求，所以我们不可能要求——因而这条要求是
不合情理的——所有人，乃至大多数人的肯定态度都应该依赖于对自己社
会秩序的合理基础的完整把握。换句话说，全体社会成员不必都成为哲学
家，社会秩序也能符合它的理想，即成为一个让实践自由得到充分表达的
领域。

图根哈特和其他批判者还指出了另一段话，以便支持他们的主张，即
道德反思在伦理中并没有位置，这段话就是黑格尔在《哲学全书》中的一个
说法：伦理（Sittlichkeit）成员"无须反思"（E § 514）就可以完成他们的义
务。可是在这里，我们有必要再次完整地考察黑格尔说法。黑格尔实际上
提出的主张是：伦理（Sittlichkeit）成员"无须选择性的反思（ohne die
wählende Reflexion）而完成着他的义务——作为他自己的东西和作为存在
着的东西（als das Ihrige und als Seiendes），并在这种必然性里有他自己本

身和他的现实的自由。"因此，对这段话的仔细阅读可以表明，黑格尔想要从社会成员的主观态度中排除出去的并不是单纯的（simpliciter）反思，而是他特别指出的"选择性的反思"。图根哈特似乎并没有意识到，这个说法直接指向了《哲学全书》前面的段落（E §§ 476—477），黑格尔在那里讨论了"反思着的意志"，并把它等同于任性（Willkür）。我在之前的章节把Willkür称作任性或选择的意志，而且在第一章，我在讨论黑格尔对人格的看法的语境下把它简要界定为意志决定按照既定欲望中的哪一种来行动的能力。在这里探讨的段落中（E §§ 476 — 477），黑格尔把任性（Willkür）描述为"在诸倾向之间进行选择"的能力，并把它与如下这种反思联系起来了："意志……把自己本身同诸冲动的特殊性区别开来，并把自己作为思维的简单主体性置于诸冲动的多种多样的内容之上，这样它就是反思着的意志。"因此，与发挥任性（Willkür）相关的反思——之前提到的"选择性的反思"，无非是意志的一种能力，即能够在思想中使它自身与既定的倾向保持距离，如同高踞于它们之上，然后决定或选择把其中哪一种作为"它自己的"东西、作为行动的依据来加以采纳。

可见，黑格尔之所以说伦理（Sittlichkeit）成员"无须选择性的反思而完成着他的义务"，是想要就这类个人对自己的伦理行动一般有何种经验提出他的观点。这个观点不过是说，当社会成员做出自己的角色——父母、职业人士和公民——所要求的事情时，他们通常并不会采取在黑格尔看来与自由选择相联系的那种反思态度。也就是说，他们通常并不会"高踞于"自己意志的内容"之上"，不会把符合义务的行动方针看作某种他们可以选择去做、但又同样可以选择不去做的事情。在伦理（Sittlichkeit）成员看来，一个人对义务的履行与他对自己是谁所怀有的感受（即他的根本身份，第三章已经讨论过了）是紧密相关的，因而履行义务更多地表现为一种必然性——以我对自己是谁所持有的看法为前提的必然性，而不是一种任性的选择。由于黑格尔对伦理主体性的叙述所遭受的误解流传甚广（其中包括了对他与康德的差别的一番极度夸张的描述），所以我们有必要认识到，在这番对社会成员的日常实践态度的叙述中丝毫没有排除一种情况，即他们有时还能够走出这种缺乏反思的心智模式，以便提出一个界定了道德主体性的问题，也就是他们的社会制度真正说来是否配得上他们的忠诚。虽然黑格尔显然认为，倘若一个人从自己的倾向中后退一步，并选择完成自己的义务，那么这种行为并不属于自由社会成员的日常主观态度——我们可以想象一对父母，他们居然认为喂养自己的子女与决定晚饭后去看哪场电影是不分轩轾的——但他断然不会推崇毫无头脑地遵守社会规范，仿佛一个人从来不用停下脚步，从道德主体的视角反思社会秩序和自己在其中的位置。

248

可是这一切仍旧留下了一个明显的尚未回答的问题：既然黑格尔认识到了对现存社会规范的有效性进行合理反思十分重要，那么当他宣称"个人……自身的良知"已经从伦理（Sittlichkeit）中消失时，他想要排除的东西是什么？我先前提到，黑格尔的评论从完整的文本看并没有宣称道德良知本身消失了，而是宣称"自我意志"和"曾经自为地存在、也曾与伦理实体性相抗衡"的良知消失了。这些说法表明，黑格尔想要从伦理（Sittlichkeit）中驱逐出去的并不是真正意义上的良知，而是这种现象的一种低下形式，它体现了个人对道德主权的要求的一个夸张版本。如果是这样，黑格尔所赞同的良知的形式与单纯的自我意志有什么区别？黑格尔对后者的描述给出了回答这个问题的一条线索：自我意志是"曾经自为的存在"的良知。同样的主题在另一段话中也出现了，黑格尔在那里把良知的扭曲形式称作"道德自负"和"一个人由于想象自己总是比他人知道得多而产生的虚荣"（die Eitelkeit des Besserwissens）［德文原文可以简单译作"知道分子的虚荣"。——译注］（VPR1，91）。黑格尔进一步提到了"出差错的良知"（§137N），由此更加清楚地说明了什么是与道德的自我意志相关的自为：这是"一个空洞的想法，即我仅仅依赖于我作为一个特殊存在者所拥有的信

念和洞察"(§ 132N);"对于[善,]主体知道自己在其个别性中是能决定
的"(E § 511);以及"仅仅[考虑]我发现存在于自己良知中的东西,而不
考虑其他任何源头"(§ 137N)。[①]

　　诸如此类的段落表明,黑格尔所说的自我意志和自负是良知的一种过
于个人主义的形式,它在试图决定它所拥护的伦理标准时并没有使其他道
德权威的证词获得足够的分量,而这些权威就对善的认识而言至少拥有与
它相等的权利。按照黑格尔,这些权威不仅包括其他个人,而且包括长期
存在的社会规范和实践(§ 132N)。可见,道德事务中的自我意志必定是
一个人把他完全依靠自己所得出的随便什么对善的理解看作最终权威的倾
向。也就是说,他倾向于认为这种理解可以无视截然不同的对善的观点所
带来的挑战;倘若他考虑到了这些挑战,它们也许就会为他修改或拒斥他
的私人判断提供根据。[②] 如果相信私人良知是全然自足的,就会夸大个人
的道德主权,因为这个信念把特殊的、孤立的道德主体——"在其个别性
中"的个人——当成了道德标准最高的、不容挑战的仲裁者,而不是把他
看作为了决定什么是善而展开的集体探寻中的许多参与者之一。这个观点
可以用另一种方式表达:纯粹私人的良知把他人的证词关在了外面,拒绝
让一个人自己对善的理解在他人那里得到可能的接受或拒斥,由此回避了
合理洞察,从而丢掉了道德主体性的理想的一个核心方面。如果按照黑格
尔的观点,给出理由是一种具有内在社会性的实践,而在这种实践中,理

249

---

　　① 　§ 137N 把"出差错的良知"进一步描述为:这样的人"认为只有他们在自己单纯主观的良
知中找到的东西才是正确的"。也可参见 § 132N,那里讲到了我需要"学会并习惯于把我的洞察看
作某种或然的东西",而这意味着把我的信念"仅仅"认作"权威的一种",与"他人、国家和世界"的
权威并列。

　　② 　这项解释性的主张与希普的结论是连贯的,后者关注的是"道德"篇所描述的良知的何种
要素在伦理(Sittlichkeit)中得到了保存:"[黑格尔]所拒斥的无非是把良知的决定尊奉为不容批评
的东西。黑格尔认为,按照良知的'观念'本身,它宣称自己是'合乎理性的、自在自为的普遍有效
的那种行为方式的规则'[§ 137(应为 § 137A。——译注)]。所以它不能被放在一切从主体际性
出发的考察标准之上。"参见希普,《送别黑格尔?》,第 153 页。

由的有效性依赖于其他主体可以把它们作为理由来加以接受①，那么渴望
合理洞察的良知就不能像完全私人的良知所自以为的那样独立于他人的
信念。

这会引起一个问题：个人是否仍然可以被描述为道德事务中的主权
者，即"全然自由的""不服从任何人"的良知主体——如果是的话，那么我
们在何种意义上可以做出这番描述？黑格尔所能给出的最佳答案当然是
说，他的观点保存了道德主体的主权，但是条件是我们要按照卢梭而非霍
布斯的思路来设想主权。也就是说，真正的主权并不是一个人把自己的任
意声明放进本国法律的权威；毋宁说就约束一个人行动的原则而言，主权
首先在于参与了决定这些原则的集体事业，其次在于理解了这些原则的合
理基础——它们最终是通过以公正而广泛的方式交流理由来确定的。按照
这个观点，每一名个人都既能够辨认善恶，又能够把握它的合理基础，但
是条件是他必须与同胞主体真诚而开放地交流理由——这种交流是在合理
社会秩序所提供的制度框架内展开的。拥有主权的道德主体所特有的"自
为思考"(thinking for oneself)在根本上并不是"自行思考"(thinking by one-
self)，而是"与他人一同思考"。不仅如此，就善可以得到普遍认识这条现
代世俗原则而言，这种解释方式还忠实地响应了它的起源，即一个新教教
义，它的教导是每一名个人在原则上都可以知道真正的伦理标准，但对这
些标准的实际认识要求一个人对一个并非他自身的主体(在这里就是绝对
主体，即神)抱有合适的态度。按照这个教义在黑格尔那里的世俗化版本，
对真正的伦理标准的认识依赖于一个人与其他个人产生正确的(由制度中
介的)关联，这些人与他本人一样，都是拥有主权的道德主体。倘若一个

---

① 克里斯蒂娜·科斯高发现，黑格尔的这个主题在康德那里已经有了。参见她的《创建目的
王国》(剑桥：剑桥大学出版社，1996)[Christine Korsgaard, *Creating the Kingdom of Ends* (Cam-
bridge: Cambridge University Press, 1996). ——译注]，第138—140页，第290—291页。罗尔斯
对公民如何能做到合乎情理所持有的看法也隐含了这一点；罗尔斯：《政治自由主义》，第48—54
页。

人坚持认为自己的私人信念才是真实的——不论他把这种看法用于自己，还是用于他人——却不顾自己的同胞道德主体会如何看待这些信念，那么这种情况就不是真实的道德良知的显现，而是固执的自我主张的显现（如果继续进行类比，这种自我主张就无异于基督徒所说的"罪"）。

　　黑格尔的这个区分——一面是自我意志或道德自负，另一面是良知的另一种形式，它对同胞道德主体的权威给予了足够的承认——会引发一个明显的问题，这里需要预先承认这一点，后面则将进行更加完整的讨论。黑格尔的观点所包含的危险是很清楚的，他的自由主义批判者也经常提到这个危险：如果不能更加确切地陈述个人在何种条件下可以正当地拒斥由其他道德权威给出的截然不同的对善的叙述，黑格尔式的国家就太容易把与传统规范的任何分歧和对现存社会实在的任何批判撇在一边了，仿佛这种分歧和批判是自我意志的表达，而不是道德主体性的合法发挥。因此，前面引用的图根哈特所表达的担忧也许可以重新表述如下：即使黑格尔想要让个人合理地反思自己社会秩序的可接受性，他对自我意志与良知的合乎情理的发挥所做的区分实际上也把后者与遵守通行的规范等同起来了，由此排除了合乎情理的伦理（Sittlichkeit）成员批判自己制度的可能性。这份担忧——黑格尔把反思看成与自由的社会成员资格相容，却并没有这样来看待批评——或许被先前引用的一个说法（§ 152）所强化了：在那里，道德的自我意志似乎基本上等同于反对现存社会秩序。（自我意志在那里被解释为"与伦理实体性相抗衡"的"自为存在"。）事实上，黑格尔的观点引发了两个不同的问题，需要在接下来的相关讨论中分别予以探讨。第一个问题是：鉴于黑格尔对自由社会成员与他们的社会秩序之间必须具备的主观关联的叙述，以及他关于现代性的制度具有充分正当性的观点，他的理论能否承认任何形式的社会批评的合理性？（倘若某些类型的批判是可能的，那么有哪些？）第二个问题关注的是国家应当如何对待一些个人，他们要么出于道德的自我意志、要么出于合理的道德信念，并不承认在黑格尔的理论看来完全正当的法律和社会规范是一种善。这些重要问题是对良知的权利的任何叙述都需要面对的，自由主义者尤其需要知道黑格尔能否给出令人满意的答案。之所以现在要推迟对它们的讨论，原因在于黑格尔虽然探讨了这些问题，却没有把它们看作他对道德主体性的叙述向社会理论提出的最重要的问题。为了公正对待黑格尔的立场与处于更加正宗的自由主义传统中的思想家的立场之间的差别，我将首先考察在黑格尔本人看来，合理社会秩序为了顺应良知的权利而采取了哪些最重要的办法，然后才会转向自由主义理论家一般放在首位的问题。

为了理解伦理（Sittlichkeit）理论旨在如何顺应良知的权利，我们首先需要回想一下，黑格尔对良知的叙述为道德主体赋予了多种渴望。先前提到，在黑格尔看来，为了充分实现良知的渴望，（1）个人必须唯独被自己赞同的法律和规范所约束；（2）他们对这些法律和规范的赞同必须植根于合理反思；（3）他们所赞同的伦理标准必须代表真正的善；（4）这些标准之所以是一种善，必须是由于它们事实上增进了人的意志的一种内在价值（即自决）。之前表述的两个问题——它们表达了自由主义所关注的核心问题——仅仅隐含地聚焦于这些条件中的第一个；它们问的是当这个条件无法成立时，也就是当某些个人不赞同他们的社会期望他们服从的法律和规范时，应当怎么办。相反，黑格尔主要关注的问题并不是规定当这种不合发生时要如何应对，用黑格尔的语言来讲，就是当合理的东西与实存的东西有落差时如何应对；而是阐述道德主体性的理想在完全实现时是什么样的，并思考社会秩序可以如何建构，以便使这个理想更有可能实现。可见，黑格尔的核心问题是：倘若一个社会秩序可以广泛地、并非偶然地满足道德主体性的所有这些渴望，那么它是不是一个连贯的、可以实现的理想？如果是的话，那么它在何种条件下可以实现？黑格尔并没有从一开始
252　就聚焦于如何应对前面概括的四个条件中的某一个未能得到满足的情况；他首先关注的是它们所代表的要求是否具有系统的相容性，也就是说，它

们是否（以及如何）可能在单个社会中得到实现。[①]

　　按照黑格尔的观点，最有可能发生冲突的是良知的四种渴望中的第一种与第三种，也就是如下两项主张：其一是一个人应该仅仅被自己赞同的法律和规范所约束，其二是伦理事务中的真理应该是可以认识的。（对黑格尔所提出的问题的完整解答当然还需要涵盖第 2 个和第 4 个条件——伦理标准应该植根于反思，以及它们应该体现自决的价值。可是前面几章对这些问题的讨论应该清楚地说明了一旦黑格尔眼中的头号冲突得到了解决，它们就可以如何适应于整幅图景。）这个张力正是黑格尔在区分"真实的良知"（das wahrhafte Gewissen）与单纯"形式的良知"（§ 137＋A）时所探讨的，前者只有在合理社会秩序中才能实现，后者则是"道德"所推崇的。真实的良知是道德主体性在调和了先前提到的两种渴望之后所获得的形式——它仅仅把自己的伦理标准看作权威，同时这些标准是客观的善——形式的良知则是一个人仅仅自为地决定善恶的活动，他不顾自己赞同的标准有什么内容，因而不顾这些标准的真伪。黑格尔的观点是：单纯形式的良知并不能完全实现道德主体性的理想，因为良知的主体不仅渴望自为地决定什么是善，而且渴望自己赞同的伦理规范是正确的。推而广之，倘若在一个社会中，虽然个人把通行的法律和规范看作一种善，但他们这样做是错的，那么这个社会就不能满足道德主体性的要求。要完全满足这些要求，现存社会制度的法律和规范就必须既是一种善，又被社会成员认作一种善。

　　因此，社会秩序若要充分顺应良知的权利，它必须满足的第一个条件就是它事实上应该是一种善（从而可以在真实的良知那里得到肯定）。可

---

　　① 黑格尔还在另一种意义上认为道德主体性在伦理（Sittlichkeit）中得到了实现，即被视为整体的社会秩序体现了道德主体的特征，因为支配这个秩序的是它自己以普遍好处为目标的公意："国家知道它希求什么，知道在它的普遍性中作为被思考的东西的自己希求的对象；因此，国家是依照那已被意识到的目的和认识了的原则并且是根据那不只是自在的而且是被意识到的规律而行动的。"（§ 270）

见，在黑格尔看来，为了在伦理（Sittlichkeit）中顺应道德主体性，最重要的方面就是社会制度要能够禁得起社会成员的合理审视。合理社会秩序的这个特征可以被称作反思的可接受性。① 用黑格尔的理论所运用的术语来

253　讲，一个社会秩序要满足合理秩序的一个前提、即反思的可接受性，它的制度就要实现社会自由的客观方面（也就是说，这些制度要满足第四章和第五章所概括的自由社会制度的标准）。黑格尔对良知的叙述向合理社会秩序提出的第二个条件出自社会成员应该仅仅被自己赞同的法律和规范所约束这条要求：对通行的法律和规范的遵守若要与道德主体性的核心理想（即一个人按照自己对善的理解决定自己的行动）相一致，伦理（Sittlichkeit）制度就不仅必须是合理的，而且必须被其中的成员理解成合理的。可见，合理社会秩序的第二个首要前提是：它的合理性质对它的成员来说应该十分明白。伦理（Sittlichkeit）制度不能仅仅在事实上是一种善；这些制度为了顺应良知的权利而采取的最重要的办法是使它们的善在从属于它们的人面前变得透明。总之，为了在伦理（Sittlichkeit）中公正对待道德主体性，黑格尔的思路背后的基本想法是：只要满足了前面两个条件，那么（1）社会参与将不会与个人应该能够仅仅追随自己（真实）的良知这条要求发生系统性的冲突，（2）社会秩序将使得这些良知更有可能是"真实的"，而不单纯是形式的。

我们在第四章已经看到了合理的透明性这个理想如何是黑格尔对他赞同的政治制度的叙述所固有的。因为这番叙述的核心目标之一是说明立法过程必须具有怎样的结构，才能让公民得以认为从中产生的法律是合理的，从而是值得他们赞同的。可是黑格尔理论所指向的合理的透明性不止关系到内在于各种制度的特殊法律和规范；它还包含了对社会秩序本身的

---

① 迈克尔·哈迪蒙引入了反思的可接受性这个概念，并做了有用的讨论，参见《角色责任》，载《哲学期刊》第 91 期（1994 年 7 月），第 348—354 页。哈迪蒙指出，社会角色（或制度）即使也许没有得到实际的反思，也可以具有反思的可接受性。

基本结构的一种理解。也就是说，黑格尔的理想要求社会成员应该对他们所从属的每个社会领域的目的和三大首要制度如何构成完整而连贯的整体具有大致把握。最终，只有对社会秩序的哲学叙述——某种与这里正在重构的陈述相似的东西——才能完全满足对合理的透明性的需求。（这也许还意味着在合理社会中，哲学研究必须对所有想要而且能够从事它的人开放。）不过，黑格尔清楚地表明，有一些更加广泛适用的理解形式虽然不是正规的哲学知识，却仍然为个人提供了适当的合理根据，使他们可以肯定社会秩序。他给出的一个例子是当代关于政治经济的"科学"，它是以斯密、萨伊和李嘉图的著作为代表的（§ 189A＋Z）。这些思想家推动了对由市场支配的现代经济的合理性质的真实理解，因为他们揭示了它运行的基本原则，并说明了这些原则的运作如何同时满足了特殊利益和普遍利益。他们所提供的对市民社会的叙述以人的某些需要为起点，然后说明了现代经济的核心机制、即市场比其他任何已知的经济组织形式更有利于满足这些需要。在黑格尔看来，这些理论算得上是局限的——尽管并非因此就是不真实的——因为按照它们在政治经济学家的著作中的形象（它们是以不同的形象被纳入《法哲学》的），它们仍然不是完全自立的[①]，也就是说，它们还不具有真正的系统性。这番批判相当于指责政治经济学虽然从人的或然需要出发证明了市民社会的合理性，却未能领会它最深入的合理意义。后者只有借助黑格尔式的哲学叙述才能完成，这番叙述把社会制度的价值追溯到了一种无条件的善，即人的自由。虽然政治经济学并非不了解它的研究对象如何有助于实现某些种类的自由（即不受限制的商业自由和更加一般的个人选择的自由），但要系统叙述现代市民社会如何能在众多往往十分隐蔽的方面服务于自由的目的，政治经济学却缺乏提供这种叙述所需的资源。（也就是说，它没有揭示市民社会可以如何通过与家庭和国家的

254

---

① 用黑格尔的话说，如果认识没有达到真正的哲学理解，它所依赖的根据（Gründe）就立足于"被看作直接东西［也就是未经推导或未经考察的东西］的预设"（VPR2, 124）。

协同运作来确保社会自由和道德主体性的自由这两者所需的前提，并建构自决的、完整的社会秩序。）

黑格尔若要让这个观点——社会秩序的合理性可以通过不同的方式来领会——为他的理论服务，就必须认为这些不同的理解形式在实质上是连贯的；也就是说，它们的区别必须主要是一种范围上的差别，或者它们必须在不同程度上穿透根本的哲学原理，但是比方说，它们不能对制度如何才是一种善持有全然不同的理解。如果现代社会秩序是一种善，而且这个判断既有合理根据，又可以在社会的很小一部分人之外（这些人受过哲学训练）为更多人所认识，那么大多数个人在评价他们的社会制度时所凭借的标准就必须接近于哲学所运用的标准，或者是后者的延续。较高的与较低的理解形式之间的主要区别不能是后者是错误的、扭曲的或误导性的，而是后者是不完整的。这意味着虽然哲学揭示了家庭、市民社会和国家如何才是真正的善，但这一点在它们的参与者眼中不能过于隐蔽，他们肯定自己制度的理由与哲学家所给出的理由不能在种类上是极端不同的。只要再次考察政治经济学的例子，就可以证明这一点。因为黑格尔并没有认为政治经济学从满足人的需要出发所得到的对市民社会合理性的理解与他本人的观点是相互抗衡的，反倒是把前者看作完整的哲学叙述的一个构成部分。市民社会相当适合于满足人的基本需要，这一点是使它成为一种善的一个重要原因（因为善在黑格尔看来是福利与权利两者的统一），也在一定程度上导致了个人能够肯定市场运行的原则，并把这类原则对他们的活动施加的束缚作为出自他们自己意志的限制来加以接受。

反对意见

我们已经考察了伦理（Sittlichkeit）制度为了顺应良知的权利而采取的在黑格尔看来最重要的办法，现在是时候再次面对黑格尔的自由主义批判

者经常提出的两个问题了——之前我推迟了对它们的讨论。我们已经看
到，与图根哈特的指责相反，黑格尔对自由社会成员的主观态度的叙述并
没有排除对现存制度的善恶进行合理反思的可能性。相反，黑格尔把以这
种反思为中介的肯定看作道德主体性的一种非常有价值的表达。可是之前
提到，单凭这个观点还不能回应黑格尔对良知的权利的探讨在自由主义者
那里引起的全部担忧。因为个人有权利对现存社会世界采取一种态度，它
不仅具有反思的性质，而且具有真正的批判性（反抗性）；自由主义者仍然
担心黑格尔的理论所提供的资源无法为这种权利赋予任何价值。按照图根
哈特的表达，人们拥有"能够……合理地对现存规范采取反抗立场的自
由"，而伦理（Sittlichkeit）理论并没有为承认这种自由留下余地。① 黑格尔
虽然认定使个人对社会秩序的肯定立足于良好的理由是可取的，却唯独聚
焦于真实的良知有怎样的价值——这一点表现为一个事实，即他认为这种
良知是神圣不可侵犯的，形式的良知则不然——这看起来的确会排除一种
自由，即按照道德主体性的合法权利反对传统规范或批判现存社会实在。
可是这个表面现象在何种程度上可以成立？我先前提到，为了探讨这个问
题，我们最好把它划分为两组问题。第一组问题关注的是黑格尔的理论是
否拥有使某种形式的合理社会批评成为可能所需的哲学资源：黑格尔的判
断——现代社会秩序是一种善——能否合理地使一切对现存实在的批评变
得不可能？如果不是这样，那么自由社会成员在他看来所具有的主观态度
与他们实际参与的、为他的理论所允许的各种形式的批评是否相容？第二
组问题关注的是黑格尔的理论能否给仍然没有与社会秩序的基本特征和解
的人留下任何批评这个秩序的政治空间。最重要的是，倘若一些个人出于
自己的良知——甚至也许只是出于道德的自我意志——而无法肯定自己社
会的法律和规范，那么国家应当怎样对待他们？

256

---

①　图根哈特：《自我意识与自决》，第 311 页。

　　前一项指责——伦理（Sittlichkeit）理论未能把批评现存社会秩序的自由认作道德主体性的一项至关重要的权利——比本章已经考察过的其他反对意见更能切中要害。例如，《法哲学》中没有哪一段话承认了一种自由的重要性，即社会成员拥有参与公共话语、批判自己社会制度的自由。我们可以期待在一处地方发现这样一种承认，那就是在讨论出版在政治社会中的作用时（§ 319＋A）。可是黑格尔在这里完全忽视了自由出版作为合理的、批判性的辩论平台可以发挥的功能。他之所以（以一种非常局限的形式）捍卫了出版自由，似乎只是因为它满足了个人"表示对普遍物的主观意见"（§ 308A）的需要，而且因为这种自由很可能导致的错误、扭曲和笑柄几乎不会对一个构造良好的国家造成损害。在这里，正如他在讨论更加一般的公共意见时一样，一个人公开表达自己意见的自由似乎更多地被看作对个人虚荣的让步——他们需要"发出一两声嘀咕"（put in their own two cents' worth）[原文是英文俗语，把意见比作两分钱，一般是发言者自己用来表示礼貌和谦逊的说法。——译注]——而不是被看作围绕社会秩序的优缺点展开的公开理性辩论的前提。诸如此类的观点只会强化前面表达的恐惧，即黑格尔仅仅能够把社会批评看作变幻无常和自我意志的表达，而不是道德主体性的有价值的显现。

　　我们不禁要在这里回应说，黑格尔只是对不那么理想的情况（即自由没有得到圆满实现的情况）不感兴趣，他的兴趣仅仅是阐述完全合理的社会秩序的标准，并表明现代世界的实际制度构成了这样一种秩序。可是我们即使认可对黑格尔课题的后一种描述（毕竟这是正确的），也还是远远不能得出社会批评在他的理论中不能有任何位置这条结论。事实上，情况是反过来的：他的观点有一个明显的、却经常被忽视的特征，这个特征可以明白无误地揭示这里的真相。这个特征是一个简单的事实：黑格尔把《法哲学》中的社会秩序作为"现实的"（wirklich）东西来加以描述和赞美，但它并没有恰好以黑格尔在那里所陈述的形式存在于任何地方。尽管黑格尔是以给普鲁士国家辩护闻名的，但他所赞同的制度明显不同于19世纪普鲁士的制度。正是在这里——实在的（现存的）制度与按照黑格尔的专门用法来理解的现实制度是有落差的——我们可以发现社会批评的可能性。因为伦理（Sittlichkeit）理论对现代社会制度的理想化叙述为我们提供的资源可以让我们看到现存制度在什么地方不完全符合它们应该成为的东西，也可以让我们思考如何能使它们遵循它们自身（内在）的合理原则。

黑格尔社会理论的批判潜力经常遭到忽视，这无疑在一定程度上是因为他主张哲学的主要目标是使人与现实世界和解，而这项主张自然遭到了误解。可是我们在这个语境下有必要认识到，真正意义上的和解并非与社会批评不能相容，只要后者的目标是改革现存制度，而不是彻底检修这些制度。批评和改革是与黑格尔理论的精神相一致的，因为它们旨在转变社会制度，以便使这些制度更加忠实地遵循已经隐含在它们现有的实践中的合理原则。用黑格尔的行话来讲，这不过是说我们和解的对象应该是现实（Wirklichkeit），而不是现存实在（Realität）。按照黑格尔的设想，现实不能被等同于现存的随便什么东西；现实是实存（Existenz）及其合理本质的统一（EL § 142）。[①] 这意味着现实在单纯的实存之外还包含了一种哲学理解，它所理解的是现存实在的所固有的、使它内在的善显现出来的合理原则。把这一点应用到社会世界，"现实"指的就是合理思想（即哲学思想）所重构的现存社会实在——这个思想旨在澄清西欧现代性的多种典型的现存社会秩序背后的基本原则，并使这些原则达到和谐。这样一来，现实就代表了现存实在的一个净化版本，它比任何特殊的现存社会秩序都具有更加充分的合理性，但并没有因此就独立于现存世界，也不是现存世界不可触及的。说和解的对象是思想所重构的实在，并不是要把唯心主义的一种轻率形式——它把现实还原成了"单纯的观念"（乃至"单纯的理想"）——压在

---

① 迈克尔·O. 哈迪蒙对黑格尔的现实（Wirklichkeit）概念的讨论很有帮助，参见《黑格尔的社会哲学：和解的企图》（剑桥：剑桥大学出版社，1994），第53—63页。

黑格尔头上。毋宁说在现存制度中已经可以找到现实社会秩序所特有的观念（和理想），尽管它们是以不完善的形式存在的。因此，黑格尔式的社会批评使现存实在背负的规范性标准是现实的，这些标准并不是"单纯的理想"，因为它们并不是从外面强加给现存的批评对象的，而是已经属于这个对象了。（我们可以从美国民主中找到一个例子："一人一票"的实践体现了政治平等的理想，但只要政治竞选是由少数富有的个人或公司的"捐赠"来资助的，这个理想就无法得到圆满实现。因此，我们有可能以已经支配了现存实践的理想为名义批评现存秩序。）黑格尔式的社会批评所采用的规范性标准还在另一种意义上不只是单纯的理想：这些标准的实现（或近乎实现）是可以做到的，而不是乌托邦的梦境。之所以如此，首先是因为从对社会秩序的"理解"中得出的合理重构保证了没有任何内在于这个观念的东西会阻碍它的圆满实现，其次是因为在审视了最初让伦理（Sittlichkeit）理论所采用的理想得以产生的现存实在之后，我们可以确认合理制度的基本前提已经到位了，而且这类制度就其基本轮廓而言已经存在了。①

最后，这些观点有助于解释一种批判社会实在的视角如何能与黑格尔的理论要求自由社会成员具备的基本主观态度相容。我们似乎很容易认为这两种态度有直接冲突，因为一个人若要在自己的社会成员资格中找到自己的身份，就需要对现存社会秩序做出一种肯定，而这仿佛是与对它的批评不相容的。然而，我们现在有能力看到这种冲突是不存在的，因为严格来讲，我们作为拥有社会自由的个人所肯定的对象不应当是当前存在的制度，而应当是"我们的制度渴望成为、几乎已经成为，而且（只要我们足够努力，以便使这些制度更好地符合它们自身的理想）在原则上可以成为"的

259

---

① 有趣的是，就这个维度而言，马克思的社会理论虽然是革命的，而不是一种改良主义，却更接近于黑格尔的社会理论，而不是卢梭。因为马克思也认为，合理社会秩序（即共产主义）的构成要素已经到位了。在马克思看来，合理社会秩序所要实现的价值和它的建立所需的现实条件都是资本主义必然的发展模式的结果。

某种东西。一名个人既可以认为他的美国公民资格（在黑格尔的理论所要求的意义上）构成了他的身份的一个实质性部分，又主张美国政治制度的当前形式并不完全符合这些制度自身内在的理想——这个想法并不矛盾。这种综合要成为可能，就需要现存制度足够接近于实现它们自身的理想，以便人们可以认为它们真正体现了现实的（合理的）社会秩序，尽管还不完善，或者认为它们正在逐渐做到这一点。[①]

可见，黑格尔的理论资源可以让我们认为，至少某些形式的社会批评不仅与自由的社会成员资格所必需的肯定态度相一致，而且是道德主体性的一种合法的乃至必要的发挥。那么，这个理论为什么看上去不是如此？一个原因是黑格尔扭曲了他对这个问题的讨论：他既过分担忧源自"下层"的批评所带来的危险，又过于相信"普遍阶级"中的专业知识分子可以成为道德良知在社会中唯一的或主要的喉舌。（后者包含了一个明显的危险——它在我们眼中比在黑格尔眼中更加明显：知识分子的精英成员也许在他们相对而言的特权地位上过于舒适，从而没有充足的动力执行批判的使命。）我们有必要认识到，黑格尔之所以未能领会到公共意见和自由出版是社会批评的积极力量，根源不在于他的理论在总体上不能够使与伦理（Sittlichkeit）相适应的主观态度顺应一种批判视角，而在于这些力量具有大众的（从而未经规训的）性质，他对此并不信任。尽管对群众判断能力的这种不信任并非完全外在于黑格尔更加宏大的观点——它关系到黑格尔的一个信念，即面对社会秩序的善，只有哲学（和经过训练的哲学家）才能拥

①　我认为，罗尔斯的政治理论运用了一种对和解的相似看法，而且这种和解是这个理论的核心目标之一。虽然这个理论的黑格尔主义根基极少得到明确承认，但是某种与黑格尔类似的立场隐含在反思的均衡（reflective equilibrium）这个方法中。因为这个方法旨在使人明确意识到当代实践所固有的正义原则——对这些原则的认识原本遭到了掩盖——而且这样做的意图是强化我们对它们的承诺（和肯定），即使我们认为它们在我们所居住的世界中仅仅得到了不圆满的实现。用黑格尔的语言来表达，罗尔斯哲学想要的结果既是肯定"现实"政治制度，又是认识到现存社会如何能更加接近现实。

260　　有一个足够全面的视角①——但它对于他最根本的理论承诺并非至关重要，这些承诺关系到自由的本性和它的实现所需的社会条件。在这些根本承诺中并没有任何内在的东西可以支持黑格尔对群众的惧怕或他的一处失败，即他未能强调某些种类的社会批评是与他对不同形式的实践自由的叙述相容的，甚至是后者所需要的。

伦理（Sittlichkeit）理论之所以可能看起来排除了以任何面貌出现的社会批评，另一个原因是黑格尔用很大篇幅表达了他对一种特殊类型的批判的反对立场，这种批判在他的理论中的确没有位置。黑格尔所想到的这种批判是与自由的最充分的实现相抵触的——这首先是因为它与一个人在自己的社会成员资格中找到自己的身份并不相容，其次是因为这种批判在现代世界中是不真实的——它可以被称作激进社会批评。激进批判可以采取两种形式：第一种形式要求拒斥现存制度所体现的（或试图体现的）基本价值观，第二种形式则把这些价值观作为有价值的理想来加以接受，却坚持认为现存社会秩序在原则上不能够实现它们，因而必须被新制度取代，后者仍然仅仅存在于社会工程师的绘图板上。第一种批判的一个例子是主张市民社会所鼓励的个人主义价值观——自力更生、私人致富和获取自己选择的职业身份，是没有价值的理想，这也许是因为它们妨碍了一个人与他人形成真实的纽带，或者是因为它们使人偏离了对更加重要的善的追求，比如永恒救赎或民族荣誉。第二种激进批判的常见例子包括：主张核心家庭在本质上具有父权制的本性，而这使它（至少对它的女性成员来说）成为一个奴役而非解放的场所；指责自由市场交换的原则使大多数参与者不可能既在经济上供养自己，又从事有意义的、建构身份的工作。

我们很容易看到对现存制度采取激进批判的立场为什么与黑格尔所设想的社会自由的实现是有冲突的，因为这种做法与一个人在黑格尔理论所

———————————

① 用黑格尔最显赫的继承者的话说，这明显意味着合法的社会批评和改革更有可能出自知识分子精英，而不是受压迫的下层阶级。

要求的意义上从自己的社会角色中找到自己的身份并不相容。然而，单凭这一点还不足以确定激进批评是不可取的，因为我们有可能想象在有些情况下，一个人对自己社会秩序的主观认同只有在实际上放弃了自己作为道德主体所拥有的地位之后才能产生。因为倘若现存制度在根本上是坏的——倘若这些制度妨碍而非促进了诸多形式的自由的实现——社会成员在肯定这些制度时就会使自己与善发生冲突，从而与自己（真实）的良知发生冲突。换句话说，黑格尔并不认为激进社会批评在一切历史环境下都是不正当的，也不认为它总是表达了自我意志或道德自负。相反，激进社会批判只有在现代（西方）世界才被算作不正当的、固执的东西，这是因为现代性的三大社会制度就其基本轮廓而言是合理的。在后一个条件不能成立的历史处境下，拒绝肯定现存社会秩序必须被看作道德主体性的一种合法表达。①

　　这里出现了一个明显的问题，它关注的是为黑格尔对激进社会批判的反对立场提供支柱的主张是否可取——这项主张就是现代社会秩序不应该受到这种批判——但在转入这个问题之前，即在本章最后一节之前，我们有必要简单地澄清黑格尔观点的意义。更确切地讲，说伦理（Sittlichkeit）理论没有为激进批判留下任何哲学空间是什么意思？它首先意味着个人倘若不能肯定、不能在主观上认同社会制度在本质上是合理的，或者倘若居住在很坏的社会秩序中，无法合理地肯定它，就不能全面实现现代主体所能拥有的自由。由于在这两种状况下，个人都感到支配社会生活的法律和规范是从外面强加到他们头上的，所以这两种情况都是不自由的例子，或者说是与社会世界相异化的例子。不管这种异化的原因是什么，黑格尔都认为它可悲地远离了和解的理想。可是除了这个判断之外——从事激进社

---

　　① 即使在这些情况下，黑格尔所偏爱的回应也是退出社会世界，而不是批判或社会运动（§138Z）。这无疑是由于他认为，根本的历史进步从来不是人的计划的直接产物，而是借助理性的狡计在参与的人背后发生的。

会批判的人处于不自由的、异化的状态——就合理社会秩序应当如何对待无法肯定它的基本制度的人而言，伦理（Sittlichkeit）理论还说了什么？换句话说，它是否在任何重要的意义上认为这类个人拥有一种政治自由（或权利），即与他人交流他们的不满，不论真实的理论如何证明了这种不满是异化的或固执的？这个问题把我们直接带回到了之前区分的自由主义者所关注的第二个问题，也就是倘若个人的良知不允许他们承认在伦理（Sittlichkeit）理论看来完全正当的法律和规范是有权威的，那么黑格尔式的国家打算如何对待他们。

对于这个问题，黑格尔的文本在最好的情况下也只是给出了相互冲突的答案。在一些段落中——它们都位于"道德"篇——黑格尔似乎相当清楚地断定，单纯形式的良知在合理国家中并不具有受保护的地位：

> 国家不能承认作为主观认识而具有它独特形式的良知，这跟在科学中一样，主观意见……是没有价值的。（§ 137A）
> 一方面，良知是一个神圣的场所；然而另一方面，它不能受到尊重。这取决于它的内容是否真实，它是否包含了客观义务的原则。（VPR4，362）
> 一般来讲，如果某个人在回应国家向他提出的要求时说，遵守这些要求违反了他的良知，那么不能对他有任何退让（ist darauf nichts zu geben）。（VPR2，107）

在这些段落中，黑格尔并没有提出应当保证个人的某些权利，使他们可以违抗伦理（Sittlichkeit）理论认为正当、但他们作为有良知的存在者无法赞同的法律或社会规范，或者表达他们对这些法律或规范的反对立场。这里引用的几个说法可以被宽容地解释成仅仅提出了一项较弱的、无法反对的主张，即一个人单纯不同意合法制定的法律并不足以解除他服从它们的责任。可是由于黑格尔既没有明确给出相反的说法，又经常把社会批评与自我意志联系起来，所以就连理性的公开异议似乎也掉进了单纯形式的良知的领地，黑格尔宣称这种良知"不能受到尊重"。

然而，如果我们转向"伦理"（Sittlichkeit）篇的一些段落——黑格尔在那里举了一个关于有良知的异议的具体例子，考察了犹太教徒、贵格会教徒（Quakers）和门诺会教徒（Mennonites）等宗教少数群体的地位——那么一幅更加微妙的图景就会浮现出来。首先需要注意的是，黑格尔在这里明确承认了某种与正统自由主义所坚持的宗教良知的权利非常接近的东西："因为［宗教信仰的］内容既然是与观念的深处相关，所以不是国家所能干预的。"（§ 270A）[①]不仅如此，他对这类权利的支持还明确植根于他对道德主体性的叙述（更确切地讲，植根于尊重每一名个人在宗教事务上自为地决定真伪的权利）："［宗教］教义本身则在良知中具有它的领域，它属于自我意识的主观自由的权利范围，即内心生活的范围，这样一个范围本身不构成国家的领域"（§ 270A）。由于这些段落反复使我们注意到"内在的"信仰与"外在的"行动之间的区分，所以我们很容易以为，黑格尔所承认的良知的权利仿佛唯独与宗教信仰相关，从而与伦理（Sittlichkeit）的法律和规范所要求的行动无关。可是黑格尔关于宗教少数群体的待遇的实际说法显然为他们赋予了一定程度的不遵守政治义务的"外在"自由：

> 一个组织完善的国家，从而是个强国……可以表示更宽大些，对触及国家的一切细枝末节可以完全不问，甚至可以宽容那些根据宗教理由而竟不承认对国家负有直接义务的教会（当然这要看数量而定）；这是因为国家已经把这些教会成员交给市民社会使受其规律的约束，

---

① 又见黑格尔在同一段中接下来的说法："在传播教义方面……国家不仅应当保证教会在这方面的完全自由，而且应当无条件地尊重传教本身，不问其性质如何，因为只有教会才有权做出这种规定。"（§ 270A）

国家自己就满足于他们用消极的办法［好比（在需要服役时）用交换或
代替的办法］来完成对它的直接义务。（§ 270A）

　　在表达构造良好的国家应当宽容有异议的共同体这个观点时，黑格尔
显然差不多想要主张有良知的反对者（至少在某种意义上）有权利在公民资
格的合法义务面前得到豁免。[①] 可是他的观点最终走向了另一项主张（或者
从他的理论的基本原则来看，他应当这样主张）：就国家中的成员资格通
常要求从属于国家的人承担的义务而言，这类异议者并没有无条件的豁免
权。因为这里引用的段落指出，在某些情况下——比如，在异议者人数太
多的情况下——他们不能合法地要求这种豁免。这个观点决不能与另一个
观点相混淆，后者之所以提倡宽容有异议的共同体，只是出于谨慎（例如，
别的做法过于困难或过于昂贵，或者会引发社会动荡）。相反，黑格尔的
观点（或不管怎样也是遵循他本人原则的观点）是以道德为根据来赞同宽容
的，尽管否认了这些根据隐含了一种无条件的违抗国家、追随自己良知的
权利。[②] 我们已经看到，伦理（Sittlichkeit）理论是围绕一个观点构造的，即
实践自决会采取诸多形式，这些形式可以按照它们有多么接近于体现完全
自决的理想来排列成一种等级制。这个观点以及黑格尔对一切形式的自决
的价值所做的承诺意味着良知的发挥可以具备某种程度的道德价值（从而
可以获得尊重），不论被个人看作权威的伦理标准是否具有客观有效性。
倘若一名个人在决定自己的行动时所依据的善的标准虽然是错误的，却仍

264

---

　　① 宽容的概念在 VPR2，107 的一个类似段落中再次出现了："贵格会教徒不在法庭上宣誓，
因为这违反了他们的信念；出于同样的理由，他们不服兵役，也不在他人面前摘下帽子……国
家——客观的、合法的行动——在这里有完全的优先地位；我不能问我的特殊性如何能反对国家。
所以，例如当国家忍耐贵格会教徒时，这始终是一种宽容……同时，国家倘若在它内部宽容这种
反常，就可以拥有内在的强大。一般来讲，如果某个人在回应国家向他提出的要求时说，遵守这
些要求违反了他的良知，那么不能对他有任何退让。"

　　② 事实上，自由主义者很少持有不同的主张。罗尔斯就肯定不会，他写道："有人不禁要
说，法律必须始终尊重良知的要求，但这不可能是正确的。"（《正义论》，第 370 页）

然属于"他本人"，那么他显然未能达到现代道德主体所渴望的自决的最高水平。可是黑格尔坚定地认为这样一种个人达到了一定程度的自决，这种自决无论多么不完整，都应该得到他人和国家尽可能的尊重，只要这种尊重是与诸多形式的自由的系统性实现相一致的。

要把这个立场归于黑格尔，我们要做的无非就是把他对抽象法（即人格体的权利）的本性和界限的叙述所体现的原则同样用于道德主体性的情况。因为那里讨论的也是自由的一种形式——选择按照既定欲望中的哪一种来行动——这种形式也达不到完全自决，却仍然很重要，足以为合理社会秩序必须尊重和推行的权利体系提供根据。在界定人格时所依据的自由与我在这里归于单纯形式的良知的那种自决具有一个重要的相似之处：前者也独立于意志的实际内容（即人格体为自己选择的目的）。人格体的目的只要是自由选择的，就足以被算作自决的目的，从而初步看来值得他人尊重。这条标准是形式的，因为它与一个人所选择的东西毫不相干：只要选择了一个目的，就足以使它成为"我的"东西。① 这两种情况还有另一个相似之处，即两者都只能带来有条件的权利。人格体的权利就像与单纯形式的良知相适应的权利一样，在罕见的情况下是可以被否决的：在这些情况下，它们与另一种更加难以抗拒的"权利"、如社会秩序的持续存在有冲突。可见，关于这个问题的连贯的黑格尔主义立场结合了以下三项主张：（1）有良知的异议者应当被赋予一项权利，即公开批评社会秩序以及不遵守与他们对善的理解相违背的法律；（2）这项权利植根于他们作为道德主体所拥有的尊严，而不是谨慎的考虑；（3）这项权利不能被否决，除非国家的存在本身或其他某种关于自由的难以抗拒的利益面临危险。②

265

---

① 当然，这类自由选择所导致的行动必须满足进一步的条件，即它们应该允许所有人都获得同等程度的人格自由，否则它们就不受抽象法原则的保护。

② 在讨论不宽容的公民的权利时，罗尔斯规定了一个类似的条件："只有当宽容的人真诚地认为自己的安全和自由制度的安全受到威胁、并给出理由时，才能限制［不宽容的教派的］自由。"（《正义论》，第 220 页）

为了回应一条反对意见，即伦理（Sittlichkeit）理论没有为道德主体对现存社会秩序开展有良知的批评留下余地，我试图确立两个主要观点：第一，当黑格尔的理论要求个人在自己的社会角色中找到自己的身份时，他的观点与他们对社会世界采取一种实质性的、尽管是局限的批判立场是相容的，这种立场就是设想对现存制度进行改革，尽管并不是彻底检修，由此使这些制度符合它们自己内在的理想；第二，黑格尔之所以认为更加激进的批判并不可取，原因并不在于他的理论为道德主体性赋予了过低的价值——规定它在任何情况下都要让位于国家可能提出的随便什么要求——而在于他相信，对现代社会制度的激进批判是错误的，因而会导致个人在主观上与社会秩序相异化，而这种秩序真正说来在本质上是一种善。① 虽然黑格尔的确把在现实社会世界中如同"在家里"看作在实践中最高的善，但要以可取的方式把世界当作一个家——在主观上与它和解②——在建立这个世界时就决不能损害一个人作为道德主体所拥有的地位。

因此，自由主义批判者显然有正确之处，因为他们认为黑格尔的理论虽然不至于在法律上禁止激进社会批判，却未能认识到它在现代世界中具有一种价值，这种价值使它可以正当地受到特别的保护或鼓励，乃至可以被看成值得去做。前面指出，这项指责在黑格尔观点的一个核心特征那里找到了支持，那就是他的观点为了使伦理（Sittlichkeit）顺应良知的权利而采取的思路把一项任务看得很重，即让现代社会世界的合理性在它的成员

---

① 肯尼斯·威斯特法尔向我指出，当黑格尔认为对伦理（Sittlichkeit）的激进批判没有必要时，他还有进一步的理由，那就是在合理社会秩序所包含的制度中，有许多制度的目的是确保政府官员会始终关注并回应来自下层的社会批评。例如，参见黑格尔对"公共权力"（§§ 235－237）和"司法"（§ 216＋A＋Z）的讨论。威斯特法尔就黑格尔的社会思想给出了一种内容广泛的解释，参见《黑格尔"法哲学"的基本语境和结构》，见《剑桥黑格尔指南》，弗雷德里克·C. 拜瑟编（剑桥：剑桥大学出版社，1993）[Westphal, "The Basic Context and Structure of Hegel's 'Philosophy of Right'", in *The Cambridge Companion to Hegel*, ed. Frederick C. Beiser (Cambridge: Cambridge University Press, 1993). ——译注]，第234－269页。

② 哈迪蒙区分了主观的与客观的和解，参见《黑格尔的社会哲学》，第95－96页。

面前变得透明，因而淡化了维护政治空间的重要性——截然不同的对社会性的善的理解原本可以在这个空间中为了获得公众接受而相互抗衡。然而，我不太能看出自由主义批判者在何种程度上可以正当地把黑格尔立场的这个特征看作一个不可挽回的缺陷，仿佛它标志着他的整个理论的失败。要解决这个问题，就需要更加详细地考察为黑格尔理论的这个方面提供根据的具体学说：他主张伦理（Sittlichkeit）制度的现代形式充分体现了具有客观真实性的善的标准，而且这些制度是完全合理的，不需要任何进一步的实质性变革。我们需要考察的问题是：黑格尔的整个理论以怎样的深度依赖于这个学说，以及如果我们发现自己不能够与黑格尔共享一种确信，即我们自己的善的标准——以及由此衍生的关于合理社会秩序的标准——可以被证明是最终的、完全不用修改的，那么这个理论的可行性和重要性会有多大程度的下降。

266

在直接探讨这个问题之前，有必要就伦理（Sittlichkeit）理论所依靠的对善的看法有怎样的范围或"厚度"先说两句。这里之所以会出现这个问题，是因为在追问我们能否以可取的方式把我们的善的标准看作最终的、不可修改的标准时，当代的回应很可能是说，如果我们指的是"厚重的"或实质性的对善的看法，谈论"我们"有什么看法就不再有意义了。如果按照一般的假定，我们在20世纪末的历史处境恰好可以由人们缺乏关于善的实质性共识这个特征来界定，那么我们如何能追问我们的善的标准是否具有最终的真实性？我们可以把这个想法再推进一步：当代世界的这个特征难道不是意味着由于黑格尔对合理社会世界的叙述依赖于一个观念，即有一种普遍共享的对善的理解，所以这番叙述基本上相当于详尽地构造了一个向后看的浪漫主义幻想？面对罗尔斯所说的"多元主义的事实"，他的理论大厦难道不会立刻崩溃？

对这个问题的简短回答是：尽管黑格尔的理论的确要求社会成员关于

善应该实质性地达成一致，但他期望他们共享的对善的看法比通常假定的要单薄得多。[①] 我们很容易以为，黑格尔的理论仿佛最终立足于某种与唯一合理的善这个古典教义类似的东西，这个教义所设定的最终目的（或一组有秩序的目的）彻头彻尾地规定了个人的善，固定了他们的岗位和义务，并界定了他们在所有情况下怎样做才是对的或合理的。[②] 可是尽管伦理（Sittlichkeit）理论与柏拉图的政治哲学有一些无可否认的亲近关系，但这个外表——黑格尔更接近于古代人，而不是现代自由主义，是一个错觉。

为了澄清黑格尔与价值多元主义的关联——后者推动了很大一部分当代自由主义——第一步是注意到伦理（Sittlichkeit）理论所运用的善的概念并不是相对特殊个人而言的。按照黑格尔对这个概念的运用，我对善的看法并不是着眼于在我看来是善的东西。毋宁说"善"是一个普遍的道德概念，它在黑格尔看来对于一切主体都具有相同的内容。它的语法是：一个人判断一件事情是一种善会导致他认为自己有一项道德义务，即以力所能及的方式做到这件事情（E § 507，§ 133＋Z），还会导致他认为任何处境相似的个人都具有同样的责任。然而，这种用法与自由主义理论家通常用"善"来表示的意思形成了鲜明反差，这些理论家谈论的是现代世界中个人对善的看法的相互分歧。例如，罗尔斯把对善的看法明确描述为个人对构成自己合理优势的东西的理解，换言之，就是怎样的人生计划对作为特殊个人的他来说最合理。[③] 这意味着不论黑格尔的社会理论要求人们关于善达成何种一致，这都不是关于何种生活对所有个人或任何特殊个人来说都是最好的生活所达成的一致。毋宁说伦理（Sittlichkeit）理论明确允许个人

---

① 按照罗尔斯对这个术语的用法，"单薄的"对善的看法是一种可以在合乎理性的存在者中间赢得普遍同意的看法，因为它所包括的善（即基本的善）必须被所有这类存在者认作一种善，不论他们更加具体的最终目的或人生计划有什么差别。罗尔斯关于善的单薄理论所承认的善是实行随便什么（更加全面的）对善的看法所必需的手段（《正义论》，第92—93页）。

② 我受益于萨缪尔·弗里曼对古典学说的这番描述。

③ 罗尔斯：《政治自由主义》，第19页；罗尔斯：《正义论》，第92—93页。

为自己制订的"人生计划"可以有巨大分歧，也允许这类计划所表达的对他们本人的善的看法可以有巨大分歧。实际上，这个理论需要这种分歧，因为社会秩序必须执行的任务数量繁多、各不相同，个人只有采取相当专门化的生活形式，才能良好地完成这些任务。务农、贸易、哲学和（在黑格尔看来）养育儿童都是至关重要的社会功能的例子，这些功能的不同本性要求执行它们的人怀有不同的承诺和价值观——从而具有不同的生活风格。

诚然，黑格尔的理论对大多数个人所过的生活的可能类型施加了一些总体限制。也就是说，为了使合理社会秩序成为可能，它的成员或至少许多成员所过的生活就必须以三重承诺为核心，它们针对的是家庭、工作以及（通常在较低的程度上）民族的文化生活和政治生活。不过，我们有必要正确理解这些限制的本性。第一，我已经表明，个人所选择的在他们自己看来最好的具体生活形式和最终目的有丰富的分歧，这种分歧与这些总体限制是相容的。就这个问题而言，伦理（Sittlichkeit）理论应当被理解成提供了一幅以大概的方式绘制的关于生活类型的图景，大多数社会成员必须能够发现这些生活是有意义的、高度适合自己本性的，否则社会秩序就无法再生产它自身，也无法履行把实践自由实现出来这项至关重要的任务。第二，黑格尔的理论对大多数个人可以拥有的生活类型施加的限制并没有法律地位，也丝毫没有强制性。他在这里并没有想过在给个人指定社会必要角色时违背他们的意志，因为这种做法会明白无误地违反自决的一条基本原则（即人格原则）。毋宁说黑格尔的观点是：在运行良好的社会秩序中，个人在成长中获得的欲望和价值观一般会促使他们拥护伦理（Sittlichkeit）所准许的角色；这不仅是自愿的，而且他们会认为这些角色恰好构成了使他们的生命具有意义的事业。为了有助于确保社会秩序的诸多至关重要的功能可以得到执行，合理社会秩序所掌握的唯一工具就是社会化，它是个人教化（Bildung）的一部分。黑格尔完全没有为如下想法感到不安——

268

我们也不应该如此：个人最终自为地想要的生活将显示出与既定规范的较高程度的一致，这种一致是广义的，即大多数人会渴望建立家庭、寻求事业的成就，以及在自己民族的文化生活和政治生活中拥有某个角色。从他的视角看，毋宁说重点在于可以广泛地为个人所拥有的社会角色——这一点可以延伸到界定这些角色的制度身上——应该值得一代又一代人去承担，这就是说个人可以按照隐含在道德主体性的现代理想中的标准把这些角色作为善来加以辩护。

最后，我们没有理由认为黑格尔的理论需要把少数群体中的个人——他们在资产阶级体面生活的边缘过着更加特立独行的生活——当作不法分子乃至社会的弃儿。所以，例如当他把家庭作为一种对于自由的实现至关重要的制度来加以捍卫时，这并不意味着合理社会秩序要求或期望全体社会成员都结婚，或者所有已婚夫妇都养育子女。[①] 它其实意味着没有子女或生活在忠实的性关系之外的个人将错失一种特别深厚的社会纽带，这种纽带使大多数人的生活获得了意义和实体。这类个人的生活可以被合法地说成在根本方面陷入了贫乏，但这不应该被当成意味着他们不能通过发展自己身份的其他方面在一定程度上获得补偿性的充实，也不应该被当成意味着任何个人只要结婚并养育家庭，就会在总体上过得更好。从黑格尔社会理论的视角看，最重要的是足够数量的个人应该有动力担负对家庭生活的承诺，从而使家庭作为一种社会制度可以兴盛并再生产它自身。除此之外同样重要的是：就家庭作为一种制度所具有的根本价值和巩固家庭所需要的随便什么社会措施的重要性而言——这些措施的例子有儿童保育补贴或关于育婴假的法律——有家庭与没有家庭的人应该大体上达成一致。即

———————

① 这项主张似乎与黑格尔的说法相反："我们的……伦理上的义务就在于缔结婚姻。"（§162A）可是即使黑格尔的伦理理论坚持一个不可取的观点，即婚姻是所有个人的道德责任，这样一种观点对于他的社会理论也不是本质性的。后者不过是要求家庭在总体上应该是一种兴盛的制度。这仅仅意味着为了使社会可以维持它自身，必须有足够的个人结婚（并繁衍），而且家庭作为一种制度所具有的价值必须得到广泛承认，乃至选择不结婚的人也要如此。

使一名个人选择了单身生活，认为它对自己来说是最好的（即对他来说是
最合理的生活的一部分），也没有任何东西会妨碍他承认家庭是一种善的
制度（这种善是在黑格尔的无人身的意义上讲的），并认可加强家庭的社会
措施。可见，为了使社会成员能够同意家庭在根本上的重要性，唯一必要
的就是（以或多或少经过阐述的方式）理解它在实践自决的实现中起到的作
用，以及相信一些要素的一般价值，这些要素（其中包括一种就什么对所
有或大多数人类个体来说是善所提出的相对单薄的看法）进入了黑格尔对
自决的相当广阔的理解。

　　把家庭的例子一般化，我们就能清楚地看到，黑格尔对伦理（Sittlich-
keit）的设想要求社会成员具有一种共识，即大多数人类个体在现代性的三
大制度所提供的基本框架内能够过上善的、有意义的生活。这样一种共识
依赖于一种共享的对善的理解，那就是在总体上同意伦理（Sittlichkeit）制
度特别适合于确保的一些善对于所有人都很重要：它们是人格自由和道德
自由、社会承认和自尊、对他人的实质性归属，以及对人的根本需要的满
足——人们需要爱，需要有生产力。只要任何理论充分考虑了人的满足所
需的一般前提，并且承认了个人需要肯定支配自己社会生活的规范和结
构，那么不论它是否属于自由主义，我们都很难看出它如何能摒弃一种以
各种方式出现的一致意见，这种一致意见不仅关系到个人应该享有何种自
由，而且关系到社会秩序必须让他们得以追求何种基本的善。例如，罗尔
斯型号的自由主义并没有抛弃这种一致意见，也没有把这种抛弃作为目
标。实际上，如果我们严肃对待罗尔斯的一些说法，即他宣称他的正义理
论要求就一种单薄的对善的看法达成共识[1]，并坚持认为自尊是正义的制
度必须推动的一种基本的善[2]，还认为非政治制度——其中尤为紧要的是

270

----

① 罗尔斯：《正义论》，第 396—397 页。
② 罗尔斯：《正义论》，第 178 页以下，第 440—441 页。

家庭——在实现正义的社会时起到了至关重要的作用①，那么他的理论对
善的用法与黑格尔的用法之间的差别似乎就只是标志着关于这个概念（在
与社会理论相关的情况下）的内容和范围的一些次要争论，而不是一个根
本分歧，因为他们都认为社会理论需要依赖于对人类生活中初级的善或
"基本的"善是什么所做的某种一般叙述。

　　我试图把黑格尔关于善的学说看成与（罗尔斯式的）自由主义比较相
容，而不像通常假定的那样；一条可能的反对意见可以表述如下：尽管黑
格尔的理论也许给社会成员留下了大量余地，让他们可以自为地决定何种
具体生活形式对自己来说是最好的，但对这个理论的哲学辩护最终还是立
足于与一种全面的对善的看法非常接近的东西，而罗尔斯和其他许多自由
主义者都认为，要现代个人同意这种看法，那是不可能的，甚至是不可取
的。② 因此，按照这项指责，伦理（Sittlichkeit）理论的基础是一种对世界的
全面的形而上学设想：为了给界定了合理社会秩序的规范提供根据，就要
把这些规范放在对一切领域的价值的系统叙述中，这些领域包括宗教、哲
学、美学和道德。这条反对意见显然是有一些依据的，因为黑格尔的社会
理论是一番更大的叙述的一部分，这番叙述是明显的形而上学③，涉及人
类历史的意义、精神救赎的可能性和一切事物的最终价值。可是，虽然黑
格尔对合理社会秩序的叙述被安置在了一个更加全面的对整个宇宙的本性

---

　　① 例如，罗尔斯采纳了一个黑格尔式的观点：家庭生活在培养公民的正义感时起到了关键
作用（同上，第 462—467 页）。

　　② 罗尔斯在《政治自由主义》中把全面的对善的看法界定为"与全面的学说相联系的"（176）对
善的看法。也就是说，与这种看法相联系的是宗教、哲学或道德学说，它们涵盖了"一个接合得相
当准确的体系中的所有受承认的价值和德性"，而且号称"对一切种类的主体——从个人的举动到
人身关系再到整个社会组织——都能成立"（13—14）。

　　③ 说黑格尔的体系是一种毫不掩饰的形而上学，并不是说它在一种明显或常见的意义上是
形而上学。黑格尔对哲学最深刻的贡献之一就是他试图转变我们对形而上学是什么和它如何能成
立的理解，由此在康德式的挑战面前捍卫形而上学的可能性。黑格尔思想的这个方面还没有得到
充分理解和领会。威廉·F. 布里斯托已经开了一个好头，参见《黑格尔与哲学批判的转变》（博士
论文，哈佛大学，1997）[William F. Bristow, "Hegel and the Transformation of Philosophical Cri-
tique" (Ph. D. diss., Harvard University, 1997). ——译注]。

和目的的设想中，但这个事实并不意味着他所叙述的合理社会秩序的善只有在他的神正论语境下才能得到把握和领会。实际上，本书自始至终的目标之一就是说明黑格尔的社会理论所固有的规范性标准即使脱离了他的世俗神正论，也可以具有可行性和说服力：我们要阐述的仅仅是这些标准如何在实践自由的理想中有它们的根源。或者更确切地讲，它们源于这个理想的诸多形式，现代主体一般可以把这些形式认作一种善。换句话说，我的主张是一个人既不用接受黑格尔的一个观点，即实在的整体在根本上具有合理性，也不用接受他对合理社会秩序在神圣目的的实现中起到的历史作用的理解，就可以发现他的社会理论的规范性标准是有说服力的。

　　这项主张的一条理由是：与通常的假定相反，在黑格尔更加宏大的主 271 张面前——理性（或神）贯穿了全部现实——他关于现代社会秩序在本质上具有合理性的论述在一种重要的意义上具有逻辑的优先性。因为若要确立前一个观点，在一定程度上就依赖于首先能够说明社会秩序作为全部实在的一个片段是合理的。我们之所以有可能在黑格尔的体系完结之前就把伦理（Sittlichkeit）制度理解为合理的东西，并不是因为我们以某种方式认识到了这些制度服务于一个超出它们自身的更加伟大的目的，也不是因为它们被安置在了一个更大的陈述中，这个陈述讲的是神圣目的是如何在全世界得到实现的。相反，黑格尔之所以能够在他的神正论中为合理社会秩序找到一个位置，只是因为我们只要从伦理（Sittlichkeit）制度自身出发来考察，就可以证明这些制度以一种特殊形式实现了自决这个神圣的、无条件的善，这种形式就是意志自决。这项主张——现代社会秩序可以在脱离黑格尔最全面的形而上学观点的情况下被认作一种善——可以由黑格尔的另一个说法来巩固：他明确承认，社会成员不必信仰同一门宗教，就可以在国家中和谐生活，并把彼此认作共享了同一个公意的公民同胞。黑格尔并没有抱怨宗教多样性的事实，而是把基督教会的分立看作"教会和思想……所能遇到的最幸运的事"(§ 270A)。① 可见，黑格尔本人显然并不认为拥护截然不同的关于世界的哲学观点或宗教观点会使得社会成员不可能共享对自决的忠诚——自决作为一种非地方性的世俗价值观为他对现代伦理(Sittlichkeit)制度的辩护提供了基础。

我已经确定了伦理(Sittlichkeit)理论不用要求社会成员同意一种全面的对善的看法，而当大多数自由主义者否认这种一致意见对我们而言的可能性时，他们想到的是同一个意思；现在是时候回到之前提出的问题了：黑格尔的理论以怎样的深度依赖于一项主张，即在他眼中属于现代的善的标准不单纯是"我们"的标准(不单纯是我们碰巧共享的标准)，而是在客观上是真实的、不可修改的，因而体现了这些标准的社会制度在他看来也不需要任何进一步的实质性变革，就是完全合理的(从而不应该是激进批判的对象)。先前提到，这个问题是由道德主体性的前提与黑格尔的一项核心主张之间表面上的张力所引起的。更具体地讲，前者是要求一个人的良知所赞同的东西应该不仅属于"他本人"，而且可以得到合理辩护，后者则宣称现代个人的完全自由有一个本质部分，即认同他们通过伦理(Sittlichkeit)制度可以获得的社会角色。在这里，冲突的可能性在于一个事实：一个人若要以黑格尔的理论所要求的方式认同自己的社会角色，又要激进地批判现存制度，或者在根本上怀疑这些制度的善恶，那么这两者就不能相容，因为一个人认同自己的角色会导致他把这些角色所从属的制度在根本上看作一种善，甚至把这些制度的全部细节都看作一种善。可是如果在肯定现存制度时排除了激进批判的可能性，我们就无法认为这种肯定是合理的——无法把它看成在一定程度上实现了所有形式的自决——除非假定一个人对社会秩序的规范性评估不会受到根本怀疑。因此，既然黑格尔把个人对自己社会角色的认同看得十分重要，这似乎就极大地依赖于他的一个

272

---

① 黑格尔所承认的与合理社会生存相容的宗教多样性明显也包括了非基督徒，因为(在§ 270A的一个脚注中)他支持让犹太人获得完全的公民资格。

信念，即善的现代标准具有终极真理的地位，现存制度也基本上达到了这些标准。

　　这里会产生一种特定的担忧：黑格尔理论所赞同的那种对制度的主观肯定会使社会成员不太可能、甚至也许不可能愿意严肃地听取任何形式的激进社会批评，而我们都知道，这种批评的某些特例其实是值得考察的。对我们来说，这份担忧由于一个简单的事实而变得十分有力：我们居住在黑格尔之后的历史时代，很大一部分对他的时代而言具有合理性的东西在我们面前都显得十分反动、毫无希望。我们的历史经验似乎证明，没有一组社会制度——使按照它们自身内在的标准来对它们进行理想化——值得被当成最终充分地表达了不可动摇的善的标准。倘若一个人不能保证他对善的社会制度的叙述是最终的东西，那么黑格尔理论所强调的那种对社会角色的认同——这种认同似乎阻碍了我们考察社会是否可能需要实质性的变化——似乎在最好的情况下也只有模棱两可的价值。在这种情况下，岂不是这种认同的反面——与现存制度相异化——或许恰好也具有伦理价值，因为它代表了向更好的社会秩序前进所需的主观前提？

　　这些问题之所以对我们来说具有特别的紧迫性，一个原因是黑格尔时代以来的历史发展已经使我们不可能忽视至少两种有力的论述，它们都质疑了伦理（Sittlichkeit）理论所赞同的制度是否在根本上是一种善：第一，女性主义者批判说，资产阶级家庭在本质上的父权性质使它至少对它的女性成员来说成了一个压迫而非解放的场所；第二，社会主义者批判说，自由市场经济（即资本主义经济）的原则使生产活动对其中大多数参与者来说不可能成为意义和身份的根源。诸如此类的发展不只是使我们不可能接受黑格尔的一项主张，即他对合理社会制度给出了一番最终的、不可修改的叙述；这些发展还清楚地表明，他对社会自由的叙述若要与道德主体性的要求和解，那么除了单纯采取措施、以便确保全体社会成员都可以获得对社会秩序的合理性质的洞察之外，还需要某种更多的东西。此外有必要说

273

明，一个人在自己的社会角色中找到自己的身份并非不能与一种能力相容，即他能够批评社会制度的某些哪怕处于核心地位的特征——比如市民社会和国家对女性的排斥——并能够有动力设法为他所认同的制度本身带来实质性的改变。

　　一旦承认了黑格尔对现实社会秩序（即完全合理的社会秩序）的叙述的一些方面不再能得到接受，一个可能的回应是：首先，保留黑格尔关于社会秩序的理想，即个人在其中参与的社会制度圆满顺应了自决主体性的一切渴望，由此个人可以找到自己的特殊身份；然后，否认黑格尔进一步的主张，即现存制度有能力实现这个理想。于是，社会哲学的任务就是重新设计社会制度，用一些措施——比如生产资料所有权的公社化——使对社会秩序的认同和与世界的和解成为可能。这在本质上是黑格尔左派的回应。这个立场的问题在于，它恰好既在错误的地方追随了黑格尔主义社会理论，又在错误的地方背离了这个理论。它把黑格尔理论所允许的比较温和的批判替换成了社会批评的一种激进形式，这种形式力图摧毁现存制度，把这些制度替换成编造出来的、未经尝试的乌托邦猜想。黑格尔对雅各宾恐怖的观察足以使他确信社会批判的这种形式是危险的，而且最终是无效的。同时，黑格尔左派的立场倾向于保留黑格尔的末世论信仰，即一个具有完的和最终的合理性的社会秩序是可以在这个世界、在我们自己的时代建立起来的。这个立场维持了黑格尔的一个可疑的理想，即有一种社会秩序可以一劳永逸地满足理性的全部需求；它与黑格尔的末世论之间的分歧仅仅在于，它断定完善的社会秩序是指日可待的，而不是已经存在的。相反，我在这里提出的问题是：黑格尔主义社会理论能否对它自己关于什么构成了善的社会秩序所做的叙述采取一种更加开放的态度，也就是对它自己的善的标准采取一种态度，既允许个人把他们的社会角色作为他们本人身份的一部分来加以肯定，却又认为这些规范性标准在意外的历史发展面前可以接受实质性的修改。

274

由于在这里提到的两种当代批判当中，女性主义家庭批判得到了更加广泛的接受，所以我们现在自然可以开始讨论黑格尔的理论在何种程度上可以放弃它的一个主张，即它占据了关于合理社会秩序的最终真理，却不用因此就抛弃它关于社会自由的本性的核心学说。对这个问题的解答——如果可能的话——必定在于表明，虽然女性主义家庭批判所要求的社会变革显然在某种通常的意义上是实质性的，但这些变革并不激进，因为（按照之前的界定）它们与伦理（Sittlichkeit）理论的原则并不是不可调和的。换句话说，我需要证明的是：黑格尔的理论能够顺应一种社会批评，这种批评所要求的虽然不只是使现存制度符合它们自己内在的理想，却也谈不上从一个外在的视角——外在于这些制度渴望体现的基本价值观——彻底拒斥它们。我将在这里证明，我们有可能把女性主义家庭批判、至少把它的一个广为接受的版本恰好理解为这种社会批评的一个特例——这个例子所代表的批判可以被称作"实质性的内在批判"①。这个论点的一个后果是：女性可以在接受女性主义家庭批判时不用最终放弃自己作为妻子和母亲所拥有的实践身份。女性主义家庭批判向她们提出的要求并不是她们应该不再想要成为母亲、妻子和女儿，而是她们——最终当然包括与她们一起生活的男性——应该实质性地修改她们对这些角色应有的内容的看法。

黑格尔对现代家庭的理解之所以需要实质性的修改，根源在于黑格尔式的家庭给女性指派的从属角色与广为流传的关于基本的男女平等的当代信念有正面冲突，这个信念是黑格尔的时代之后一个多世纪的女性主义思想和运动的遗产。虽然黑格尔自认为他对家庭的叙述涵盖了某种形式的男女平等（§ 167N），但这种平等的空泛在他的一个毫不含混的论断中是显而易见的：至少在应对外部世界时，丈夫是家庭的首领，妻子则是他的从属（§ 171）。为了理解对女性的压迫源自何处——不仅就黑格尔对家庭的 275

---

① 我认为同样的观点对于男女同性恋者对资产阶级家庭的批判也可以成立，他们拒斥了一个假定，即只有异性成员才适合结婚或养育家庭。

叙述而言，而且就现实世界而言——我们非常有必要注意到，妻子在家庭中的从属角色直接来自市民社会和国家对她的排斥；换句话说，这个角色来自一个事实："男子的现实的实体性的生活是在国家……中，否则就在对外界……所进行的斗争和劳动中"，女性则"[仅仅]在家庭中获得她的实体性的规定"（§ 166）。不仅如此，黑格尔还把两性的"实体性的规定"的这个差别明确追溯到了男性与女性的所谓自然差别（§ 165）：男性天生就是有力的、主动的、合乎理性的，简言之，他们有能力获得自由；而女性由于天生就是安静的、被动的、沉浸于"主观"感受的，所以最适合接受他人的指挥（§ 166＋Z）。

黑格尔认定，男性与女性在本性中的分歧既可以得到清晰的识别，又具有伦理意义；他对这个设定的依赖使 20 世纪晚期的人在接受他对家庭的叙述时面临重大障碍，原因相当简单：我们几乎不再相信这类差别的存在了。可是要拒斥这个学说，就要否认黑格尔的叙述的一个并非琐碎的要素①，也就是说，虽然我们已经证明，伦理（Sittlichkeit）理论能够顺应一种批判（这种批判仅仅旨在使现存制度符合它们自身内在的理想），但对黑格尔式的父权制家庭的批评无法以一种可取的方式被看作这种批判的一个特例。因此，我们有必要追问：黑格尔理论所设想的那种对社会角色的认同是否会使最初在父权制家庭中认同自己角色的女性不可能最终认识到自己在其中的从属地位，不可能有动力去改变它，除非为此舍弃自己作为妻子和母亲所拥有的身份——这构成了与家庭制度本身的根本异化。我将证明，黑格尔在强调自由的社会参与具有建构身份的性质时，事实上并没有排除这种对社会制度的实质性的内在批判。这里的要点并不是主张这种批

276

---

① 性别差异学说在黑格尔的叙述中之所以并非琐碎，是因为它让他得以把家庭看作一个"具体的""精神的"整体，认为这个存在者把诸多有差异的部分纳入了一个有机的统一体。为了挽救家庭的这个特征，更加前沿的黑格尔主义叙述大概会尝试把配偶在本质上的相互差别确定为他们作为不同的特殊个人所具有的不同性格，而不是认为性格的差别仅仅是由于他们是一种性别而非另一种性别的成员。

判或它所要求的引起变革的斗争可以避免给从事批判或斗争的人带来痛苦和烦扰；我的要点仅仅是表明，一个人在自己的社会角色中找到自己的身份这个黑格尔式的理想未必会阻止实现了这个理想的人成为社会变革的行动者——我们已经逐渐看到有些变革是不可避免的，实际上还会欢迎它们，因为它们对于历史进步至关重要。

　　做出这个论证依赖于把黑格尔对家庭的叙述的根本要素与对它的主要目的而言不那么核心的要素区别开来，尽管后者也不是偶然的。我的主张是：黑格尔所赞同的界定得十分严格的性别角色属于后一个范畴，因而他所叙述的使家庭具有合理性的核心原因独立于男尊女卑的教条。倘若这是正确的，我们就有可能在原则上理解女性如何能既拒斥现代家庭的父权特征，又在根本上保持对婚姻和母性这两项事业的承诺。这也就是说，我们将有可能理解使社会发生实质性变革的行动者如何能同时认同他们在自己力图改变的制度本身中的角色。

　　为了评估性别不平等在何种程度上对于黑格尔式的家庭至关重要，我们有必要回想一下黑格尔主要是出于何种原因才把家庭看作合理社会秩序不可或缺的一部分的。用最一般的话来表述，家庭之所以是好的、合理的，是因为人在这座舞台上可以为自己对性和爱的基本需要找到满足，而且满足的方式还给这些自然需要注入了伦理意义。说性和情感的需要在家庭中获得了伦理意义，无非就是说像父母和配偶那样满足这些需要对于自由的实现这项伦理事业来说是根本性的。我们到这里应该很熟悉自由在家庭中如何能在多种意义上实现了：作为生育单位，家庭提供了社会秩序的持续再生产所必需的材料，即人，因而在本质上促成了社会秩序作为自决的实体所具有的特性（第四章）；凭借抚养子女的功能，家庭塑造了社会成员的主体性，由此使他们获得了发挥人格自由和道德主体性的自由所需要的能力（第五章）；家庭中的成员资格为个人提供的事业和承诺构成了他们的特殊身份，并让他们得以把集体好处作为他们自己的最终目的来加以拥

277

护，从而得以在为这些好处服务时保持自由（第三章）；最后，家庭本身代
表了精神存在的一种"自然的"或"直接的"形式——一种"在他者中与自身
同在"——因为把家庭成员结合起来的爱要求一个人舍弃自足的个体性，
并在他人那里找到他自己，而这会使主体性获得实体，从而实现精神按其
界定所具有的特性（第四章）。

我在这里想要提出的主张是：抛弃性别不平等的原则完全不会对家庭
的这些基本功能造成决定性的威胁。虽然这种不平等也许在有家庭的历史
中向来是家庭的一部分，但我们没有理由认为生育、子女的抚养和家庭的
爱的纽带在本质上都依赖于女性对男性的从属。如果这可以成立，我们就
必然还可以认为，在最终拒斥家庭的父权性质时，女性在原则上不用放弃
自己对成为母亲和妻子的基本渴望。这是因为把她们与这些角色最深切地
结合起来的事业即使脱离了性别不平等，也可以保持连贯性和吸引力。我
们可以给这项主张找到一些历史证据：家庭生活的现代理想在社会发展面
前展现出了一种适应能力，之前几代人会以为这些发展是与家庭的本质特
征不相容的，因为它们不止包含了对性别平等的承诺，甚至还包含了对配
偶必须是异性这个假定的拒斥。近几十年来，这种适应能力在大量个人身
上显示出来了：他们发现自己与通常理解的家庭的基本特征相抵触——女
性拒绝从属于男性，男女同性恋者仿佛由于他们的性取向而没有做父母的
资格——却没有抛弃自己对成为父母和配偶的渴望，而是投入了巨大精力
重新界定家庭，使它允许他们在其中拥有自己受承认的地位。（与"家庭价
值"[这是美国保守主义的常用口号，许多学者不能同意它所指的是真正的
家庭价值。——译注]的当代提倡者所宣称的相反，同性婚姻并不代表家
庭的灭亡，而是代表了对它的创造性重塑，这种重塑减少了对家庭的限
制，由此增强了家庭再生产它自身的能力，而且并没有损害它至关重要的
伦理意义。）这些例子证明，当一个人以黑格尔的理论所设想的方式把某些
社会角色看作自己身份的核心时，这并非与对这些角色的某些基本特征的

278

拒斥和重塑它们的斗争不能相容；对合理社会秩序的叙述应当容许由这种重塑带来的那种实质性的社会变革。①

在本章的结尾，我将清点一下在一项挑战面前——在伦理中为道德主体性创造一个合适的位置——黑格尔的社会理论做出回应的诸多方式。他的理论是否成功完成了任务，即保存"道德"篇的立场所给出的自行立法的个人主体这个理想？我们在何种程度上可以认定，伦理（Sittlichkeit）成员尽管实质性地受他人约束，却仍然是"全然自由的、不服从任何人的主宰"？换言之，我们在什么意义上可以提出一项主张，即在伦理中，个人是自足地仲裁善恶的人，在认识义务的要求时不依赖于任何外在于自己主体性的东西？探讨这些问题的一种方式是首先总结良知的一个低下的、过于个人主义的版本（"道德"篇做了描述）有何种特征——黑格尔想要把这个版本从伦理中排除出去——然后追问我们是否仍然可以认为，他留下来的良知的形式体现了一个还算坚固的关于个人的道德自决的理想。

仔细回顾本章就能发现，面对道德立场对良知的过于个人主义的看法，黑格尔的批判可以被简化为两点。第一，如果一种对良知的理解把道德主体的自律解释成意味着个人必须实际赞同一条道德原则，才能受它约

---

① 在对家庭的这番讨论中，我仅仅聚焦于一项主张，即一个理论即使高度重视社会角色的建构身份的本性，也未必会敌视"合理"制度在未来发生实质性变革的前景。我的论证依赖于表明消除性别不平等并不会威胁到家庭本身的根本伦理功能——从而不会使我们对它的深刻归属失去本质性的根据。然而，这番论证并没有探讨另一个非常重要的问题：在实行家庭中的性别平等时，是否可能不用严重干扰它与另外两大社会领域的关系？这个问题最紧迫的版本涉及家庭与市民社会的关系：倘若家庭中的性别平等依赖于配偶双方充分而独立地参与市民社会，那么在女性与男性拥有平等地位的世界中，黑格尔指派给女性的首要社会任务——抚养子女——如何能得到执行？养育子女的任务是否排在父母的职业责任后面？它是否会失去它在家务领域中的位置，并像干洗一样被出售，变成市民社会可以有效供应的又一种服务性商品？由于这两个选项看起来都与家庭的理想不相容，所以唯一令人满意的解决方案似乎是对市民社会进行内在调整——工作分担、面向父母的灵活工作日程、充裕的家务假等——以便顺应双薪家庭抚养子女的需要。市民社会能否顺应这一切？黑格尔会对此表示怀疑，因为他认为良好地从事一项职业要求全职投入。可是这类改变即使是可能的，也肯定不会出自市民社会本身（即单纯借助市场力量的运作），而是必须从外面强加到市民社会头上，也就是借助公共压力和国家法律。

束，那么黑格尔拒斥任何这样的理解。我在前面表明，个体道德主体并不是自己行动的"绝对主宰"，因为他没有资格独自判断一条特殊的道德原则是否对他的意志有约束力。黑格尔尽管认为道德主体"绝对有权［在］除了它……认识到是善的以外，对其余一切概不承认"（§ 137A），却没有把主体对道德要求的合理性或善的实际洞察看作它的有效性的必要条件。（值得注意的是，他的观点在这个方面与这个理想较早的支持者并无不同。路德、卢梭和康德都不认为一旦一名个人未能把一项义务认作义务，它就不再是义务了。）表述这个观点的另一种方式是说，当黑格尔把道德主体性的一种形态尊奉为拥有"绝对权威"的"神圣"权力时，这种形态是以真实的而非形式的面貌出现的良知。黑格尔的观点可以借助这个区分来表达：良知的本性是自决意志，而单纯形式的良知未能达到对源于自己本性的原则的洞察，但这并不意味着它不受（真实的）伦理原则的约束，而是仅仅意味着它服从的是自己并不赞同的法则，从而无法达到真正的道德自律。

我们已经看到，为了在黑格尔对合理社会秩序的设想中满足这个关于道德主体性的理想，社会规范和法律就必须既在主体自身意志的本质特性中（即在实践自决中）有它们的最终根源，又在普通人的理性面前具有足够的透明度，以便全体社会成员在原则上都能够领会它们的合法性，从而把它们作为自己的东西来加以拥护。个体道德主体的完整主权——他唯独被源于自己意志的法律所约束——不能被理解为一种纵容，仿佛一个人可以仅仅服从他实际同意的法律，而应该被理解为现代个人渴望实现的一个理想，这个理想就是任何约束我们的伦理原则"必须首先开辟一条通向人的内心的道路"（VPR4，301）。黑格尔伦理（Sittlichkeit）理论的一个核心观点是：这个道德理想可以得到普遍实现，但它只能在现代社会秩序中得到实现，因为在那里，一整套合理的、促进自由的法律和规范事实上既占了上风，又在社会成员那里得到了如实的肯定。

　　黑格尔还拒斥了道德立场对良知的看法的另一方面：它隐含地假定自决的道德主体是孤立的个人，或者可以是这种个人，仿佛他摆脱了与其他合法道德权威的一切关联。虽然黑格尔主张所有个人（在原则上）都可以获得对善的真实理解，但这种可能性并没有被看作他们作为单独的存在者就能拥有的东西；他们必须参与决定善恶的集体工作，因而是可以适当地从他人那里接受道德证词的主体。因此，道德主体的自足真正说来并不是一种权威，即一个人可以仅仅凭借自己来决定义务的要求；它也并非立足于一种自负，即一个人仅仅由于自己关于善的视角是属于自己的，就认为它比其他任何人的视角优越。真正的道德自足倒是个人所拥有的一种能力：他们能够通过与他人一同思考的过程得出自己的结论，由此获得对善的真实理解。这意味着为了充分实现道德主体性的自由（包括一个人应该持有真实的伦理信念这条要求），个人就必须以卢梭的方式依赖于他人的意见，并保持隐含在"自为思考"这个启蒙理想中的理智自律。

　　同时我们有必要记住，尽管黑格尔聚焦于"真实的"良知和它在现实世界中出现所需的条件，但对于道德主体性的实现得不那么圆满的形式，他的态度并不是简单的贬低。我在前面证明，当黑格尔主张"内心生活的范围……不构成国家的领域"（§ 270A）时，他致力于承认某种与传统自由主义者所理解的良知的政治权利非常接近的东西。虽然有良知的异议者不能在自己不赞同的一切法律和规范面前得到无条件的豁免，但他们作为道德主体应该获得尽可能多的按照自己的良知来行动的政治空间，只要这与自由社会秩序的持续存在相一致。因为一个人只要简单地追随自己良知的命令——即使这是单纯"形式的"良知——就可以达到一定程度的道德自决，这种自决无论多么不完整，都配得上他人和国家有条件的尊重。黑格尔在这里的目标以及他的伦理（Sittlichkeit）哲学的更加一般的目标并不是当人的自由未能达到完全自决时，就简单地把这种自由的各种表达撇在一边，而是探究社会秩序是否可能让所有形式的实践自由都可以在其中得到充分

280

实现。他对这个问题的回答是：这样一种世界不仅是可能的，而且是现实的；我们已经居住在这个世界中了。

索　引 *

---

* 所用页码为英文原版书页码。

335

图书在版编目（CIP）数据

黑格尔社会理论的基础：积极自由／（美）弗雷德里克·诺伊豪瑟著，张寅译. —北京：北京师范大学出版社，2020.4
（现代社会政治理论译丛）
ISBN 978-7-303-25489-7

Ⅰ.①黑… Ⅱ.①弗… ②张… Ⅲ.①黑格尔（Hegel, Georg Wilhelm Friedrich 1770—1831）－哲学思想－研究 Ⅳ.①B516.35

中国版本图书馆 CIP 数据核字（2020）第 035867 号

北京市版权局著作权合同登记号：图字 01-2018-0828

营　销　中　心　电　话　　010-58805385
北师大出版社社主题出版与重大项目策划部　http：//xueda.bnup.com

HEIGEER SHEHUI LILUN DE JICHU JIJI ZIYOU
出版发行：北京师范大学出版社　www.bnupg.com
　　　　　北京市西城区新街口外大街 12－3 号
　　　　　邮政编码：100088
印　　刷：北京盛通印刷股份有限公司
经　　销：全国新华书店
开　　本：730 mm×980 mm　　1/16
印　　张：22.75
字　　数：310 千字
版　　次：2020 年 4 月第 1 版
印　　次：2020 年 4 月第 1 次印刷
定　　价：98.00 元

策划编辑：祁传华　　　　　责任编辑：李春生
美术编辑：李向昕　　　　　装帧设计：李向昕
责任校对：陈　民　　　　　责任印制：陈　涛